China's Rural Development Report (2018)
The Road to Overall Revitalization of Rural Areas in the New Era

中国农村发展报告
——新时代乡村全面振兴之路

魏后凯 闫 坤 主 编
于法稳 崔红志 谭秋成 副主编

中国社会科学出版社

图书在版编目（CIP）数据

中国农村发展报告.2018：新时代乡村全面振兴之路/魏后凯，闫坤主编．—北京：中国社会科学出版社，2018.7

ISBN 978-7-5203-2813-5

Ⅰ.①中… Ⅱ.①魏…②闫… Ⅲ.①农村经济发展—研究报告—中国 Ⅳ.①F32

中国版本图书馆 CIP 数据核字（2018）第 150908 号

出 版 人	赵剑英
责任编辑	刘晓红
责任校对	孙洪波
责任印制	戴 宽

出　　版	中国社会科学出版社
社　　址	北京鼓楼西大街甲 158 号
邮　　编	100720
网　　址	http://www.csspw.cn
发 行 部	010-84083685
门 市 部	010-84029450
经　　销	新华书店及其他书店

印刷装订	北京君升印刷有限公司
版　　次	2018 年 7 月第 1 版
印　　次	2018 年 7 月第 1 次印刷

开　　本	710×1000　1/16
印　　张	31
插　　页	2
字　　数	348 千字
定　　价	138.00 元

凡购买中国社会科学出版社图书，如有质量问题请与本社营销中心联系调换
电话：010-84083683
版权所有　侵权必究

编委会

主　编：魏后凯　闫　坤
副主编：于法稳　崔红志　谭秋成
编　委：（按拼音排序）

包晓斌　曹　斌　操建华　崔红志　董　翀
韩　磊　黄超峰　李国祥　李婷婷　刘长全
罗万纯　潘　劲　彭　华　秦　轲　全世文
任常青　孙同全　谭秋成　王　宾　魏后凯
闫　坤　杨　穗　于法稳　苑　鹏　张海鹏
张瑞娟　赵　黎　曾俊霞

主要编撰者简介

魏后凯 经济学博士，中国社会科学院农村发展研究所所长、研究员、博士生导师，十三届全国人大农业和农村委员会委员。兼任中国社会科学院城乡发展一体化智库常务副理事长，中国城郊经济研究会、中国林牧渔业经济学会会长，民政部、北京市等决策咨询委员会委员。主要研究领域：区域经济、产业经济、资源与环境经济。

闫　坤 经济学博士，中国社会科学院农村发展研究所党委书记、副所长、研究员、博士生导师。兼任中国社会科学院财税研究中心执行副主任，中国社会科学院城乡发展一体化智库副理事长，中国社会科学院妇女/性别研究中心副主任兼秘书长。主要研究领域：宏观经济与财政理论。

于法稳 管理学博士，中国社会科学院农村发展研究所农村环境与生态经济研究室主任、研究员、博士生导师。兼任中国社会科学院生态环境经济研究中心主任、中国生态经济学会副理事长兼秘书长、《中国生态农业学报》副主编。主要研究领域：生态经济学、资源管理、农村生态治理、农业可持续发展等。

崔红志 管理学博士，中国社会科学院农村发展研究所农村组织与制度研究室主任、研究员、博士生导师。主要研究领域：农村社会保障、农村组织与制度。

谭秋成 经济学博士，中国社会科学院农村发展研究所乡村治理研究室主任、研究员、博士生导师。主要研究领域：乡村治理、公共政策评估、生态服务价值与自然资源利用。

目　录

总报告

走中国特色的乡村全面振兴之路 …………… 总报告课题组（3）

综合篇

2018年中国农村发展指数测评
　　——中国农村发展进程及地区比较 …… 韩　磊　刘长全（73）
农业农村现代化水平评价指标体系的构建 ……… 任常青（97）
促进农民增收的挑战与对策 ………………………… 杨　穗（125）
城乡融合发展的现状、问题与政策建议 ………… 张海鹏（148）

经济发展篇

保障新时代国家粮食安全 ………………………… 李国祥（169）
新时代实现乡村产业兴旺面临的问题与对策 …… 李婷婷（190）
农村集体经济发展的现状、问题和政策取向 …… 崔红志（210）
农村产业发展中的投融资机制与
　　对策 ………………………………… 董　翀　孙同全（230）

农民专业合作社发展现状、问题与

　　展望 ………………………………… 苑　鹏　曹　斌（269）

社会发展篇

乡村振兴的人才需求与政策建议 ………………… 曾俊霞（297）
乡风文明建设存在的问题与对策建议 …………… 王　宾（318）
乡村治理体系现状、问题与对策 ………………… 罗万纯（339）
实现城乡教育公平发展的现状、问题与

　　政策建议 …………………………………… 赵　黎（356）

生态环境篇

生态宜居乡村建设的现状与对策建议 …………… 包晓斌（391）
农村生活垃圾处理的现状、问题与对策 ………… 操建华（414）
农村水污染的现状、原因与治理对策 …………… 全世文（438）
新时代农业绿色发展中的关键问题及

　　对策建议 …………………………………… 于法稳（459）

总报告

走中国特色的乡村全面振兴之路

总报告课题组[*]

摘　要： 实施乡村振兴战略是党中央对"三农"工作的全新部署，加快推进农业农村现代化是实施乡村振兴战略的根本目的。改革开放以来在快速城镇化进程中，受思想观念、体制机制、城市偏向政策等因素的影响，乡村发展面临诸多困境，实施乡村振兴战略是破解乡村发展困境、促进城乡共同繁荣的根本途径。农业农村现代化是包含农村产业现代化、农村生态现代化、农村文化现代化、乡村治理现代化和农民生活现代化在内的有机整体。从农村产业现代化、农村生态现代化、农村文化现代化和农民生活现代化四个方面构建指标体系，评价中国农业农村现代化进程，结果显示中国目前正处于农业农村现代化的中期阶段，农业农村现代化进程的四个维度差距较大，到2050年可以全面

---

[*] 本报告执笔人：魏后凯，经济学博士，中国社会科学院农村发展研究所所长、研究员，主要研究方向为区域经济、城镇化、农业农村发展；张瑞娟，管理学博士，中国社会科学院农村发展研究所助理研究员，主要研究方向为农业政策、农产品市场与贸易；王颂吉，经济学博士，中国社会科学院农村发展研究所博士后，西北大学经济管理学院副教授，主要研究方向为城乡经济发展；全世文，管理学博士，中国社会科学院农村发展研究所助理研究员，主要研究方向为农村生态与农业资源、农产品市场。

实现农业农村现代化目标。从四个方面看，农村产业现代化进程最快，提高农业劳动生产率和社会化服务水平是实现农村产业现代化的核心任务；农民生活现代化进程较慢，缩小城乡差距是实现农民生活现代化的关键；农村生态现代化进程缓慢，提高农村生活污水处理率以及减少农药化肥使用量任务艰巨；农村文化现代化进程最慢，提高农民素质和科学文化水平任重道远。实施乡村振兴战略的难点在于：一是农民增收难，持续缩小城乡收入差距是短板；二是农业农村投入资金不足，实现城乡基本公共服务均等化是薄弱环节；三是农村生态环境遭到破坏，实现农业农村绿色发展任务艰巨；四是人才短缺，提高农民素质和科学文化水平是关键。新时代全面实施乡村振兴战略，必须立足中国人多地少、大国小农的国情农情特点，实行以改革促升级、促转型、促融合、促振兴的总体策略，实施以下政策措施：一是始终抓住国家粮食安全这根弦不放松，确保粮食生产能力不降低；二是建立乡村振兴与新型城镇化的联动机制，实行农村偏向的公共资源增量配置政策；三是促进第一、第二、第三产业融合发展，构建可持续的农民增收长效机制；四是明确乡村全面振兴的标志和实施路径，推进乡村产业振兴、人才振兴、文化振兴、生态振兴和组织振兴；五是坚持因地制宜、分类指导、精准施策，采取分区分类的差别化乡村振兴推进策略。

关键词：发展困境　乡村振兴战略　农业农村现代化　进程评估　推进策略

走中国特色的乡村全面振兴之路

Take the Road of Rural Full Revitalization with Chinese Characteristics

General Report Group

Abstract: The implementation of the rural revitalization strategy is the party central Committee's new deployment of the "agriculture, rural and farmers" work. Accelerating the modernization of agricultural and rural is the fundamental purpose of the implementation of the rural revitalization strategy. In the process of rapid urbanization since the reform and opening up, influenced by ideas, institutional mechanisms, urban bias policies and other factors, rural development is facing many difficulties. The implementation of rural revitalization strategy is the fundamental way to solve the difficulties of rural development and promote the common prosperity of urban and rural. The modernization of agriculture and rural is an organic whole that includes the modernization of rural industries, the modernization of rural ecology, the modernization of rural culture, the modernization of rural governance and the modernization of farmers' life. This report constructs an index system from four aspects of rural industrial modernization, rural ecological modernization, rural cultural modernization and farmers' life modernization, and evaluates the process of agricultural and rural modernization in China. The results show that China is currently in the middle stage of agricultural and rural modernization, and the four dimensions of the process of agricultural and rural modernization are far from each other. The goal of agricultural and rural modernization can be fully realized by 2050. From four aspects, the process of rural industry modernization is the fastest. Improving agricultural labor productivity and social service level is the core task to realize rural industry modernization. The process of modernization of farmers' life is slow. Narrowing the gap between urban and rural is the key to realize the modernization of farmers' life. The process of rural ecological modernization is slow, and the task of improving the treatment rate of rural domestic sewage and reducing the use of pesticide and fertilizer is arduous. The process of cultural modernization in rural areas is the slowest. It is a long way to go to improve the quality of farmers and the level of scientific culture. The difficulties in implementing the rural revitalization strategy lie in: first, it is difficult for farmers to increase income, and it is a short board to continuously narrow the income gap between urban and rural. Secondly, the investment in agricultural and rural is insufficient, and the realization of the equalization of basic public services in urban and rural is a weak link. Thirdly, the rural ecological environment has been destroyed, and the task of realizing green development in agricultural villages is arduous. Fourthly, there is a shortage of talents, and improving the quality of farmers and their scientific and cultural level is the key. In order to fully implement the strategy of rural revitalization in the new era, we must base on the characteristics of the situation of small farmers in large countries, and a large population with relatively little land. We must implement the overall strategy of promoting upgrading, transformation, integration and revitalization through reform. We must implement the following policy measures: first, we must always hold fast to the string of national food security and ensure that food production capacity does not decrease. The second is to establish a linkage mechanism between rural revitalization and new urbanization and to implement an incremental allocation policy of public resources that is biased towards rural areas. The third is to promote the integration and development of the 123 industries and construct a long-term mechanism for increasing farmers' income. The fourth is to clarify the signs and implementation paths of the overall rejuvenation of villages, and to promote the rejuvenation of rural industries, talents, culture, ecology and organization. Fifthly, it insists on adjusting measures to local conditions, guiding by classification and implementing policies with precision, and adopts differentiated rural revitalization and promotion strategies based on division and classification.

Key words: Development Dilemma, Rural Revitalization Strategy, Agricultural and Rural Modernization, Process Evaluation, Promotion Strategy

乡村振兴战略是一个管长远、管全面的大战略。这里所讲的乡村振兴，是一个既包括经济、社会和文化振兴，也包括治理体系创新和生态文明进步的全面振兴概念。党的十九大报告提出了"产业兴旺、生态宜居、乡风文明、治理有效、生活富裕"的乡村振兴总要求，体现了乡村全面振兴思想的萌芽。2017年中央农村工作会议明确提出了乡村全面振兴的思想，强调要"推动农业全面升级、农村全面进步、农民全面发展，谱写新时代乡村全面振兴新篇章"。2018年3月8日，习近平总书记在参加十三届全国人大一次会议山东代表团审议时进一步提出要推进乡村产业振兴、人才振兴、文化振兴、生态振兴和组织振兴，系统阐述了现阶段促进乡村全面振兴的具体路径。可以说，促进乡村全面振兴是实施乡村振兴战略的核心任务。本报告将重点探讨城镇化进程中乡村发展面临的困境，并对中国农业农村现代化进程进行评估，找出其短板和实施乡村振兴战略的难点所在，进而提出新时代促进乡村全面振兴的总体策略和政策措施。

一 城镇化进程中的乡村发展困境及其原因

改革开放40年来，中国经济保持了持续快速增长，城镇化大规模快速推进。在快速经济增长和城镇化进程中，中国乡村发展取得了显著成就，农民生活水平大幅提升。然而，受思想观念、体制机制、城市偏向政策等因素的影响，伴随着大规模快速城镇化，乡村发展日益面临诸多困境。实施乡村振兴战略是破解城镇化进程中乡村发展困境的根本途径，是促进城乡共同发展和繁荣的重要战略举措。

（一）快速城镇化进程中的乡村发展困境

城镇化快速推进是中国改革开放以来经济社会发展的重要特征。中国改革开放以来的城镇化进程大体可分为三个阶段：1978—1995年是中国城镇化稳步推进阶段，这一阶段常住人口城镇化率由17.92%提高到29.04%；1996—2010年是城镇化加速推进阶段，这期间城镇化率年均提高1.39个百分点，到2010年常住人口城镇化率达到49.95%；2011年以来是城镇化减速阶段，这期间城镇化速度有所放缓，城镇化率年均提高1.22个百分点，到2017年全国常住人口城镇化率达到58.52%，城镇常住人口增至8.13亿人。总体上看，从1978年到2017年，依靠经济的持续快速增长中国实现了6.41亿人的城镇化，平均每年新增城镇人口1644万人，城镇化率年均提高1.04个百分点。这种持续的大规模快速城镇化是世界上绝无仅有的，也是中国对世界城镇化做出的巨大贡献。据联合国《世界城镇化展望》（2014年版）提供的数据推算，从1995年到2010年，中国新增城镇人口2.86亿人[①]，占世界新增城镇人口的28.5%（United Nations，2014）。改革开放以来的大规模快速城镇化带动了中国经济结构、社会结构、空间结构的变迁，大量农村人口转移到城镇就业和生活，农业农村现代化水平显著提升。但受城市偏向政策等因素的影响，快速城镇化进程中城镇对乡村的带动作用未能得到全面发挥，乡村发展困境日益显现。具体而言，当前中国乡村发展的主要困境体现在以下方面。

---

① 按照国家统计局提供的数据，从1995年到2010年，中国实际新增城镇人口3.18亿人，占世界新增城镇人口的31.7%。

1. 现代农业发展乏力，城乡二元经济结构转化滞后

中国农业现代化水平虽然在改革开放以来实现了快速提升，但农业现代化进程严重滞后于城镇化、工业化进程。从世界各国的农业发展历程来看，伴随着现代农业发展和经济结构变迁，农业部门的增加值比重和劳动力就业比重将不断下降且逐步趋同，这是城乡二元经济结构转化的必要条件。2015年世界各国农业增加值占比平均为3.78%，美国、日本已降至1%左右。在农业增加值占比下降的同时，农业劳动力就业占比也同步下降。Lagakos和Waugh（2013）研究表明，世界最发达的前10%国家的农业劳动力就业占比平均约为3%，其中2011年美国农业劳动力占比为1.6%。改革开放以来，中国农业增加值比重和劳动力就业比重逐步下降（见图1），但受传统体制机制等的影响下降速度较为缓慢。从中国农业增加值占GDP比重的变动情况来看，2009年中国农业增加值占比首次下降到10%以下，但此后8年该比值仅下降1.23个百分点，平均每年下降0.15个百分点，按这一速度推算到2041年中国农业增加值占比才能下降到5%。相比较而言，韩国在不到10年时间内，农业增加值比重就从1988年的10.18%下降到1997年的5.02%。再从中国农业劳动力就业比重的变动情况来看，改革开放以来该比值从1978年的70.5%大幅下降至2016年的27.7%，中国的就业结构发生了历史性变迁。但从国际横向对比来看，中国农业就业比重远高于世界平均水平。2016年中国农业就业比重超过农业增加值比重19.1个百分点（见图1），农业劳动力就业占比过高的症结在于现代农业发展滞后，尤其是农业规模化经营发展缓慢。第三次全国农业普查数据显示，2016年全国有农业经营户20743万户，其中规模农业经营户为398万户，规模农业经营户所占比重仅为1.9%。今后中国仍将有大量农业劳动力转移到城镇非农部门就业，但中国目前已进入城镇化减速推进阶段，因此农业劳动力向城镇转移的速度也将趋于下降（魏后凯，2014；魏后凯、刘同山，2017）。

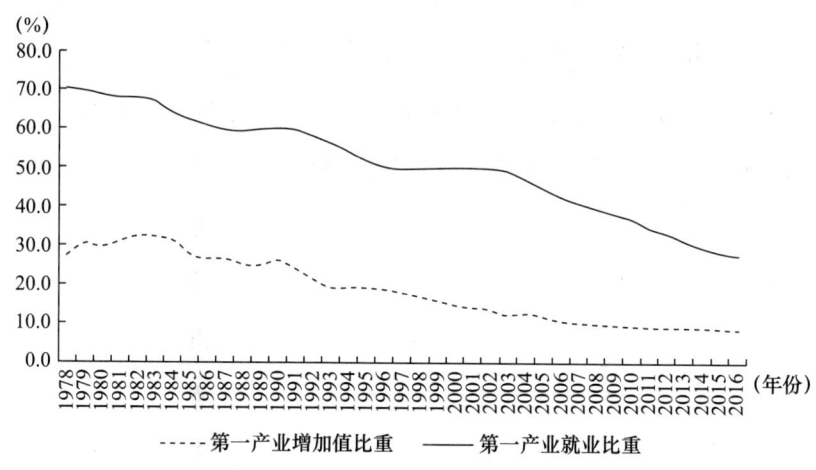

图1 1978—2016年中国农业增加值比重和就业比重变动情况

资料来源：根据《中国统计年鉴（2017）》绘制。

中国的非农部门在改革开放以来实现了快速发展，但受农业现代化进程滞后的影响，城乡二元经济结构难以顺利转化。学术界一般使用二元对比系数和二元反差系数来测度城乡二元经济结构强度。其中，二元对比系数是农业与非农部门比较劳动生产率的比值，比较劳动生产率则是某一部门的增加值比重同该部门就业比重的比值，二元对比系数的取值范围是0—1，数值越接近于0，则表明二元经济结构强度越高；二元反差系数是农业与非农部门各自的增加值比重同就业比重之差的绝对值的平均值，二元反差系数的取值范围是0—1，数值越接近于1，则表明二元经济结构强度越高。发展中国家的二元对比系数一般为0.31—0.45，发达国家一般为0.52—0.86，而中国1978—2016年城乡二元对比系数的波动范围是0.145—0.259（见图2），这表明中国的城乡二元经济结构存在明显的"刚性"（王颂吉、白永秀，2013）。党的十六大以来中央大力推进城乡协调发展，近年来城乡二元对比系数波动上升至2016年的0.246，二元反差系数下降至0.191，这表明城乡二元经济结构强度有所弱化，但中国的城乡二元经济结构强度在世界范围内处于较高水平，城乡二元经济结构仍是制约中国乡村发展的主要障碍。

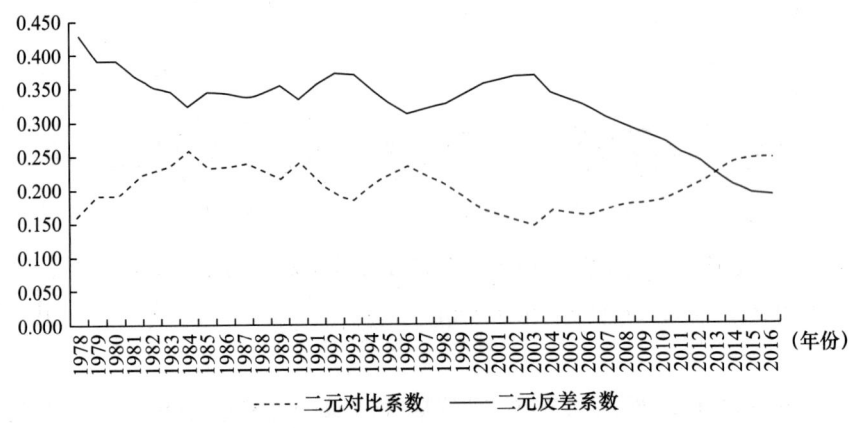

图2　1978—2016年中国城乡二元经济结构变动趋势

资料来源：根据《中国统计年鉴（2017）》计算。

2. 农村环境问题突出，老龄化、空心化日益严重

良好的生态环境是农村相对于城市地区的最大优势和宝贵财富，但近年来以农业面源污染和农村人居环境不佳为代表的农村环境问题日益突出。从农业面源污染来看，中国农产品尤其是粮

食增产高度依赖化肥、农药等农业化学品,长期过量使用农药、化肥、地膜以及规模化畜禽养殖产生的大量排泄物,导致了严重的耕地板结、土壤酸化、环境污染等问题。尽管近年来在国家政策的推动下,中国每公顷耕地的农药和化肥使用量已开始下降,农业废弃物的资源化利用水平也有所提高,但每公顷耕地的化肥、农药使用量仍远高于世界平均水平,治理农业面源污染形势不容乐观。从农村人居环境来看,近年来农村"脏乱差"问题初步得到解决,但由于农村建设投资长期不足,导致农村人居环境仍然较差。第三次全国农业普查数据显示,2016年全国农村仍有48.2%的家庭使用普通旱厕或无厕所,26.1%的村庄的生活垃圾、82.6%的村庄的生活污水未得到集中处理或部分集中处理,38.1%的村庄内部的主要道路没有路灯,52.3%的农户尚未使用经过净化处理的自来水,44.2%的农户使用柴草作为主要生活能源。这种状况与城镇形成鲜明的对照,远不能满足农村居民日益增长的美好生活需要。

随着城镇化快速推进,农村大量青壮年劳动力进城务工和安家落户,导致农村人口老龄化、村庄"空心化""三留守"等问题日益严重(魏后凯,2016)。从农村人口老龄化来看,转移到城镇就业和生活的农民工以青壮年劳动力为主,2017年全国农民工平均年龄为39.7岁,50岁以上农民工所占比重为21.3%,农村呈现"年轻子女进城务工,年老父母留村务农"的代际分工模式(贺雪峰,2015),导致农村人口老龄化日趋严重。从2005年到2016年,全国乡村60岁及以上人口所占比重从13.7%快速上升至19.1%(见表1),乡村这一指标不仅始终高于城市、镇和全国平均水平,而且乡村同全国、城市、镇的差距不断拉大，2016年乡村60岁及以上人口比重高出城镇4.2个百分点。农业部2015年对山西省永济市、襄垣县12个乡镇276个农户的调查表明，当地农业经营人员中50岁以上人员所占比例高达75.4%，这表明农村产业发展缺乏年轻劳动力作为支撑。农村人口尤其是青壮年人口大量进城还带来了村庄"空心化"问题，集中体现为农村大量住宅长期闲置、宅基地浪费严重。2000—2011年全国农村人口减少1.33亿人，但以宅基地为主的农村建设用地反而增加3045万亩。据刘彦随等（2011）研究，全国"空心村"闲置宅基地的综合整治潜力约为1.14亿亩。目前，北京农村近八成村庄有闲置农宅，共约7.5万套，其中六成左右为整院落闲置，个别山区村闲置率高达15%以上。此外，受户籍制度等因素的影响，城镇化进程中还形成了农村"三留守"问题，2017年全国农民工中男性占比为65.6%，其中外出农民工中男性占比高达68.7%，大量老人、妇女、儿童留守农村，这对农村老人赡养、妇女身心健康、儿童教育带来巨大挑战，不利于农村经济社会健康发展。

表1　　　　　　　全国和城乡60岁及以上人口比重情况

年份	60岁及以上人口比重（%）				差距（百分点）		
	全国	城市	镇	乡村	乡村—全国	乡村—城市	乡村—镇
2005	13.0	12.5	11.7	13.7	0.7	1.2	2.0
2010	13.3	11.5	12.0	15.0	1.7	3.5	3.0
2013	14.9	12.8	13.3	17.1	2.2	4.3	3.8
2014	15.5	13.8	14.0	17.6	2.1	3.8	3.6
2015	16.1	14.2	14.5	18.5	2.4	4.3	4.0
2016	16.7	14.9	14.9	19.1	2.4	4.2	4.2

资料来源：根据相关年份《中国人口和就业统计年鉴》计算。

走中国特色的乡村全面振兴之路

3. 农业劳动力人力资本水平较低，农民增收难度加大

由于教育、医疗等公共服务供给长期不足，农村劳动力的人力资本投资处于较低水平，这不仅导致农村居民收入及消费水平较低，而且不利于农业农村现代化和经济结构转型。近年来为加快发展现代农业，国家着力打造一支爱农业、懂技术、会经营的新型职业农民队伍，截至2018年上半年全国新型职业农民规模超过1500万人，但农民整体人力资本水平偏低的状况并未得到根本改变。从表2可以看出，2016年全国80.9%的农业从业人员年龄在35岁以上，55岁及以上的农业从业人员比重达到三成多，东部地区55岁及以上的农业从业人员比重接近四成。从农业从业人员受教育水平来看，全国91.8%的农业从业人员仅具备初中及以下文化程度，西部和东北地区接受高中及以上教育的农业从业人员比重不超过7%。

表2　　　　　2016年农业生产经营人员基本情况　　单位：万人，%

		全国	东部地区	中部地区	西部地区	东北地区
农业生产经营人员总数		31422	8746	9809	10734	2133
农业生产经营人员性别构成	男性	52.5	52.4	52.6	52.1	54.3
	女性	47.5	47.6	47.4	47.9	45.7
农业生产经营人员年龄构成	年龄35岁及以下	19.2	17.6	18.0	21.9	17.6
	年龄36—54岁	47.3	44.5	47.7	48.6	49.8
	年龄55岁及以上	33.6	37.9	34.4	29.5	32.6
农业生产经营人员受教育程度构成	未上过学	6.4	5.3	5.7	8.7	1.9
	小学	37.0	32.5	32.7	44.7	36.1
	初中	48.4	52.5	52.6	39.9	55.0
	高中或中专	7.1	8.5	7.9	5.4	5.6
	大专及以上	1.2	1.2	1.1	1.2	1.4

资料来源：国家统计局《第三次全国农业普查主要数据公报（第五号）》。

从农民工的受教育水平来看（见表3），尽管从2011年到2017年接受大专及以上教育的农民工比重增加了一倍，但2017年仍有近90%的农民工未接受大专及以上教育，超过七成的农民工仅具备初中及以下文化程度。2017年接受农业技术培训的农民工仅占9.5%，接受非农职业技能培训的农民工占30.6%。农业从业人员及农民工较低的人力资本水平，是中国农业农村现代化和经济转型升级过程中必须面对的重大问题。

表3　　　　　　　　农民工文化程度构成　　　　　　　单位:%

	农民工合计		外出农民工		本地农民工	
	2011年	2017年	2011年	2017年	2011年	2017年
未上过学	1.5	1.0	0.9	0.7	2.1	1.3
小学	14.4	13.0	10.7	9.7	18.4	16.0
初中	61.1	58.6	62.9	58.8	59.0	58.5
高中	17.7	17.1	18.5	17.3	17.1	16.8
大专及以上	5.3	10.3	7.0	13.5	3.4	7.4

注：2011年的"未上过学"是指"不识字或识字很少"，"高中"包括高中和中专。

资料来源：国家统计局《2011年我国农民工调查监测报告》《2017年农民工监测调查报告》。

由于现代农业发展乏力及农业劳动者人力资本水平较低，导致中国城乡居民的收入及消费差距问题非常突出。从城乡居民收入差距来看，20世纪90年代末以来城镇居民人均可支配收入与农村居民人均纯收入之比持续上升至2009年的3.33倍，尽管此后逐渐收敛至2015年的2.95倍，但城乡居民收入差距仍处于高位。近年来,农业经营收入对农民增收的贡献率在逐渐下降,从2013年到2017年,第一产业经营净收入占农民人均可支配收入的比重从30.1%降至25.2%,农民工工资增速也呈现回落态势,转移净收入占比将受到"天花板"的限制,而财产净收入占比在短期内很难获得大幅提升,这导致农民增收难度日益增大。到2017年年末,全国农村仍有3046万贫困人口,贫困发生率为3.1%,并且在2020年农村脱贫攻坚任务完成之后需要向更高贫困线看齐,因此促进农民增收、解决农村相对贫困和多维贫困的任务非常艰巨。进一步从城乡居民消费差距来看,改革开放以来农村居民消费水平明显提升,但由于收入水平较低,农村居民在家用汽车、空调、热水器、排油烟机、计算机、照相机等耐用消费品的普及上仍有较大提升空间(见表4),农村居民与城镇居民在消费结构上存在较大差距,2016年农村居民消费水平仅为城镇居民的36.8%。

表4　　　城乡居民平均每百户年末主要耐用消费品拥有量

指标	2013年		2014年		2015年		2016年	
	城镇	农村	城镇	农村	城镇	农村	城镇	农村
家用汽车(辆)	22.3	9.9	25.7	11.0	30.0	13.3	35.5	17.4
摩托车(辆)	20.8	61.1	24.5	67.6	22.7	67.5	20.9	65.1
电动助力车(辆)	39.0	40.3	42.5	45.4	45.8	50.1	49.7	57.7
洗衣机(台)	88.4	71.2	90.7	74.8	92.3	78.8	94.2	84.0
电冰箱/柜(台)	89.2	72.9	91.7	77.6	94.0	82.6	96.4	89.5
微波炉(台)	50.6	14.1	52.6	14.7	53.8	15.0	55.3	16.1
彩色电视机(台)	118.6	112.9	122.0	115.6	122.3	116.9	122.3	118.8
空调(台)	102.2	29.8	107.4	34.2	114.6	38.8	123.7	47.6
热水器(台)	80.3	43.6	83.0	48.2	85.6	52.5	88.7	59.7

续表

指标	2013年		2014年		2015年		2016年	
	城镇	农村	城镇	农村	城镇	农村	城镇	农村
排油烟机（台）	66.1	12.4	68.2	13.9	69.2	15.3	71.5	18.4
移动电话（部）	206.1	199.5	216.6	215.0	223.8	226.1	231.4	240.7
计算机（台）	71.5	20.0	76.2	23.5	78.5	25.7	80.0	27.9
照相机（台）	34.0	4.4	35.2	4.5	33.0	4.1	28.5	3.4

资料来源：根据相关年份《中国统计年鉴》汇总。

（二）乡村发展面临困境的原因

在快速城镇化进程中，乡村发展之所以陷入困境，主要受思想观念障碍、国家支农体系相对薄弱、城市偏向政策长期延续等因素的影响。

1. 思想观念障碍

近年来乡村发展面临困境，在一定程度上是受到落后甚至错误思想观念的影响，例如长期根深蒂固的"重工轻农""重城轻乡"思想，担心农民离农退地会影响社会稳定，把土地流转等同于农业适度规模经营，对工商资本下乡存在认识偏颇等（魏后凯、刘同山，2017），这些观念对农业农村现代化造成了消极影响。

一是担心农民离农退地会影响社会稳定。有些人担心，允许农民离农退地，会产生"失地农民"，从而损害农民利益、影响社会稳定。对于农民进城后闲置的宅基地，有人主张单纯以"自然复垦"的方式处理。应当承认，在农民工的社会保障不完善时，农村土地具有一定的社会保障作用，但随着农民工市民化进程的加快，一部分进城农户已完全不再依赖农村土地，并且有很强的土地处置意愿。在此背景下，"农民离农退地会影响社会稳定"的思想不仅无助于增加进城农民的财产性收入，而且不利于农业农村发展。

二是把土地流转等同于农业适度规模经营。土地流转对于实现农业适度规模经营、推进农业现代化具有重要意义，但一些地方把土地流转视作农业适度规模经营的唯一途径，进而把促进农业规模经营简化为支持土地连片流转，有些地方甚至不顾客观实际把扶持上千亩经营规模的大户数量作为发展目标，并千方百计地增加农业规模经营补贴，最终引发了一系列经济社会问题，例如农业规模经营主体中途"跑路"。实际上，土地流转只是促进农业适度规模经营的方式之一，2017年中央一号文件明确指出，要"通过经营权流转、股份合作、代耕代种、土地托管等多种方式，加快发展土地流转型、服务带动型等多种形式规模经营"，因此应摈弃"土地流转等同于农业适度规模经营"的思想，采取多种方式推进农业现代化。

三是对工商资本下乡存在认识偏颇。资本是农业农村发展的稀缺资源，工商资本下乡对于促进农村经济社会发展具有重要意义，但一些人对工商资本存在抵触心理，认为工商资本下乡会改变土地用途，导致农地非农化。实际上，工商资本在租赁农地后之所以可能出现非农化，主要原因在于基层政府监管不力甚至同工商资本合谋。因此，不能把监管不力导致的农地非农化问题归咎于工商资本，限制工商资本下乡只会阻碍农业农村现代化。

2. 国家支农体系相对薄弱

近年来中央加快构建财政支农稳定增长机制（郑力文、孔祥智，2013），这对促进农业农村发展发挥了积极作用，但财政支农体系仍较为薄弱。一是财政支农资金结构不合理，农业技术研发投入长期不足。从2008年到2016年，国家财政用于农业、林业、水利的资金由3825.6亿元大幅增至12335.9亿元，但涉农行政部门的人员经费和办公经费在其中占有较大比重，业务经费增速较慢。中国农业R&D经费投入强度（农业R&D总公共支出占农业增加值的比重）不到1%，远低于发达国家3%—6%的水平，农业研发投入长期不足导致农业现代化缺乏有力的科技支撑。二是地方财政配套难以落实，农村小型基础设施建设资金匮乏。中央政府在财政支农过程中，要求地方政府对中央专项转移支付给予配套资金，但基层政府在"为增长而竞争"和分税制背景下往往既"不愿意"也"没能力"把较多的财政资金投入到农业领域。在现行财政投资体制下，农村大中型基础设施建设一般由中央或省级财政负责，小型基础设施投资则主要由市县和乡镇财政负责，这就使得农村小型基础设施建设资金匮乏。三是财政支农资金使用效率较低。财政支农资金由财政、农业、水利、科技、扶贫等多部门管理，缺乏有效的协调机制，并且财政支农资金的监督机制较为落后，这导致财政支农资金使用效率较低。强有力的财政支农体系是农业农村现代化的重要支撑，财政支农体系薄弱不利于农村经济快速发展。

此外，金融支农体系也有较大提升空间。目前中国农村金融体系包括政策性金融机构（中国农业发展银行）、商业性金融机构（中国农业银行、中国邮政储蓄银行等）、合作性金融机构（农村信用社、农村商业银行、村镇银行等）、民间金融、小额信贷组织以及涉农互联网金融机构，近年来农村金融体系不断完善，全口径涉农贷款余额从2007年末的6.1万亿元增至2017年9月末的30.55万亿元，占各项贷款的比重从22%提高到25.6%（雷曜、张文婷，2018）。但总体而言，农村正规金融机构的涉农普惠金融服务水平仍然较低，小农户在获取金融服务的过程中仍存在各种限制，这就在一定程度上影响了农业农村现代化。

3. 城市偏向政策长期延续

城市偏向政策的长期延续是阻碍农业农村发展的重要原因。尽管改革开放以来城市偏向的政策体系逐步弱化，但在"以经济建设为中心"的发展战略下，地方政府为推动经济增长仍在生产要素配置和公共服务供给中实施城市偏向政策（王颂吉，2016），阻碍了农业农村现代化进程。

一是生产要素配置的城市偏向阻碍农业现代化。在现代经济结构中，城市非农产业是经济增长的主要源泉，农业对经济增长的拉动作用较小，地方官员在晋升激励下倾向于优先发展城市非农产业，即以城市非农产业为中心对生产要素进行配置，这就导致了生产要素配置的政策性扭曲。从劳动力要素配置的城市偏向来看，户籍制度仍在很大程度上发挥着城乡"藩篱"作用，导致过多劳动力滞留于农业部门，抑制了农业适度规模经营的发展进程。从资本要素配置的城市偏向来看，农村资金通过金融机构等渠道大量流向城市,并且农户金融抑制现象普遍存在,导致农村产业发展缺乏充足的资金支持。据研究,1978—2012年农村向城市净流出资金约为26.66万亿元,尽管20世纪90年代末期之后的农村资金净外流速度放缓,但整体规模依然非常庞大（周振等,2015）。从土地要素配置的城市偏向来看,改革开放以来土地成为地方政府招商引资和获取预算外收入的重要手段,由于农村土地和城市土地的权益存在很大差别,地方政府能够以低价征购农村集体土地,并以高价卖出或将其作为工业用地,这在加快工业化、城镇化进程的同时,严重损害了农民的合法权益（王颂吉、白永秀,2014）。总体而言,受城市偏向的生产要素配置政策影响,农村劳动力难以与资本、土地等要素实现优化配置,阻碍了农业现代化和农村经济发展。

二是公共服务供给的城市偏向阻碍农村现代化。政府以户籍制度为基础,衍生出了城乡有别的教育制度、医疗制度、就业制度、社会保障制度等相关制度安排,财政在城市公共服务供给中发挥着重要作用,税费改革之前农村公共服务则在很大程度上采取"制度外筹资"和"制度外供给"形式,导致农村公共服务供给严重不足。这不仅给农民带来沉重负担,而且抑制了农村居民的人力资本积累,不利于农村经济社会健康发展。进入21世纪以来,农村税费改革在很大程度上改变了农村公共服务的筹资方式和供给体制,财政覆盖农村公共服务的范围不断扩大,农村公共服务供给水平得以提升,但由于农村公共服务欠账过多,城乡基本公共服务均等化仍需一个较为长期的过程。以城乡医疗卫生服务为例（见表5和图3）,2007年以来城乡每千人口拥有的

走中国特色的乡村全面振兴之路

卫生技术人员数、医疗卫生机构床位数都呈现上升趋势，但城市始终是农村的两倍以上；城乡居民人均医疗保健支出都有大幅度提升，且城乡居民在人均医疗保健支出上的差距趋于收敛，但医疗保健支出占农村居民消费性支出的比重却有较大幅度增加，这表明农村居民的医疗负担有所加重。此外，进城农民工难以享受同市民均等的公共服务。改革开放以来，大规模涌入城市就业的农民工为城市经济发展做出了重大贡献，但由于难以获得城市户籍，绝大多数农民工及其家属无法享受附着在城市户籍之上的诸多公共服务，这不仅显著降低了城镇化质量，而且严重损害了农民工群体及其家属的发展权益，阻碍了农民工市民化和城乡经济社会协调发展。

表5　　　　　　　城乡居民享受医疗卫生服务比较

年份	每千人口拥有的卫生技术人员数（人）		每千人口拥有的医疗卫生机构床位数（张）		居民人均医疗保健支出（元）		居民医疗保健支出占消费性支出比重（%）	
	城市	农村	城市	农村	城镇	农村	城镇	农村
2007	6.44	2.69	4.47	1.89	699.1	210.2	7.0	6.5
2008	6.68	2.80	4.70	2.08	786.2	246.0	7.0	6.7
2009	7.15	2.94	5.00	2.28	856.4	287.5	7.0	7.2
2010	7.62	3.04	5.33	2.44	871.8	326.0	6.5	7.4
2011	7.90	3.19	6.24	2.8	969.0	436.8	6.4	8.4
2012	8.54	3.41	6.88	3.11	1063.7	513.8	6.4	8.7
2013	9.18	3.64	7.36	3.35	1136.1	668.2	6.1	8.9
2014	9.70	3.77	7.84	3.54	1305.6	753.9	6.5	9.0
2015	10.21	3.90	8.27	3.71	1443.4	846.0	6.7	9.2
2016	10.42	4.08	8.41	3.91	1630.8	929.2	7.1	9.2

注：城市包括直辖市区和地级市辖区，农村包括县及县级市。

资料来源：《中国卫生和计划生育统计年鉴（2017）》。

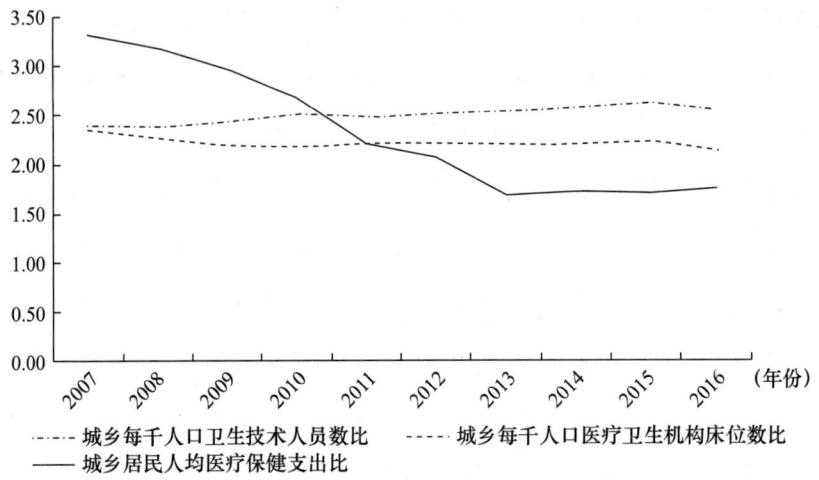

图3　2007—2016年中国城乡居民享受医疗卫生服务的差异变动

（三）实施乡村振兴战略是破解乡村困境的根本途径

乡村在中国特色社会主义新时代是一个可以大有作为的广阔天地，要破解乡村发展困境、解决城乡发展不平衡问题，必须全面实施乡村振兴战略。

1. 实施乡村振兴战略是城乡协调发展政策演进的必然结果

实现城乡协调发展是社会主义的本质要求。党的十六大以来，中央始终把解决好"三农"问题作为全党工作的重中之重，中央对城乡关系的认识随着实践发展经历了"统筹城乡经济社会发展→统筹城乡发展→城乡经济社会一体化→城乡发展一体化→城乡融合发展"的演进，实施乡村振兴战略是中央推进城乡协调发展的题中之义。2002年11月，党的十六大在制定全面建设小康社会奋斗目标时，针对"城乡二元经济结构还没有改

走中国特色的乡村全面振兴之路

变"的问题，提出了"统筹城乡经济社会发展"的方针。2003年7月，中央把"统筹城乡发展"作为"科学发展观"的重要内容，并将其列为五个统筹之首。2007年10月，党的十七大提出"建立以工促农、以城带乡长效机制，形成城乡经济社会发展一体化新格局"。2012年11月，党的十八大指出"城乡发展一体化是解决'三农'问题的根本途径"。2013年11月，党的十八届三中全会提出形成以工促农、以城带乡、工农互惠、城乡一体的新型工农城乡关系。2017年10月，党的十九大进一步提出实施乡村振兴战略，建立健全城乡融合发展的体制机制和政策体系。

从乡村振兴战略的形成过程来看，党的十九大提出了"产业兴旺、生态宜居、乡风文明、治理有效、生活富裕"的乡村振兴战略总要求。2017年12月底召开的中央农村工作会议，进一步明确提出走中国特色社会主义乡村振兴道路，即走城乡融合发展之路、共同富裕之路、质量兴农之路、乡村绿色发展之路、乡村文化兴盛之路、乡村善治之路、中国特色减贫之路，到2050年实现乡村全面振兴。2018年1月2日，中共中央国务院发布了《关于实施乡村振兴战略的意见》，对实施乡村振兴战略做出了全面部署。2018年3月8日，习近平总书记在参加十三届全国人大一次会议山东代表团审议时，着重论述了乡村振兴战略，提出了"五个振兴"思想，进一步明确了乡村振兴的主攻方向和实施路径。2018年5月31日，中共中央政治局召开会议审议《乡村振兴战略规划（2018—2022年）》，进一步细化实施乡村振兴战略的工作重点和政策措施。由此可见，实施乡村振兴战略是对中央城乡协调发展政策的继承和发展，是决胜全面建成小康社会、全面建设社会主义现代化国家的重大历史任务,是新时代做好"三农"工作的总抓手。

2. 实施乡村振兴战略是破解乡村发展困境的必由之路

发达国家在城镇化和国民经济发展到一定阶段之后,大都通过一系列政策措施积极推动乡村发展,进而实现城乡协调发展。例如,西德政府于1954年提出并实施了乡村更新计划,在几十年的时间里积极推动工业企业向农村地区扩散,使农村拥有了完善的基础设施,农村公共服务供给水平也不断提高。韩国从1970年开始实施"新村运动",推进农业现代化、农村城镇化和农村工业化,加强农村精神文明建设,到20世纪末韩国城乡居民的生活条件已差别不大,实现了城乡协调发展。与上述国家乡村振兴形成鲜明对比的是,一些拉美国家在快速城镇化过程中未能解决好农业、农村和农民发展问题,成为导致这些国家落入"中等收入陷阱"的重要原因之一(叶兴庆,2018)。基于其他国家的经验教训,中国要实现"两个一百年"奋斗目标和全体人民共同富裕,必须加快推进农业农村现代化。

为破解快速城镇化进程中的乡村发展困境,早在2005年10月,党的十六届五中全会就提出了"生产发展、生活宽裕、乡风文明、村容整洁、管理民主"的新农村建设总要求。新农村建设开展十多年来,尤其是党的十八大以来,农业农村发展取得了历史性成就,但由于长期的历史积累,中国城乡发展不平衡和乡村发展不充分问题依然十分突出,农业农村现代化仍然是制约全面建成小康社会和建设现代化国家的短板。与此同时,城乡居民对农产品的需求由"量"向"质"转变,农业发展的主要矛盾由总量不足转变为结构性矛盾（魏后凯，2017）；农村居民除了要提高收入水平，还需要便利的基础设施和健全的公共服务；随着经济社会发展水平的提高，乡村对于城乡居民的文化、休闲、生态等价值日益凸显，因此必须通过加快农业农村发展以满足广大人民日益增长的美好生活需要。在此背景下，中央提出实施乡村振兴战略，实际上是新农村建设的全面升华，是破解乡村发展困境的必由之路。

3. 中国目前已经具备促进乡村全面振兴的条件

从国家能力来看，改革开放以来中国经济保持了近40年的持续快速增长，1979—2016年GDP年均增长9.6%；2017年全国GDP达到82.71万亿元，一般公共预算收入达17.26万亿元，分别是1978年的224.8倍和152.4倍，人均国民总收入远高于中等收入国家平均水平，已经具备了促进乡村全面振兴的经济基础。从工业化进程来看，第一产业增加值占GDP的比重从1978年的27.7%降至2017年的7.9%，第一产业已成为国民经济中的"少数"，经济发展整体进入工业化后期阶段，非农产业有能力更好地带动现代农业发展。从城镇化进程来看，常住人口城镇化率即将接近60%，以城市群为主体的城镇格局初步形成，农业转移人口市民化有序推进，城市辐射带动农村发展的能力显著增强。此外，党的十八大以来城乡融合发展和新农村建设的推进使农业农村发展取得了历史性成就，为促进乡村全面振兴奠定了扎实的基础，乡村在中国特色社会主义新时代迎来了难得的发展机遇。由此可见，目前中国完全有条件有能力通过乡村振兴破解乡村发展困境，谱写新时代乡村全面振兴新篇章。

二 中国农业农村现代化进程评估

实施乡村振兴战略，加快推进农业农村现代化，是事关中华民族伟大复兴和建设社会主义现代化强国的重大战略任务。2018年中央一号文件《中共中央国务院关于实施乡村振兴战略的意见》明确提出，到2050年实现乡村全面振兴。从某种程度上讲，实现乡村全面振兴的过程也是全面实现农业农村现代化的过程。本部分将以实现乡村全面振兴为目标，研究提出农业农村现代化的评价指标体系，并据此对中国农业农村现代化进程进行初步评估，找出其短板和难点所在，以为乡村振兴战略实施提供科学依据。

（一）农业农村现代化的提出及科学内涵

自1954年一届全国人大一次会议周恩来总理在《政府工作报告》中第一次向全国人民提出建设现代化农业的任务之后，实现农业现代化一直是中国实现全面发展的最重要目标之一，也是建设社会主义现代化强国的一项重要内容。农业现代化就是将传统农业转变为现代农业的过程，它指的是农业生产力和农业科技装备逐渐由传统方式日益转化为当代世界的先进水平，主要是针对农业经济发展提出的目标要求。经过60多年的发展，2017年习近平总书记在党的十九大报告中又在农业现代化的基础上，首次提出了农业农村现代化的概念，并把"加快推进农业农村现代化"作为实施乡村振兴战略的重要战略任务。

农业农村现代化是一个有机的整体,这一创新性的提法不仅传承发展了中国推进现代化的总体布局思路,而且丰富和扩展了"五个现代化"的科学内涵,更加符合新时代的特点和建设社会主义现代化强国的要求。相对于农业现代化而言,农业农村现代化的内涵更加丰富,不仅包含了农业经济发展,也包含了农村生态环境、社会治理、乡风文明和农民生活富裕等多方面融合共生的发展目标。总体上看,农业农村现代化主要包括农村产业现代化、农村生态现代化、农村文化现代化、乡村治理现代化和农民生活现代化几方面内容。其中,农村产业现代化就是要依靠科技进步和制度创新,实现农业生产方式转变、小农户与现代农业有机衔接和农村第一、第二、第三产业融合发展,从而形成兴旺发达、绿色安全、优质高效、具有竞争力的现代乡村产业体系。农业现代化是农村产业现代化的核心内容,不仅要实现以规模化、集约化、绿色化、工业化和社会化为基本特征的现代农业生产方式(魏后凯等,2018),农业的生产水平和科技含量达到世界的先进水平,而且要将小农生产有效引入现代农业发展体系,实现农业与第二、第三产业的全面深度融合。农村生态现代化就是要坚持生态保护优先,全面实现农业农村绿色发展,推进农村生态文明全面进步,促进人与自然和谐共生,建设一个山清水秀、环境优美、生态宜居的美丽新乡村,农村环境治理达到世界先进水平。农村文化现代化就是要以社会主义核心价值观为引领,积极倡导科学文明健康的生活方式,大力传承和弘扬农村优秀传统文化,促进农耕文明与现代文明相融共生,全面实现乡风文明和乡村文化振兴,农民科技文化素养和教育水平达到发达国家水准。乡村治理现代化是国家治理体系和治理能力现代化的重要组成部分，就是要利用现代化方式和手段，创新乡村治理体系和机制，推动形成自治、法治、德治相结合，更加公正有效、多元共治的新型乡村治理体系，走中国特色的乡村善治之路。农民生活现代化是推进农业农村现代化的根本目的，就是要以农民生活富裕为基本准则，全面推进城乡融合发展，建立农民持续稳定增收的长效机制，实现城乡基本公共服务均等化和城乡居民生活质量等值化，使城乡居民能够享受等值的生活水准和生活品质，农村居民与城镇居民收入和消费水平大体处于同等水平。

由此可见，农业农村现代化既是农业现代化的继承与升级，又是全面建成小康社会、建设社会主义现代化强国的必然要求。当前，中国社会生产力水平显著提高，发展中更加突出的问题是发展的不平衡不充分问题，尤其是城乡发展的严重不平衡和农业农村发展的普遍不充分问题。解决不了这两大问题，农村将始终是全面建成小康社会以及建设社会主义现代化强国的短板。没有农村的小康，就没有全国的全面小康，没有农业农村的现代化，就建不成社会主义现代化强国。加快推进农业农村现代化是实施乡村振兴战略的根本目的。在推进农业现代化建设的进程中，以往的相关研究多聚焦于从农业投入、产出、农民收入、可持续发展等角度评价中国农业现代化模式、进程及未来展望等。因此，很有必要在已有研究的基础上，以实现乡村全面振兴为目标，从农村产业现代化、农村生态现代化、农村文化现代化、乡村治理现代化和农民生活现代化视角，构建科学的农业农村现代化评价指标体系。

（二）农业农村现代化指标选取及体系构建

1. 中国实现农业农村现代化评价指标选取

农业现代化目标一般由国家或部委制定发布，其主要作用是对各地农业现代化的建设过程进行指导（蒋和平等，2017）。本报告主要借鉴国家发展和改革委员会制定的《全国农村经济发展"十三五"规划》、国务院印发的《全国农业现代化规划（2016—2020年）》、中国农业科学院发布的《全国农业现代发展水平评价报告（2016）》三大指标体系，按照乡村振兴战略"产业兴旺、生态宜居、乡风文明、治理有效、生活富裕"的总要求，并考虑到农业农村现代化包含农村产业现代化、农村生态现代化、农村文化现代化、乡村治理现代化和农民生活现代化等多方面内涵来构建农业农村现代化评价指标体系。

这一评价指标体系由农村产业现代化、农村生态现代化、农村文化现代化、乡村治理现代化和农民生活现代化5个一级指标构成，共包含29个二级指标（见表6），主要用来评估实施乡村振兴战略、推进农业农村现代化进程中面临的阶段性问题和短板，目标值主要依据《全国农村经济发展"十三五"规划》、国务院印发的《全国农业现代化规划（2016—2020年）》、中国农业科学院发布的《全国农业现代发展水平评价报告（2016）》等政府文件和研究报告，并根据发达国家的经验和中国的国情农情特点进行具体测定。

表6　中国实现农业农村现代化评价指标体系

一级指标	二级指标	单位	全面实现现代化目标值
农村产业现代化	1. 粮食（谷物）综合生产能力	亿吨	≥6.5
	2. 农业劳动生产率	万元/人	≥6.5
	3. 农业科技进步贡献率	%	≥80
	4. 农作物耕种收综合机械化率	%	≥90
	5. 养殖业产值占农林牧渔业总产值比重	%	≥60
	6. 农林水事务支出占农林牧渔业增加值比重	%	≥40
	7. 农林牧渔服务业增加值占农林牧渔业增加值比重	%	≥8
	8. 农村第一、第二、第三产业融合程度[a]	%	100
农村生态现代化	1. 农业灌溉用水有效利用系数	1	≥0.8
	2. 农村卫生厕所普及率	%	100
	3. 每公顷化肥使用量	千克/公顷	≤120
	4. 每公顷农药使用量	千克/公顷	≤4
	5. 生活污水处理率	%	100
	6. 生活垃圾无害化处理率	%	100
农村文化现代化	1. 文盲率	%	≤1
	2. 农村人口平均受教育年限	年	≥13
	3. 农村居民文教娱乐消费支出占比	%	≥20
	4. 每千农村人口拥有执业医师数	人	≥3
	5. 文明村比重[a]	%	100
乡村治理现代化	1. 农村刑事案件发生率[a]	%	≤0.1
	2. 村政务财务公开率[a]	%	100
	3. 鳏寡孤独赡养保障率[a]	%	100
农民生活现代化	1. 农村居民人均可支配收入	元	≥40000
	2. 恩格尔系数	%	≤30
	3. 城乡居民收入水平比	农村为1	1
	4. 城乡居民消费水平比	农村为1	1
	5. 开通互联网宽带业务的行政村比例	%	100

续表

一级指标	二级指标	单位	全面实现现代化目标值
农民生活现代化	6. 燃气普及率	%	100
	7. 用水普及率	%	100

注：①养殖业产值指畜牧业和渔业总产值；农林牧渔服务业增加值＝农林牧渔业增加值－农业增加值－林业增加值－渔业增加值－牧业增加值。②每公顷化肥、农药使用量是化肥、农药总使用量与农作物播种面积的比值。③文盲率为文盲人口占15岁及以上人口的比重，平均受教育年限为全国乡村6岁及以上人口平均受教育年限的估算数据。④a为缺乏数据，故本报告实际评估的一级指标是农村产业现代化、农村生态现代化、农村文化现代化和农民生活现代化四个方面，包含的二级指标是24个。⑤农业劳动生产率和农村居民人均可支配收入目标值是以2016年的价格水平为基准。

2. 中国实现农业农村现代化目标值确定方法

本指标体系中各指标全面实现农业农村现代化的目标值主要按以下三种方式确定：

第一，依据中国农业科学院发布的《全国农业现代发展水平评价报告（2016）》确定目标值，主要包括：农业劳动生产率、农业科技进步贡献率、农作物耕种收综合机械化率、养殖业产值占农林牧渔业总产值比重、农林水事务支出占农林牧渔业增加值比重、农林牧渔服务业增加值占农林牧渔业增加值比重和农村居民人均可支配收入。

第二，根据国际标准和实现农业农村现代化的可行性确定目标值，如：按联合国标准，美国和加拿大的文盲率约为1%，但某些农村地区的文盲率可能会高些。鉴于此，本报告将文盲率达到1%设定为全面实现农业农村现代化的目标值。依据恩格尔定律,恩格尔系数达59%以上为贫困,50%—59%为温饱,40%—50%为小康,30%—40%为富裕,低于30%为最富裕,因此,将30%设定为全面实现农业农村现代化的目标值。城乡居民收入水平比和城乡居民消费水平比的目标值主要借鉴荼洪旺、明崧磊(2012)的研究,研究表明美国、日本和韩国在工业化进程中也存在着城乡收入差距问题,1970—1990年,美国城乡居民收入水平比在1.28—1.33波动,21世纪初美国城乡居民收入水平基本相同;日本城乡居民收入水平比最高值达3.13,20世纪60年代一直在下降,1972年至今日本城乡居民收入基本持平;20世纪60年代韩国城乡收入差距不断扩大,2004年至今韩国城乡居民收入几乎持平。鉴于此,将城乡居民收入水平比为1设定为全面实现农业农村现代化的目标值。按照《全国农业可持续发展规划(2015—2030年)》,到2020年和2030年农业灌溉用水有效利用系数将分别达到0.55和0.6以上,据水利部测算,在高效节水灌溉项目区,农田灌溉用水有效利用系数达0.8以上,故将0.8设定为中国全面实现农业农村现代化的目标值;每公顷化肥使用量和每公顷农药使用量是按照国际标准制定,农业部公布的数据表明,中国目前化肥使用量远高于120千克/公顷的世界平均水平,农药使用量是世界平均水平的2.5倍,依此标准将全面实现农业农村现代化目标值分别定为120千克/公顷以及4千克/公顷;2020年中国劳动人口平均受教育年限将达10.8年,据估算2015年农村人口平均受教育年限仅为7.7年左右,鉴于当前美国平均受教育年限为13.4年,将13年定为全面实现农业农村现代化的目标值。依据世界其他国家和地区现状,2014年,世界高收入国家每千人口拥有执业医师数是2.92人,其中,德国达 4.13 人、意大利为 3.95 人、西班牙是 3.82 人、美国为 2.55 人，因此，将每千农村人口拥有执业医师数达到 3 人定为全面实现农业农村现代化的目标值。

第三，根据中国目前发展现状、城乡一体化及可行性确定目标值，包括粮食（谷物）综合生产能力、农村卫生厕所普及率、生活污水处理率、生活垃圾无害化处理率、开通互联网宽带业务的行政村比例、农村居民文教娱乐消费支出占比等指标。如：生活污水处理率、生活垃圾无害化处理率、燃气普及率、用水普及率等指标都是根据城乡一体化标准设置的目标值。农村刑事案件发生率、村政务财务公开率和鳏寡孤独赡养保障率是依据推进乡村治理现代化的可行性确定的目标值。

3. 中国农业农村现代化进程测算方法

在进行中国农业农村现代化进程测算中，由于数据的缺失，我们只计算了农村产业现代化、农村生态现代化、农村文化现代化和农民生活现代化 4 个一级指标和 24 个二级指标，未包括文明村比重、农村刑事案件发生率、村政务财务公开率、鳏寡孤独赡养保障率、农村第一、第二、第三产业融合程度 5 个二级指标。同时，我们借鉴了国家统计局计算的方法，包括正指标和逆指标的计算方法。周四军、付卫红（2015），魏后凯、张瑞娟（2016）等采用过此方法来测算全面建成小康社会的实现程度。在权重的处理方面，本报告采用简单算术平均法来计算农业农村现代化进程。

第一步，计算农业农村现代化进程中二级指标的实现程度。

正指标的计算方法为：

$$f(X_i) = \frac{X_i}{X_i^*} \times 100\% \tag{1}$$

其中，$f(X_i)$ 为第 i 个二级指标的实现程度，X_i 为指标实际值，X_i^* 为指标目标值。

正指标共有18个，包括粮食（谷物）综合生产能力、农业劳动生产率、农业科技进步贡献率、农作物耕种收综合机械化率、养殖业产值占农林牧渔业总产值比重、农林水事务支出占农林牧渔业增加值比重、农林牧渔服务业增加值占农林牧渔业增加值比重、农业灌溉用水有效利用系数、农村卫生厕所普及率、生活污水处理率、生活垃圾无害化处理率、农村人口平均受教育年限、农村居民文教娱乐消费支出占比、每千农村人口拥有执业医师数、农村居民人均可支配收入、开通互联网宽带业务的行政村比例、燃气普及率和用水普及率。

逆指标的计算方法为：

$$f(X_i) = \frac{X_i}{X_i^*} \times 100\% \tag{2}$$

其中，$f(X_i)$ 为第 i 个二级指标的实现程度，X_i 为指标实际值，X_i^* 为指标目标值。

逆指标共有6个，包括文盲率、恩格尔系数、城乡居民消费水平比、城乡居民收入水平比、每公顷化肥使用量和每公顷农药使用量。

第二步，计算一级指标的农业农村现代化进程。

$$F_1 = \frac{\sum_{i=1}^{6} f(X_i)}{6} \times 100\% \tag{3}$$

$$F_2 = \frac{\sum_{i=1}^{4} f(X_i)}{4} \times 100\% \tag{4}$$

……

其中，F_i分别代表4个一级指标，包括农村产业现代化、农村生态现代化、农村文化现代化和农民生活现代化。按照简单算术平均法，公式中分母是每个一级指标中包含的二级指标个数。

第三步，计算农业农村现代化总体进程。

$$F = \frac{\sum_{i=1}^{4} F_i}{4} \times 100\% \tag{5}$$

其中，F为总体实现程度，F值越高，表明农业农村现代化进程越快。参考中国农业科学院《全国农业现代发展水平评价报告（2016）》确定的农业现代化阶段划分，本报告将农业农村现代化进程划分为四个阶段：0—50%为现代化起步阶段，50%—80%为现代化中期阶段，80%—90%为基本实现现代化阶段，90%—100%为全面实现现代化阶段。其中，第三和第四阶段可以合并为农业农村现代化的后期阶段。

（三）中国农业农村现代化进程总体评价

1. 中国目前正处于农业农村现代化的中期阶段，2050年可以全面实现农业农村现代化

中国全面实现农业农村现代化的进程，从2010年的43.78%提高到2016年的54.02%，提高了10.24个百分点，年均提高1.71个百分点。按照农业农村现代化进程的阶段划分，2013年之前，中国处于农业农村现代化的起步阶段，从2014年开始，中国进入农业农村现代化的中期阶段。以年均提高1.71个百分点的现有发展速度看，从总体上看，2035年中国可以基本实现农业农村现代化,2050年中国可以全面实现农业农村现代化(见图4)。

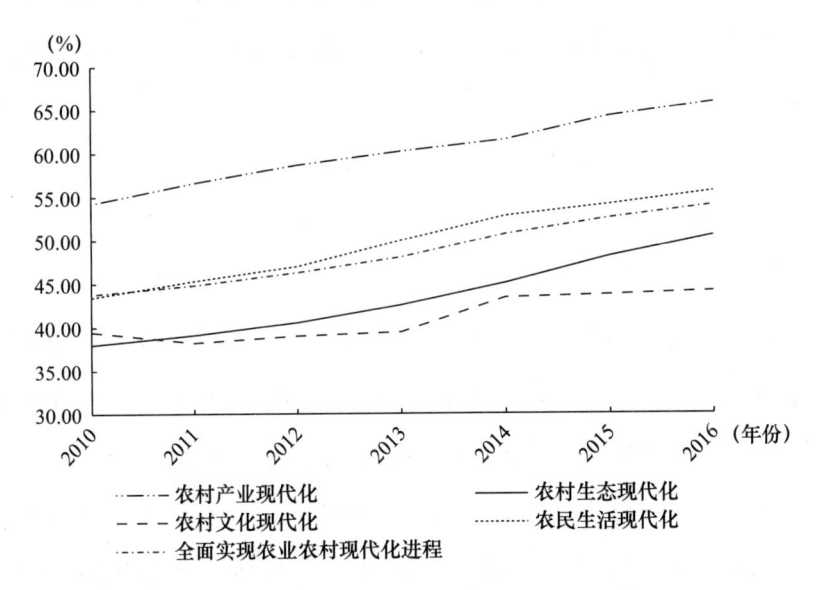

图4 中国全面实现农业农村现代化进程评估

注:①农村人口受教育年限是根据《中国人口和就业统计年鉴》中"各地区乡村分性别、受教育程度的人口"得出的估算数据;②生活污水处理率用生活污水得到处理的行政村比例替代、生活垃圾无害化处理率用生活垃圾得到处理的行政村比例替代。

资料来源:各年度《中国统计年鉴》、《中国农村统计年鉴》、《中国人口和就业统计年鉴》、《中国城乡建设统计年鉴》、农业部网站、水利部网站等。

2. 农业农村现代化进程的四个方面差距较大,农村产业现代化进程最快

从全面实现农业农村现代化进程看,目前农村产业现代化(65.85%)、农村生态现代化(50.55%)和农民生活现代化(55.60%)均处于中期阶段,农村文化现代化(44.11%)仅处于起步阶段。四个方面的农业农村现代化进程差距较大,其中,农村产业现代化离全面实现的目标还差34.15个百分点,农村生态现代化和农村生活现代化离全面实现的目标分别差49.45和44.40个百分点,农村文化现代化离全面实现的目标还差55.89个百分点。可见,农村产业现代化进程最快,农村文化现代化进程最慢。

3. 农业农村现代化24项二级指标实现程度差距较大

从全面实现农业农村现代化进程看(见表7),2016年粮食(谷物)综合生产能力、恩格尔系数和开通互联网宽带业务的行政村比例3项指标已经进入全面实现阶段,农村卫生厕所普及率1项指标已经进入基本实现阶段,农业科技进步贡献率、农作物耕种收综合机械化率、养殖业产值占农业总产值比重、农林水事务支出占农林牧渔业增加值比重、农业灌溉用水有效利用系数等10项指标处于中期阶段,农业劳动生产率、农林牧渔服务业增加值占农林牧渔业增加值比重、每公顷化肥使用量等10项指标仍处于起步阶段。

表7　　2016年24项指标全面实现农业农村现代化进程评价

发展进程	指标个数	指标名称
全面实现阶段 (90%—100%)	3	粮食(谷物)综合生产能力、恩格尔系数、开通互联网宽带业务的行政村比例
基本实现阶段 (80%—90%)	1	农村卫生厕所普及率
中期阶段 (50%—80%)	10	农业科技进步贡献率、农作物耕种收综合机械化率、养殖业产值占农林牧渔业总产值比重、农林水事务支出占农林牧渔业增加值比重、农业灌溉用水有效利用系数、生活垃圾无害化处理率、农村人口平均受教育年限、农村居民文教娱乐消费支出占比、每千农村人口拥有执业医师数、用水普及率

续表

发展进程	指标个数	指标名称
起步阶段 (0—50%)	10	农业劳动生产率、农林牧渔服务业增加值占农林牧渔业增加值比重、每公顷化肥使用量、每公顷农药使用量、生活污水处理率、文盲率、农村居民人均可支配收入、城乡居民收入水平比、城乡居民消费水平比、燃气普及率

(四) 中国农业农村现代化进程分指标评价

1. 农村产业现代化进程最快，提高农业劳动生产率和社会化服务水平是实现农村产业现代化的核心任务

从农村产业发展7项指标的进程看（见图5），2016年粮食（谷物）综合生产能力指标已经处于全面实现现代化阶段。2004—2015年中国粮食总产量实现了前所未有的"十二连增"，从2004年的4.69亿吨增长到2015年的6.21亿吨，增长了32.41%。2016年，受政策变化、自然灾害等因素影响，粮食产量下跌为6.16亿吨，2017年粮食再次增产达到6.19亿吨，连续5年突破6亿吨关口。农业基础设施完善、农业科技进步、机械化水平提高等外在因素，制度创新、国内农业支持政策等内在因素均为提高粮食产量发挥了积极作用，因此，维持现有发展态势，粮食（谷物）综合生产能力有条件达到全面实现现代化的标准。

"十二五"以来，国家继续加大力度实施农机购置补贴，将农作物生产全程机械化水平作为现代农业建设的重点内容，同时，国家加大力度推进农业技术创新，将农业技术改革与科技创新作为农业供给侧结构性改革的关键环节，并通过培育专业化、集约化、组织化、规模化的现代农业经营体系加大了新技术采纳的途径和力度。可见，经过多方努力，目前农作物耕种收综合机械化率和农业科技进步贡献率两个指标的现代化进程已经处于中期阶段（现代化进程超过70%），即将进入基本实现现代化的阶段。

近些年，国家逐年加大力度扶持农林水事务，农林水事务支出占农林牧渔业增加值比重从2010年的19.10%提高到2016年的27.00%，与英美等发达国家（30%—50%）相比，在全面实现农业农村现代化进程中，农林水事务支出占农林牧渔业增加值比重这一指标处于中期阶段，国家仍需继续加大农林水事务支出力度。2016年，养殖业产值占农林牧渔业总产值比重的现代化进程达64.5%，目前这一指标已经处于现代化的中期阶段。

中国农业劳动生产率不断提高，从2010年的1.5万元/人增加到2016年的3.1万元/人，增长1.07倍。但与美日韩相比差距依然很大，1995年韩国农业工人人均增加值约合人民币4.96万元，1980年日本农业工人人均增加值约合7.83万元，美国农业工人人均增加值约合8.38万元。[1] 可见，经营规模小、劳动生产率低是中国农业现代化的短板。[2] 目前，中国农业劳动生产率仍处于农业农村现代化进程中的起步阶段，仅完成了现代化进程的47.21%。近年来中国农业社会化服务水平在不断提高，作为社会化服务水平的替代指标，农林牧渔服务业增加值占农林牧渔业增加值比重从2010年的2.91%增加到2016年的3.49%，提

---

[1] 中国农业科学院农业经济与发展研究所农业现代化理论与政策创新团队：《全国农业现代发展水平评价报告（2016）》，2017年11月24日。
[2] 叶兴庆：《农业现代化核心是提高劳动生产率》，http://www.cet.com.cn/wzsy/gysd/1591229.shtml，2015年7月20日。

高了 0.58 个百分点，但与全面实现农业农村现代化的目标（8%）相比，差距依然较大，仅完成了现代化进程的 43.63%，农业社会化服务水平仍处于农业农村现代化进程的起步阶段。可见，提高农业劳动生产率和社会化服务水平是实现农村产业现代化的关键任务，也是实施乡村振兴战略的核心内容。

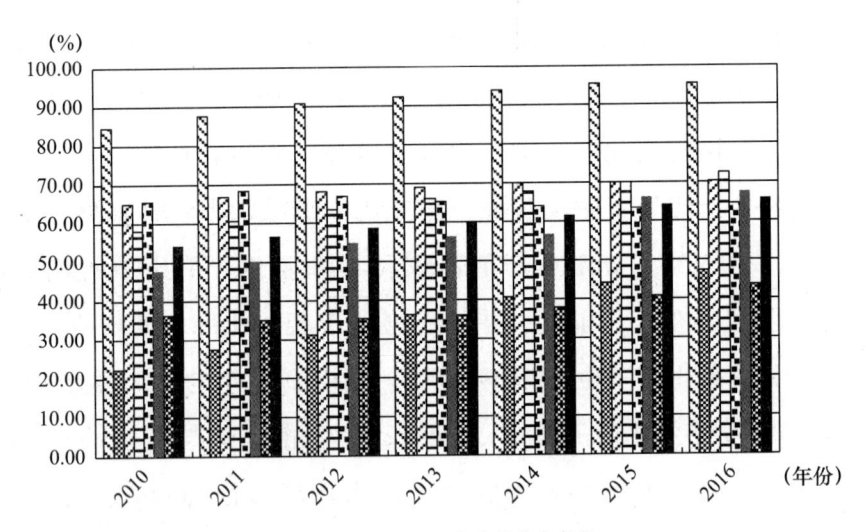

图5　农村产业全面实现现代化进程评估结果

2. 农民生活现代化进程较慢，缩小城乡差距是实现农民生活现代化的关键

从农民生活现代化 7 项指标的进程看（见图 6），自 2012 年实施"宽带中国战略"以来，农村互联网宽带业务迅速扩展，2016 年已经覆盖了 96.7% 的行政村。2010 年以来，农村恩格尔系数在逐年降低,从2010年的41.1%下降到2016年的32.2%,基本达到了富裕的水平。从数量上看,开通互联网宽带业务的行政村比例和农村恩格尔系数基本达到了全面实现现代化的标准,但从质量上看仍有较大差距。

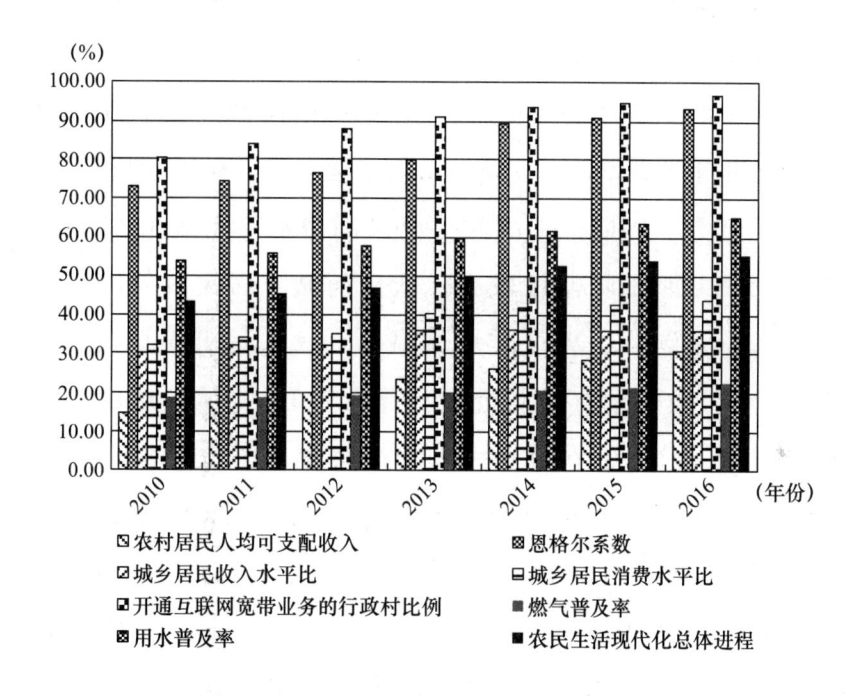

图6 农民生活全面实现现代化进程评估结果

随着经济快速发展,城镇化水平和农业生产水平持续提升,农村居民人均可支配收入也有了迅速增长,从2010年的5919元提高到2016年的12363.4元,增长1.09倍。[①] 但从目前农村居民人均可支配收入水平看,仍处于农业农村现代化的起步阶段。2011年以来,随着经济发展进入新常态,农业发展进入新

---

① 2010—2013年是农民人均纯收入,2014年之后是农民人均可支配收入。下同。

阶段,农民的经营性(净)收入和工资性收入增速的下滑带来农村居民人均可支配收入增速连续下滑,从2011年的17.88%下降到2016年的8.24%,自农业供给侧结构性改革以来,农业进入结构调整阶段,因此,持续增加农民收入,拓展农民增收渠道从而提高农村居民人均可支配收入是实现农业农村现代化的关键。

从城乡收入和消费对比看,从2010年到2016年,中国城乡居民收入水平比从3.23下降至2.72,虽有所下降,但相对收入差距依然较大。同期,中国城乡居民消费水平比从3.07下降至2.28,消费差距下降幅度较大。从目前城乡居民收入增长幅度看,扣除价格因素,2017年中国城镇居民人均可支配收入增长6.5%,农村居民人均可支配收入增长7.3%,城镇居民人均消费支出增长4.1%,农村居民人均消费支出增长6.8%,可见,目前农村居民的人均可支配收入和人均消费支出的增长速度均明显高于城镇,这种发展趋势,有利于城乡收入差距和城乡消费差距的不断缩小。按照城乡收入差距消失的标准,中国目前城乡居民可支配收入指标仍处于现代化进程的起步阶段,离全面实现现代化目标仍具有较大差距。从目前农村燃气普及率和用水普及率看,城乡差距较大,农村的燃气普及率仅为22.52%,处于现代化进程的起步阶段,城市的燃气普及率已经达到95.8%。农村的用水普及率为65.23%,处于现代化进程的中期阶段,城市的用水普及率已达98.4%。可见,缩小城乡收入、消费、基础设施等方面的差距是实现农民生活现代化的关键。

3. 农村生态现代化进程缓慢，提高农村生活污水处理率以及减少农药化肥使用量任务艰巨

农业灌溉用水有效利用系数指的是灌溉期间被田间农作物利用吸收的水量与水源引水处总量的比值。水利部提供的数据显示，2016—2017 年中央投资 232 亿元，对 248 处大型灌区、262 处重点中型灌区节水配套改造和 70 处大型灌排泵站更新改造，有力推进了灌区用水计量设施建设。同时，全国各地因地制宜，大力发展以喷、滴灌为主的高效节水灌溉，积极推进东北节水增粮、西北节水增效、华北节水压采、南方节水减排等一批区域规模化高效节水灌溉。截至 2017 年年底，全国新增高效节水灌溉面积 1 亿多亩，农田灌溉用水有效利用系数由 0.516 提高到 0.542。① 可见，在国家重视农田水利等基础设施建设，加快补齐补强水利基础设施短板的背景下，农田灌溉用水有效利用系数将会持续提高。

改善农村人居环境是实施乡村振兴战略的重要任务，近两年来，国家在整治农村人居环境方面做了大量工作，农村垃圾治理、污水治理、农村"厕所革命"等工程的实施着力解决了农村人居环境整治中最突出的污水污染和"脏乱差"问题。从农村卫生厕所普及率看，该指标从 2010 年的 67.4% 提高到 2016 年的 80.3%，已经步入现代化的中期阶段；生活垃圾得到处理的行政村比例从 2010 年的 20.8% 提高到 2016 年的 62.2%，虽目前正处于现代化的中期阶段，但在美丽乡村建设过程中，农村卫生厕所和生活垃圾等人居环境将得到大力改善。农村生活污水处

---

① 水利部：《5 年来中国农业灌溉用水总量实现零增长》，http://news.cnr.cn/dj/20180322/t20180322_524173991.shtml，2018 年 3 月 22 日。

理率一直处于较低水平，农村生活污水处理率用生活污水得到处理的行政村比例指标替代，生活污水得到处理的行政村比例从2010年的6%提高到2016年的20%，虽然提升速度较快，但目前水平仍然很低，提高农村生活污水处理率任务艰巨（见图7）。

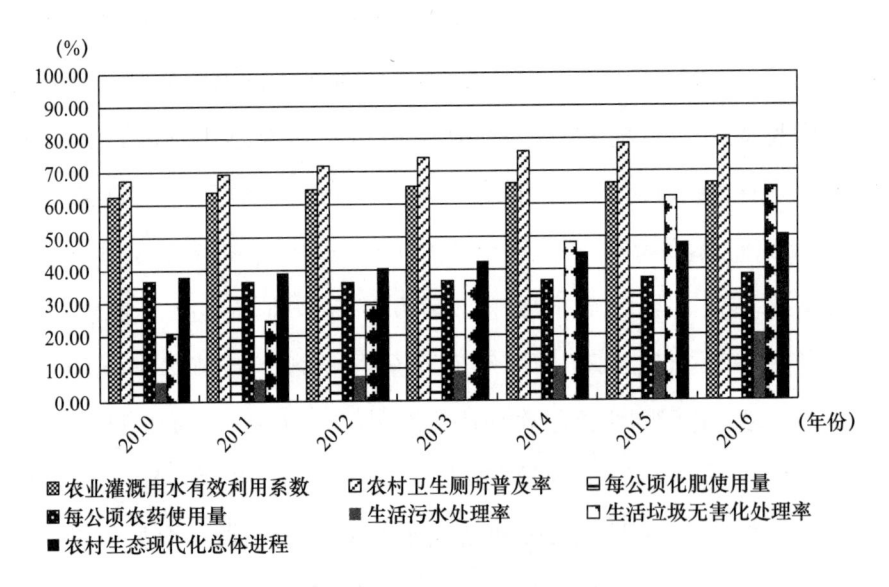

图7 农村生态全面实现现代化进程评估结果

在农村生态现代化进程中，化肥和农药的过度、盲目使用带来的耕地板结、土壤酸化、环境污染、资源浪费等问题尤其突出，从目前中国化肥和农药使用情况看，2016年，中国每公顷化肥使用量达359.1公斤，比世界平均水平高3倍，农药使用量是世界平均水平的2.5倍，依此标准，中国化肥和农药使用量离全面实现农业农村现代化的目标仍有很大差距。

4. 农村文化现代化进程最慢，提高农民素质和科学文化水平任重道远

目前，中国农村6岁及以上人口平均受教育年限不足8年，美国、加拿大、英国、法国等国家人均受教育年限均超过13年，因此，农村人口平均受教育年限仍处于现代化进程的中期阶段。2016年，中国农村人口的文盲率为8.58%，比美国和日本等发达国家的文盲率高8倍，因此，中国农村的文盲率指标仍处于现代化进程的起步阶段。从2010年到2016年，农村居民文教娱乐消费支出占总消费支出比从8.37%提高到10.57%，可见，农村居民的文教娱乐水平在不断提升。但总体看，农村居民的文教娱乐消费支出占比依然比较低。从每千农村人口拥有执业医师数看，2016年每千农村人口平均拥有1.59个执业医师，每千城镇人口平均拥有3.92个执业医师，北京、天津、上海三地的每千农村人口拥有执业医师数均达到4个及以上，可见，农村地区医疗设施的投入、医护人员的配备等方面仍比较薄弱（见图8）。

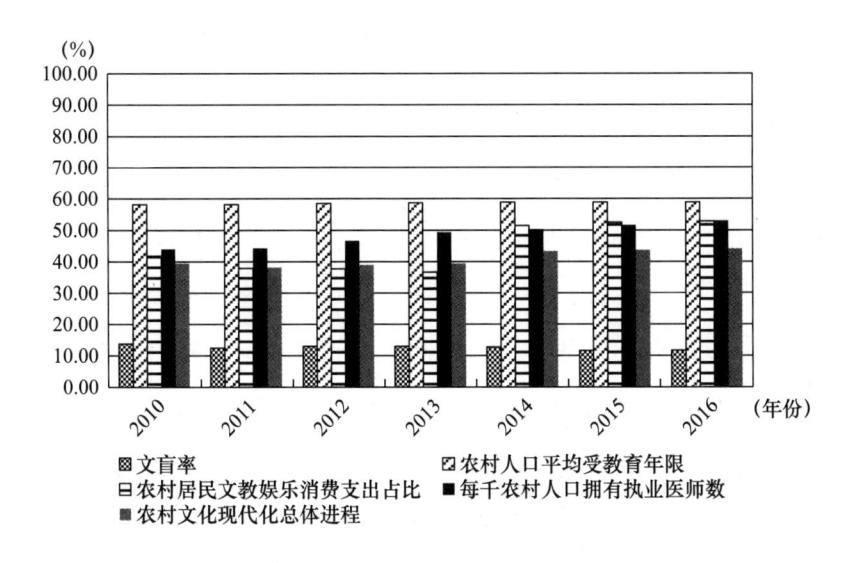

图8　农村文化全面实现现代化进程评估结果

三 实施乡村振兴战略的难点和短板

按 2010—2016 年年均增长速度推算，24 项指标中有农林牧渔服务业增加值占农林牧渔业增加值比重、农业灌溉用水有效利用系数、每公顷化肥使用量、生活污水处理率、文盲率、农村人口平均受教育年限、城乡居民收入水平比、燃气普及率 8 个指标难以在 2050 年完成全面实现农业农村现代化的目标。可见，增加农民收入，持续缩小城乡收入差距，增加农业农村投入资金，实现城乡基本公共服务均等化，优化农村生态环境，实现农业农村绿色发展，以及推动人才下乡，提高农民文化素养等是全面推进农业农村现代化的难点和关键。

（一）农民增收难，持续缩小城乡收入差距是短板

从目前农村居民人均可支配收入增长速度看，2017 年，全国农村居民人均可支配收入达到 13432 元，比上年实际增长 7.3%，增速比城镇居民高 0.8 个百分点。2009 年以来，农村居民人均可支配（纯）收入增长速度已经连续 8 年高于城镇居民。从城乡收入差距看，2009 年以来城乡居民收入水平比逐年持续缩小，从 2009 年的 3.33 持续缩小至 2017 年的 2.71；但从城乡收入差距缩小速度看，城乡居民收入差距缩小幅度明显减缓，2009 年至 2010 年城乡居民收入水平比从 3.33 缩小至 3.23，比上年缩小 0.1，2016 年至 2017 年城乡居民收入水平比从 2.72 缩小至 2.71，比上年仅缩小 0.01。可见，农村居民的收入水平虽

在持续提高，但其绝对水平依然很低，城乡收入差距依然很大，仍高于改革开放初期的水平，比1983年高近50%。

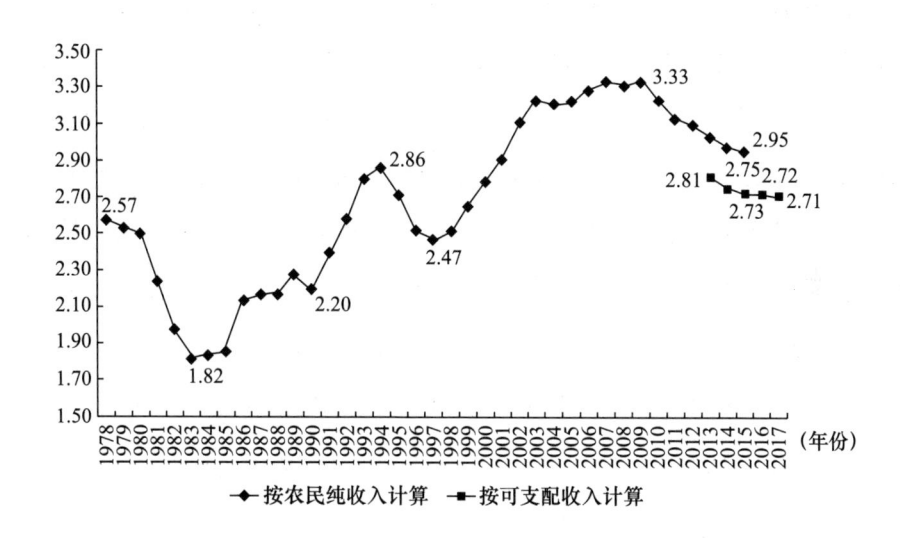

图9 1978—2017年城乡居民收入水平比（农村为1）

资料来源：依照历年《中国统计年鉴》数据计算。

从农民收入增长来源看，近两年农村居民收入增长明显乏力。随着经济发展速度放慢和城镇化进程趋缓，近两年工资性收入对农民增收的贡献率已经开始下降，从2015年的48.0%下降到2017年的44.6%，经营净收入的贡献率则继续从28.5%下降到26.8%。转移净收入在农民人均可支配收入中占比持续增加，从2013年的17.5%增加至2017年的19.4%，近两年农民转移净收入的增长空间受限，其对农民增收的贡献率在2016年达到27.8%之后，在2017年又下降至25.7%。从城乡居民转移净收入的差距看，2017年城乡居民人均转移净收入比达2.51，差距依然较大（见表8）。近两年农民财产净收入的贡献率从2016年的2.2%增加到2017年的2.9%,农民财产净收入虽然增长较快,但受农村集体产权制度改革进展缓慢等因素影响,其所占比重依然很低,2017年农民财产净收入仅占农民人均可支配收入的2.3%,城乡居民财产净收入差距依然很大,2017年高达11.9倍。可见,近年来农业生产对农民增收的贡献逐步下滑,农民收入的增长主要是依靠农业经营净收入之外的国家财政或第二、第三产业支撑。由于农村居民经营净收入和工资性收入的增长速度在近两年均出现乏力,加上财产净收入占比很低,转移净收入占比受到"天花板"限制,因此,增加农民收入,持续缩小城乡收入差距,既是推进农业农村现代化的难点,又是实施乡村振兴战略的关键。

表8　　　　　城乡居民人均财产性收入和转移性收入差距

	年份	2013	2014	2015	2016	2017
人均财产净收入（元）	城镇居民	2551.5	2812.1	3041.9	3271.3	3607
	农村居民	194.7	222.1	251.5	272.1	303
	城乡比	13.10	12.66	12.10	12.02	11.90
人均转移净收入（元）	城镇居民	4322.8	4815.9	5339.7	5909.8	6524
	农村居民	1647.5	1877.2	2066.3	2328.2	2603
	城乡比	2.62	2.57	2.58	2.54	2.51

资料来源:历年《中国统计年鉴》和国家统计局。

(二)农业农村投入资金不足,实现城乡基本公共服务均等化是薄弱环节

近年来,国家财政用于农林水各项支出的资金总额逐年提高,从2010年的7920.8亿元增加至2016年的16768.4亿元,增加1.12倍。但从城乡基础设施基本情况对比看(见表9),城乡在用水、燃气、生活污水处理和生活垃圾无害化处理等方面均存在较大差距，尤其是燃气和生活污水处理方面，城市的燃气普及率是村庄的4.26倍，城市的生活污水处理率是村庄的4.67倍。更重要的是，在垃圾污水处理方面，目前城市与农村采用两套不同的统计指标体系，城市采用的是生活垃圾无害化处理率和生活污水处理率，而农村采用的是对生活垃圾、污水进行处理的行政村比例，只是一个十分粗略的指标，二者之间缺乏可比性。

表9　　　　2016年中国城乡基础设施基本情况对比

指标	城市	村庄	城市/村庄（%）
用水普及率（%）	98.4	65.2	151.0
燃气普及率（%）	95.8	22.5	425.8
生活污水处理率（%）	93.4	20.0	467.0
生活垃圾无害化处理率（%）	98.5	65.0	151.5

注：对于农村地区来说，生活污水处理率是对生活污水进行处理的行政村比例，生活垃圾无害化处理率是对生活垃圾进行处理的行政村比例。

资料来源：《中国城乡建设统计年鉴（2017）》。

从卫生、养老等公共服务角度看（见表10），农村公共服务资金投入明显不足，城乡差距很大。从城乡卫生医疗基本情况对比看，2016年，城市居民的人均医疗保健支出水平是农村居民的1.8倍。从每千人口拥有的卫生技术人员数看，城市是农村的2.56倍，每千人口拥有的执业（助理）医师城市是农村的2.35倍，每千人口拥有的注册护士城市是农村的3.17倍。从最低生活保障平均标准和平均支出水平看，城市分别是农村的1.6倍和2.1倍。在养老保险方面，广东省目前农民养老保险政府财政补贴为每年840元，城镇职工基本养老保险财政补贴为每年5160元，城镇职工是农民的6.14倍。可见，城乡居民在医疗卫生和最低生活保障等方面均有较大差距。因此，应以实现城乡基本公共服务均等化为目标，继续增加农业农村资金投入，加快推进农业农村现代化进程。

表10　　　　　中国城乡公共服务基本情况对比（2016年）

指标	城市	农村	城市/农村（%）
人均医疗保健支出（元）	1630.8	929.2	175.5
每千人口拥有的卫生技术人员（人）	10.42	4.08	255.4
每千人口拥有的执业（助理）医师（人）	3.79	1.61	235.4
每千人口拥有的注册护士（人）	4.75	1.50	316.7
最低生活保障平均标准（元/人·月）	494.6	312	158.5
最低生活保障平均支出水平（元/人·月）	464.7	221.2	210.1

资料来源：《中国卫生和计划生育统计年鉴（2017）》和《中国民政统计年鉴（2017）》。

（三）农村生态环境遭到破坏，实现农业农村绿色发展任务艰巨

随着工业化和城镇化的快速推进，农村的生态环境遭到不同程度的破坏，实现农业农村绿色发展受到严峻挑战。多年来单纯追求产量的增长模式虽然保障了居民消费的数量需求，却带来了土地资源过度开垦、耕地地力过度消耗、地下水过度开采、化肥农药超标使用等问题，从而造成农村生态环境严重破坏，农业面源污染波及广泛等后果。耕地土壤污染和地下水超采是当前农村生态环境面临的最突出问题。《全国土壤污染状况调查公报》[1]

---

[1] 《全国土壤污染状况调查公报》，2014年4月。

显示：全国土壤环境状况总体不容乐观，部分地区土壤污染较重，耕地土壤环境质量堪忧，耕地土壤点位超标率为19.4%，其中轻微、轻度、中度和重度污染点位比例分别为13.7%、2.8%、1.8%和1.1%，主要污染物为镉、镍、铜、砷、汞、铅、双对氯苯基三氯乙烷（DDT）和多环芳烃。由于多年的地下水严重超采，华北平原已经成为世界上最大的"漏斗区"。以河北省为例，河北省地下水超采区范围包括浅层地下水一般超采区和严重超采区、深层地下水一般超采区和严重超采区，面积达69693.3平方公里，其中浅层地下水超采区面积36669.5平方公里，深层地下水超采区面积42157.8平方公里，重叠面积9134平方公里。[①] 耕地土壤污染和地下水超采已经严重影响了农业的可持续发展。

农业面源污染是造成农村生态环境恶化的重要因素，它主要来自长期不合理的使用化肥、农药以及规模化畜禽养殖业的废弃物等。以化肥和农药使用量为例，2016年，按播种面积计算，中国化肥使用强度高达359.1千克/公顷，比世界平均水平高3倍，比国际公认的化肥使用安全上限高134.1千克/公顷。农药使用强度则是世界平均水平的2.5倍，而化肥、农药的利用率仅有35%左右，流失的化肥、农药给大气、水、土壤等带来严重污染。从变化趋势看，自2015年农业部颁布《到2020年化肥使用量零增长行动方案》和《到2020年农药使用量零增长行动方案》以来，2016年化肥和农药使用强度已呈现"双下降"趋势，其中，化肥使用强度下降了2.9公斤/公顷，农药使用强度下降了0.28公斤/公顷。然而，至今为止，中国化肥、农药使用

---

① 《河北省人民政府关于公布地下水超采区、禁止开采区和限制开采区范围的通知》，2017年11月。

强度仍然很高,与国际安全上限标准和世界平均水平差距很大,优化农村生态环境,实现农业农村绿色发展依然任重道远。

(四) 各类人才短缺,提高农民素质和科学文化水平是关键

随着经济快速发展和城镇化的快速推进,城乡劳动生产率之间的差距日益显著,一大批有文化、有知识、懂技术、高素质的农村青壮年劳动力大量涌入城市,2017年,农村外出农民工高达1.7亿人,比上年增长1.5%。留守老人、留守妇女、留守儿童等成为农村人口的代表,"389961"部队、鳏寡孤独成为农村生活人员的真实写照。2016年,全国乡村65岁及以上老龄人口占总人口的比重高达12.5%,比城市和镇均高2.9个百分点;全国乡村文盲人口占15岁及以上人口的比重高达8.58%,比全国平均水平高3.30个百分点,比城市高6.61个百分点。采用2015年全国人口变动情况抽样调查数据进行估算,全国农村6岁及以上人口平均受教育年限仅有7.7年左右,至少比城市人口平均受教育年限低3.2年以上(魏后凯,2018)。可见,农村人口的年龄构成、科学文化水平和素质远不能满足农业农村现代化的需要,再加上体制机制障碍以及农村在基础设施、公共服务、生态环境等方面与城市的差距,鼓励人才下乡存在着主观和客观等多方面因素的制约,成为推进农业农村现代化亟待解决的难题。

四 促进乡村全面振兴的总体策略和政策措施

当前,中国特色社会主义进入了新时代,社会的主要矛盾已

经转化为人民群众日益增长的美好生活需要与不平衡不充分的发展之间的矛盾,而城乡发展的严重不平衡和农业农村发展的普遍不充分则是这种不平衡不充分发展的集中体现。在新时代,要从根本上破解这一主要矛盾,就必须坚持农业农村优先发展,建立健全城乡融合的体制机制和政策体系,全面实施乡村振兴战略,走中国特色的乡村全面振兴之路,加快推进农业农村现代化进程。为此,要立足中国人多地少、大国小农的国情农情特点,实行以改革促升级、促转型、促融合、促振兴的总体策略,以全面深化改革激发农村发展活力和新动能,促进农业全面升级、农村全面转型、城乡全面融合、乡村全面振兴,尽快补齐农业农村现代化的短板,推动农业农村全面发展和普遍繁荣,为建设社会主义现代化强国奠定坚实的基础。

(一) 始终抓住国家粮食安全这根弦不放松

中国人多地少,粮食需求量大,确保国家粮食安全不仅是重大的国家战略,也是一项基本国策。自 2013 年以来,尽管中国粮食产量已连续 5 年保持在 1.2 万亿斤以上,2017 年达到 12358.1 亿斤,全国粮食产能稳定达到新的水平,粮食供求总量呈现出宽松的态势。然而,从产品结构看,粮食主要品种结构性过剩和短缺并存的矛盾并未得到根本缓解,小麦和玉米产量供过于求,而大豆供需缺口较大,稻谷、小麦、玉米、大豆四个主要粮食品种出现生产量、进口量、库存量"三量齐增"的局面。从中长期看,中国粮食供求总体呈紧平衡态势,"口粮绝对安全"有保障,主粮自给率会有所下降(魏后凯等,2018)。2017年,中国谷物自给率为 98.04%,保障口粮自给基本没有太大的风险。但由于大豆进口量大，2017年达到9552.6万吨，比上年增加13.8%，创历史最高纪录，如果将大豆计算在内，中国粮食自给率2006年跌破95%的基本自给线，2012年跌破90%的安全水平线，2017年又下降至85.26%（见图10）。

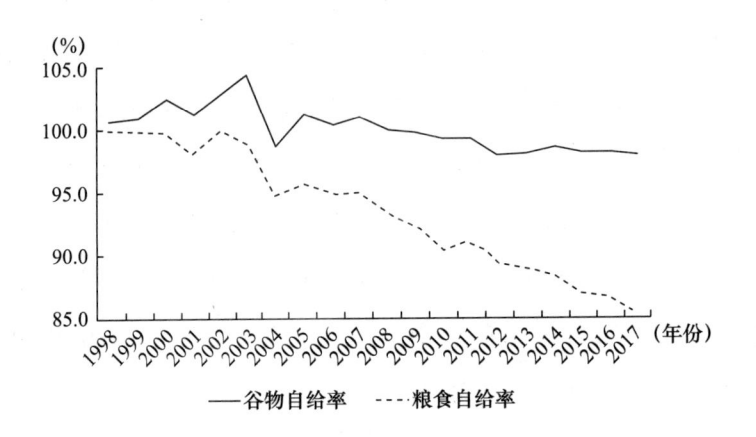

图10　1998—2017年中国谷物自给率与粮食自给率

注：谷物自给率=谷物产量/（稻谷及大米、小麦、玉米净进口量+谷物产量），粮食自给率=粮食产量/（稻谷及大米、小麦、玉米、大豆净进口量+粮食产量）。

资料来源：《中国统计年鉴》和农业部国际合作司。

更重要的是，由于种粮经济效益较低，近年来流转土地的非粮化倾向十分严重，加上撂荒以及农业供给侧结构性改革、休耕等政策的影响，从长远发展看，我们对未来国家粮食安全的形势仍不可过于乐观。流转土地的非粮化和耕地撂荒是对未来国家粮食安全形成潜在威胁的重要因素。截至2016年，全国土地流转面积已达4.71亿亩，占家庭承包耕地总面积的比重为35.1%。然而，由于流转地租金的快速上涨和种粮收益的持续下降，租用流转地种粮在经济上显然是不划算的。目前，一些地方土地流转租金已高达每亩 800—1500 元，北京平原地区则达到 2000 元左右，而根据《全国农产品成本收益资料汇编 2017》，全国三种粮食平均每亩净利润已从 2011 年的 250.76 元急剧下降到 2016 年的 -80.28 元，成本利润率由 31.70% 下降到 -7.34%。因此，在经济效益动机的驱动下，流转土地的非粮化将成为必然趋势。据 2018 年 4 月我们对陕西省的调研，陕西省流转土地种粮的比例为 7%—8%，其中西安为 4.5%。全国的情况也大体如此。

因此，尽管当前粮食供求总量呈现宽松态势，但确保国家粮食安全的这根弦始终不能放松。在实施乡村振兴战略中，必须坚持稳定粮食产能，确保粮食生产能力不降低，不得违规改变农地用途，搞非农化和房地产开发。一些开发商借乡村振兴之名，租用流转农地变相改变土地用途搞文旅地产、康养地产等，需要引起高度重视。一是要进一步巩固永久基本农田划定成果，严格农用地分类管理制度，加快推进稻谷、小麦、玉米粮食生产功能区建设，建立更加精准、更加有效的粮食支持政策体系，充分调动农民和新型主体的种粮积极性，保护和优化粮食产能，确保谷物基本自给、口粮绝对安全。二是要在高标准农田建设、种粮补贴、社会化服务、金融保险等方面，支持农民和各类新型主体利用流转土地种植粮食，推动规模化种粮，延伸产业链条，促进粮食种植与养殖、加工、销售、文旅、康养等产业深度融合。三是要充分利用实施"一带一路"战略的机遇，鼓励有实力的企业和新型主体走出去，采取多种形式建立境外粮食生产基地。四是要加大对粮食主产区的支持力度，完善粮食主产区利益补偿机制，稳定产粮大县奖励政策，确保主产区农民在为国家粮食安全做出贡献的同时能够获得稳定合理的收益。

(二) 建立乡村振兴与新型城镇化的联动机制

城市与乡村是一个相互依存、相互融合、互促共荣的生命共同体。城市的发展和繁荣绝不能建立在乡村衰败的基础上，乡村的振兴也离不开城市的带动和支持，城乡共荣是实现全面小康和全面现代化的重要前提。为此，要把乡村振兴与新型城镇化有机结合起来，建立二者之间的有效联动机制，推动城乡融合发展、共同繁荣。一方面，实施乡村振兴战略要以推进新型城镇化为前提。要有效破解"三农"问题，合理配置乡村资源，促进乡村全面振兴，必须科学预测未来中国的城乡人口格局。2017年，中国仍有5.77亿人口常住在乡村，若按户籍人口计算，乡村人口数量则达到8.01亿。据联合国预测，到2035年和2050年中国城镇化率将分别达到71.1%和75.8%，届时乡村常住人口仍将分别达到4.19亿和3.35亿（United Nations，2014）。实施乡村振兴战略，一定要根据未来城乡人口格局来确定乡村基础设施和公共服务的布局，做好产业布局和村庄整治规划。另一方面，在推进新型城镇化的过程中，要鼓励城市资金、技术、人才等要素向农村流动，推动城市基础设施和公共服务向农村延伸，充分发挥城市对农村的带动和辐射作用，促进乡村全面振兴。这里所讲的乡村全面振兴，并非指现有的每一个村庄都要振兴。随着城镇空间的不断扩张和乡城人口迁移，某些村庄因变为城区或者人口都迁走了将注定要消亡。某些村庄的消亡，并非就意味着乡村衰落。从2006年到2016年，全国行政村减少了2.28万个，自然村减少了9.22万个。

在新型城镇化背景下，实施乡村振兴战略，需要更加重视城乡融合、城乡互动、城乡互补，推动形成"工农互促、城乡互补、全面融合、共同繁荣"的新型工农城乡关系。为此，必须从根本上打破城乡分割的传统体制机制障碍，牢固树立城乡融合发展的理念，建立健全城乡融合发展的体制机制，推动城乡要素、产业、居民、社会和生态融合，打造城乡发展的生命共同体，实现城乡共建共享共荣。同时，要按照平等、开放、融合、共享的原则，积极引导人口、资本、技术等生产要素在城乡之间合理流动，促进城市公共资源和公共服务向农村延伸，加快推动城市资本、技术、人才下乡的进程，建立城乡统一的要素市场尤其是产权市场，实现城乡要素双向融合互动和资源优化配置。在此基础上，要全面深化城乡综合配套改革，构建城乡统一的户籍登记制度、土地管理制度、就业管理制度、社会保障制度以及公共服务体系和社会治理体系，促进城乡要素自由流动、平等交换和公共资源均衡配置，实现城乡居民生活质量的等值化，使城乡居民能够享受等值的生活水准和生活品质（魏后凯，2016）。

实施乡村振兴战略，必须坚持农业农村优先发展，实行农村偏向的政府公共资源增量配置政策。从机会均等和均衡配置的角度看，目前中国的公共政策仍然是一种城市偏向的政策，农村居民所获得的机会和人均占有的公共资源仍远低于城市居民。这种城市偏向既是一种大城市偏向，也是一种行政中心偏向。其结果，那些远离大城市和高等级行政中心的小城镇和农村地区，发展机会和公共设施投入少，公共服务严重滞后，处于被剥夺、被挤压的状况。为推进基本公共服务的均等化，政府公共资源的配置应从城市偏向转向农村偏向。要从城乡平等的角度，把政府掌握的公共资源优先投向农业农村，促使政府公共资源人均投入增量向农村倾斜，通过增量调整使农村人均占有的公共资源存量逐步接近城市，从而实现城乡公共资源配置适度均衡和基本公共服务均等化。所谓适度均衡，是指城乡公共资源的配置一定要考虑未来城乡人口的变动趋势，与未来城乡人口格局相适应。同时，要实行数量与质量并重，在进一步增加农村基础设施和公共服务供给数量的基础上，着力改善供给结构，提高供给效率和质量。

（三）构建可持续的农民增收长效机制

乡村振兴的落脚点是生活富裕，而生活富裕关键在农民增收，农民增收则要依靠农村产业支撑。近年来，中国农民增收越来越依靠工资性收入尤其是农民外出打工的工资性收入，这种情况在一些经济落后地区更为突出。很明显，这种建立在农业农村之外，主要依靠城市产业支撑的城市导向型农民增收模式是不可持续的，也是容易导致农业衰落、农村凋敝的农民增收模式。在城乡体制理顺、农业转移人口实现市民化的情况下，农民增收的源泉应该是来自于农业和农村，而不是农业农村之外的城市产业支撑。未来农民的增收应在进一步减少农民的基础上，通过农村产业振兴和资源激活更多地依靠农业和农村，逐步建立一个可持续的农村导向型农民增收长效机制。因此，全面推进实施乡村振兴战略，必须加快农村产业发展，建立现代乡村产业体系，并把农村产业发展的着眼点放在农民增收上，促进农民增收模式尽快由城市导向型向农村导向型转变。

首先，要进一步优化农民的收入结构。在工资性收入方面，随着农业规模化经营的推进和乡村第二、第三产业的发展，工资性收入仍将是未来农民增收的最主要来源，关键是要优化其来源结构。要依靠农村产业发展和教育体制完善，以培养职业农民、高技能农机手、高水平农村管理人才等为依托逐渐提高农民人力资本，增加农民来源于农业和农村的工资性收入，并逐步提高其比重，优化工资性收入的来源结构。在家庭经营净收入方面，要大力发展多种形式的家庭农场，加快推进农业由增产导向型向提质导向型转变，不断提高农产品质量、效益和竞争力，由此促进农林牧渔业经营净收入稳定增长，并逐步提升第二、第三产业经营净收入，确保农民家庭经营净收入稳定增长。在财产净收入方面，要依靠深化农村产权制度改革，全面激活农村各种资源，加快推进农村资源变资产、资金变股金、农民变股民进程，逐步实现农村资源的资产化、资本化、财富化，不断拓宽增加农民财产性收入的渠道，大幅提升财产净收入的占比和贡献率。在转移净收入方面，目前其占比和贡献率已日益接近"天花板"，要进一步完善财政支农政策体系，尤其要建立以绿色生态、高质量发展为导向的农业精准补贴制度，加快推进城乡社会保障制度接轨，大幅缩小城乡居民人均养老金差距，从而进一步增加农民转移性收入，稳定转移净收入对农民增收的贡献率。

其次，要多渠道培育新的收入增长点。要实行质量兴农、绿色兴农战略，大力发展现代高效绿色农业，全方位推进多层次的城乡产业融合。既要促进城市文化旅游、休闲康养、电商物流等产业向农村延伸，又要推动农业产业链条的多维延伸和农村第一、第二、第三产业的深度融合。这种产业融合既可以在县（市）、乡（镇）、村不同层面展开，也可以在现代农业园、田园综合体甚至家庭农场范围内进行。要依靠多层次的产业融合激发新活力，培育新动能，发展新产业、新模式、新业态，从而为农民增收寻求新的增长点。目前，许多地区不断涌现的以文物古迹、历史人物、重要事件等为依托的乡村旅游，以高质量、绿色发展等为特色的休闲采摘农业，以财政支持项目为支撑的田园综合体，传统手工艺基地等农村新产业、新业态、新模式的出现，实现了农村第一、第二、第三产业融合发展，为农民收入增长带来了契机，为农村发展增添了活力，为乡村全面振兴提供了新的思路。"互联网＋"、现场体验、模拟观看、虚拟观摩等新事物的出现，为农业农村发展带来了新动能，也为农民带来了新的收入增长点。

（四）明确乡村全面振兴的标志和实施路径

实施乡村振兴战略，必须围绕乡村全面振兴这一长远目标，扎实推进乡村产业振兴、人才振兴、文化振兴、生态振兴和组织振兴。这"五个振兴"是当前促进乡村全面振兴的核心内涵，也是实施乡村振兴战略的五个关键支撑点。它们既各自成篇，又相互联系、相互促进，构成一个有机的整体。扎实推进"五个振兴"，是促进乡村全面振兴的关键路径。

一是扎实推进乡村产业振兴。产业振兴是乡村振兴的物质基础。产业兴，则经济兴、农村兴。如果农村缺乏产业支撑，或者产业凋敝，乡村振兴将成为空中楼阁。产业振兴的标志，就是要形成绿色安全、优质高效的现代乡村产业体系，实现产业兴旺，为农民持续增收提供坚实的产业支撑。为此，各地要从本地实际出发，全面激活各类主体，积极引导社会资本参与乡村产业发展，构建各具特色、具有竞争力的现代乡村产业体系。一方面，要实施质量兴农、绿色兴农、品牌兴农战略，培育壮大家庭农场、农民合作社、龙头企业等新型经营主体和服务主体，因地制宜发展多种形式的适度规模经营，建立完善现代农业产业体系、生产体系和经营体系，全面推进农业现代化的进程。另一方面，要充分挖掘和拓展农业的多维功能，推动农业产业链条的多维延伸和农村第一、第二、第三产业深度融合，大力发展乡村旅游、文化创意、休闲康养、电商物流等新兴产业，培育壮大一批新产业、新业态、新模式。

二是扎实推进乡村人才振兴。人才振兴是乡村振兴的关键因素。如果没有一批符合需要的乡村人才，实现乡村振兴只能是一句空话。乡村人才振兴的关键，就是要让更多人才愿意来、留得住、干得好、能出彩，人才数量、结构和质量能够满足乡村振兴的需要。为此，要创造有利于各类人才成长、发挥作用的良好环境，要有一个好的制度安排，把现有的农村各类人才稳定好、利用好，充分发挥现有人才的作用。加强农村人才的培养，切实做好农村干部、农民企业家、新型主体和农民的培训，提高农民素质和科学文化水平，建立一支符合乡村振兴需要的干部和专业人才队伍。积极创造条件，鼓励城市企业家、居民、大学生和各类人才下乡创新创业和休闲居住，大力支持"城归"群体和外出农民工回乡创业就业。

三是扎实推进乡村文化振兴。文化振兴是乡村振兴的精神基础。如果乡村文化衰败，不文明乱象滋生，即使一时产业兴旺，也难以获得持续长久的繁荣。乡村文化振兴的标志，核心是实现乡风文明，农村精神文明和文化建设能够满足人民群众日益增长的精神需求。为此，必须坚持物质文明和精神文明一起抓，以社会主义核心价值观为引领，加强村风民俗和乡村道德建设，倡导科学文明健康的生活方式，传承发展提升农村传统优秀文化，健全农村公共文化服务体系，培育文明乡风、良好家风、淳朴民风，促进农耕文明与现代文明有机结合，实现乡村文化振兴。同时，还要保护好传统村落、民族村寨、传统建筑，用心留住文化记忆，将乡村文化融入乡村规划、景观设计和村庄建设之中，充分体现村庄特色和乡土风情。

四是扎实推进乡村生态振兴。生态振兴是乡村振兴的重要支撑。乡村生态振兴的标志，就是要实现农业农村绿色发展，打造山清水秀的田园风光，建设生态宜居的人居环境，让农村更像农村。为此，要按照全面小康的要求和更高的标准，加强农村公共设施建设，全面改善农村人居环境，建设功能完备、服务配套、美丽宜居的新乡村。加强农村生态建设和环境综合治理，尤其要加大农村面源污染、垃圾污水治理力度，推进农村"厕所革命"，着力打造天更蓝、水更清、地更绿的美丽家园，让良好生态成为乡村振兴的支撑点。实施化肥、农药使用减量行动计划，采取总量控制与强度控制相结合的办法，推动化肥、农药等使用总量和强度实现持续快速下降，力争到2030年将化肥、农药使用强度降低到国际警戒线之下。在有条件的地区，要加强农业生态化景观化改造，推进全域美丽乡村建设。

五是扎实推进乡村组织振兴。组织振兴是乡村振兴的保障条件。乡村组织振兴的标志，就是要培养造就一批坚强的农村基层党组织和优秀的农村基层党组织书记，建立一个更加有效、多元共治、充满活力的乡村治理新型机制。为此，要强化基层党组织的战斗堡垒作用，打造千千万万个坚强的农村基层党组织，培养千千万万名优秀的农村基层党组织书记，进一步深化村民自治实践，强化信息公开和村民参与，全面推进并完善基层民主治理和依法治理，推进治理方式和手段多元化，因地制宜探索各具特色的治理模式，建立完善自治、法治、德治相结合的乡村治理体系，走乡村善治之路。自治、法治、德治相结合的乡村治理体系，是一种符合中国国情特点的，更加完善有效、多元共治的新型乡村治理体系。在这一治理体系中，法治是保障，自治是根本，德治是支撑。只有实行自治、法治、德治相结合，才能确保乡村社会治理有效、充满活力、安定有序。

（五）采取分区分类的差别化推进策略

中国的国土空间绝大部分都是乡村。2016年，中国657个城市建成区面积为5.43万平方公里，1.81万个建制镇建成区面积为3.97万平方公里，二者合计9.40万平方公里，仅占全国陆地国土空间的1.0%左右。另据2010年国务院发布的《全国主体功能区规划》，今后全国可用于工业化城镇化开发及其他方面建设的面积只有28万平方公里左右，约占全国陆地国土总面积的3%。这就意味着，无论现在还是将来，中国90%以上的陆地国土空间都属于乡村地区。由于中国乡村辽阔，村庄类型多样，村情差异较大，实施乡村振兴战略，一定要坚持因地制宜、分类指导、精准施策，针对不同区域、不同类型的村庄，实行分区分类的差别化推进策略，鼓励探索多种形式的乡村振兴模式，打造各具特色的乡村振兴样板。

一是实施乡村振兴战略要因地制宜，不搞一刀切。中国国土辽阔，地区差异较大，不同地区自然条件和经济社会发展特点相差悬殊。从全国来看，东部、中部、西部和东北地区所处的发展阶段、经济社会发展特点和所面临的问题差异较大。在各省级行政区内，省内发展差异也十分明显。如广东省珠三角与粤北山区和东西两翼的差异，江苏省苏南和苏北的差异，山东省山东半岛城市群与鲁西地区的差异，均是如此。因此，在推进实施乡村振兴战略的过程中，一定要立足国情省情区情，因地制宜，针对不同地区的特点，制定差异化的乡村振兴战略目标和实施路径，不搞一刀切，防止各地不顾条件一哄而上。对于经济发达地区，可以适当超前实现农业农村现代化和乡村全面振兴目标；对于经济落后地区尤其是贫困地区，要把乡村振兴与扶贫攻坚有机衔接起来，依靠乡村振兴为形成减贫长效机制奠定坚实基础。

二是针对不同类型村庄实行分类指导、精准施策。2016年，中国有52.62万个行政村，261.68万个自然村。这些村庄的发展条件和特点相差悬殊。各地区要根据自身的条件，对村庄实行分类，针对不同类型村庄情况，因地制宜、分类指导、精准施策，实行差别化的推进策略。比如，《山东省乡村振兴战略规划（2018—2022年）》按照建设形态、居住规模、服务功能等因素，将村庄分为示范引领型、特色发展型、改造提升型、搬迁撤并型四种类型，分类推进村庄建设。总体上讲，从区位条件看，对城郊型、平原型、山区型、边远型等不同类型村庄，应制定不同的规划目标，采取差异化的推进策略。如城郊型村庄集体经济比较发达，农村产权情况复杂，随着城市空间的不断扩展，一些城郊型村庄将逐步转变为城区的一部分。从人口迁移和集聚看，应该区分集聚型、稳定型、空心型和移民搬迁型等不同类型村庄，对空心村要根据具体情况进行整治和撤并。从乡村转型看，要区分现代乡村、转型乡村、传统乡村等不同类型，实行差异化的分类精准施策。对于传统乡村，要采取多方面的积极措施，加快推进其向现代乡村全面转型。其中，对于部分高度"空心化"、在城镇化进程中逐渐凋敝的传统乡村，要通过合村并镇、易地搬迁等方式进行综合整治。

三是鼓励探索多种形式的乡村振兴模式。实施乡村振兴战略，各地区应立足区情、发挥优势、突出特色，从产业振兴、人才振兴、文化振兴、生态振兴和组织振兴等不同视角，积极探索形式多样的乡村振兴模式，打造各具特色的乡村振兴样板。比如，有的村庄可以依靠现代高效农业，有的可以依靠产业融合和文化旅游产业，还有的可以依靠城市资本下乡来实现乡村振兴。需要指出的是，在乡村振兴战略规划和实施中，既要防止照搬城市规划的做法，大拆大建、搞"高楼化"，忽视乡村文化和村庄风貌，造成"建设性破坏"和"破坏性建设"；又要避免照抄其他村镇甚至国外村镇的做法，造成"千村一面"，缺乏村庄个性和特色。很明显，乡村振兴不是乡村城市化、同质化，而是乡村现代化、个性化。

参考文献

[1] 茶洪旺、明崧磊：《缩小城乡居民收入差距的国际经验比较与启示》，《中州学刊》2012年第6期。

[2] 贺雪峰：《中国农村社会转型及其困境》，《学习时报》2015年7月20日。

[3] 蒋和平、崔凯、张成龙：《"十三五"农业现代化发展目标研究》，《农业经济问题》2017年第4期。

[4] 雷曜、张文婷：《金融支农成效的10年回顾》，《金融发展研究》

2018年第3期。

[5] 刘彦随等:《中国乡村发展研究报告——农村空心化及其整治策略》,科学出版社2011年版。

[6] 王颂吉:《中国城乡双重二元结构研究》,人民出版社2016年版。

[7] 王颂吉、白永秀:《城乡要素错配与中国二元经济结构转化滞后:理论与实证研究》,《中国工业经济》2013年第7期。

[8] 王颂吉、白永秀:《分权竞争与地方政府城市偏向》,《天津社会科学》2014年第1期。

[9] 魏后凯:《走中国特色的新型城镇化道路》,社会科学文献出版社2014年版。

[10] 魏后凯:《新常态下中国城乡一体化格局及推进策略》,《中国农村经济》2016年第1期。

[11] 魏后凯:《中国农业发展的结构性矛盾及其政策转型》,《中国农村经济》2017年第5期。

[12] 魏后凯:《实施乡村振兴战略的目标及难点》,《社会发展研究》2018年第1期。

[13] 魏后凯、韩磊、胡冰川:《粮食供需关系变化新形势下转变农业生产方式研究》,《河北学刊》2018年第1期。

[14] 魏后凯、刘同山:《论中国农村全面转型——挑战及应对》,《政治经济学评论》2017年第5期。

[15] 魏后凯、张瑞娟:《中国农村全面建成小康社会进程评估》,《人民论坛·学术前沿》2016年第18期。

[16] 叶兴庆:《新时代中国乡村振兴战略论纲》,《改革》2018年第1期。

[17] 郑力文、孔祥智:《新世纪十个中央一号文件与财政支农体系的建立》,《学习论坛》2013年第10期。

[18] 周四军、付卫红:《到2020年我国能全面建成小康社会吗?》,《经济数学》2015年第1期。

[19] 周振、伍振军、孔祥智:《中国农村资金净流出的机理、规模与趋势:1978—2012年》,《管理世界》2015年第1期。

[20] Lagakos, D., and M. E. Waugh, "Selection, Agriculture, and Cross-country Productivity Differences", *American Economic Review*, Vol. 103, No. 2, 2013, pp. 948–980.

[21] United Nations, *World Urbanization Prospects: The 2014 Revision*, New York, 2014.

综合篇

2018年中国农村发展指数测评
——中国农村发展进程及地区比较

韩 磊 刘长全[*]

摘 要：本文基于包括经济发展、社会发展、生活水平、生态环境和城乡一体化5个维度27个指标的中国农村发展指数，对2011—2016年全国各地农村发展进程进行测度，并重点分析了与2015年相比的主要变化。研究表明：2016年农村发展水平在全国、区域和省级层面继续稳步提高，且主要贡献来自生活水平的提升；中部地区农村发展指数增幅最大，西部与东北地区的差距缩小；城乡一体化地区差异的提高导致农村发展水平的地区间差异扩大，城乡一体化成为西部和东北地区农村发展的短板；维度间发展的失衡仍然存在但普遍趋于缓解。

关键词：农村发展 指标体系 综合评价 比较研究

---

[*] 韩磊，管理学博士，中国社会科学院农村发展研究所助理研究员，主要从事农产品市场研究；刘长全，经济学博士，中国社会科学院农村发展研究所副研究员，主要从事农村产业经济、奶业经济、区域经济研究。

Assessment of China Rural Development Index in 2018: Rural Development Progress and Regional Comparison in China

Han Lei　Liu Changquan

Abstract: Based on China Rural Development Index which is composed of 27 indicators in five dimensions, namely, economic development, social development, living standards, ecological environment and urban – rural integration, this report measures progress in rural development at national, regional and provincial levels from 2011 to 2016. More analysis is focused on the changes in 2016. The research shows that rural development has improved steadily at all levels and the major contribution is from the improvement of living standards in 2016. The increase of rural development index of Central region was the highest and the gap between the Western region and the Northeastern region was narrowed compared to the previous year. On account of the increasing differences in urban – rural integration, the differences of rural development among regions were expanding. Integration of urban and rural areas has become an import constraint to the further rural development in Western and Northeastern regions. The imbalance between dimensions still existed but generally trended to be alleviated.

Key Words：Rural Development；Index System；Comprehensive Evaluation；Comparative Analysis

一 前言

党的十九大作出实施乡村振兴战略重大决策部署，同时提出"产业兴旺、生态宜居、乡风文明、治理有效、生活富裕"乡村振兴总体要求。乡村振兴战略是社会主义新农村建设的重要升级，内涵更加丰富，发展要求全面提高。以乡村振兴战略总体要求为标准，对农村发展进程及面临的问题进行系统、客观评估，是适应新的农村发展形势和促进乡村振兴战略全面落实的必然要求，具有突出的必要性和重要的现实意义。

在2016—2017年的两轮中国农村发展指数测评中，课题组所构建的包含经济发展、社会发展、生活水平、生态环境和城乡一体化5个维度27个指标的指标体系有两个方面的理论基础：一是社会主义新农村建设提出的"生产发展、生活宽裕、乡风文明、村容整洁、管理民主"20字方针，二是党的十八大以来党中央的农村发展指导思想与理论探索，包括新发展理念和城乡发展一体化战略等（刘长全、韩磊，2016）。总体上，这个指标体系契合了乡村振兴战略的总体要求。鉴于此，本轮指数测评仍沿用前两轮测评的指标体系框架，但基于数据可获得性等因素调换个别停止发布数据的指标，并将权重的确定由主成分法调整为均权，反映全面、均衡发展的要求。在此，对各指标的内涵以及数据处理等不再做详细说明。本文重点对 2016 中国农村综合发展水平做系统评价，并分析与 2015 相比的变化情况。下文内容安排如下：第二部分是对指标选择和缺失值处理上出现的调整的说明；第三部分为研究的主要发现；第四部分为研究结论与促进农村发展的进一步思考。

二 指标、数据与方法

（一）指标调整

中国农村发展指数指标体系由经济发展、社会发展、生活水平、生态环境和城乡一体化 5 个维度构成，包括 15 个二级指标、27 个三级指标（刘长全、韩磊，2016）。原指标体系中衡量生活设施条件的"自来水普及率"自 2015 年开始停止发布，在 2017 年测评报告中调整为"农村集中供水覆盖率"。2016 年，"农业化学需氧量"数据停止发布，自本轮测评开始将衡量环境污染的"万元农业增加值化学需氧量排放量"指标调整为"亩均用肥量（纯氮）超标水平"。按播种面积计算的亩均施肥量折纯氮以 12 公斤（180 公斤/公顷）为标准，指标值为超出标准的幅度（%），如果低于标准则为 0。

（二）数据与方法

各指标所用数据来源于《中国统计年鉴》《中国农村统计年

鉴》《中国社会统计年鉴》《中国民政统计年鉴》《中国教育统计年鉴》《中国卫生和计划生育统计年鉴》《中国环境统计年鉴》《中国能源统计年鉴》《中国交通年鉴》和《中国城乡建设统计年鉴》等国家统计局或国家有关部门正式发布的统计资料。根据数据发布情况和指标可获得性，在时间跨度上，指数覆盖2011—2016年；在地域范围上，指数覆盖30个省（市、区），西藏由于指标缺失较多暂时没有被纳入，另外也不包括中国台湾、香港和澳门地区。

各指标数据处理沿用第一轮测评的方法，在此不再赘述。有些指标缺失个别年份数据或个别地区的个别年份数据，本文主要基于这些指标在其他年份或相应地区其他年份已有数据的年均复合增长率来推算并插值。具体来说：①2011年和2012年各地区耕地面积是根据2008—2013年耕地面积年均复合增长率与2008年耕地面积推算。②2014—2016年宁夏回族自治区农村有线广播覆盖率缺失，根据2011—2013年覆盖率的年均增速与2013年覆盖率推算。③2014—2015年山东省农村合作医疗人均支出缺失，根据2013年人均支出同比增长率与2013年人均支出推算。类似处理的缺失值还包括2013—2015年广东省农村合作医疗人均支出，2015年宁夏、重庆、浙江与青海农村合作医疗人均支出。④2016年，国家正式启动城乡居民医疗保险制度的整合工作，影响相关数据统计与发布，目前只公布了辽宁、吉林、黑龙江、江苏、安徽、江西、海南、贵州、云南、陕西、甘肃及全国层面的数据，其他地区的农村合作医疗人均支出根据2012—2015年年均复合增长率和2015年的人均支出推算。⑤天津市自2009年起实行的就是城乡一体的城乡居民基本医疗保险制度，没有单独的新型农村合作医疗保险,所以天津的新型农村合作医疗保险人均支出指标用城镇居民基本医疗保险人均支出数据补充。⑥缺少各年度全国层面的县孕产妇死亡率,都以当年分地区的县孕产妇死亡率加权平均值替代,权重为相应年度各地区活产数。

各指标的标准化仍沿用第一轮测评使用的极值法,为了使各地区农村发展指数跨年度可比,参照樊纲等(2003)的研究,对各年度指标做标准化时统一使用基准年(2011年)的最大值和最小值。具体来说:

正向指标:$\hat{x}_{i,t} = (x_{i,t} - \min x_{i,0})/(\max x_{i,0} - \min x_{i,0})$

反向指标:$\hat{x}_{i,t} = (\max x_{i,0} - x_{i,t})/(\max x_{i,0} - \min x_{i,0})$

$x_{i,t}$表示第i个指标第t年的值,$\min x_{i,0}$和$\max x_{i,0}$分别表示基准年第i个指标的最小值和最大值。标准化后,基期年份各指标的最高得分为1,最低得分为0,其他年份各指标的得分可能高于1或低于0。标准化后的指标得分经加权求和后得到总指数,基期年份的总指数在0—1分布,其他年份总指数可能高于1或低于0。

本次测评与前两轮相比的一个重要变化是将权重的确定从主成分法调整为均权,具体原因有两个:一是主成分法必然要求权重的频繁调整,不利于结果的稳定性和纵向比较,也与政策导向的长期性、稳定性不符;二是乡村振兴战略下全面均衡发展的意义更加突出,均权有利于体现全面发展、均衡发展的政策内涵。调整后,五个维度各占20%的权重,每个维度下属的二级指标具有同样的权重,每个二级指标下属的三级指标也具有同样的权重。中国农村发展指数指标体系的构成及各三级指标的权重如表1所示。由于赋权方法的改变及指标内容的调整,本轮测算中2011—2015年农村发展指数与前两轮的测评结果相比略有变化。

表1　　　　　　　　　中国农村发展指数指标体系构成及权重

一级指标	二级指标	三级指标	权重
经济发展	经济水平	农民人均可支配收入	0.068
	经济结构	工资性收入占可支配收入比重	0.067
	农业现代化	亩均农业机械动力数	0.022
		有效灌溉面积占耕地面积比重	0.022
		万元农林牧渔业增加值电力消耗	0.022
社会发展	文化教育	有线广播电视覆盖率	0.025
		中小学生均固定资产值	0.025
	卫生医疗	村卫生室专业技术人员比重	0.025
		孕产妇死亡率	0.025
	社会保障	农村社会养老保险人均支出	0.017
		新型农村合作医疗人均支出	0.017
		最低生活保障人均支出	0.017
	社会治理	村庄选举登记选民投票率	0.050
生活水平	生活消费水平	人均消费支出	0.033
		恩格尔系数	0.033
		人均教育文化娱乐支出	0.033
	生活设施条件	农村集中供水覆盖率	0.033
		无害化卫生厕所普及率	0.033
		农村道路密度	0.033
生态环境	环境污染	亩均用肥量（纯氮）超标水平	0.067
	水资源节约利用	万元农业增加值用水量	0.067
	生活污染治理	生活污水处理比例	0.033
		生活垃圾处理比例	0.033
城乡一体化	经济发展一体化	城乡居民人均可支配收入之比	0.067
	社会发展一体化	城乡最低生活保障人均支出之比	0.067
	生活水平一体化	城乡居民人均消费支出之比	0.033
		城乡居民人均教育文化娱乐支出之比	0.033

全部 27 个三级指标的指标得分与指标权重之积的和（$\sum w_i \hat{x}_{i,t}$）即为总指数。总指数也是五个维度得分之和，特定维度的得分是该维度上所有三级指标的指标得分与指标权重之积的和（$\sum w_i^j \hat{x}_{i,t}^j$），其中，$w_i^j$ 是 j 维度第 i 个三级指标的权重，$\hat{x}_{i,t}^j$ 是 t 年 j 维度第 i 个三级指标的得分。每个维度的总权重也是基准年该维度理论上能达到的最高得分。维度得分的变化与总指数变化的比值反映了该维度在农村发展水平变化中的贡献。由于各维度权重相同，不同维度发展水平的差异可以直接通过维度的得分进行比较。但是，为了便于在全国层面和区域层面进行特定维度与整体发展水平的比较，本文计算了维度分指数（$\sum(w_i^j \hat{x}_{i,t}^j / \sum w_i^j)$）。其中，不同维度的各指标权重之和（$\sum w_i^j$）均为 0.2。需要说明的是，不同维度分指数在基准年的理论最高得分都是 1，而且在进行不同维度发展水平的比较时，用分维度得分和维度分指数的比较结果是一致的。

三　主要发现

（一）全国层面农村发展水平及变化

1. 全国农村发展水平继续稳步提高

2016 年，中国农村综合发展水平继续稳步提高，全国农村发展指数达到 0.677，与 2015 年相比提高了 0.028（见图 1）。

2011—2016年，在国家强农惠农富农政策的有力支持下，中国农村在经济、社会、生活、环境等领域都取得了较好的发展，全国农村发展指数上升了0.191。

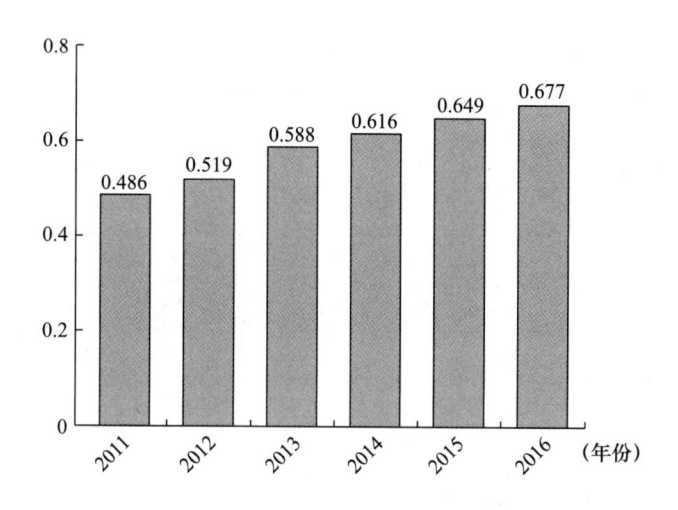

图1 2011—2016年全国农村发展指数

2. 生态环境改善明显，维度发展失衡有恶化倾向

2016年，各维度中得分最高的是生态环境（0.168），其次城乡一体化（0.158）、生活水平（0.137）、经济发展（0.116）和社会发展（0.099）（见表2）。与2015年相比，得分提高最多的维度是生活水平，增长0.011，其在总指数的增长中贡献了39.3%，高于2011—2015年33.7%的贡献率。其次是生态环境，维度得分提高了0.008，在总指数的增长中贡献了28.6%，远高于2011—2015年12.9%的贡献率。再次是经济发展和社会发展，维度得分均提高了0.005，均贡献了

17.9%。最后是城乡一体化，维度得分只提高了 0.001，在总指数增长中的贡献率仅为 3.6%，与 2011—2015 年 24.5% 的贡献率相比有了大幅下降。

表 2　　　　2011—2016 年全国农村发展指数及维度分指数

		总指数	经济发展	社会发展	生活水平	生态环境	城乡一体化
分维度得分	2011 年	0.486	0.087	0.073	0.071	0.139	0.117
	2012 年	0.519	0.094	0.081	0.079	0.141	0.124
	2013 年	0.588	0.102	0.091	0.106	0.146	0.143
	2014 年	0.616	0.105	0.092	0.116	0.152	0.152
	2015 年	0.649	0.111	0.094	0.126	0.160	0.157
	2016 年	0.677	0.116	0.099	0.137	0.168	0.158
	2011—2015 年变化	0.163	0.024	0.021	0.055	0.021	0.040
	2015—2016 年变化	0.028	0.005	0.005	0.011	0.008	0.001
维度分指数	2011 年	0.486	0.435	0.363	0.355	0.693	0.583
	2012 年	0.519	0.472	0.404	0.395	0.705	0.619
	2013 年	0.588	0.512	0.453	0.531	0.730	0.713
	2014 年	0.616	0.523	0.461	0.579	0.761	0.759
	2015 年	0.649	0.557	0.471	0.630	0.802	0.784
	2016 年	0.677	0.580	0.493	0.684	0.841	0.788
	2011—2015 年变化	0.163	0.122	0.108	0.275	0.109	0.201
	2015—2016 年变化	0.028	0.023	0.023	0.054	0.039	0.003

由于对各维度做了均权处理，因此衡量各维度发展水平的维度分指数的比较结果与各维度得分的比较结果一致。即 2016 年生态环境维度分指数最高，为 0.841，其次是城乡一体化（0.788）、生活水平（0.684）、经济发展（0.580）和社会发展（0.493）；维度分指数提高最多的是生活水平，最

低的为城乡一体化。2016年，生态环境维度分指数的提高幅度仅小于生活水平，但2011—2015年其增长幅度却较低，仅高于社会发展，反映出农村生态环境保护与治理取得了较好的成效。虽然2016年城乡一体化维度分指数提高幅度最低，但2011—2015年其增长幅度却较高，仅小于生活水平，表明近年来在城镇化不断推进的过程中城乡一体化水平的提升趋缓。2016年，五个维度分指数的最高值与最低值的比值为1.71，虽然低于2011年和2012年的比值，却比2013—2015年比值的均值高0.06，表明不同维度之间存在的发展失衡问题有恶化倾向。

(二) 区域层面农村发展水平比较

1. 东部地区农村发展水平明显领先，西部与东北地区差距缩小

从四大地带的农村发展指数的比较情况来看，2016年，农村综合发展水平最高的是东部地区，指数达到0.823，中部、东北与西部地区都显著落后于东部地区（见图2）。其中，西部地区农村发展水平最低，指数为0.587。与2015年相比，中部地区指数增幅最大，上升了0.037，东北地区指数增幅最小，上升了0.019。由于近年来农村发展水平提升缓慢，2011年以来，东北地区农村发展水平虽然仍高于西部地区，但两者的差距在不断缩小。2011年，东北地区农村发展指数比西部地区高0.069，到2016年这一差距缩小为0.034。

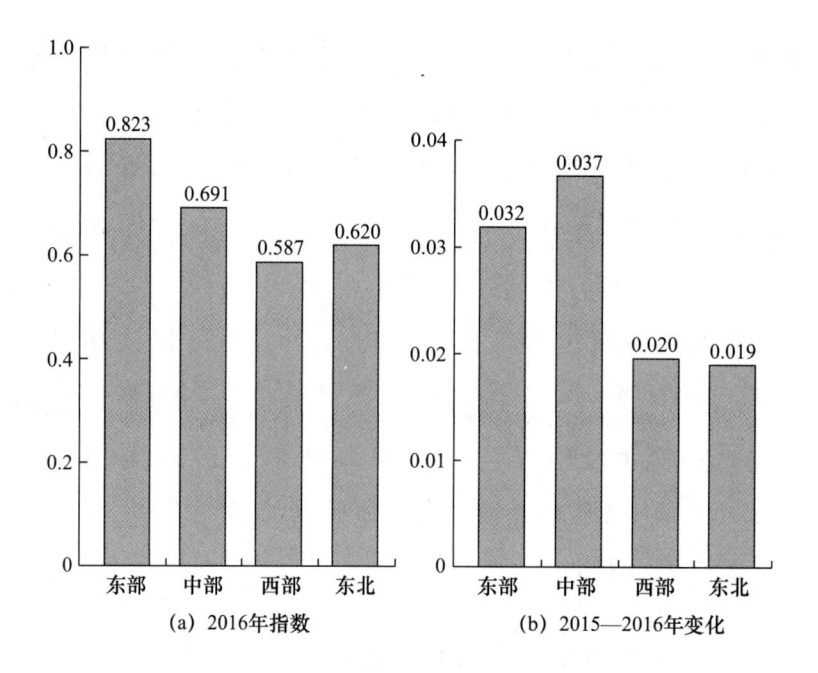

图2 2016年四大地带农村发展指数及变化

(a) 2016年指数：东部 0.823，中部 0.691，西部 0.587，东北 0.620

(b) 2015—2016年变化：东部 0.032，中部 0.037，西部 0.020，东北 0.019

2. 各地区农村发展的主要贡献来自生活水平提升，城乡一体化成为西部和东北地区农村发展的短板

分维度来看（见表3），2016年经济发展、社会发展、生活水平和城乡一体化四个维度分指数最高的都是东部地区，生态环境维度分指数最高的是中部地区。除了生态环境，西部地区在其他维度的分指数依然都是最低的，生态环境维度分指数最低的是东北地区。在经济发展、社会发展和生活水平维度，东部地区的分指数明显高于其他地区，在生态环境和城乡一体化维度，各地区分指数的差距相对较小。

与2015年相比，在经济发展维度，东部地区的分指数增幅略高于另外三大地区，经济发展对于东部地区农村发展的带动作

表 3　　　　　　分区域农村发展指数及维度分指数与变化

地区	指数类别	分维度得分 2015年	分维度得分 2016年	分维度得分 2015—2016年变化	维度分指数 2015年	维度分指数 2016年	维度分指数 2015—2016年变化
东部	总指数	0.791	0.823	0.032	0.791	0.823	0.032
	经济发展	0.165	0.170	0.005	0.826	0.852	0.026
	社会发展	0.131	0.139	0.008	0.655	0.695	0.040
	生活水平	0.168	0.178	0.010	0.838	0.889	0.051
	生态环境	0.140	0.148	0.008	0.699	0.741	0.042
	城乡一体化	0.187	0.187	0	0.937	0.937	0.001
中部	总指数	0.655	0.691	0.037	0.655	0.691	0.037
	经济发展	0.115	0.119	0.004	0.575	0.596	0.021
	社会发展	0.090	0.100	0.010	0.449	0.501	0.051
	生活水平	0.126	0.137	0.011	0.628	0.686	0.057
	生态环境	0.147	0.156	0.009	0.733	0.780	0.047
	城乡一体化	0.178	0.179	0.001	0.888	0.895	0.007
西部	总指数	0.567	0.587	0.020	0.567	0.587	0.020
	经济发展	0.077	0.081	0.004	0.384	0.406	0.022
	社会发展	0.082	0.088	0.006	0.412	0.440	0.028
	生活水平	0.117	0.127	0.010	0.583	0.635	0.052
	生态环境	0.137	0.144	0.007	0.685	0.719	0.034
	城乡一体化	0.154	0.147	−0.008	0.770	0.733	−0.038
东北	总指数	0.601	0.620	0.019	0.601	0.620	0.019
	经济发展	0.082	0.086	0.004	0.409	0.432	0.022
	社会发展	0.081	0.088	0.008	0.403	0.442	0.039
	生活水平	0.123	0.133	0.011	0.613	0.667	0.054
	生态环境	0.137	0.139	0.003	0.683	0.696	0.013
	城乡一体化	0.179	0.173	−0.007	0.897	0.864	−0.033

用明显；在生活水平维度，四大地区分指数增幅相当，表明全国农民生活水平普遍得到提高，促进地区均衡发展的举措对于提升这些地区居民的生活条件的作用是显著的；在社会发展、城乡一

体化维度和生态环境维度，中部地区的增幅均高于其他地区，这得益于中部地区促进城乡一体化发展方面的体制机制建设与公共投入的增加，也表明近年来国家环境保护与整治措施在中部地区取得了较好的成效。

2016年，不同维度对总指数增长的贡献表现出以下特点：四大地区总指数的增长都主要来自生活水平维度的提升，这种特征在西部和东北地区呈现得更为突出，东北地区生活水平维度对总指数增长的贡献达到56.48%，在四个地区中是最高的；东部和西部地区生态环境维度对总指数增长的贡献率仅次于生活水平，而中部和东北地区社会发展维度对总指数增长的贡献仅次于生活水平；四大地区经济发展维度对总指数增长的贡献都偏低，在中部地区最低，为11.34%；在四大地区，城乡一体化对总指数增长的贡献均是最低的，西部和东北地区甚至出现了负的贡献率，分别为-38.73%和-34.32%，城乡一体化成为西部和东北地区农村发展的短板（见图3）。

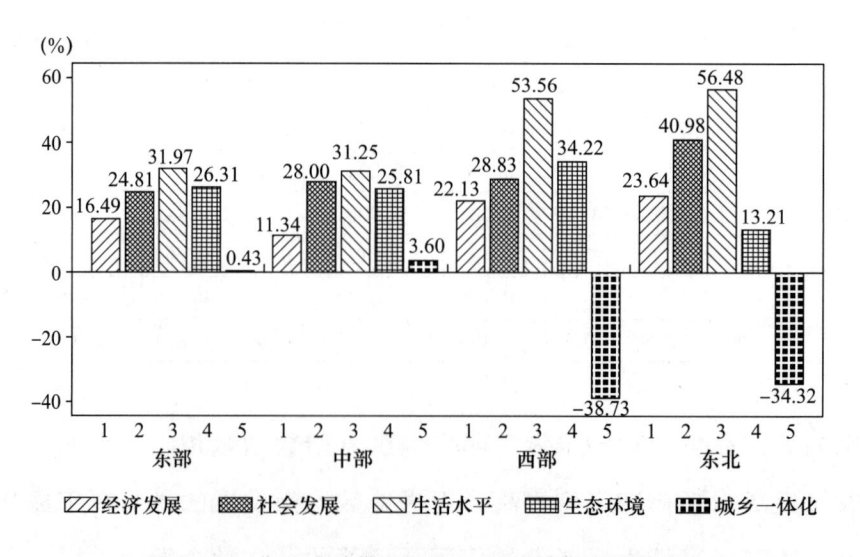

图3 2016年四大地带不同维度对总指数增长的贡献率

城乡一体化对指数增长的贡献较低的原因在于，虽然城市和农村的最低生活保障人均支出均有所增加，但城市的增加幅度更大导致城乡居民最低生活保障人均支出之比提高，城乡差距拉大，进而拉低了城乡一体化维度的得分。在全国层面，2015—2016年，城市最低生活保障人均支出从3799.2元/年增加到4460.1元/年，提高了17.40%，农村最低生活保障人均支出从1899.7元/年增加到2211.9元/年，提高了16.43%，城乡居民最低生活保障人均支出之比从2.000上升到2.016。在地区层面，2015—2016年，东部地区城乡居民最低生活保障人均支出之比的平均值从1.569提高到1.603，西部地区从1.836提高到2.140，东北地区从1.874提高到2.128，只有中部地区有从1.818到1.795的小幅下降。与东部和中部地区相比，西部和东北地区城乡居民最低生活保障人均支出之比不仅更高，而且提高的幅度也更大。

3. 东部地区维度间发展最为均衡，各地区失衡状况得到改善

在各地区内部，不同维度的发展水平差异明显，还没有达到均衡发展的要求。2016年，四大地区分指数最高的均为城乡一体化维度，东部和中部地区分指数最低的是社会发展维度，西部和东北地区分指数最低的是经济发展维度（见表3）。东部、中部、西部和东北地区四个维度分指数的最高值与最低值的比值分别为1.35、1.79、1.80和2.00，结果显示，东部地区五个维度的发展水平相对而言更加均衡，而其他三个地区尤其是东北地区五个维度发展明显失衡。但是，与2015年相比，四个地区维度

分指数最高值与最低值的比值均有所下降,东部、中部、西部和东北地区分别下降了0.08、0.19、0.20和0.22,各地区维度间发展失衡状况都在改善。

(三) 省级层面农村发展水平比较

1. 农村发展水平普遍提高

分省(市、区)来看,与2015年相比,除青海和广西的农村发展指数略有下降外,其他地区的指数均有提高,全国平均提高0.028。在所有省(市、区)中,农村发展指数上升幅度超过全国平均水平的有16个。2016年农村发展指数最高的五个地区依次是上海(1.080)、浙江(1.006)、天津(0.896)、北京(0.871)和江苏(0.855),最低的五个地区依次是甘肃(0.518)、青海(0.524)、云南(0.546)、新疆(0.551)和广西(0.555)(见表4)。从地域分布上看,农村发展指数最高的五个地区均在东部,最低的五个地区均在西部。与2015年相比,农村发展指数上升较多的地区集中在中部地区,上升最多的为安徽,提高了0.069,其次是江西(0.047)、浙江(0.047)、福建(0.044)和重庆(0.043),上升幅度较小的地区集中在西部地区,依次是青海(-0.019)、广西(-0.010)、山西(0.001)、云南(0.010)和甘肃(0.010)。

表4 2011—2016年各省(市、区)农村发展指数

	农村发展指数						2015—2016
	2011年	2012年	2013年	2014年	2015年	2016年	年变化
全国	0.486	0.519	0.588	0.616	0.649	0.677	0.028

续表

	农村发展指数						2015—2016年变化
	2011年	2012年	2013年	2014年	2015年	2016年	
北京	0.760	0.748	0.760	0.785	0.844	0.871	0.027
天津	0.597	0.668	0.766	0.811	0.854	0.896	0.042
河北	0.509	0.551	0.621	0.627	0.655	0.689	0.034
山西	0.515	0.549	0.616	0.641	0.661	0.662	0.001
内蒙古	0.456	0.487	0.579	0.590	0.603	0.633	0.030
辽宁	0.495	0.517	0.576	0.587	0.634	0.649	0.015
吉林	0.465	0.500	0.543	0.567	0.598	0.611	0.013
黑龙江	0.479	0.495	0.566	0.574	0.572	0.600	0.029
上海	0.851	0.951	0.957	0.997	1.046	1.080	0.034
江苏	0.681	0.735	0.793	0.806	0.829	0.855	0.026
浙江	0.734	0.765	0.847	0.911	0.959	1.006	0.047
安徽	0.486	0.521	0.583	0.613	0.643	0.712	0.069
福建	0.524	0.580	0.664	0.697	0.702	0.746	0.044
江西	0.548	0.588	0.634	0.652	0.662	0.709	0.047
山东	0.602	0.632	0.677	0.693	0.722	0.738	0.016
河南	0.487	0.517	0.572	0.588	0.617	0.655	0.038
湖北	0.462	0.495	0.590	0.603	0.676	0.701	0.025
湖南	0.504	0.530	0.615	0.640	0.668	0.709	0.040
广东	0.538	0.578	0.668	0.668	0.688	0.711	0.023
广西	0.392	0.439	0.515	0.566	0.565	0.555	-0.010
海南	0.438	0.478	0.561	0.581	0.611	0.638	0.026
重庆	0.464	0.511	0.591	0.576	0.594	0.637	0.043
四川	0.471	0.510	0.588	0.627	0.646	0.675	0.029
贵州	0.342	0.381	0.460	0.492	0.533	0.566	0.033
云南	0.381	0.409	0.474	0.516	0.536	0.546	0.010
陕西	0.422	0.427	0.499	0.532	0.577	0.598	0.022
甘肃	0.384	0.393	0.465	0.484	0.509	0.518	0.010
青海	0.423	0.463	0.495	0.516	0.543	0.524	-0.019
宁夏	0.393	0.451	0.535	0.583	0.619	0.650	0.031
新疆	0.388	0.414	0.468	0.487	0.512	0.551	0.038

从各地区农村发展指数的排序方面看，与2015年相比，2016年排名下降的有8个省（市、区），不变的有10个，上升的有12个（见图4）。其中，排名上升最多的是安徽，提高了7位，其次是贵州，提升了3位。安徽农村发展指数及排名的大幅提升主要是由于其在社会发展和生活水平两个维度的得分都有明显增长。

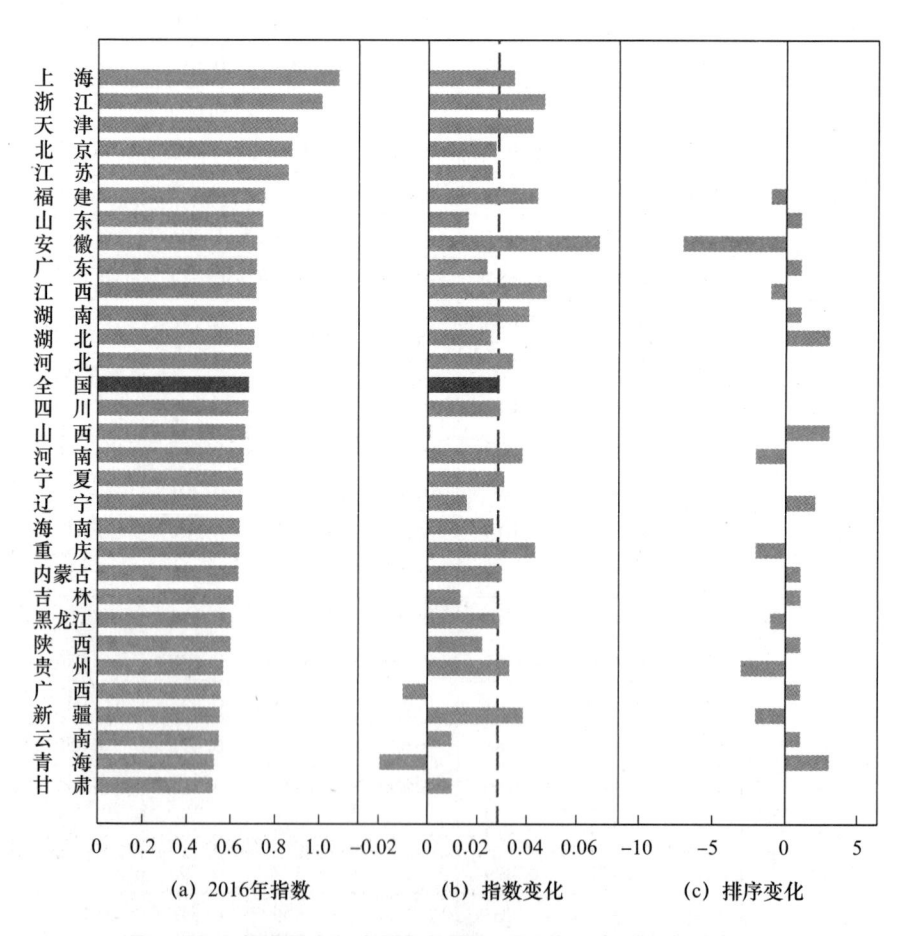

图4 2016年中国农村发展指数及2015—2016年指数与排序变化

注：(b)中竖线的虚线表示全国指数变化的平均水平，(c)图中排序变化为负表示排名上升，排序变化为正表示排名下降。

2. 农村发展水平呈"两端分化、中间趋同"特征，地区间差距有所扩大

在省级层面，农村发展水平最高的几个地区的总指数大幅高于其他地区，并且相互之间差距也较大，农村发展水平居中的近20个省（市、区）的总指数非常接近，农村发展水平最低的几个地区的总指数明显低于其他地区，整体上呈"两端分化、中间趋同"的分布特征（见图4）。2016年，农村发展水平最高的五个地区总指数的平均值为0.942，农村发展水平最低的五个地区总指数的平均值为0.539，两者之比为1.748，与2015年相比上升了0.027，打破了2011—2015年比值持续下降的局面，地区间农村综合发展水平的差距出现扩大（见图5）。2016年，全国所有地区总指数的变异系数也略有回升，达到1.927，比2015年高0.002。

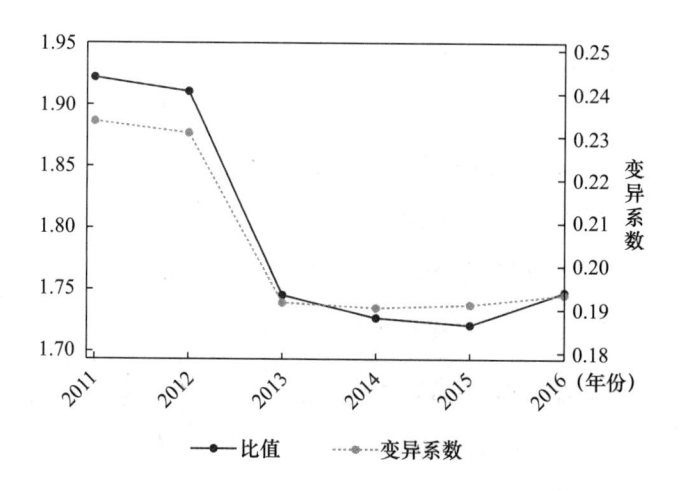

图5　2011—2016年最高五位与最低五位总指数平均值比值及变异系数

3. 经济发展和社会发展维度地区差距较大，城乡一体化维度地区差距提高

在不同维度发展的地区差异方面，2016 年社会发展的地区差距最大，维度分指数的变异系数达到 0.40，其次是经济发展（0.39）、生活水平（0.20）和生态环境（0.17），城乡一体化发展的地区差距最小，维度分指数的变异系数为 0.15（见图 6）。与 2015 年相比，经济发展、社会发展、生活水平和生态环境发展的地区差距有所减小，维度分指数的变异系数分别下降 0.01、0.02、0.02 和 0.01；城乡一体化发展的地区差距有所提高，维度分指数的变异系数上升了 0.03。因此，全国农村发展水平地区差距呈扩大趋势的主要原因在于城乡一体化维度发展的地区差距的提高。

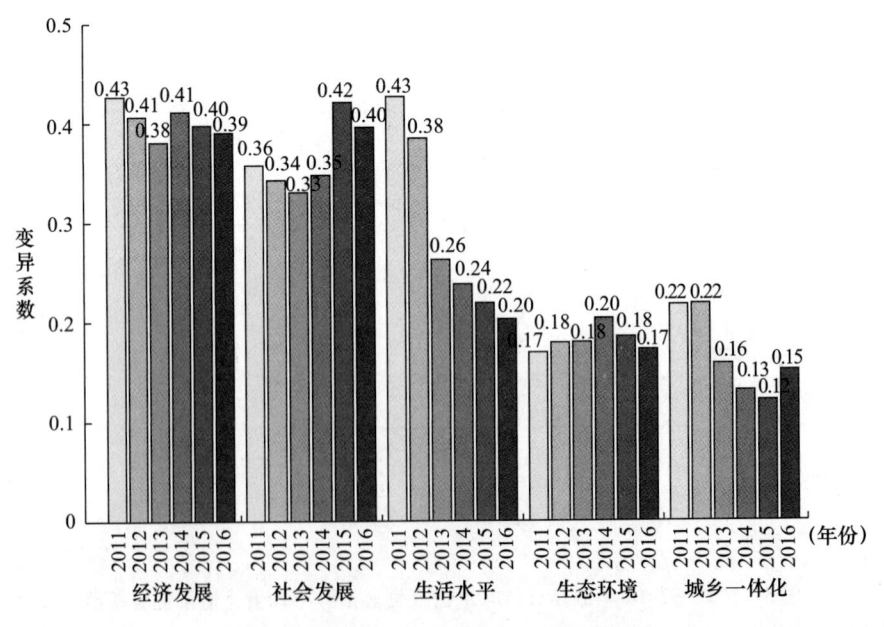

图6 2011—2016 年分维度地区差距及变化

4. 维度间发展失衡在东北与西部省份更突出,但普遍趋于缓解

2016年,各地区发展水平最高的维度集中在城乡一体化和生态环境,发展水平最低的维度集中在经济发展和社会发展(见表5)。从各地区发展水平最高的维度来看,云南、青海、甘肃、贵州、四川、广西6个西部地区为生态环境维度,江苏和北京为生活水平维度,上海为社会发展维度,浙江为经济发展维度,其他20个地区为城乡一体化维度。从各地区发展水平最低的维度看,云南、青海、甘肃、新疆、陕西、内蒙古、宁夏、吉林8个西部和东北地区为经济发展维度,北京和天津为生态环境维度,上海为城乡一体化维度。其他19个地区为社会发展维度。

表5　　　　2016年发展水平最高与最低维度的地区构成

		发展水平最高的维度				
		经济发展	社会发展	生活水平	生态环境	城乡一体化
发展水平最低的维度	经济发展				云南、青海、甘肃	新疆、陕西、内蒙古、宁夏、吉林
	社会发展	浙江		江苏	贵州、四川、广西	河北、福建、河南、山东、江西、湖南、重庆、辽宁、湖北、黑龙江、海南、安徽、山西、广东
	生态环境			北京		天津
	城乡一体化		上海			

从五个维度分指数的最高值与最低值的比值来看,维度间发展水平失衡最严重的地区主要分布在东北与西部地区,最协调的

地区则主要在东部（见图7）。2016年，五个维度发展水平失衡最严重的地区是广西，维度分指数的最高值与最低值的比值为3.75，其次是北京（2.75）、甘肃（2.71）、黑龙江（2.55）和重庆（2.42）；五个维度发展最协调的地区是浙江，维度分指数的最高值与最低值的比值为1.27，其次是广东（1.27）、上海（1.41）、湖南（1.50）和天津（1.51）。与2015年相比，2016年大多数地区在五个维度的发展水平上变得更加协调，22个地区五个维度分指数的最高值与最低值的比值出现下降，降幅最大

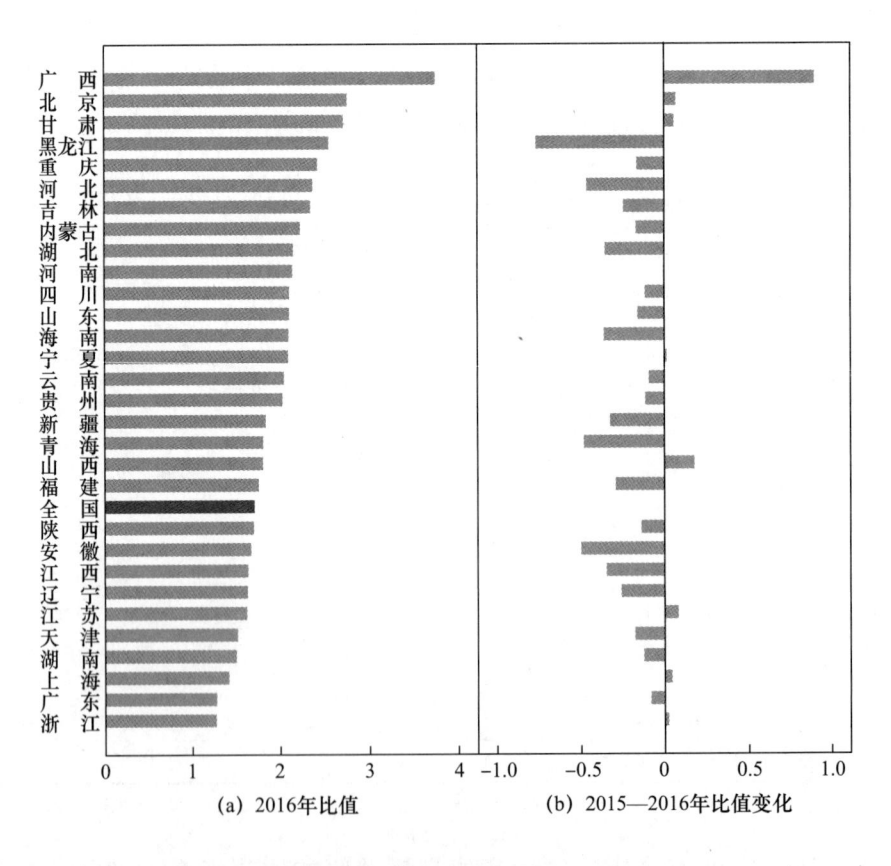

图7 不同维度均衡发展状况的地区差异及变化

的地区依次是黑龙江、安徽、青海；另外8个地区比值出现上升，其中北京地区比值上升幅度最大。对于北京，2016年发展水平最高的生活水平维度分指数在全国排第二，而发展水平最低的生态环境维度分指数在全国排倒数第一，两者比值较大。

四　总结与思考

基于中国农村发展指数，本文对2011—2016年全国、区域（四大地带）和省级层面的农村发展水平进行了测算与地区间的比较研究，并重点分析了与2014年相比的突出变化。研究发现：①农村发展水平在全国、区域和省级三个层面继续稳步提高，农村发展的主要贡献来自生活水平的提升；②不同区域之间农村发展水平存在一定差距，东部地区明显领先，中部地区指数增幅最大，西部与东北地区的差距缩小；③农村发展水平在省份之间继续呈"两端分化、中间趋同"分布特征，城乡一体化地区差异的提高导致农村发展水平的地区间差异呈扩大趋势，这是需要引起关注的变化；④经济发展和社会发展维度存在明显的地区差距，城乡一体化成为西部和东北地区农村发展的短板；⑤西部与东北地区省份维度间发展失衡更为突出，纵向看各省份维度间发展失衡问题趋于缓解。

新时代中国社会的主要矛盾转变为人民日益增长的美好生活需要和不平衡不充分的发展之间的矛盾，而中国最大的发展不平衡是城乡发展不平衡，最大的发展不充分是农村发展不充分。向更高层次推动农村发展是实施乡村振兴战略和实现"两个百年"

奋斗目标的必然要求。为此，第一，未来要继续深化对农村综合发展内涵的认识，从经济发展、社会发展、生活水平、生态环境、城乡一体化等不同维度出发，多措并举促进农村各领域全面发展。第二，要继续推进农村协调发展。一是促进地区间的协调发展，扭转区域间农村发展差距扩大的局面，尤其是要缩小西部和东北地区与东部地区的差距；二是在国家和地区层面实现不同维度间的协调发展，既要缩小经济发展和社会发展维度的地区差距，又要缩小东北和西部省份面临的各维度之间的发展差距。第三，要继续推进城乡一体化发展，尤其是着力缩小城乡社会保障水平的差距。

参考文献

［1］樊纲、王小鲁：《中国各地区市场化相对进程报告》，《经济研究》2003年第3期。

［2］刘长全、韩磊：《中国农村发展指数测评——中国农村发展进程及地区比较》，载魏后凯等主编《中国农村发展报告——聚焦农村全面建成小康社会》，中国社会科学出版社2016年版。

农业农村现代化水平评价指标体系的构建

任常青*

摘　要：加快推进农业农村现代化是分两步走把我国建设成为社会主义现代化强国的根本要求。为了了解跟踪农业农村现代化进程，识别农业现代化进程中的优势和不足，我们从"五位一体"总布局的视角出发，以新发展理念为指引，按照乡村振兴战略总目标的要求，剖析了农业农村现代化的内涵和特征，以此构建了一个由三级指标构成的农业农村现代化发展水平评价指标体系。为度量农业农村现代化发展水平提供理论基础。

关键词：农业农村现代化　评价指标体系

---

* 任常青，中国社会科学院农村发展研究所研究员。

Construction of Monitoring Indicators for Modernization of Agricultural and Rural Areas

Ren Changqing

Abstract: Speeding up the modernization of agricultural and rural areas is the fundamental requirement to build China into a great modern socialist country through a two – step approach by the middle of the century. For the purpose of tracking the progress of the modernization of agricultural and rural areas and identifying the advantages and disadvantages, we analysis the connotation and characteristics of agricultural and rural modernization starting from the view of five – sphere integrated plan, guided by the new development philosophy, and following the general requirements of rural vitalization strategy, we develop a set of monitoring indicators consisting of three levels to evaluate the progress of modernization of agricultural and rural areas. Aimed to provide a basis instruction for building a development level index of modernization of agricultural and rural areas.

Key Words: Modernization of Agricultural and Rural Areas; Monitoring Indicators

农业农村现代化水平评价指标体系的构建

构建农业农村现代化发展水平评价指标体系,旨在准确把握我国农业农村现代化的发展现状和演进过程,识别农业农村现代化进程中的优势和不足,为采取有针对性的政策导向和干预措施提供依据。遵循把我国建设成社会主义现代化强国的总目标,从"五位一体"总布局的视角出发,以发展新理念为指引,按照乡村振兴战略的要求,深入剖析新时代我国农业农村现代化的内涵和特征,提出评价农业农村现代化发展水平的原则,在此基础上构建一个由三级指标构成的农业农村现代化发展水平评价指标体系,为度量农业农村现代化发展水平提供基础依据。

一 问题的提出

党的十九大报告清晰擘画了全面建成社会主义现代化强国的时间表、路线图。在2020年全面建成小康社会,实现第一个百年奋斗目标的基础上,再奋斗15年,在2035年基本实现社会主义现代化。从2035年到21世纪中叶,在基本实现现代化的基础上,再奋斗15年,把我国建成富强、民主、文明、和谐、美丽的社会主义现代化强国。建设社会主义现代化强国的总目标与"五位一体"总布局高度一致,体现了总目标和总布局之间的紧密关系,使"五位一体"总体布局更具方向感和目标感。

农业农村现代化是国家现代化的基础和支撑,没有农业农村现代化,国家现代化是不完整、不全面、不牢固的。党的十九大提出的实施乡村振兴战略,是全面建设社会主义现代化强国的重大部署。提出要坚持农业农村优先发展，按照产业兴旺、生态宜居、乡风文明、治理有效、生活富裕的总要求，建立健全城乡融合发展体制机制和政策体系，加快推进农业农村现代化。乡村振兴战略总要求与"五位一体"总布局高度一致，根本目标是加快推进农业农村现代化。农业农村现代化是国家现代化的有机组成部分，因此，必须坚持发展新理念，统筹推进"五位一体"总布局在农业农村领域的落实。

党的十九大首次提出加快推进农业农村现代化，是对以前单一农业现代化的重要补充，是根据新时代"三农"工作面临的新情况、新矛盾，按照新发展理念的要求做出的重大调整，其内涵更加丰富全面。为了把握我国农业农村现代化的发展水平，了解农业农村现代化进程中的强项与薄弱环节，为制定有针对性的政策提供依据，有必要构建一套农业农村现代化发展水平的评价指标体系。评价指标体系建立在准确定义农业农村现代化内涵的基础上，按照准确、综合、易操作、可追踪的要求设置可测度的评价指标。农业农村现代化的内涵是"五位一体"总布局在农业农村领域的具体体现，评价指标要从经济、政治、文化、社会和生态文明五个维度，根据国家现代化的富强、民主、文明、和谐和美丽五大特征，按照乡村振兴战略产业兴旺、生态宜居、乡风文明、治理有效、生活富裕总要求和建立健全城乡融合发展体制机制及政策体系的内容，从六个维度刻画农业农村现代化的特征与内涵。通过设置可测度的指标实现评价指标的量化，形成一个科学评价农业农村现代化发展水平的指标体系。

二 我国农业农村现代化的内涵及特征

(一) 农业农村现代化的演进

我国自1952年提出实现农业现代化的目标,到现在已经66年,从当时的实现农业现代化到党的十九大提出的推进农业农村现代化,不仅提法和概念变化了,其内涵和内容也越来越丰富和完善。随着科技进步和社会经济发展,农业现代化的目标和表现形式都在不断演进和调整。

对现代化的认识,存在过程论和目标论两种观点,亦即从两个维度诠释现代化,一个维度是把现代化作为一个过程,认为所谓现代化就是现代社会中正在进行着的变化;另一个维度是把现代化看作是结果或目标,经过努力是可以实现的。对现代化的研究分别从政治学、经济学、社会学、人文学和制度学等方面展开(周洁红、黄祖辉,2002)。相应地,对农业现代化的研究也从过程和目标两个维度展开。过程论认为,农业现代化是传统农业向现代农业转变的一个漫长的非均衡历史过程,是用现代工业技术、生物技术和市场经济观念改造传统农业的过程。农业现代化是一个相对的动态概念,农业现代化的标准和水平随着科技、经济、社会的进步而变化。因此,"农业现代化本身并非目的,而是农业进步的历史过程,由传统的生产部门转变为现代产业的演进过程"(牛若峰,2001)。其内涵随着技术、经济、社会的进步而变化,即不同时期有不同的内涵(周洁红、黄祖辉,2002)。

目标论认为，实现农业现代化是我国社会主义建设的目标，应该是一个具体的、有所指的事物，因而也必然是一个可以实现的目标。我国在不同阶段提出的农业现代化的目标都是该阶段农业现代化水平的具体体现。从实践来看，人们只能根据现有的科技水平或最佳实践来设定一个短期的现代化目标，并通过努力实现这一目标。但是，科技进步的速度之快使人们越来越难以预测现代化的内容和形式，科技有时会给农业带来颠覆性的变化。所以，农业现代化应该是一个动态的渐变过程，随着科技进步和社会经济发展而呈现不同的表现形式和内涵。

从农业现代化的表现形式来看，我国于20世纪50年代提出的农业现代化是机械化、电气化、水利化和化学化，这是根据当时的农业生产力水平制定的农业现代化目标。到了20世纪70—80年代中期，农业现代化的内容又增加了管理现代化，认为现代化不仅是农业技术的现代化，还应该是管理方式和管理手段的现代化。20世纪90年代，随着农业生产水平的提高，社会主义市场经济的建立，农业的市场化和组织化也被认为是现代农业的重要标志。进入21世纪以来，随着我国现代农业水平的不断提高，农业现代化的内涵逐渐扩展，由科学技术体系、农业产业体系、微观经营体系和政策法规体系四个方面刻画的农业现代化，其内涵也在发生着深刻的变化（李周，2016）。

农业发展不同阶段的主要矛盾不断转变，对农业现代化的认识也经历了一个从狭隘到广义转变的过程。狭隘的农业现代化仅仅指农业作为一个产业的现代化。改革开放之前，我国实行计划经济制度，执行严格的城乡分割二元户籍政策，在这种体制下，农业等同于农村，农民则被束缚在农业和农村。最初，农业的主

农业农村现代化水平评价指标体系的构建

要矛盾是农业生产力落后，对农业现代化的认识也仅限于农业生产领域的现代化，把农业科技进步、现代投入品和对劳动的替代作为现代化的方向，机械化、电气化、水利化和化学化就成为农业现代化的目标。当科技进步和现代要素投入不再是"瓶颈"的时候，农业主要矛盾转化为如何改变管理方式和管理手段的落后状况，把优化农业的组织和管理方式作为现代化的目标。当农业不再是农民解决温饱问题的唯一途径时，农业的市场化程度就成为主要矛盾。而农业市场化带来的对农业资源的掠夺性使用和对环境带来危害时，农业的绿色发展又成为了农业现代化的目标。

广义的现代化包括了农业、农村和农民的现代化。在传统农业向现代农业转变的过程中，仅有农业形态的改变是不够的，与农业相关联的经济、政治、文化、社会和生态都应发生相应的变化。我国是一个农业社会特征非常明显的国家，农业与农村密不可分，农业是产业，农村是农民的生产生活聚居地，农民是农业的经营者和农村的居住者。"在农业现代化过程中，传统的农村也演变为现代农村，这个演变过程可称为农村现代化。"[①] 农村现代化的首要特征是农业现代化。现代农村的特征包括农业现代化、农村工业化、农村城镇化、农村环境的优化、经济体制现代化、农村政治的民主化、农村的富裕化和文明（朱道华，2002）。尽管现代农业发展的内涵和外延日趋扩展，但仅仅谈农业现代化这一方面的问题并不能涵盖农民、农业和农村问题的主要方面，也不能反映农民、农业和农村与社会经济其他方面的基

[①] 朱道华：《略论农业现代化、农村现代化和农民现代化》，《沈阳农业大学学报》（社会科学版）2002年第3期。

本关系（王淑贤、郝云宏，1999）。农村现代化是农业现代化的升级，是后农业现代化的重要体现，强调打破第一产业格局，农民是主体、农村是载体、农业是本体，三体共化（陈素云，2013）。在农业现代化的同时，农村也必然走向现代化，没有农村的现代化和农民的现代化是不完善的现代化。

随着科技和社会经济的快速发展，现代化的内容在不断更新，人们对现代化的认识也在发生变化。人们不再仅仅从科技领域来刻画现代化，而是从与科技现代化相适应的政治、经济、文化和生态方面来看待现代化。社会主义现代化强国，需要有一个与之相适应的现代化经济体系来提供强有力的支撑。在这个现代化经济体系中，一个繁荣发达富庶的乡村，一个现代化的农村经济体系是必不可少的。现代化的社会必然是政治、经济、文化和生态全面发展的社会。因此，广义的现代化应该是农业农村现代化，是经济、政治、文化、社会和生态"五位一体"的现代化。

（二）农业农村现代化的内涵与特征

农业农村现代化具有极其丰富的内涵，既体现了"五位一体"总布局的内容，又涵盖了农业、农村和农民的现代化。实施乡村振兴战略的最终目的是加快推进农业农村现代化。"产业兴旺、生态宜居、乡风文明、治理有效、生活富裕"是乡村振兴战略的总要求，是"五位一体"总布局在农业农村领域的具体体现，也是农业农村现代化的基本特征。同时，离不开城乡融合发展体制机制和政策体系，为推进农业农村现代化提供支撑和保障。产业兴旺是对农业现代化的高度概括，生态宜居、乡风文明和治理有效构成了刻画农村现代化的三个维度，生活富裕是农

农业农村现代化水平评价指标体系的构建

业农村现代化的最终目标，把对美好生活的向往变成现实。

实现农业农村现代化，产业兴旺是重点。通过构建现代农业产业体系、生产体系、经营体系，培育农村新产业、新业态，促进农村第一、第二、第三产业融合发展。以绿色发展方式提供有竞争力的高品质的农产品。生态宜居是关键。尊重自然、顺应自然、保护自然，通过绿色发展与农村环境治理，实现经济发展与环境优美的高度统一。乡风文明是保障。培育与现代化相适应的包括文明乡风、良好家风、淳朴民风在内的乡村社会文明氛围。治理有效是基础。创新农村社会治理方式，走自治、法治、德治相结合的道路，建立与现代化进程相适应的乡村社会治理体系。生活富裕是根本。现代化提升人们的生活质量，让更多的人分享现代化的成果，消除贫困和不平等。体制机制是支撑。农业农村现代化进程中，始终贯穿着制度建设，现代化的体制机制既是农业农村现代化的支撑，又是农业农村现代化的重要特征。

我国的国情和经济发展阶段决定了我国的农业农村现代化必须与中国实际相结合，走中国特色农业农村现代化道路。2017年12月召开的中央农村工作会议首次提出走中国特色社会主义乡村振兴道路，包括七个方面：一是必须重塑城乡关系，走城乡融合发展之路；二是必须巩固和完善农村基本经营制度，走共同富裕之路；三是必须深化农业供给侧结构性改革，走质量兴农之路；四是必须坚持人与自然和谐共生，走乡村绿色发展之路；五是必须传承发展提升农耕文明，走乡村文化兴盛之路；六是必须创新乡村治理体系，走乡村善治之路；七是必须打好精准脱贫攻坚战，走中国特色减贫之路。中国特色的乡村振兴道路也是实现农业农村现代化的中国道路。

三 农业农村现代化的内容

(一) 现代农业产业体系、生产体系、经营体系

现代农业是一个由产业体系、生产体系、经营体系构成的有机整体。三大体系相互支撑，缺一不可，共同构筑了现代农业的基础和特征。构建现代农业产业体系、生产体系、经营体系是农业现代化的抓手和重点，是实现产业兴旺的根本途径。

现代农业产业体系建设的重点是优化农业内部结构和农村第一、第二、第三产业结构，增加高品质农产品生产，提高单位面积耕地的产出价值。推动第一、第二、第三产业融合发展，实现一产强、二产优、三产活，通过三产融合延伸农业的价值链，提高农产品的附加值，进而提高农业产业的综合效益和整体竞争力。

现代农业生产体系建设的重点是提升农业生产的科技水平，以科技应用替代劳动投入，依靠科技提升农产品的品质，依靠科技消除农业生产的资源和环境约束，提高科技进步的贡献率。

现代农业经营体系建设的重点是在完善土地制度和产权制度的前提下，形成有利于现代农业生产要素创新与运用的体制机制，培育面向市场的农业经营主体。形成集约化、专业化、组织化、社会化相结合的新型农业经营体系。现代农业经营主体是现代产业体系和现代生产体系的实施者。

(二) 生态宜居、乡风文明、治理有效的现代农村

农村现代化由生态宜居、乡风文明和治理有效三方面来表现：

农村是农民生活的幸福家园，是传承乡村文明的载体。要把农村建设成生态宜居的美丽家园，农民才能安居乐业。农村要实现环境美、生态优，必须坚持人与自然和谐共生，走乡村绿色发展之路。建设现代化的农村，要提升农村水电路气房等基础设施建设，创造适宜的农村人居环境，改善农村生产生活条件。倡导低碳生活，使用清洁能源、分布式能源。依靠技术创新减轻资源环境压力，实现可持续发展。深化农村宅基地制度改革，强化村庄规划。把农村建设成为农民幸福生活的美好家园和休闲度假、旅游观光的生态乐园。

现代化的农村应该是与现代化经济相适应的现代文明社会的组成部分。先进的文化体现在文明的乡风，通过农村这个载体体现出来。文明的乡风由良好的家风体现出来，家风是家庭成员道德水平的集中体现，文明家庭具有诚信、节俭、立德、和谐、积极向上、尊老爱幼、互谦互让的优良品质。生活在现代经济与社会中的农村家庭，要通过民风、家风汇聚成健康的乡风，形成乡村社会文明。高尚的道德是文明乡风的重要特征，要推进社会公德、职业道德、家庭美德、个人品德建设。

现代化的农村是现代社会的一个缩影，要健全自治、法治、德治相结合的乡村治理体系，使农村社会在科学的治理框架下有序运转。农村现代化需要乡村社会的和谐、安定有序。要加强和创新农村社会治理，走乡村善治之路。建立健全党委领导，政府

负责，社会协调，公众参与，法治保障的现代乡村社会治理体系。坚持以自治为基、法治为本，提升德治，创新基层社会治理理念和模式。

（三）农民现代化

让农民过上美好生活是现代化的最终目标。提高农民收入水平是农民生活富裕的基础。现代化的经济应能确保农民共享经济增长的成果，因此，必须建立一个公平的收入分配机制。第一，依托产业兴旺，提高农民来自于农村产业的收入。第二，建立健全劳动力非农就业的保障机制，降低农民共享城市发展成果的成本。第三，尊重和保护农民的财产权利，建立健全农民财产的登记制度，清除农民财产市场交易的障碍，增加农民财产性收入。第四，让农民获得公平的公共资源，消除城乡公共服务的差异，补上农民在教育、医疗、文化、社会保障、基础设施等公共服务的短板。通过发展和改革实现农民生活富裕的目标。

（四）体制机制保障与政策性供给

农业农村现代化的进程始终伴随着制度变迁，这是农业农村现代化的必要条件。一个国家的农业现代化必然是建立在现代化的体制机制基础之上的。现代化战略的实施离不开有效的制度性供给。2016年10月，国务院印发的《全国农业现代化规划（2016—2020年）》提出我国农业现代化的基本原则之一是坚持改革创新双轮驱动。把体制机制改革和科技创新作为两大动力源，统筹推进农村土地制度、经营制度、集体产权制度等各项改革，着力提升农业科技自主创新能力，推动农业发展由注重物质要素投入向创新驱动转变。

我国坚持社会主义市场经济改革方向不动摇，建设现代化经济体系，使市场在资源配置中起决定性作用，更好发挥政府作用。要以完善产权制度和要素市场化配置为重点，激活主体、激活要素、激活市场，增强改革的系统性、整体性、协同性。推进以巩固和完善农村基本经营制度，深化农村土地制度改革，深入推进农村集体产权制度改革，完善农业支持保护制度等为主要内容的农村改革，加大公共财政对城乡融合的支持力度，强化乡村振兴制度性供给。

四 构建农业农村现代化发展水平评价指标体系的原则

（1）遵循农业农村现代化的内涵。评价指标体系的构建严格依据农业农村现代化的内涵，从农村产业现代化、农村现代化、农民生活现代化和体制机制保障与政策性供给四个维度选取指标刻画农业农村现代化的发展水平。

（2）重纵向比较，轻横向比较。不存在一个可以测度现代化发展水平的度量值指标。从国际视角来看，由于不同国家的资源禀赋不同，农业发展的模式各异，因而经济社会所处的发展阶段不同，用一个综合指数来度量各国的现代化发展水平，会掩盖国情的不同。从国内视角看，我国幅员辽阔，各地农业生产条件、生产形态、资源禀赋和社会经济发展阶段差异明显，用一个指数来衡量现代化发展水平，也同样会掩盖各地的差异。

构建一个指标体系，从不同角度采用多指标度量，目的不是为了地区间横向比较，而是用于本地区的纵向比较，以跟踪这些指标的变动趋势。这是因为，一些度量指标横向比较，其结果差异悬殊，如果忽视客观条件的差异，可能得出误导性的结论和错误的政策建议。度量指标做纵向比较以追踪本地区农业农村现代化的进程，利于发现农业农村现代化的优势和薄弱环节，从而为制定有针对性的政策干预措施提供依据。

（3）指标的简易和可操作性。度量指标尽量简单易懂，运用现有的统计数据。指标的含义要丰富，以最终结果为主。例如，以价值指标代替投入量和产量指标，价值指标既反映了投入产出量，又体现了农业经营者对市场的反应。

（4）指标具有前瞻性和目标一致性。选取度量指标时要具有前瞻性，要与农业农村现代化的长远目标协调一致。选取的标志可以长期跟踪和比较。在一定时期内农业农村现代化的表现形式可能会发生较大变化，如一些具体技术的表现形式或有不同，应选取标准化的指标或价值性，可跟踪和可比较。

五 农业农村现代化的发展水平评价指标体系

（一）有关农业现代化发展水平评价的文献评述

国内学者在农业现代化发展水平评价方面已经做了大量工作。有的对国家农业现代化发展水平进行评价和度量，也有的对一个省份或市的农业现代化发展水平进行评价，评价指标的选取充分反映了当地农业的特征。国内现有的农业现代化评价指标体系分为三大类：第一类是带有宏观指导性质的指标体系，第二类是各地方政府根据当地实际情况所制定的指导当地农业现代化建设的指标体系，第三类是国内的专家、学者依据自己对农业现代化的理解所提出的指标体系（陈春霞，2009）。

对国家层面农业现代化发展水平的评价，代表性的研究成果有：2017年11月，中国农业科学院农业经济与发展研究所农业现代化理论与政策创新团队向全社会公示的农业现代化评价结果和评价方案，从产业体系、生产体系、经营体系、质量效益、绿色发展、支持保护6个方面选取23个指标对农业现代化水平进行评价。前三个方面侧重对农业现代化建设的过程评价，后三个方面侧重对农业现代化建设的结果评价。袁赛（2018）基于"农业增效、农民增收、农村增绿"三个维度，构建农业现代化发展综合评价指标体系，采用熵权法对2007—2015年中国30个省的农业现代化水平进行了测度。"农业现代化评价指标体系构建研究"课题组（2012）按照现代农业的基本特征和中国特色农业现代化道路的总体思路，即发展现代农业的首要目标是保障粮食安全，总体要求是高产、优质、高效、生态、安全和专业化、标准化、规模化、集约化。主要手段是加强物质装备、科技创新、新型农业社会化服务体系建设和培育新型农民。主要目标是提高农业水利化、机械化和信息化水平；提高土地产出率、资源利用率、劳动生产率；提高农业综合生产能力、增加农民收入；促进农业可持续发展、扩大农业对外开放。课题组围绕上述内容，设计的指标体系由6个一级指标构成：即农业产出效益、农业设施装备、农业科技进步、农业产业经营、农业生态环境和农业支持保障。在一级指标下设计了18个二级指标。倪慧等（2012）提出了由农业生产条件、农业产出水平、技术服务与农民素质水平、产业化及组织化程度、农业可持续发展水平5个一级指标，20个二级指标构成的我国农业现代化评价指标体系。该指标体系从产业链、城乡统筹、质和量统一这三方面来设置指标，加入相应的符合我国国情的指标，使之能更准确地度量我国农业现代化进程。

对省、市级层面农业现代化发展水平评价，主要的成果有：王庆锋（2012）构建了宁夏农业现代化评价指标，从农业生产力水平、农业科技水平、农业产出水平、农业商品化水平、农业经济结构、农村经济发展水平、农业可持续发展水平7个方面选取既能全面反映宁夏农业整体水平，又能反映宁夏特色的农业现代化评价指标，建立了由七大主体指标，23项群体指标构成的农业现代化评价指标体系。采用层次分析法（AHP）确定各评价指标相应的权重，然后算出农业现代化水平的综合指数。杜国明等（2013）构建了由1个目标值（农业现代化水平）6个一级指标值——农业基础建设水平指标、农业产业化指标、农业科技指标、农业投入支出水平指标、农业市场化水平指标、农业可持续发展指标和21个二级指标构成的评价指标体系，并对黑龙江省的农业现代化水平进行了度量。卢方元和王茹（2013）根据农业现代化的内涵，从经济发展水平、农民生活水平、农业生产效率水平、基础设施水平、农业投入水平5个方面选择18个指标构成中原经济区农业现代化水平综合评价指标体系。使用熵值法对中原经济区28个市的农业现代化水平进行综合评价。孟志兴等（2013）基于对山西农村和农业整体发展情况的详细分析，构建了由农业生产水平、农业生产条件、农业科技水平、社会发展水平和农业可持续发展水平5项主体指标和18项个体指标组成的山西省农业现代化进程评价指标体系，并对山西农业现代化发展水平进行测算与分析。赵丽炯（2014）从农业生产现代化、农村现代化、农民现代化和"四化"协调发展四个方面构建评价指标体系，运用灰色多层次综合评价模型，对河南省18个主要城市的新型农业现代化发展水平进行了评价。

在已有的研究中，研究对象虽然是农业现代化，但基本上都是从农业生产与经营、农村环境与发展、农民增收三个方面展开，实质上都是对农业农村现代化发展水平的评价和度量。在指标选取上虽有所差异，但主要指标基本上都是相同的。对省市级农业现代化的评价大多考虑了所研究地区农业农村的特点，选取的指标更具有针对性。在研究的方式上，一部分学者采用了多指标评价法、DEA方法、PC–LINMAP方法（主成分分析法与多维偏好线性规划分析法相结合）、层次分析法等方法对现代农业水平进行综合和分层评价；另一些学者将研究重点放在指标体系的构建上，分别从现代农业生产、基础设施和农民素质等方面建立了现代农业评价指标（金莲等，2012）。在使用的评测方法上，常用的有模型法、参数比较法、数据包络法（Data Envelopment Analysis）和多指标综合测度法四种方法（陈春霞，2009）。

（二）农业农村现代化发展水平评价指标体系

根据对农业农村现代化内涵的界定，从农村产业现代化、农村现代化、农民生活现代化、体制机制保障与政策性供给四个方面评价农业农村现代化发展水平。其中，农村产业现代化从农业现代化水平和农村产业融合水平两方面构建评价指标，农村现代化从生态宜居、乡风文明和治理有效三个方面构建指标体系，农民生活现代化从农民收入、农民财产与农村公共服务三个方面构建指标体系，体制机制保障和政策性供给从体制制度与农业保护与支持政策两方面构建指标体系。具体指标见表1。

表1　　农业农村现代化发展水平评价指标体系

一级指标	二级指标	测算指标
农村产业现代化	农业现代化水平	（1）单位播种面积物质投入占比（％）
		（2）单位播种面积劳动力投入占比（％）
		（3）单位播种面积用电量（度/亩）
		（4）单位播种面积机械动力投入量（千瓦/亩）
		（5）节水灌溉面积占播种面积之比（％）
		（6）农业科技进步贡献率（％）
	农村产业融合水平	（7）农村第一产业增加值占比（％）
		（8）农村第二产业增加值占比（％）
		（9）农村第三产业增加值占比（％）
		（10）农村从业人员人均GDP（元/人）
农村现代化	生态宜居	（11）森林覆盖率（％）
		（12）空气质量达标率（％）
		（13）三废处理率（％）
		（14）农村卫生厕所普及率（％）
	乡风文明	（15）鳏寡孤独赡养保障率（％）
		（16）农村人口平均受教育年限（年）
		（17）刑事案件发生率（％）
	治理有效	（18）村政务财务公开率（％）
		（19）农村居民选举参与率（％）
农民生活现代化	农民收入	（20）农民人均纯收入（元/人）
		（21）非农收入占比（％）
		（22）恩格尔系数（％）
		（23）城乡收入比（％）

续表

一级指标	二级指标	测算指标
农民生活现代化	农民财产	(24) 人均可交易总资产（元/人）
	农村公共服务	(25) 城乡低保水平比（%）
		(26) "两基"人口覆盖率（%）
体制机制保障与政策性供给	体制制度农业保护与支持政策	(27) 单位播种面积补贴额
		(28) 单位播种面积贷款利息支出额
		(29) 单位播种面积保费支出

指标的定义和含义如下：

1. 农村产业现代化水平

农村产业发展水平从两方面来衡量：一是农业现代化水平，二是农村产业融合水平。与通常使用物质和劳动投入量来衡量农业现代化的指标不同，我们认为，现代农业应该是市场化的经济活动，应把投入产出的价值作为衡量标准。分别用物质投入费用占比和劳动投入费用占比作为衡量农业现代化的水平。农村产业融合水平则通过农村第一、第二、第三产业占比来衡量。

（1）农业现代化水平

①单位播种面积物质投入占比

$$单位播种面积物质投入占比 = \frac{物质与服务费用(元)}{总生产成本(元)} \times 100\%$$

单位播种面积物质和服务费用占总生产成本的比例。单位播种面积总生产成本分为物质与服务费用和人工费用两部分。物质与服务费用包括直接费用和间接费用。直接费用包括种子费、化肥、农家肥、农药、农膜、租赁作业费、机械作业费、排灌费、畜力费、燃料动力费、技术服务费、工具材料费、修理维护费、其他直接费用等。间接费用包括固定资产折旧费、保险费、管理费、财务费、销售费等。

相对应的是劳动投入占比。随着农业科技的不断进步，农业生产中的物质与服务投入占比会逐渐增加，劳动投入占比越来越小。该指标反映了农业现代化过程中资本对劳动的替代趋势。

②单位播种面积劳动投入占比

$$单位播种面积劳动投入占比 = \frac{人工成本(元)}{总生产成本(元)} \times 100\%$$

单位播种面积人工成本占总生产成本的比例。人工成本包括家庭用工折价和雇工费用。从发展趋势看，单位播种面积劳动投入占比呈逐渐下降趋势。

③单位播种面积用电量

$$单位播种面积用电量 = \frac{用电总量(度)}{总播种面积(亩)}$$

衡量农业生产的电气化程度，电气化是农业现代化的重要组成部分。随着电气化设备的运用，设施农业的发展，农业中电力使用量将呈上升趋势。

④单位播种面积机械动力投入量

$$单位播种面积机械动力投入量 = \frac{机械动力总投入量(千瓦)}{总播种面积(亩)}$$

单位播种面积机耕、机播（栽、插）、机收的综合投入量，反映农业机械化发展水平。

⑤节水灌溉面积占播种面积之比

$$节水灌溉面积占播种面积之比 = \frac{节水灌溉面积(亩)}{总播种面积(亩)}$$

节水灌溉面积占播种面积的比例是衡量农业基础设施建设水平和农业综合生产能力的指标之一。

⑥农业科技进步贡献率

农业科技进步贡献率 = 农业总产值增长率
- (物质费用产出弹性 × 物质费用增长率)
- (劳动力产出弹性 × 劳动力增长率)
- (耕地产出弹性 × 耕地增长率)

其中,物质费用、劳动力和耕地的产出弹性在计算全国农业科技进步贡献率时分别取 0.55、0.20 和 0.25。

农业科技进步贡献率是农业总产值增长率中扣除新增投入量产生的总产值增长率之后的余额。农业科技进步贡献率包含了自然科学技术进步的贡献和政策、经营管理和服务等社会科学技术进步的贡献,是广义的科技进步率。

(2) 农村产业融合水平

①农村第一产业增加值占比

$$农村第一产业增加值占比 = \frac{第一产业增加值(元)}{农村总产值(元)} \times 100\%$$

第一产业增加值占农村总产值的比重,随着农村产业融合水平的提高,农村产业结构调整的趋势将是第一产业占比逐渐下降,第二、第三产业占比逐年上升。

②农村第二产业增加值占比

$$农村第二产业增加值占比 = \frac{第二产业增加值(元)}{农村总产值(元)} \times 100\%$$

农村第二产业增加值占农村总产值的比重。随着产业融合水平的提高和产业结构的调整,占比呈上升趋势。

③农村第三产业增加值占比

$$农村第三产业增加值占比 = \frac{第三产业增加值(元)}{农村总产值(元)} \times 100\%$$

农村第三产业增加值占农村总产值的比重。随着产业融合水平的提高和产业结构的调整，占比呈上升趋势。

④农村从业人员人均GDP

$$农村从业人员人均GDP = \frac{农村总产值(元)}{农村从业人员(人)} \times 100\%$$

农村第一、第二、第三产业从业人员人均创造的农村总产值。反映了农村劳动生产率的水平。农村从业人员的人均GNP越高，经济发展水平越高。

2. 农村现代化

（1）生态宜居

①森林覆盖率

$$森林覆盖率 = \frac{森林面积(亩)}{土地总面积(亩)}$$

反映该地区森林资源和林地占土地总面积的比例。是生态宜居的重要衡量指标。

②空气质量达标率

$$空气质量达标率 = \frac{空气质量达标天数(天)}{365}$$

反映该地区空气质量达标情况，是生态宜居的重要衡量指标。

③三废处理率

$$三废处理率 = \frac{废水处理率 + 废气处理率 + 废渣处理率}{3}$$

农村"三废"是农村环境治理的重点，三废处理率反映了农村环境治理水平，是生活宜居的衡量指标。

④农村卫生厕所普及率

$$农村卫生厕所普及率 = \frac{拥有卫生厕所的户数}{农村总户数}$$

普及农村卫生厕所是改善农村环境的重要工作领域，卫生厕所普及率反映了农村生活条件的改善和环境治理的程度，是生活宜居的衡量指标。

（2）乡风文明

①鳏寡孤独赡养保障率

$$鳏寡孤独赡养保障率 = \frac{鳏寡孤独户数(户)}{农村总户数(户)} \times 100\%$$

鳏寡孤独赡养保障率反映了一个农村的道德风尚。实现病有所医、老有所养是现代化农村的最基本要求。特别是对农村特殊人口的保障，更体现了现代化的水平。

②农村人口平均受教育年限

$$农村人口平均受教育年限 = \frac{受教育年限总数(年)}{总人口(人)}$$

农村人口平均受教育年限是指农村6岁及6岁以上人口接受学历教育（包括成人学历教育，不包括各种学历培训）的年数总和的平均数。依照大专以上文化程度按16年计算，高中12年，初中9年，小学6年，文盲0年为受教育年数，计算人均受教育年限。

③刑事案件发生率

$$刑事案件发生率 = \frac{年内发生的刑事案件数量(件)}{总人口(人)}$$

农村在一定时间内发生的刑事案件与总人口之比，反映了农村社会治安状况和乡风文明水平。

(3) 治理有效

①村政务财务公开率（%）

$$村财务政务公开率 = \frac{村政务财务公开件数（件）}{村政务财务总件数（件）} \times 100\%$$

村财务政务公开是治理有效的基础性工作，度量一定时期内的政务财务公开率反映了村庄治理的民主程度。实现有效的农村治理，要倡导公开、公平、公正的治理方式。

②农村居民选举参与率（%）

$$农民居民选举参与率 = \frac{参与选举的人数（人）}{有选举权的总人数（人）} \times 100\%$$

反映了农民参与村庄治理的程度。参与率越高，村民自治的程度就越高。

3. 农民生活现代化

（1）农民收入

①农民人均纯收入

$$农民人均纯收入 = \frac{农民纯收入（元）}{总人口（人）}$$

农民纯收入 = 总收入 − 家庭经营费用支出 − 税费支出 − 生产性固定资产折旧 − 赠送

农民纯收入指农村住户当年从各个来源得到的总收入相应地扣除所发生的费用后的收入总和。农民人均纯收入是按人口平均的纯收入水平，反映了农村居民的平均收入水平。

②非农收入占比

$$非农收入占比 = \frac{农民非农收入（元）}{农民纯收入（元）} \times 100\%$$

随着农村产业融合的不断发展，农民来自于非农活动或就业的收入逐渐增加。

③恩格尔系数

$$恩格尔系数 = \frac{食品支出总额(元)}{总消费支出(元)} \times 100\%$$

恩格尔系数是指食品支出总额占个人消费支出总额的比重，是衡量农村富裕程度的重要标准。收入水平越高，食品支出占总消费支出的比例就越低。

④城乡收入比

$$城乡收入比 = \frac{农民人均纯收入(元)}{城市居民可支配收入(元)} \times 100\%$$

农民人均纯收入与城市居民可支配收入之比反映了城乡收入差距。现代化的农村、城乡收入差距将会越来越小。

（2）农民财产

$$人均可交易总资产 = \frac{农村可交易总资产(元)}{农村总人口(人)}$$

可交易资产指农民拥有私有产权的、能合法合规在市场上交易的资产，如有价证券、商品房、贵金属等。承包地、宅基地属于集体所有，不可交易。增加农民财产性收入，首先要增加农民的财产，让农民在财产交易中获取收入。人均可交易总资产是一个重要指标。

（3）农村公共服务

①城乡低保水平比

$$城乡低保水平比 = \frac{农村低保水平(元)}{城市低保水平(元)}$$

缩小城乡最低生活保障水平差距，实现城乡低保一体化是实现城乡公共服务均等化的重要内容。降低或取消城乡低保差别是农村现代化的客观要求。

② "两基"人口覆盖率

$$\text{"两基"人口覆盖率} = \frac{\text{实现"两基"的总人口(人)}}{\text{农村总人口(人)}}$$

"两基"人口覆盖率是指按照国家规定的有关验收标准,已实现"基本普及九年义务教育、基本扫除青壮年文盲"的人口数之和占本地区总人口数的比重,反映农村公共服务的覆盖水平和农村教育水平的指标。

4. 体制制度和农业保护与支持政策

(1) 单位播种面积补贴额

$$\text{单位播种面积补贴额} = \frac{\text{对农业的各种补贴总额(元)}}{\text{总播种面积(亩)}}$$

政府对农业的支持直接表现在对农业的投入。单位播种面积补贴额反映了政府对农业的支持力度。农业补贴对于农业现代化至关重要,即使一些农业现代化水平比较高的国家,对农业的补贴力度也非常大。

(2) 单位播种面积贷款利息支出额

$$\text{单位播种面积贷款利息支出额} = \frac{\text{农业贷款利息支出总额(元)}}{\text{总播种面积(亩)}}$$

利息支出额反映了农业贷款的规模和利率水平。农业经营者要在贷款额度和利率之间权衡做出贷款决策。农业现代化需要一个现代化的农村金融体系支撑。

(3) 单位播种面积保费支出

$$\text{单位播种面积保费支出} = \frac{\text{保费总支出(元)}}{\text{总播种面积(亩)}}$$

单位播种面积保费支出反映了农业风险防范的水平,农业保险是现代化农业的重要标志。发达的农业保险为农业可持续发展提供了保障。

参考文献

[1] 陈春霞：《我国农业现代化评价指标体系研究评述》，《改革与战略》2009 年第 6 期。

[2] 傅晨、刘梦琴、陈春霞、应一道：《广东农业现代化发展水平评价》，《南方农村》2009 年第 3 期。

[3] 陈素云：《制度创新与农业现代化、新型城镇化——中国农业经济学会 2013 年学术研讨会综述》，《农业经济问题》2013 年第 10 期。

[4] 倪惠、张士云、江激宇：《新时期农业现代化评价指标体系的构建》，《襄樊学院学报》2012 年第 5 期。

[5] 王庆锋：《宁夏农业现代化指标体系的构建及发展水平测度研究》，《安徽农业科学》2012 年第 5 期。

[6] 赵丽炯：《我国新型农业现代化发展水平的综合评价——以河南省为例》，《中州大学学报》2013 年第 5 期。

[7] 陈锡文：《中国特色农业现代化的几个主要问题》，《改革》2012 年第 10 期。

[8] 杜国明、周园、刘阁、李瑞雪：《黑龙江省农业现代化评价》，《中国农业资源与区划》2013 年第 5 期。

[9] 卢方元、王茹：《中原经济区农业现代化水平的综合评价》，《地域研究与开发》2013 年第 4 期。

[10] 袁赛：《我国农业现代化发展水平评价研究——基于"农业增效、农民增收、农村增绿"三个维度》，《现代商贸工业》2018 年第 2 期。

［11］朱道华：《略论农业现代化、农村现代化和农民现代化》，《沈阳农业大学学报》（社会科学版）2002年第3期。

［12］孟志兴、秦作霞、殷海善、石莎：《山西省农业现代化进程评价》，《山西农业科学》2013年第6期。

［13］李周：《以新理念拓展农业现代化道路》，人民网，2016年2月14日。

［14］王淑贤、郝云宏：《农村现代化的基本含义和主要特征》，《延安大学学报》（社会科学版）1999年第4期。

促进农民增收的挑战与对策

杨 穗[*]

摘 要：促进农民增收和提高农民福祉是实施乡村振兴战略、实现全面小康的关键环节。经济新常态下，农民收入来源趋于多元化，增收进入"多轮驱动"时期，但是各项收入的增速均有所放缓，且地区差异显著。本文基于农民增收的现状分析，指出农民增收仍然面临五个方面的主要挑战：一是部分地区和低收入群体的增收压力较大，二是工资性收入和非农经营收入的增长面临制约，三是农业经营收入的增长空间难以突破，四是财产性收入的增长潜能尚未激发，五是转移性收入的增长面临较大的财政压力。因此，建议在充分发挥市场机制的作用的同时深化改革，包括发展农业特色产业、提高农民人力资本投入、创新农业经营模式、完善土地流转机制、促进农村金融的发展和基础设施的完善、加大公共转移力度等，从而建立起有利于农民增收的制度环境，并形成因地制宜的农户增收长效机制，缩小城乡差距，

---

[*] 杨穗，经济学博士，中国社会科学院农村发展研究所助理研究员，主要研究方向为收入分配、贫困、劳动力流动和社会保障方面。

切实提高农民的获得感和幸福感。

关键词： 农民增收　农民工　产业结构　规模经营　财政支农

Challenges and Strategies on Increasing Farmers' Income

Yang Sui

Abstract: Promoting the increase of farmers' income and improving farmers' well-being is the key link in implementing the strategy of rural rejuvenation and achieving a well-off society. Under the new normal economy, farmers' income sources tend to be diversified and the increase of incomes have entered the "multi-wheel drive" period, but the growth rate of various incomes has slowed down, and the regional differences are significant. Based on the analysis of the current situation of farmers' income increase, this article points out that the increase of farmers' income still faces five major challenges. First, some regions and low-income groups have greater pressure to increase income. Second, the growth of wage income and non-agricultural operating income is constrained. Third, the growth of agricultural operating income is difficult to break through. Fourth, the growth potential of property income has not yet been stimulated. Fifth, the growth of transfer income faces greater financial pressure. Therefore, it is recommended to deepen reforms while giving full play to the role of market mechanisms, including the development of agricultural special industries, increasing the input of farmers' human capital, innovating the agricultural business model, improving the land circulation mechanism, promoting the development of rural finance and infrastructure, and enhancing the public transfer, etc. In this way, an institutional environment conducive to increasing the income of farmers will be established, and a long-term mechanism for increasing the income of farmers will be formed in line with local conditions to narrow the gap between urban and rural areas and effectively improve farmers' sense of acquisition and happiness.

Key Words: Increasing Farmers' Income; Migrant Workers; Industrial Structure; Scale Management; Financial Support Agriculture

党的十九大报告指出，我国社会主要矛盾已经转化为人民日益增长的美好生活需要和不平衡不充分的发展之间的矛盾。实施乡村振兴战略是解决城乡发展不平衡、农村发展不充分等重大问题的重要抓手，而促进农民持续较快增收，保护农民利益，增进农民福祉则是其中的关键环节。2004—2018 年中央连续十五年发布以"三农"为主题的一号文件，强调了农业、农村、农民问题是中国社会主义现代化时期重中之重。"三农"发展的成效，直接关系到全面建成小康社会的成色。继2016年中央一号文件中提出"把坚持农民主体地位、增进农民福祉作为一切工作的出发点和落脚点"之后，2018年的中央一号文件中更是提出"坚持农民主体地位"，"把维护农民群众根本利益、促进农民共同富裕作为出发点和落脚点"。

随着我国经济步入新常态，农业发展要坚持新发展理念，尊重农民主体地位，以促进农民持续较快增收为抓手，坚持走中国特色新型农业现代化道路，坚持强农、惠农、富农政策不减弱，在充分发挥市场机制作用的同时深化改革，建立有利于农民增收的制度环境，形成因地制宜的农户增收长效机制，加快缩小城乡发展差距，提高农民福祉，增强获得感，确保亿万农民一道迈入小康社会。

一 农民增收的现状分析

2010年以来，我国农民收入持续较快增长，并且扭转了城乡居民收入差距扩大的态势。然而，随着我国经济步入新常态，农业发展的外部环境和内在条件都发生了深刻变化，农民增收越来越受到国民经济和全球一体化发展的影响（张红宇，2015）。农民增收进入"多轮驱动"时期，但收入增幅有所放缓。

（一）农民收入增长较快，但增速有所放缓

2000年以来，在国家一系列强农、惠农、富农政策支持下，

农民收入经历了一个持续时间长、增长速度高的增收"黄金期"。但是经济发展进入新常态后,虽然农村居民的收入水平持续提高,农村居民人均可支配收入从2013年的9423元提高到2017年的13432元,但增收速度有所放缓,如表1所示。2014—2016年,收入增幅从11.2%下降到8.2%,2017年略微提高到8.6%。尽管农村居民的收入水平仍然显著低于城镇居民,但收入增幅大于城镇居民,这对缩小城乡差距、增强广大农民获得感具有积极意义。城乡居民可支配收入比从2013年的2.81∶1下降到2016年的2.71∶1,但是城乡收入差距依然显著。

表1　　　2013—2017年城乡居民收入增长情况

年份	2013	2014	2015	2016	2017
居民人均可支配收入(元)					
农村	9423	10489	11422	12363	13432
城镇	26467	28844	31195	33616	36396
全国	18310	20167	21966	23821	25974
收入年度增幅(%)					
农村		11.2	8.9	8.2	8.6
城镇		9.0	8.2	7.8	8.3
全国		10.1	8.9	8.4	9.0
城乡居民可支配收入比(城镇∶农村)	2.81∶1	2.75∶1	2.73∶1	2.72∶1	2.71∶1
贫困地区人均可支配收入(元)	6080	6852	7653	8452	9377
增长(%)		12.70	11.70	10.40	10.50

注:由于四舍五入的关系,表中数据之和可能不等于100%;下同。

资料来源:国家统计局。

脱贫攻坚取得明显成效,农村贫困人口从2012年的9899万人减少至2017年的3046万人,贫困发生率从10.2%下降到3.1%,年均减贫超过1000万人。贫困地区的人均可支配收入从

2013年的6080元提高到2017年的9377元，年收入增幅均超过10%，高于全国农村平均水平。

（二）工资性收入逐渐成为农民增收的主要来源

随着农村剩余劳动力的逐步转移，农民的收入构成发生了明显变化。工资性收入的占比稳步提高，2015年达到40.3%，超过经营性收入的比重，逐步成为农民增收的主要来源。2017年，工资性收入的比重为40.9%。但是，工资性收入的增幅明显放缓，从2013年的13.7%下降到2016年的9.2%，2017年略微回升至9.5%（见表2）。

表2　　　　　　　　2013—2017年农民收入构成及变动

	收入构成					收入增长（%）			
	2013年	2014年	2015年	2016年	2017年	2014年	2015年	2016年	2017年
农村居民人均可支配收入（元）	9430	10489	11422	12363	13432	11.2	8.9	8.2	8.6
占比（%）	(100)	(100)	(100)	(100)	(100)				
工资性收入（元）	3653	4152	4600	5022	5498	13.7	10.8	9.2	9.5
占比（%）	(38.7)	(39.6)	(40.3)	(40.6)	(40.9)				
经营净收入（元）	3935	4237	4504	4741	5028	7.7	6.3	5.3	6.1
占比（%）	(41.7)	(40.4)	(39.4)	(38.3)	(37.4)				
财产净收入（元）	195	222	252	272	303	13.8	13.5	7.9	11.4
占比（%）	(2.1)	(2.2)	(2.2)	(2.2)	(2.3)				
转移净收入（元）	1648	1877	2066	2328	2603	13.9	10.1	12.7	11.8
占比（%）	(17.5)	(17.9)	(18.1)	(18.8)	(19.4)				

资料来源：国家统计局。

（三）经营性收入对农民增收的支撑作用有所减弱

经营性收入长期以来是农民收入的重要组成部分，但近年来随着农民收入来源的多样化，整体的经营净收入占农村家庭可支配收入的比重从2013年的41.7%下降到2017年的37.4%。经营收入的增幅也有所放缓，从2014年的7.7%下降到2016年的5.3%，2017年略微提高到6.1%。尽管经营净收入仍然是农民收入的主要来源，但其对农民增收的支撑作用有所减弱。

在经营净收入中，来自第一产业收入的占比持续下降，从2013年的72.2%下降到2016年的69.0%，且主要归因于农业收入占比的下降，农业收入占经营净收入的比重从2013年的54.9%连续下降到2016年的51.5%，收入增长率从2014年的6.8%显著下降到2016年1.2%；而牧业收入的占比在2016年有所提高，占经营净收入的12.1%，增长率也达到了17.4%。第二产业收入的比重在2013年到2016年基本维持在6%以上，增长率从2014年的2.4%提高到2015年的6.6%，2016年下降到4.3%。第三产业收入占经营净收入的比重持续提高，从2013年的21.4%提高到2016年的25%，收入增长率从2014年的16.3%下降到2015年的9.6%，2016年再次提高到10.2%。尽管非农经营收入的地位在提高，但传统农业经营收入的下降是农民增收面临的重大挑战，如表3所示。

（四）财产性收入的增长空间有待进一步提高

农村家庭财产性收入比重一直较小，只是从2013年的2.1%提高2017年的2.3%，且大部分集中在高收入群体中。受

表3　　　　　　2013—2016年农民经营净收入构成及变动

	经营净收入构成				经营净收入增长(%)		
	2013年	2014年	2015年	2016年	2014年	2015年	2016年
经营净收入(元)	3935	4237	4504	4741	7.7	6.3	5.3
占比(%)	(100)	(100)	(100)	(100)			
第一产业(元)	2840	2999	3154	3270	5.6	5.2	3.7
占比(%)	(72.2)	(70.8)	(70.0)	(69.0)			
农业(元)	2160	2307	2412	2440	6.8	4.6	1.2
占比(%)	(54.9)	(54.4)	(53.6)	(51.5)			
牧业(元)	460	443	489	574	-3.7	10.4	17.4
占比(%)	(11.7)	(10.5)	(10.9)	(12.1)			
第二产业(元)	253	259	276	288	2.4	6.6	4.3
占比(%)	(6.4)	(6.1)	(6.1)	(6.1)			
第三产业(元)	843	980	1074	1184	16.3	9.6	10.2
占比(%)	(21.4)	(23.1)	(23.8)	(25.0)			

资料来源：国家统计局。

农村土地征收补偿水平提高、农民土地流转等因素影响，农民的财产性收入有望不断提高，但这仍然需要一个长期渐进的过程。目前，财产净收入对农民增收的影响很弱，短期内也难以成为农民增收的重要渠道。

（五）转移性收入成为农民增收的重要途径之一

随着农村社会保障体系的完善和农业补贴的提高，农村转移性收入的比重逐渐上升，从2013年的17.5%提高到2017年的19.4%，且2017年的增长率仍然高达11.8%，是农民收入增长的重要来源。转移性收入包括公共转移和私人转移，农村公共转移收入主要来自养老金、惠农补贴、社会救助和医疗福利等，私人转移以外出人员的寄回带回收入为主。整体上，目前农村公共转移规模小于私人转移。

农村社会保障体系的不断完善对促进农民收入增长和提高农民福祉发挥了积极的作用。新型农村合作医疗自2002年建立以来经历了迅速的扩张，2012年参合率已超过98%，各级财政对新农合的人均补助标准不断提高，2017年达到450元。[①] 新型农村社会养老保险于2009年开始试点，2012年年末全国所有县级行政区全面开展国家居民社会养老保险工作，基本实现城乡居民养老保险制度全覆盖，2017年农村基础养老金提高到75元。农村最低生活保障制度全面建立于2007年，截至2017年年末，4047万人享受农村居民最低生活保障，此外还有467万人享受农村特困人员救助供养。[②]

与此同时，中央不断加大惠农补贴力度，提高农业补贴政策效能。2015年，国家启动农业"三项补贴"改革，将种粮直补、农资综合补贴、良种补贴合并为"农业支持保护补贴"，政策目标调整为支持耕地地力保护和粮食适度规模经营。2016年，农业支持保护补贴政策将在全国范围推开。[③]

二　农民增收面临的主要挑战

基于农民增收的现状分析，本文认为农民增收仍然面临以下

[①] 关于做好2017年新型农村合作医疗工作的通知，http://www.nhfpc.gov.cn/jws/s3581sg/201704/aa3084a3dece4eee902d37e379667af7.shtml。

[②] 中华人民共和国2017年国民经济和社会发展统计公报，http://www.stats.gov.cn/tjsj/zxfb/201802/t20180228_1585631.html。

[③] 2016年国家落实发展新理念加快农业现代化促进农民持续增收政策措施，http://www.moa.gov.cn/gk/zcfg/qnhnzc/201603/t20160330_5076285.htm。

五个方面的主要挑战：

（一）部分地区和低收入群体的增收压力较大

首先，从收入水平来看，如表4所示，中部和西部地区农民的收入水平仍然低于东部和东北地区。其次，受整体宏观经济的影响，各个地区的农民收入增长幅度均有所下降。2014年，四大地区的农民收入增幅均超过10%。到2015年，东北地区农户收入增幅仅为6.4%，在四个区域中处于最低位。到2016年，尽管东北地区农户的收入增幅轻微提高到6.8%，但其余三大地区的收入增幅仍然在下降，且中部地区的降幅最明显。从整体来看，西部地区的农民收入仍然保持超过9%的增长幅度，因此东部和西部农民之间的收入差距在不断缩小；农民收入差距在东部和中部之间没有明显的缩小态势；而东部和东北地区农民之间的收入差距在不断扩大。

表4　　　　　　　　　农村收入增长的地区差异

地区		收入水平（元）				增速（%）		
		2013年	2014年	2015年	2016年	2014年	2015年	2016年
东部		11856.8	13144.6	14297.4	15498.3	10.9	8.8	8.4
中部		8983.2	10011.1	10919.0	11794.3	11.4	9.1	8.0
西部		7436.6	8295	9093.4	9918.4	11.5	9.6	9.1
东北		9761.5	10802.1	11490.1	12274.6	10.7	6.4	6.8
收入水平或增速之比	东部/中部	1.32	1.31	1.31	1.31	0.96	0.97	1.05
	东部/西部	1.59	1.58	1.57	1.56	0.95	0.92	0.92
	东部/东北	1.21	1.22	1.24	1.26	1.02	1.38	1.24

资料来源：笔者根据《中国统计年鉴（2017）》相关数据整理计算得到。

除了显著的地区差异，农民的收入增长也呈现明显的人群差异。如表5所示，按五等份分组来看，低收入户在2013—2014年和2015—2016年均出现了收入负增长的现象，增收面临瓶颈。在2016年，收入越高组农户的收入增幅更高，进一步凸显了低收入人群的增收压力。此外，不同收入组之间的收入差距仍然在扩大，低收入户收入占中等收入户收入的比值从2013年的34.1%下降到2016年的26.9%；低收入户收入占高收入户收入的比值则从13.5%下降到10.6%。农村内部收入差距的扩大不利于农民持续增收的实现。相关研究也显示，在农民收入增速放缓的同时，区域性、群体性农民的减收问题凸显（姜长云，2016；蓝海涛等，2017）。

表5　　　　　　　　　农村收入增长的人群差异

地区		收入水平（元）				增速（%）		
		2013年	2014年	2015年	2016年	2014年	2015年	2016年
低收入户(20%)		2877.9	2768.1	3085.6	3006.5	-3.8	11.5	-2.6
中等偏下户(20%)		5965.6	6604.4	7220.9	7827.7	10.7	9.3	8.4
中等收入户(20%)		8438.3	9503.9	10310.6	11159.1	12.6	8.5	8.2
中等偏上户(20%)		11816	13449.2	14537.3	15727.4	13.8	8.1	8.2
高收入户(20%)		21323.7	23947.4	26013.9	28448	12.3	8.6	9.4
收入差距	低收入户收入占中等收入户收入的比值（%）	34.1	29.1	29.9	26.9			
	低收入户收入占高收入户收入的比值（%）	13.5	11.6	11.9	10.6			

资料来源：国家统计局《中国统计年鉴（2017）》。

（二）农民工增速的下滑和产业结构调整不利于工资性收入和非农经营收入的增长

工资性收入和非农经营收入在农村家庭人均可支配收入中的比重不断提高，但是随着经济增速的下滑和产业结构的调整，农民非农就业收入的增长会面临更多的制约。首先，农民工总量和农民工月均收入水平的增长均呈现明显的放缓趋势，这种趋势的延续将会制约农民非农就业收入的增长。如图1所示，全国农民工总量的增幅从2010年的5.4%下降到2016年的1.5%，尤其是外出农民工数量，其增幅从5.5%下降到0.3%。尽管本地农民工数量的增幅在2016年有所上升，但是外出农民工的比重

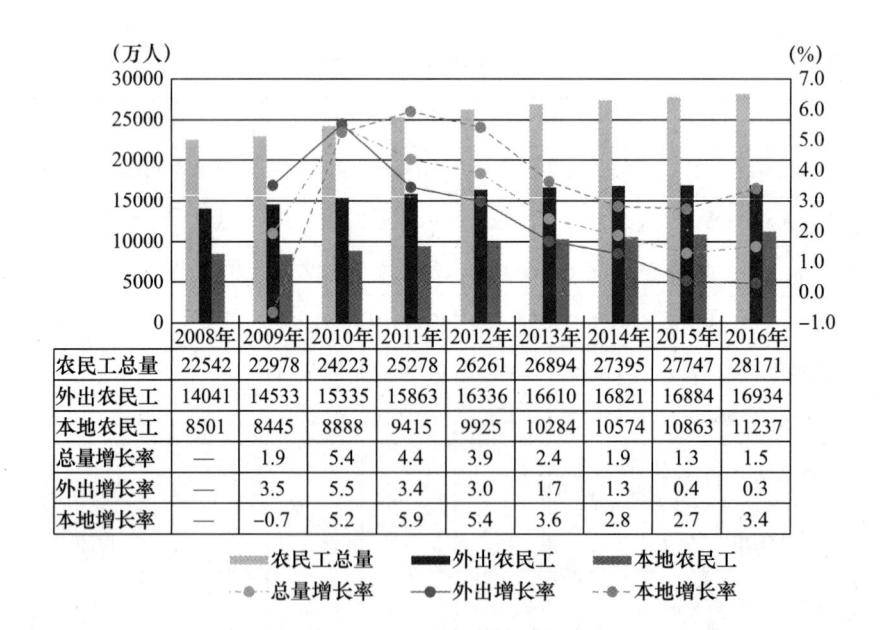

	2008年	2009年	2010年	2011年	2012年	2013年	2014年	2015年	2016年
农民工总量	22542	22978	24223	25278	26261	26894	27395	27747	28171
外出农民工	14041	14533	15335	15863	16336	16610	16821	16884	16934
本地农民工	8501	8445	8888	9415	9925	10284	10574	10863	11237
总量增长率	—	1.9	5.4	4.4	3.9	2.4	1.9	1.3	1.5
外出增长率	—	3.5	5.5	3.4	3.0	1.7	1.3	0.4	0.3
本地增长率	—	-0.7	5.2	5.9	5.4	3.6	2.8	2.7	3.4

图1 农民工总量及增速变化

资料来源：2008—2016年农民工监测调查报告。

仍然超过60%。农民工月收入的增长幅度从2015年的7.2%下降到2016年的6.6%，如图2所示。外出农民工的月收入增幅的放缓更为显著，从2014年的19.1%迅速下降到2016年的6.3%。而外出农民工中受雇的比例从2012年的95.3%下降到2015年的72.8%。农民工数量增幅和收入增长的放缓，一方面不利于农村家庭非农就业收入的提高，另一方面也会影响外出人员的寄回带回收入。

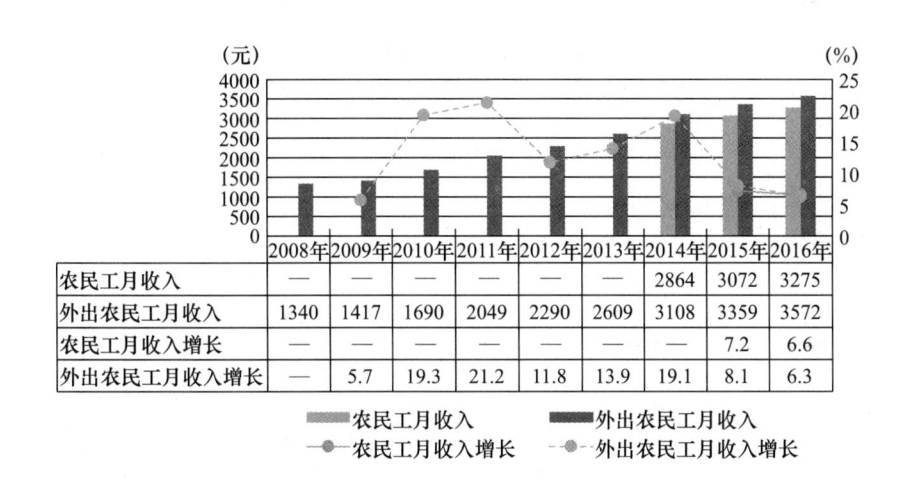

	2008年	2009年	2010年	2011年	2012年	2013年	2014年	2015年	2016年
农民工月收入	—	—	—	—	—	—	2864	3072	3275
外出农民工月收入	1340	1417	1690	2049	2290	2609	3108	3359	3572
农民工月收入增长	—	—	—	—	—	—	—	7.2	6.6
外出农民工月收入增长	—	5.7	19.3	21.2	11.8	13.9	19.1	8.1	6.3

图2 农民工的月收入及变化

资料来源：2008—2016年农民工监测调查报告。

其次，受产业结构调整的影响，农民非农就业的行业分布发生了变化，劳动力供求关系的转变使得部分行业收入水平出现下降。随着经济发展步入新常态，部分行业特别是制造业产能过剩的问题较为突出，产业结构由工业主导向服务业主导转变，也带动农村非农就业出现向服务业倾斜的趋势。如表6所示，农民工在第二产业就业的比重从2013年的56.8%下降到2016年的

52.9%，第三产业的就业比重从42.6%提高到46.7%。与此同时，在制造业去产能、房地产业去库存的背景下，一些企业效益下降，就业压力增强，农民工群体的收入势必受到影响，特别是年龄偏大、技能水平偏低的群体。表6数据显示，从事建筑业农民工的月收入增长幅度从2014—2015年的6.6%下降到2015—2016年的5.1%。而在第三产业，随着劳动力供给数量的增加，其收入增长幅度也出现了下降。

表6　　　　　　　农民工就业行业分布及收入水平的变化

	就业行业分布（%）				月收入（元）			月收入增速（%）	
	2013年	2014年	2015年	2016年	2014年	2015年	2016年	2014—2015	2015—2016
第一产业	0.6	0.5	0.4	0.4					
第二产业	56.8	56.6	55.1	52.9					
制造业	31.4	31.3	31.1	30.5	2832	2970	3233	4.9	8.9
建筑业	22.2	22.3	21.1	19.7	3292	3508	3687	6.6	5.1
第三产业	42.6	42.9	44.5	46.7					
批发和零售业	11.3	11.4	11.9	12.3	2554	2716	2839	6.4	4.5
交通运输、仓储和邮政业	6.3	6.5	6.4	6.4	3301	3553	3775	7.7	6.2
住宿和餐饮业	5.9	6.0	5.8	5.9	2566	2723	2872	6.2	5.5
居民服务、修理和其他服务业	10.6	10.2	10.6	11.1	2532	2686	2851	6.1	6.1

资料来源：2013—2016年农民工监测调查报告。

（三）农业生产方式的落后和经营效益的下降制约农业经营收入的增长

第一，农业劳动生产率的低下制约农民收入的快速增长。收入增长从根本上取决于生产效率的提升，目前我国农业劳动生产率约为世界平均值的47%、高收入国家平均值的2%、美国的1%，农业劳动生产率的低下是导致农民收入偏低和城乡差距显著的重要原因，而农业生产率长期难以提高，很大程度上在于农业经营规模过小、规模不经济（蓝海涛等，2017）。因此，通过提高农业生产效率来提升农业经营收入仍然具备较大的空间。

第二，受到价格"天花板"和成本"地板"的双重挤压，农户种粮收益有限，务农增收空间狭窄。目前，全球农产品仍处于低价周期，国际价格"天花板"压力不减；国内农产品价格增长乏力，部分农产品价格甚至出现下降，粮食最低收购价、主要农产品临时收储价由之前的较大幅度增长转为增幅放缓、持平或下降。与此同时，国内农产品生产成本迅速上升，这些因素都加大了经营净收入增长的困难。此外，我国粮食库存高达几亿吨，加快去库存、缓解财政压力是农业供给侧结构性改革的重要内容，但是粮食库存释放尚需时日，而市场预期不清，去库存节奏不明，加剧了粮食变现风险。

第三，欠发达地区农业基础设施的落后和农业生产性服务的欠缺，加大了农业生产风险，抑制了农业产业的提质增效，不利于农业经营收入的稳定增长。土地细碎化、耕地地力水平低、水利设施老化失修等问题是制约农业规模化、集约化生产的重要瓶颈，也是导致农业生产成本居高不下的主要因素（张红宇，2015）。特别是对于中低收入农户，农业生产设备落后，获得生产性服务的渠道有限。而农业保险保障水平低、覆盖面不广，为农民收入提供的保障较为有限。

（四）产权制度改革和农村金融发展尚未激发财产性收入的增长

农村集体产权制度改革对增加农民的财产性收入意义重大。随着农村剩余劳动力的大规模转移和城镇化的推进，农村土地的社会保障功能开始弱化，资产功能逐步增强。但是目前我国农村宅基地和集体经营性建设用地使用主体和交易存在诸多限制，农民缺乏完整的收益权和处分权，造成农村建设用地大量闲置和隐性流转，影响农民财产性收入增长（蓝海涛，2017）。另外，农村集体经济在大多数地区较为薄弱，缺乏优良的经营性资产，没有形成稳定的收入来源，整体上效率低下，发展不足（孔祥智、高强，2017）。这也意味着通过壮大农村集体经济来促进农民增收具备一定的潜力。

目前，农村正规金融规模大且发展迅速，但是惠及农户有限，不能有效覆盖"小额、分散"的农民家庭。非正规金融的覆盖面广，但风险大。农户的金融资产仍以现金和存款为主，理财意识不强，缺乏正规的投资渠道，从而限制了财产性收入增长的空间。特别对于中低收入家庭和中西部地区农户，获取正规金融服务非常不易。与此同时，农村正规金融宏观渗透度和微观使用度的低下，使得民间借贷依旧是农民融资的主要途径。尽管农户存在一定数量的固定资产，但主要以房屋及土地为主，不足以作为贷款的标的物，融资难已成为制约农业发展和农民增收的重要瓶颈，难以为经营性收入的增长创造条件，对传统农户和新型经营主体都是如此。

(五)转移性收入的增长面临财政支出压力增大和外出务工人员收入增速放缓的挑战

农村公共转移收入主要来自养老金、惠农补贴、社会救助和医疗福利等。相关研究显示,农村的公共转移规模小于私人转移,而以养老金为主的农村公共转移收入主要分布在高收入家庭(李实等,2016)。农村医疗资源存在显著的地区差异,经济落后地区的农村家庭会因为看病难、看病贵,无法享受到现行医疗体系带来的福利补贴。惠农补贴政策能够调动农民种粮积极性,稳定粮食安全生产,同时提高了农业机械化水平,为农民增收创造了条件,但是我国惠农补贴仍存在财政补贴总量偏小的问题。农村低保存在瞄准误差,没有惠及最需要救助的人口,有相当一部分农村高收入群体获得了低保,而且救助水平不足的问题较为严峻(韩华为、高琴,2017)。因此,为进一步缩小城乡福利差距,提高农民福祉,农村公共转移力度有待持续增强,特别是中西部地区。然而,国民经济增速的放缓使得财政补贴的提高也面临较大的压力。

与此同时,低收入群体的收入增长对转移性收入的依赖性越来越大,但仅仅依靠转移性收入的提高并不能持续有效地促进低收入增长。因此,如何提高家庭教育、健康等人力资本,促进就业,确保稳定的收入来源,减少对转移性收入的依赖,是今后贫困地区和低收入家庭持续增收所面临的挑战。

农村私人转移以外出人员的寄回带回收入为主,且在中西部地区所占的比重较高。随着农民外出务工增速的放缓和工资性收入增幅的下降,私人转移收入的提高也将放缓,从而会进一步阻碍中西部地区农民的收入增长。

三 促进农民增收的政策建议

针对农民增收现状及面临的挑战，政府应当构建长效机制促进农民持续较快增收。制度上，现有户籍制度不利于农民"市民化"转变，农地产权制度不利于农民增加财产性收入，这些有赖于国家进一步加强顶层设计，提升政策透明度，完善农村公共产品供给机制，积极发挥社会组织和民间组织的监督、辅助职能，提升现有政策的有效性。市场机制方面，推进城镇化和加快农业产业化是解决"三农"问题的抓手，增加农村人力资本、提升农业劳动生产率是增收的关键，促进农业科学技术发展、加强农村基础设施建设、缩小城乡公共服务差距是农民增收和福祉改善的重要保障。

因此，必须充分发挥市场机制基础作用，深化改革，包括人力资本创新、农业经营制度和农村产权制度等方面改革，建立起有利于农民增收的制度环境和内生机制。一方面，在城镇化背景下进一步促进农民就业和创业，加强平台建设，同时理顺农产品价格的市场形成机制，探索完善农产品价格支持、直接补贴等保障农民收入的政策工具，强化工资性收入和经营性收入的支撑保障，形成稳定的增收来源。另一方面，完善农村社会保障制度、努力缩小城乡公共服务水平的差距，切实提高农民的获得感和幸福感。

具体的核心建议如下：

（一）形成因地制宜的农户增收长效机制

我国各地的资源禀赋和生产方式不同，农民收入构成存在明显的地区差异。从区域发展实际出发，明确农民增收的主渠道和着力点，研究制定适合各地实际的具体增收措施。在沿海发达地区，农民来自土地租金和集体经济的收益相对较高，而且地方财政相对富裕，可注重挖掘财产性收入和转移性收入，进一步增长潜力；对于中西部劳动力输出较多的省份，鼓励就业创业，吸引具有竞争力和匹配性强的东部沿海产业转移到本地，提高当地农民的工资性收入和非农经营收入；在传统农业区域，特别是东北地区，通过推进农业现代化、提高农业产业效应来确保农业经营收入的稳步增长；对于贫困地区，大力推进农业产业扶贫，发展符合当地资源特色、市场竞争力强、回报效益高的绿色产业，使农业特色产业成为农民脱贫的重要支撑。此外，在农业供给侧改革实践中，坚持市场调节和政策引导并重的调整方式，转变农业产业链缺少优质特色农产品的结构性失衡，在农业生产和第一、第二、第三产业融合发展方面实现实质性突破，促进农业转型升级，形成长效增收机制。

（二）加强人力资本创新，增强农民就业创业能力，为提高非农就业收入创造有利条件

加大对农民的人力资本投入，提高农民技能培训的针对性和时效性，增强农民就业创业能力，促进农民持续增收。一是构建新型职业农民培育机制，培养一批懂科技、会管理的高素质农民，包括农业技能和经营能力的培养，让职业农民获得相应的人

力资本回报。二是扩大农村实用人才带头人示范培养规模,加大对家庭农场经营者、专业大户、农民合作社带头人、农业企业经营管理人员、农业社会化服务人员的培养培训力度,扩大人力资本的溢出效应。三是建立高素质人才回流机制,从政府补贴、项目扶持、职称评定、待遇保障等方面创新制度和政策,以稳定的收入和福利保障吸引大中专毕业生和专业技能人才投身农业,为促进农业稳定发展和农民持续增收贡献智慧和力量。四是解决好农业转移人口的市民化问题,对已经转移到非农就业领域的农民,完善农民工工资增长与保障机制,将农民工在住房、教育、医疗、养老等方面的实际需求纳入城镇发展规划,提高非农就业收入的同时切实增强其获得感。

(三)创新农业发展和经营模式,破除价格挤压障碍,加大农业经营收入的增长力度

通过创新农业发展和经营方式,着力加大农业经营收入对农民增收的贡献力度。第一,推进农业适度规模经营、提高土地资源配置效率是提高农业劳动生产率、增加农民收入的有效方式。在经营模式上,坚持农户家庭承包经营的基础地位,发展家庭农场、合作社和各种各样的产业化经营组织,有利于提高农业生产专业化水平。发展多元化新型农业经营主体,用现代科学技术改造农业,用现代管理方法管理农业,用现代服务体系支撑农业,并完善不同主体间的利益分配机制。依托新型农业经营主体提供的社会化服务,降低农业生产成本,提高农产品产量,开展农产品深加工,稳定农产品销售渠道,通过新型农业经营体系的不断完善,增加农民发展现代农业的收入。第二,理顺农产品价格的市场形成机制，坚持"市场定价、价补分离"的改革方向不动摇，降低成本"地板"，提升农产品价格"天花板"，拓宽农业经营收益的空间。第三，加强农田水利等基础设施建设，改善农业生产条件，提高农业机械化水平，减少旱涝灾害等风险损失。第四，逐步扩大、提高农业保险的补贴范围和保障水平，针对新型农业经营主体的不同需求，探索提供多种保险产品，建立风险分担机制，最大程度地降低农业经营风险，稳定农业经营收入。

（四）深化产权制度改革、提高金融服务效率，让广大农民更多地分享财产性收入

坚持推进农村产权制度改革，完善农村土地所有权承包权经营权"三权分置"办法，优化土地资源配置，充分释放农村土地制度改革的增收红利，让农民从土地增值收益中得到好处。完善土地流转市场，做好农村土地确权登记颁证工作，提高土地资源的配置效率。扩大流转规模，降低交易成本，切实保护农民的权益，充分发挥土地流转促进农民增收的作用。

发展壮大农村集体经济，可以通过土地入股、农户入社的形式，发展规模经营；发展农村混合所有制经济，盘活集体经济资产，对集体资产进行有效的运营和管理，兑现集体资产收益，使得集体组织成员获得更多渠道的财产性收入，实现家庭收入和集体收入的双增收。

加快农村金融市场建设，提高农村金融服务的效率和便捷性，创新农村金融支农政策和规范发展农村非正规金融。发展普惠金融，创新探索农村金融产品，拓宽农户的投资渠道和贷款需求；探索开展农村土地经营权、农民住房财产权、大型农机具、农产品等抵押模式；加快建设信用体系，开展信用评级，发展信用贷款；创新农村小额信贷政策，化解低收入农户贷款承担风险大、利息负担重的两大难题，让农村低收入群体敢于贷款、敢于发展；发展互联网金融，在解决农民资金困难的同时帮助农民打开销路，增加农民收入。

（五）加大农村公共转移力度，优化财政支农结构，提高转移支付收入的增收效果

加大农村地区的公共转移力度，缩小城乡差距。进一步提高农村居民养老保险的参与率和财政补贴标准，有助于促进未来农村居民养老金收入的提高。加大农村医疗财政投入，完善农村医疗制度，平衡医疗资源的地区差异，让农村居民享受更多的医疗福利。加强对农村贫困人口尤其是缺乏劳动能力家庭的社会保障补贴，建立更加充分的社会安全网，加大对低收入家庭和中低收入家庭的公共转移力度，特别是在中西部地区。提高农村低保的瞄准有效性，将有限的农村社会救济资源分配给最困难的农户，确保低收入家庭收入的稳步上升。继续实施并完善各项惠农补贴政策，加大农业的财政补贴力度，完善和优化补贴结构，促进农业发展的同时提高农民收入。

在完善惠农政策，提高转移支付增收效果的同时，加大农村公共服务投入，加强农村与城市的互联互通建设，促进城乡各种资源和信息自由快速流动和传播，避免贫困群体和低收入家庭对转移性收入的过度依赖，通过教育培训、产业发展和金融支持等手段来提高他们获取稳定收入来源的能力。

参考文献

[1] 韩华为、高琴：《中国农村低保制度的保护效果研究——来自中国家庭追踪调查（CFPS）的经验证据》，《公共管理学报》2017年第2期。

[2] 姜长云：《当前农民收入增长趋势的变化及启示》，《人民论坛·学术前沿》2016年第14期。

[3] 蓝海涛、王为农、涂圣伟、张义博、周振：《新常态下突破农民收入中低增长困境的新路径》，《宏观经济研究》2017年第11期。

[4] 李实、詹鹏、杨灿：《中国农村公共转移收入的减贫效果》，《中国农业大学学报》（社会科学版）2016年第5期。

[5] 孔祥智、高强：《改革开放以来我国农村集体经济的变迁与当前亟需解决的问题》，《理论探索》2017年第1期。

[6] 张红宇：《新常态下的农民收入问题》，《农业经济问题》2015年第5期。

城乡融合发展的现状、问题与政策建议

张海鹏[*]

摘　要：基于城乡发展一体化评价的相关研究成果，对我国城乡融合发展的现状和问题进行分析，并据此提出相关的政策建议。总体来看，全国城乡融合发展程度保持持续增高的态势，但是进展速度呈减缓趋势；各领域城乡融合发展全面提升，特别是生态环境一体化成效显著；各地区城乡融合发展程度稳步提高，而且区域差距持续缩小。当前城乡发展一体化面临的主要问题则包括：区域发展不平衡、不充分，城乡二元经济特征相当明显，城乡要素配置不合理的格局尚未破解，城乡基本公共服务差距依然较大，新农村建设与新型城镇化不协调问题比较严重。针对现状和问题提出相关政策建议：稳步提高人口城镇化水平，优先推进城乡融合发展中的城乡一体化内容，促进城乡要素自由流动，提升城乡基本公共服务均等化水平，以三产融合发展化解城乡二元经济，进一步加大美丽乡村建设力度。

---

[*] 张海鹏，博士，中国社会科学院农村发展研究所副研究员，主要研究方向为城乡关系、资源与环境经济、林业经济理论与政策。

关键词：城乡发展一体化　城乡融合发展

The Current Situation, Problems and Policy Suggestions of the Integration of Urban and Rural Development

Zhang Haipeng

Abstract: Based on the researches of evaluation of the integration of urban and rural development, this paper analyzes the status quo and problems of the integration of urban and rural development in China, and proposes suggestions on relevant policy accordingly. On the whole, first, the level of the integration of urban and rural development improves constantly, but the pace of progress has been slowing down; second, the integration of urban and rural development in different fields has been promoted in all aspects, especially the integration of the ecological environment which has achieved remarkable success; moreover, the level of the integration of urban and rural development in different regions improves steadily, and the regional gap continues to shrink. At the same time, there are some specific problems should be dealt with, which include: unbalanced regional development, the contradiction of urban and rural dual economic structure, the misallocation of resources between urban and rural areas, the large gap between urban and rural areas of basic public services, and the serious incoordination between the construction of new countryside and new – type urbanization. Suggestions on relevant policies are proposed in response to the current situation and problems: steadily improving the level of urbanization of the population; giving priority to promoting urban – rural integration in the development of urban and rural areas; promoting the free flow of resources between urban and rural areas; increasing the level of equalization of basic public services between urban and rural areas; and solving the contradiction of urban and rural dual economic structure with the integration of the agricultural, industrial and service sectors; besides, strengthening the construction of beautiful countryside is also important.

Key Words: Urban – rural Integration; The Urban and Rural Amalgamation Development

当前,我国社会主要矛盾已经转变为"人民群众日益增长的美好生活需要和不平衡不充分发展之间的矛盾"。城乡发展的不平衡、农业农村发展的不充分问题表现得尤为突出。事实上,21世纪初党中央就基于城乡发展的现实,对工农城乡关系做出重大调整。2002年,党的十六大提出"统筹城乡经济社会发展";2007年,党的十七大提出"建立'以工促农、以城带乡'的长效机制,形成城乡一体化的新格局";2012年,党的十八大提出"解决好农业农村农民问题是全党工作重中之重,城乡发展一体化是解决'三农'问题的根本途径",城乡发展一体化成

城乡融合发展的现状、问题与政策建议

为党和国家的工作重心之一；2017年，党的十九大提出"建立健全城乡融合发展的体制机制和政策体系"。从统筹城乡发展，到城乡发展一体化，再到城乡融合发展，本质上是一脉相承的，但是从内容上体现出党中央对于城乡发展失衡问题的重视程度不断提高，对于构建新型城乡关系的思路不断升华。

城乡融合发展是实现城乡发展一体化的重要途径，也是新形势下城乡发展一体化的阶段性目标。2015年，习近平总书记在中共中央政治局第二十二次集体学习中指出，推进城乡发展一体化是国家现代化的重要标志，主要内容包括城乡居民基本权益平等化、城乡公共服务均等化、城乡居民收入均衡化、城乡要素配置合理化，以及城乡产业发展融合化。对照党的十九大报告提出的决胜全面建成小康社会、分两个阶段实现第二个百年奋斗目标的战略安排，实现城乡发展一体化很显然是构建新型城乡关系的最终目标；不过，这是一个需要经历相当长的历史阶段，直到我国全面实现现代化才能完成的历史任务。从我国城乡关系的现实出发，城乡融合发展则是一个阶段性目标，是实现城乡发展一体化的重要途径，只有通过城乡融合发展程度的不断提高，最终才能实现城乡发展一体化的目标。基于以上认识，结合近几年城乡发展一体化化评价的相关研究成果[1]，对我国城乡融合发展的现状、存在的问题进行总结和归纳，并在此基础上提出有针对性的政策建议。

---

[1] 朱钢、张军、王小映、张海鹏、陈方：《中国城乡发展一体化指数——2006—2012年各地区排序与进展》，社会科学文献出版社2014年版；朱钢、张军、王小映、张海鹏、陈方：《中国城乡发展一体化指数——2006—2013年各地区排序与进展》，社会科学文献出版社2015年版；朱钢、张海鹏、陈方：《中国城乡发展一体化指数（2014）——以全面建成小康社会为目标》，社会科学文献出版社2016年版；朱钢、张海鹏、陈方：《中国城乡发展一体化指数（2017）——以全面建成小康社会为目标》，社会科学文献出版社2017年版。

一 城乡融合发展的现状

近年来,随着城镇化和工业化进程的不断推进,我国城乡融合发展的条件不断夯实。与此同时,国家对于城乡融合发展的重视程度不断上升,统筹城乡发展的力度显著增强,推动城乡融合发展的体制机制日益完善,在这一系列因素的共同作用下,我国的城乡融合发展取得了明显的进展。总体来看,我国的城乡融合发展呈现以下特征。

(一) 全国城乡融合发展程度持续提高但进展速度趋缓

根据测算,自 2007 年党的十七大明确提出形成城乡经济社会发展一体化新格局以来,我国城乡发展一体化水平逐年提升,2016 年与 2010 年相比提高了约 40 个百分点。与此同时,城乡发展一体化水平的进展速度也逐步放缓,从 2010 年的增幅达 10 个百分点下降到 2016 年的 5 个百分点。经过一段时期的较高速度增长,进展速度放缓是一种必然现象,但如果继续放缓,势必会对未来的城乡融合发展形成压力。

(二) 各领域城乡融合发展全面提升特别是生态环境领域成效显著

2007 年以来,我国城乡经济发展、生活水平、社会发展以及生态环境各领域的融合发展均大幅提升,其中生态环境一体化水平提升幅度最大。生态环境一体化进展较快主要得益于城市工业污染物排放下降,以及农村环境卫生治理状况的明显改善。近年来,随着国家不断加大对环境污染的治理力度,城市工业污染物排放水平明显降低,单位GDP化学需氧量排放量从2007年的85吨/亿元(2010年价格)下降到2016年的14吨/亿元;单位GDP二氧化硫排放量从2007年的80吨/亿元下降到2016年的15吨/亿元。同时,农村生活环境治理也不断加强,农村生活垃圾和废水处理率均大幅提高,对生活垃圾进行处理的行政村比例从2007年的11.7%提高到2016年的65%;对生活污水进行处理的行政村比例从2007年的3.4%提高到2016年的20%,由此带动环境卫生治理达到较高的水平。城乡生活水平一体化虽然起点低,但是进展速度最快,一体化水平也达到较高水平。这主要得益于农民收入和消费水平持续较快增长,城乡居民收入消费差距逐年缩小,城乡居民收入比从2007年的3.33下降到2016年的2.72;城乡居民消费支出比从2007年的3.53下降到2016年的2.28。虽然社会发展一体化和经济发展一体化水平相对较低,但依然取得明显进展,2016年与2010年相比分别提升了约31个和38个百分点。

(三) 各地区城乡融合发展程度稳步提高而且差距持续缩小

2007年以来,全国四大区域[①]的城乡发展一体化水平均大幅提升,由高到低依次为东部地区、东北地区、中部地区和西部地

---

① 这里未包括港澳台地区和西藏自治区,将其余30个省(市、区)划分为东部、中部、西部和东北地区。其中,东部地区包括北京、天津、河北、上海、江苏、浙江、山东、福建、广东和海南;中部地区包括山西、安徽、江西、河南、湖北和湖南;西部地区包括内蒙古、广西、重庆、四川、贵州、云南、陕西、甘肃、青海、宁夏和新疆;东北地区包括辽宁、吉林和黑龙江。

区，这与区域经济发展水平呈正相关关系。2007—2016年，排在城乡发展一体化水平前10位的省份当中，东部地区省份一直占据9位；而排在后10位的省份当中，西部地区省份则始终占据9位。但是，中西部地区城乡发展一体化水平保持相对较高速度增长，年均增长幅度高于全国平均水平；而东部地区城乡发展一体化水平年均增幅则远低于全国平均水平，且呈逐年下降趋势；东北地区的城乡发展一体化水平年均增幅也远低于全国平均水平，但快于东部地区。城乡发展一体化水平提升速度"中西部快、东部慢"的格局，促使区域差距全面缩小。同时，各领域城乡融合发展的组成部分在区域间的差距也全面缩小，其中生态环境一体化区域差距缩小幅度最大。

二 城乡融合发展存在的主要问题

虽然我国城乡融合发展的体制机制初见雏形，成效也逐步显现。但是，对于当前城乡融合发展中存在的问题也不应该回避。

（一）区域发展不平衡不充分表现突出

虽然经过十几年的努力，我国城乡融合发展的区域差距逐渐缩小，但由于历史差距过大导致现实差距仍然巨大。一方面是区域之间城乡融合发展的不平衡，中西部地区发展的不充分问题。截至目前，我国区域之间城乡融合发展程度存在着巨大的差距，并主要体现为东部地区全面领先、西部地区全面落后。2015年，东部地区城乡发展一体化水平分别是东北地区、中部地区和西部地区的1.44倍、1.61倍和2.57倍；同时，东部地区的社会发展一体化、生活水平一体化和生态环境一体化水平也均远高于其他区域。相比之下，西部地区城乡融合发展相当不充分，城乡发展一体化水平分别为东部地区、东北地区和中部地区的38.88%、55.85%和62.74%；西部地区的经济发展一体化、社会发展一体化和生态环境一体化水平也大幅落后于其他区域。省际间城乡融合发展不平衡问题更为严重，2015年城乡发展一体化实现程度排名前5位的上海、浙江、江苏、北京和天津的平均水平是排名后5位的贵州、青海、云南、甘肃和宁夏的平均水平的10倍以上。

（二）城乡二元经济特征相当明显

近年来，我国农村产业发展稳步推进，特别是现代农业发展取得显著成效。2016年，我国农业科技进步贡献率已经超过56%，主要农作物耕种收综合机械化水平超过65%，主要农作物良种覆盖率达到96%。随着农业现代化水平的不断提高，城乡二元经济问题也呈逐年持续改善趋势，但改善程度十分有限，城乡二元经济问题依然十分严重。一方面，我国农业比较劳动生产率远低于非农产业比较劳动生产率，农业现代化水平还有待提高，农业科技进步贡献率比发达国家低20个百分点左右；另一方面，我国农村第一、第二、第三产业融合发展程度较低，农村经济发展的效率不高。2016年，我国城乡二元对比系数约为0.25，从国际经验来看，发达国家一般为0.5—0.8，发展中国家一般也能达到0.3—0.4的水平，这充分表明我国城乡二元经济问题十分突出。更为严峻的是，我国城乡二元经济问题扭转并不理想，大部分地区城乡二元经济问题还呈现恶化趋势。2007年以来，超过一半省份的二元对比系数呈现恶化趋势，甚至包括经济发达的北京、上海、浙江、江苏、山东和广东，由此拖累这些区域城乡融合发展程度的提高。

（三）城乡要素配置不合理的格局尚未破解

长期的城乡二元发展格局，导致城乡在科技、人才、资金、土地等要素配置方面严重不均衡，并且农村的优质资源仍然在源源不断地向城市集中。现阶段，城乡要素配置不合理集中体现为城乡资金和土地配置。一方面，我国城乡金融市场存在严重的藩篱，资金缺乏有效的双向流动，基本上是一个从农村向城市输送资金的单向流动的金融市场。国有银行商业化改革以来，随着国有银行城乡金融规模的不断扩大，城乡金融机构分布更加失衡，现存农村金融机构有效供给不足，农村资金外流严重，对城乡融合发展造成了负面影响。2004年以来，虽然城乡金融结构非均衡状况有了一定程度的改善，但是城乡资金配置不合理仍然严重。另一方面，我国土地市场一体化进程更为缓慢，存在诸多问题，包括土地市场分割明显、一级土地市场政府垄断、土地产权不明晰、法律法规体系有待完善、农民的土地权益得不到有效保护、城乡二元土地市场刺激了城市蔓延扩张、土地城镇化速度显著快于人口城镇化速度等。事实上，我国耕地的产出效率高于世界上绝大多数主要粮食生产国，非农用地的产出效率则远低于国际先进水平。从这个意义来讲，城乡土地配置不合理的问题更加尖锐。从更深层次来讲，农村资金的单项流动与土地制度改革滞后密切相关，土地作为农民最大的一笔资源，由于政策限制不能在城乡居民之间进行交易,一方面阻碍了城市资金进入农村的主要通道,另一方面也无法通过"资源变资产"使农民从中获益。

(四) 城乡基本公共服务差距依然较大

近年来,我国城乡基本公共服务均等化取得了显著成效,城乡居民在医疗保障、义务教育以及基本养老保险方面均实现了制度全覆盖。但是,城乡基本公共服务标准差距依然较大。教育发展不均衡和卫生发展不均衡是阻碍城乡融合发展程度提高的重要因素。

城乡教育差距依然较大。近年来,发展农村教育,提高城乡教育一体化进一步受到党和国家的重视。2010年,《国家中长期教育改革和发展规划纲要(2010—2020年)》正式提出构建城乡一体化的教育发展机制;2012年,党的十八大报告明确要求,大力促进教育公平,合理配置教育资源,重点向农村、边远、贫困、民族地区倾斜;2013年,教育部又开展了义务教育发展基本均衡县(市、区)督导评估认定工作。在这一系列政策措施和财政的大力支持下,农村教育状况不断改善,农村居民受教育年限从2007年的7.18年提高到2015年的7.71年,成效显著。但是,城乡教育差距扩大的趋势没有得到明显的改善,2007年城乡人口受教育年限比为76.36(城镇为100),而到2016年这一比值没有增长反而降低到75.62,这反映出城乡教育均衡发展程度事实上在下降。造成这一结果的原因,很大一部分与受教育程度较高的农村青壮年外出务工有关,但是,教育体制和投资向城市倾斜的问题依然存在。与此同时,区域间教育均衡发展也不能令人满意,特别是西部地区的教育均衡发展相当滞后,2016

年西部地区的教育均衡发展程度分别只有东部地区、中部地区和东北地区的 21.18%、23.05% 和 39.39%，差距巨大。

卫生均衡发展的主要问题在于医疗卫生服务人力资源的城乡配置不尽合理。虽然国家对农村医疗卫生服务的投入不断加大，农村医疗卫生服务人力资源的数量和质量也明显改善，农村每千人卫生技术人员数从 2007 年的 2.7 人增加到 2016 年的 4.1 人，增幅达 51.85%；但城市医疗卫生服务人力资源水平的提高更快，导致城乡差距确呈扩大趋势，2007 年城乡每千人卫生技术人员比为 2.37∶1（农村为 1），2016 年则扩大到 2.54∶1，这是需要重视的问题。实际以上均是针对数量来讲的，如果考虑到质量的差异，城乡卫生不均衡的程度还将成倍增加。

（五）新农村建设与新型城镇化不协调问题比较严峻

新农村建设要与新型城镇化协调发展、互惠一体，形成双轮驱动，共同推进城乡发展一体化。近年来，我国的新农村建设取得了巨大的成就，但按照城乡融合发展的要求依然存在诸多薄弱环节。无论是村庄布局、乡村基础设施、生态环境等硬环境方面，还是乡村文化保护和传承、村庄治理等软环境方面均存在相当大的改善空间，而且部分地区表现得尤为尖锐。以农村生活垃圾和生活废水处理为例，2016 年我国城市生活垃圾无害化处理率已达 96.60%，同期对生活垃圾进行处理的行政村比例仅为 65.00%，而且区域差距巨大，东部地区对生活垃圾进行处理的行政村比例已达 87.00%，东北地区仅为 36.33%，前者是后者的 2.39 倍。对生活污水进行处理的行政村比例更低，2016 年比例最高的东部地区也仅为 36.60%，东北地区对生活污水进行处理的行政村的比例只有 6.00%。卫生厕所是人居环境的重要组成部分，但是我国农村无害化卫生厕所普及率不容乐观。2016年，全国农村无害化卫生厕所普及率约为 60.50%，而东北地区仅为 26.13%。安全饮用水与人口健康密切相关，我国也高度重视农村安全饮用水问题。但由于农村居住分散，特别是偏远山区人口稀少导致集中供水难度较大，饮水处理设施建设不到位，水质难以保证。2016年，全国农村自来水的普及率约为 65.23%，也就是说尚有 2.6 亿农村人口仍旧无法使用自来水；东北地区农村自来水的普及率更低，仅为 55.10%。

三 推进城乡融合发展的政策建议

基于我国城乡融合发展的现状和存在的主要问题，建议从以下几个方面着手推动城乡融合发展。

（一）稳步提高人口城镇化水平

城镇化是农业农村现代化和城乡融合发展的基础。国际经验表明，只有城镇化进入稳定期（人口城镇化率达到 70%）以后，农村人口大量减少，城市反哺农村的能力显著加强，城镇基础设施和公共服务在农村的普及率明显提高，才能逐步迈向城乡全面融合发展。截至 2017 年，我国的城镇化率约为 58%，距离城镇化稳定期还有一定的差距。但是，随着农民工增量下降，我国的城镇化速度开始趋缓，未来保持年均 1% 的人口城镇化增长率面临挑战。因此，未来必须花大气力推进人口城镇化，夯实城乡融合发展的基础。一是推进农业转移人口市民化，进一步放宽落户条件，允许农业转移人口在就业地落户，制定实施推动非户籍人口在城市落户方案。全面实行居住证制度，提升城市公共服务水平，推进城镇基本公共服务常住人口全覆盖。建立农业转移人口市民化激励机制，维护进城落户农民在农村的合法权益，实施财政转移支付同农业转移人口市民化挂钩政策。二是提升县城和重点镇基础设施水平，加强县城和重点镇市政设施和公共服务设施建设。加快特色镇发展，带动农业现代化和农民就近城镇化。三是完善土地经营权和宅基地使用权流转机制，推进集体经营性建设用地入市、宅基地制度改革，农村承包土地的经营权和农民住房财产权抵押贷款改革。

（二）优先推进城乡融合发展中的城乡一样化内容

需要指出的是，我们旗帜鲜明地反对将"城乡一体化"简单等同于"城乡一样化"。以往的"城乡一样化"是指在很多地方农村和城市建设的无差别化，造成城不像城、乡不像乡。出现这些问题的原因无非有三类：第一类是认识不到位的问题。城乡发展一体化毕竟是个新东西，没有现成的经验可供借鉴，只能是摸着石头过河，那么形式上将农村建设得像城市就是最省事的做法。很简单的道理，如何让一个农村人很快变成城里人，就是给他穿上城里人的衣服，使他在外表上像一个城里人。第二类是资金不足的问题。城乡发展一体化需要投入大量资金，我国区域经济差距较大，很多地方并没有足够的资金全面推进城乡发展一体化，而村容村貌建设则是花钱相对较少的投入，花较少的钱而且能看得见效果，这当然是地方政府乐意做的。第三类就是一些地方政府存在消极应对的问题。不可否认，很多地方政府官员是不认可城乡发展一体化的，或者说不认可在现阶段推进城乡发展一体化，因此为了应付上级要求只是做一些表面文章，而不是真心实意地推进城乡发展一体化。但时至今日，我国整体上已经具备了城乡发展一体化的条件，因此，要重新认识城乡发展一体化的内涵，特别是要高度重视城乡融合发展中的"城乡一样化"问题。首先，在国家发展中农村与城市具有一样的地位。要突破过去围绕城市需要制定农业政策，确定农村发展战略的思路，农村不再附属于城市，农业也不再从属于工业，要真正实现乡村与城市两个空间的平等发展。其次，城乡一样化是城乡一体化的核心内容，包括城乡居民基本权益平等化，教育、医疗、社会保障、就业等基本公共服务均等化，这些在城乡融合发展中都是具有基础性地位的内容。最后，城乡一样化是部分城乡发展一体化内容的前提。例如，城乡基础设施的一体化背后隐含的依然是城乡一样化，虽然建设的形式不一样，但是农民依然要享受通达的马路、干净的饮用水、卫生整洁的厕所；城乡要素的自由流动背后也要求城乡的要素在地位上是一样的，这样才能平等交换。但是城乡一体化要考虑财力的支撑，要循序渐进。

（三）促进城乡要素自由流动

城乡要素自由流动是城乡融合发展的本质要求和重要体现。就目前来看，关键是要打破要素从城市向农村流动的体制和机制障碍。积极落实城乡在人才、土地、资金、技术方面的各项制度安排，推动优质要素向农村流动。一是在稳定农村土地家庭承包经营权的基础上，深化土地三权分置改革和农村集体产权制度改革，建立健全城市资本、人才和技术进入农村的制度条件。二是拓宽融资渠道为农业农村提供金融支持。大力推进农村金融创新，完善农村金融体系，适当增加农业政策性银行。农村金融服务机构要加大对农民创业的信贷支持力度，要明确将"取之于农"的存款按照一定投放比例"用之于农"。不断增设或升级改造营业网点，加大乡镇及以下网点的布设力度；促进金融机构间的合作，不断创新金融产品；大力拓展资金来源，发展互联网金融，规范发展农村合作金融。拓展农村信用卡业务，解决农民短期资金周转需求。建立农民信用体系，将农民就业生活的微观行为转化成可计量的信用程度，为农民贷款申请和发放提供可靠的依据，进而降低门槛并提高授信额度。三是优化土地资源城乡配置。在未来的城镇化进程中，应该强化土地规划管理，使耕地得到严格保护，重点提高非农用地利用效率。强化土地利用总体规划的基础性作用，对基本农田和非基本农田进行细致严格的区分，未来的城镇化占地必须限制在非基本农田上。构建切实有效的耕地保护制度，包括划定农业保护区；调整财政支农政策，将农村土地整理资金集中投放到农业保护区；适当补偿对耕地保护做出贡献的农户；建立健全农地动态监测系统；耕地占补由数量平衡改为"土宜性"平衡；等等。提高城镇土地利用效率，严格控制城镇用地总量，提高现有城镇土地的集约利用水平；调整优化城镇土地利用结构，降低工业用地份额，增加居住用地和公共服务用地份额；整治和盘活闲置土地，推动其合理利用，提高利用效率。

（四）提升城乡基本公共服务均等化

推进城乡基本公共服务均等化是城乡融合发展的重要内容。

推进城乡基本公共服务均等化,需要着重加强以下几个方面:第一,促进城乡教育一体化发展。加强城乡一体化的教育规划,优化教育布局。按照就近入学的原则,进一步完善以常住人口为准的教育服务体系,按照人口动态监测情况布局教育资源,并通过财政拨款、设备添置和教师配置等向农村学校倾斜。继续加大对农村教育支持的倾斜力度,积极推动优质教师资源在城乡的合理流动。此外,需要重视对农村留守人员的继续教育和职业教育培训,特别是还要关注和解决好留守儿童教育,以及农村学校撤点并校遗留的相关问题。第二,构建城乡一体、优质均衡的医疗卫生体系。进一步推进乡镇卫生院的标准化和规范化建设,实现村级医疗卫生服务的全覆盖。深化县、乡、村卫生一体化管理,推进县域卫生人员在县、乡、村的统筹使用和柔性流动。推进乡村医生体制改革,重点是建立乡村医生退休制度,并完善退休乡村医生的生活保障机制;建立和支持乡村医生按照规定加入职工养老保险的机制。第三,加快城乡一体化的就业服务体系建设。建立城乡统一的就业失业登记制度和就业援助制度。进一步完善政策体系、人力资源市场体系和就业服务体系。建立健全以国有公益性人力资源市场为主体、职业中介机构为补充的人力资源市场体系,保证城乡劳动力就业和企业用工;开展城乡劳动力免费职业培训,提高城乡劳动力就业素质和能力。第四,完善城乡一体化的社会保障体系建设。以建立更加公平和可持续的社会保障制度为总体目标,巩固和提高城乡社会保障并轨成果。一是建立健全更加公平可持续发展的社会保障体系,注重统筹各类社会群体和各类保障待遇。二是建立健全覆盖全民的社会保障体系,加快社会保障向外来落户人口覆盖。

（五）以三产融合发展化解城乡二元经济

三产融合发展的目的在于提高农业比较劳动生产率，实现城乡产业协调发展，从而消除城乡二元经济。所以，各地应该继续完善相关政策，继续推动农业适度规模经营，同时需要注重发展农产品加工、休闲农业、乡村旅游、电商等新业态和新模式，推动第一、第二、第三产业融合发展，以农业转型升级提高农村产业效率。当前，发展规模经营除了土地制度不适应以外，还缺乏高素质的现代职业农民也是非常重要的制约因素。一方面，针对农村劳动力素质不高的问题，应该继续加大农村基础教育投入，并且对农村留守人员进行继续教育和职业教育培训。进一步考虑将职业农民教育纳入现行教育体系当中，并从人、财、物等方面给予大力支持，尤其在办学用地场所、创业基地建设、办学设备购置和税收等方面给予政策支持，推动职业农民教育顺利、健康发展。另一方面，要吸引外出农民工返乡创业。有关部门要充分利用各种渠道广泛宣传引导、鼓励、支持农民工返乡创业的政策规定。加大农民工返乡创业先进典型、先进经验的宣传力度，发挥典型示范作用，营造良好的舆论氛围。对于返乡农民工创业要做好两个方面的内容：一是开展"量身定做"式的培训，提高农民工的创业技能和创业水平；二是拓宽融资渠道，为农民工返乡创业提供金融支持。

（六）加大美丽乡村建设力度

以环境综合整治为抓手，进一步提升美丽乡村建设。以改水、改厕和垃圾综合处理为重点，推动村庄的环境综合整治。采取城镇供水管网延伸或建设跨村连片集中供水工程方式，发展规模化集中供水，保障集中供水水质。加快农村卫生厕所建设进程，在有条件的村庄率先采用粪便统一收集、集中处理的"生态厕所"新技术。巩固农村垃圾"村收、镇运、县处理"的城乡统筹垃圾处理模式，提高农村垃圾收集率、清运率和处理率。建立污水处理设施，对村庄内的污水集中收集、集中处理。以水电路网等城乡互联互通为突破口，建设既体现优美乡村风光，又达到城市文明和生活便利的基础设施和公共服务设施体系。以农业面源污染治理为抓手，全面改善村庄内耕地、水体、森林和草地的质量，提高区域内生态保护水平。

经济发展篇

保障新时代国家粮食安全

李国祥[*]

摘　要：我国以满足居民吃饱的国家粮食安全保障体系基本建立，但这一保障体系对在居民食物消费结构升级过程中出现的新粮食消费需求满足方面的不足越来越突出，主要表现为粮食供给数量充足而结构性供求失衡。根据新时代粮食供求主要矛盾的变化，并考虑到我国长期没有有效解决的粮食供给方面问题，需要深入推进农业供给侧结构性改革，以更好地满足新时代居民粮食消费升级为导向，保持粮食供求相对宽松关系，多途径提高抵御国际市场波动冲击和平抑国内市场波动能力，完善粮食收储政策，加强粮食安全保障能力建设，建立粮食优质优价机制，确保新时代国家粮食安全。

关键词：新时代　粮食供求　粮食安全　粮食政策

---

[*] 李国祥，中国社会科学院农村发展研究所研究员、农产品市场研究室主任、农村发展系博士生导师。

On Promoting Chinese Food Security in the New Era

Li Guoxiang

Abstract: The guarantee system of grain sufficiency to feed China has established, but the imbalance of structural demand and supply for grain becomes obvious in the course of Chinese food consumption upgrading. It is necessary to further the structural reform of agricultural supply side to meet the changing demand for food in the New Era. Meanwhile it is suggested to maintain the state of supply in excess of demand for grains, to promote the ability to alleviate the shock of international market for grains and civil food supply fluctuation by ways, to improve grain purchasing and stock system, to build high quality and high price mechanism, and to strength food security guarantee.

Key Words: New Era; Supply and Demand for Grain; Food Security; Grain Policy

一 对我国粮食供求状况和趋势的判断

党的十九大首次提出实施乡村振兴战略以来，2018年中央经济工作把实施乡村振兴战略作为重点工作加以部署，中央农村工作会议和中央一号文件聚焦乡村振兴战略，对新时代保障国家粮食安全都提出了新要求，2018年政府工作报告部署实施乡村振兴战略时明确要求稳定和优化粮食生产，加快消化粮食库存。科学认识当前我国粮食供求总体形势，继续发挥好粮食对我国经济高质量发展和实施乡村振兴战略的支撑作用，具有重大现实意义。

（一）粮食消费需求结构不断升级

我国居民食物消费结构总体上呈现出有规律的变化。居民收入水平越高，人均口粮消费越呈现出减少态势；人均口粮消费下降速度超过人口增长速度，全国口粮消费总量也呈现出减少态势；人均消费的动物源性食物越来越多，带动间接消费的粮食（主要是饲料粮）需求不断增长。

根据国家统计局从2013年开始公布的城乡一体化居民住户调查数据，可以验证我国居民人均口粮消费量和全国消费总量持续减少。全国居民人均口粮消费量由2013年的148.7公斤下降到2016年的132.8公斤，年均下降3.7%（见表1）。尽管近几年全国人口保持稳定增长态势，但由于人均口粮消费量增长速度明显地高于人口增长速度，2013—2016年，全国人均口粮消费量年均下降速度高于人均增长速度约 3.2 个百分点,使全国居民口粮消费总量总体上也呈现出减少态势。全国居民口粮消费总量由 2013 年的 20233.9 万吨减少到 2016 年的 18362.4 万吨,年均下降 3.2%。

表1　　　　　　　　我国居民口粮消费情况　　　单位:公斤,万吨,%

年份	人均口粮消费量		全国居民口粮消费总量		口粮消费总量比上年增长	
	原粮	#谷物	原粮	#谷物	原粮	#谷物
2013	148.7	138.9	20233.9	18900.4	—	—
2014	141.0	131.4	19286.3	17973.2	-4.7	-4.9
2015	134.5	124.3	18488.6	17086.5	-4.1	-4.9
2016	132.8	122.0	18362.4	16869.1	-0.7	-1.3

资料来源:《中国统计年鉴(2017)》。

在居民口粮中,谷物消费量减少更加明显。2013—2016 年,居民口粮消费中人均谷物消费量由 138.9 公斤减少到 122.0 公斤,年均下降 4.2%;全国居民口粮消费总量中的谷物消费总量由 18900.4 万吨减少到 16869.1 万吨,年均下降 3.7%。

与口粮消费减少态势不同,居民人均肉蛋奶水产品等动物源性食物消费呈现出基本稳定态势或者增长态势。根据国家统计局调查数据,2013—2016 年,全国居民人均肉蛋奶水产品消费量年际间有增有减波动,但是中短期内呈现出增长态势(见表2)。从 2013 年到 2016 年,城乡居民人均肉类消费量由 25.6 公斤增加到 26.1 公斤,增长 2.0%;人均禽蛋消费量由 8.2 公斤增加到 9.7 公斤,增长 18.3%;人均奶类消费量由 11.7 公斤增加到 12.0 公斤,增长 2.6%;人均水产品消费量由 10.4 公斤增加到

11.4公斤,增长9.6%。在人均动物源性食物消费基本稳定或者不断增长的情形下,考虑到人口增长因素,全国间接粮食消费总量上无疑呈现出不断增长态势。

表2　　　　　　全国居民人均主要食品消费量　　　单位:公斤,%

	肉类	禽蛋	奶类	水产品
2013年	25.6	8.2	11.7	10.4
2014年	25.6	8.6	12.6	10.8
2015年	26.2	9.5	12.1	11.2
2016年	26.1	9.7	12.0	11.4
2016年比2013年增长	2.0	18.3	2.6	9.6

资料来源:《中国统计年鉴(2017)》。

2017年,我国居民家庭恩格尔系数已经下降到29.3%,居民消费总体上进入富足阶段。从长期来看,人民追求美好生活对粮食消费提出了越来越高的要求,使粮食消费结构发生深刻变化。在食物消费结构中,口粮消费将继续减少,动物源性食物消费将进一步增加,从而带来饲料粮消费不断增加。对于口粮来说,人均消费量越来越少,而消费种类则越来越多样化,品质要求则越来越高,既提出了口感好吃要求,又提出了安全健康要求,这就要求粮食供给不仅总量上要继续保持适度宽松条件,而且供给结构要不断调整优化。

(二)粮食供给总体充裕

2013年以来,我国粮食供给总体上处于高产量、高库存、高进口的格局。2013—2017年,我国粮食产量连续5年超过6

亿吨，人均粮食占有量大约在450公斤左右（见表3）；2015—2017年，谷物和大豆年度进口合计数量连续3年超过1亿吨。由于年度粮食总产量和进口量总体上超过当年消费量，导致期末库存不断增加。尽管2017年玉米等库存消化较多，但稻谷库存仍然居高不下。因此，新增粮食供给量和充足的库存量，足以保障短期内我国粮食市场运行的稳定。

表3　　　　　　我国粮食产量和进口量及人均占有量情况

单位：万吨，公斤/人

年份	粮食总产量	人均粮食占有量	谷物进口量	大豆进口量
2013	60194	442	1458	6338
2014	60703	444	1951	7140
2015	62144	452	3270	8169
2016	61625	446	2199	8391
2017	61791	445	2560	9553

资料来源：《中国统计年鉴（2017）》《中国农村统计年鉴（2015）》《中国农村统计年鉴（2017）》《2017年经济运行稳中向好、好于预期（国家统计局）》及《2017年1—12月我国农产品进出口》（农业部国际合作司）。

在判断我国粮食供求关系时，需要深化相关三个方面的关系认识。只有这样，才能全面把握我国粮食供求关系的真实状况和粮食安全形势。

第一，国内粮食产量与粮食进口之间是什么关系？不管是国内生产的粮食，还是进口的粮食，都是国内粮食供给，对粮食供求关系和粮食安全都会产生影响。社会上一些人有时将国内粮食产量等同于粮食供给，在考虑国内近年来大量进口粮食之后，认为国内粮食供不应求，这种判断的后果是未能全面考虑国内粮食总供给与总需求关系和国内粮食价格走势及其对国民经济的影响。从粮食供求总平衡和国家粮食安全视角考虑,正确的判断应是:近年来我国粮食供求总体宽松,国家粮食安全保障程度高,但国内粮食产需存在着越来越大的缺口。

第二,国家统计局公布的粮食总产量数据是否可靠?从2017年玉米市场运行态势变化来看,我国玉米真实需求量和玉米结构调整力度等不可低估。根据实际调查,我国2016年玉米临时收储政策取消后,玉米生产者积极调减玉米种植,玉米加工企业扩大收购量,玉米已经由2015年的产需过剩转变为2017年明显的产不足需。

第三,在判断当前粮食供求关系的时候,还有一个问题值得探讨,即大豆是否归为粮食?不能否认,国际上通常将大豆归为食用油籽,我国进口农产品也是这样处理的。全面看待大豆在我国居民食物消费中的作用,必须认识到大豆在我国具有两重作用:一方面是满足食用油消费增长的需要,另一方面是满足我国居民食物消费结构升级饲用蛋白消耗增长的需要。2017年我国进口大豆9553万吨,比2016年增加1161万吨,增长13.8%。大豆进口规模大,增长快,既反映我国居民食物消费结构的变化,又反映粮食消费结构变化中饲料粮需求快速增长的态势。这样认识,不仅有助于突破过于技术性的纠结,而且有助于对新时代国家粮食安全将面临的主要矛盾的认识,特别是玉米供求形势的认识。

(三) 我国粮食供求质量结构性矛盾将更加突出

在国内粮食总量存在缺口情况下,粮食仍然出现阶段性过剩，一个重要原因是国内粮食生产结构与需求结构不匹配，稻谷等库存过多，玉米等库存消化较快，大豆等进口量相对较多。

近年来我国粮食供求品种结构性矛盾经历了由不断累积到有所缓和的转折。从品种来看，在农业基础设施不断完善、技术进步贡献持续提高和粮食支持保护政策继续实施等积极作用下，2013—2015年，稻谷、小麦和玉米普遍出现当年国内产量超过消费需求量的状况，而大豆受比较效益影响则出现国内产量与需求量缺口越来越大的状况。即使不考虑油用大豆，国内食用大豆生产量与需求量之间年度也存在几百万吨的缺口。以2016年玉米收储制度改革为主的农业供给侧结构性改革，国内玉米和大豆供求结构性矛盾明显缓解，2017年农业供给侧结构性改革在改善粮食供求关系方面的效应进一步显现，玉米生产进一步调减而大豆生产明显继续扩大。

在现实生活中，我国粮食供求结构性矛盾还突出表现在部分农民时常遭遇卖粮难，而一些粮食加工企业也受买粮难困扰。一方面，稻谷等部分品种粮食库存水平高，压力越来越大，农民发愁收获后的粮食不好卖，价格低，遭遇卖粮难；另一方面，一些粮食加工企业所需要的专用优质原料不足，"守着粮仓缺粮食"，难以买到符合要求的专用优质原料粮，有的加工企业不得不在国际市场上进口粮食。粮食出现品质结构性矛盾，除农民种植习惯、种子培育等粮食生产因素外，也与粮食流通发展滞后直接相关。

根据居民食物消费结构变化的一般规律，结合我国粮食供求现状，估计未来我国粮食消费需求总量将继续平稳增长，粮食需求结构将发生重要变化。口粮消费数量稳中略减，小麦稻谷需求将进一步下降，农民对稻谷小麦需求结构也在快速变化，农民消费的口粮越来越多。国家已经出台政策，扩大燃料乙醇使用区域。技术创新已经使玉米加工多用途成品成为现实，估计工业用粮需求仍将迅速扩张。燃料乙醇、玉米糖浆和生物质塑化剂制品等，对玉米原料需求出现较大弹性，估计玉米需求将呈现不断增加态势。粮食需求变化，对农业供给侧结构性改革和新时代国家粮食安全提出了更高要求。

二 保障新时代国家粮食安全面临的主要问题

进入新时代，我国粮食供求结构性矛盾正在转化，除由居民食物消费结构升级引起的品种方面的数量结构性失衡问题外，在粮食供给方面还面临着一些突出问题，主要包括：

（一）国内粮食供给受国际市场冲击风险上升

由于玉米国内临时收储价格与国际市场价格2013年后的不同走势，导致国内玉米替代品进口规模急剧扩大。在农业国际化程度比较低的背景下，工业化和城镇化冲击国内粮食生产，国内农业实施工业反哺农业和以工补农政策方针有效地保护了粮农利益和积极性。随着农业国际化程度越来越高，国际市场冲击将会成为国内粮食生产流通的主要矛盾。这种世情农情变化，对于我国粮食供求结构形势研判和选择确保国家粮食安全政策具有重要参考价值。中美贸易摩擦对我国粮食进口和国内粮食供给带来的影响，需要高度重视。

(二) 粮食生产面临的资源环境问题仍较突出

我国粮食消费已经并正在发生深刻变化，而国内粮食生产和流通绿色发展滞后。粮食生产不可持续性问题严重。多年来，在满足国内粮食消费需求的压力下，国土资源过度开垦，耕地地力消耗过大，地下水开采过度，化肥农药农膜大量使用，农业资源环境已不堪重负，农业内外源污染相互叠加。粮食生产过度施用化肥和农药不仅带来不可持续性问题，而且还带来了质量安全隐患。

(三) 国内粮食供给专用性严重不足

为了更好地适应消费者对粮食消费结构升级的需要，粮食加工企业对品质一致性和品种优良化的原料粮要求越来越严格。国内粮食种植与加工企业适应市场需求转型发展之间矛盾越来越突出。近年来，我国进口小麦都在300万吨以上，进口量高的年份甚至超过500万吨。我国加工专用优质小麦主要依赖进口，由于国内生产的小麦存在着"强筋不强，弱筋不弱"的问题，造成加工优质高档面包的小麦和加工优质高档糕点、饼干用的弱筋小麦等高度依赖进口。在我国小麦产需存在缺口的情况下，进口专用性强的小麦既有助于弥补国内供求缺口，又有助于改善国内小麦供求关系。在我国小麦供求关系相对宽松的情况下，特别是我国居民生活水平提高后对优质专用小麦需求增长强劲而对普通小麦需求趋于减少的情况下，专用性小麦供给就不应再高度依赖进口了。

(四) 粮食收储环节混收混储比较普遍

除少数粮食加工企业专收专储外，多数收储商，包括国有粮食收储企业，也包括政策性粮食收储，一般都没有将收购的粮食按照质量等级和专用品种分类储存。粮食混收混储等问题，不仅不能满足新时代粮食加工消费需要，而且粮食收储专业化服务滞后，还可能造成玉米和小麦等真菌霉素污染事件。粮食收储为什么没有开展专收专储？一是专收专储制度尚未建立。政策性收储粮食仅对收购粮食的水分和杂质提出要求，而对专用优质等方面尚未作出具体规定。二是专收专储条件不具备，专用优质小麦种植尚未形成规模，无法满足规模粮食加工企业批量生产的用粮需求；仓容有限，检验手段缺乏，很难做到专收专储。三是专收专储的动力不足。专收专储成本相对较高，而专售市场尚未形成，收储企业专收专储未必能够实现经济利益。

(五) 我国专用优质粮食发展还面临支撑体系建设滞后和不配套的问题

我国农业科技创新比较重视优良品种选育和推广，粮食生产基地比较注重高标准农田建设。某个农户选种的专用优质小麦，未必能够达到加工企业对品质一致性的要求。粮食生产基地侧重于农田水利等基础设施建设，而与专用优质小麦生产严重脱节。我国现有粮食生产支撑体系与粮食专用性需求严重不匹配。

三 保障新时代国家粮食安全战略选择

解决粮食供求结构性矛盾，必须处理好保障国家粮食安全面临的战略性问题和战术性问题。既要改善粮食供求关系，又要避免因此采取的政策措施带来新的供求结构性矛盾，绝不能因改善粮食供求数量关系而损害国家粮食安全保障体系，更不能以降低国家粮食安全保障能力而选择政策，要严格区分改善当前粮食供求结构性矛盾的临时政策措施与保障国家粮食安全的长远政策措施，这样才能不断地提高新时代国家粮食安全保障能力和水平。

（一）粮食调控应具有前瞻性

保障新时代国家粮食安全，要求粮食调控必须及时作出正确的调整，否则就可能加剧粮食周期性波动，对国民经济大局和粮食转型发展造成负面影响。评价2016年玉米收储制度和价格形成机制改革，既要看到当前所取得的预期成效，又要从长远来看能否避免大幅度的周期性波动，吸取粮食流通体制改革进程中的历史经验教训，选择好粮食调控方向。

多年来，我国粮食宏观调控发挥了重要而又积极作用，但是也存在着明显的滞后性。滞后调控粮食，主要是没有及时掌握粮食产需变化和国内国际市场供求及价格变化，仍然根据周期性波动前一阶段的信息对下阶段进行调控。粮食调控方向决定调控成效和成败。

2001年后我国粮食供求关系正在发生变化，但是仍然按照

1998年后两年的有关状况和信息进行粮食宏观调控，造成2003年农民种粮积极性不高和种植面积减少，加上当年遭遇严重自然灾害，库存粮食经过几年消化已经减少，带来2003年第四季度粮食收购市场价格大幅度反弹，粮食供求关系发生逆转。

2012年前我国玉米调控政策总体上是比较成功的，突出表现在玉米市场偏紧的供求关系不断改善，有效地解决了饲料加工企业和深加工企业在市场上争夺玉米的矛盾。但是，2013年起，国际市场玉米供求关系发生明显改变，供过于求和市场价格大幅度下跌持续显现，但是国内玉米临时收储价格继续提高，仍然根据2012年前的供求关系和信息进行粮食宏观调控，导致2013—2015年玉米政策性收储规模越来越大。

按照周期性波动规律，一般在市场经济条件下粮食供给持续扩大和价格持续下跌并长期保持低迷之后可能就会进入粮食供求偏紧和价格持续上涨的阶段，这一现象在自发的市场经济中表现得最为突出。

为了继续发挥粮食对国民经济的有力支撑作用，推动我国经济向高质量发展转型，为了巩固粮食收储制度改革和价格形成机制改革成果，为了实施质量兴农战略，为了确保新时代国家粮食安全，当前我国粮食宏观调控应着力继续保持市场供求相对宽松关系。

始终保持粮食供求相对宽松的供求关系，是进行新时代我国经济社会发展的迫切需要。粮食市场稳定是决胜全面建成小康社会和开启现代化新征程的最重要的基础性经济条件。尽管在理论上存在着粮食供求平衡点或者平衡区间，但是实践中影响市场稳定特别是市场价格稳定的因素很多。即使粮食调控实现了供求平衡，但市场主体一旦炒作，粮食市场就可能出现大幅度波动。进入新时代，我国粮食调控的底线应是避免因粮食供求偏紧影响经济社会发展大局情形的发生。

我国正在推动质量兴农、绿色兴农，迫切需要粮食保持相对宽松的供求关系。影响高质量发展能否推进的最重要市场环境是供求关系和价格水平状况。试想在供求偏紧和价格偏高的市场环境中，只要能够生产出粮食来就能够盈利，哪个市场主体真正有动力追求高质量发展？只有在市场供求相对宽松和供求关系对市场价格形成影响不起主导作用情况下，农民和其他粮食市场主体才有积极性推动高质量发展。

我国经济发展已经进入新时代，确保国家粮食安全更应以避免粮食供给偏少的情形发生为粮食调控的主要目标。当然，这并不是说目前部分粮食品种阶段性过剩不需要解决。从2017年玉米政策性收储和去库存等情况来看，玉米年度产需供求关系已经发生了扭转，玉米调控方向必须及时作出合理调整。

（二）农业供给侧结构性改革应更有力地保障国家粮食安全

玉米价格形成机制和收储制度改革，是农业供给侧结构性改革的重要内容，对粮食供求关系影响明显。玉米收储制度改革，使多年实施托市政策的市场扭曲效应明显降低，既减少玉米及其替代品的进口，又带来玉米等粮食生产的调整与优化，还刺激了加工对国产玉米的需求增长。

2008年，我国建立了玉米临时收储制度。2013—2015年国内玉米收购价格和国际市场粗粮价格严重倒挂，导致国内谷物特别是粗粮进口规模急剧扩大。2016年，我国取消玉米临时收储政策，实行市场化多元主体收购，国内玉米收购价格与国际市场价格收敛，谷物特别是玉米及其替代品进口规模迅速缩小。

玉米收储制度改革，使2016年玉米及其替代品进口减少近1500万吨。其中，进口玉米316.8万吨，比上年减少156.2万吨，下降33.0%；进口大麦500.5万吨，比上年减少572.7万吨，下降53.4%；进口高粱664.8万吨，比上年减少405.2万吨，下降37.9%。同时，2016年进口玉米酒糟（DDGs）比上年减少375.4万吨，下降55.0%。

2017年玉米替代品进口量进一步下降。受国内玉米收储制度和价格形成机制改革影响，全年玉米进口量进一步减少到282.7万吨，比2016年减少34.1万吨，下降10.8%。同时，2017年玉米替代品高粱进口505.7万吨，比2016年减少159.1万吨，下降23.9%。值得一提的是，我国对进口玉米酒糟"双反"措施的成效也显现出来。2017年进口玉米酒糟39.1万吨，比上年减少267.6万吨，下降87.3%。

同时，新一轮玉米收储制度改革，促进了粮食种植结构调整优化。按国家统计局数据，2016年，全国籽粒玉米种植面积5.51亿亩，比上年减少2039万亩，下降3.6%；大豆播种面积增加到1.08亿亩，比上年增加1046万亩，增长10.7%。除粮改豆外，一些地方还积极粮改饲，发展优质杂粮。2017年玉米种植面积减少近2000万亩，豆类种植面积增加近1000万亩。农业供给侧结构性改革促进了粮食生产结构优化。

玉米收储制度改革，玉米加工企业收储积极性明显提高，加工用国产玉米需求强劲，2016年在农民没有出现玉米难卖的同时，玉米库存得到有效消化，2017年新玉米上市后价格出现恢复性上涨，玉米供给侧结构性改革成效超预期。

针对玉米收储制度和价格形成机制改革取得的超预期效果，社会上有人提出应在稻谷和小麦收储制度与价格形成机制改革中仿照玉米推行。这是否为可行的选择？解决玉米阶段性供给过剩而出台的一系列政策措施，确实取得了超预期成效，但这些政策措施主要是解决短期内玉米供给偏多的矛盾显现出来的成效。这些政策措施能否解决玉米供给过少的矛盾和避免玉米供给过少的情形，仍然有待于时间和实践的检验。

在保障新时代国家粮食安全战略选择上，有人提出应完全市场化，这种观点是需要审慎对待的。不能否认，粮食完全市场化，谷贱伤农一旦发生，靠市场力量解决粮食生产过多是非常有效的。一旦农民不愿生产，粮食市场供给偏少，粮价上涨，让农民恢复粮食生产，这往往需要相当长的时间才能再度出现供给宽松的状况。更何况，粮食市场中种粮农民处于弱势地位，价格话语权不掌握在自己手中。完全市场化条件下，粮食价格对农民种粮的调节具有明显的滞后性。

在完全粮食市场条件下，如果政府不掌控粮食库存，粮食加工流通企业往往会在供给宽松时压级压价，在供给紧张时哄抬价格。粮食价格大幅度波动对经济社会全局的影响与其他农产品明显不同。"蒜你狠"和"姜你军"周期性上演，对经济社会全局影响很小，粮食市场大幅度波动与大蒜和生姜等小宗农产品市场价格波动完全不一样。

进入新时代，由居民食物消费结构升级引起的粮食供求形势正在发生深刻变化，玉米生产直接关系到饲料粮供给，对新时代国家粮食安全的影响不可低估，需要避免玉米等饲料粮的剧烈波动周期的出现。农业供给侧结构性改革，绝不能仅局限于解决短期内粮食供求结构性矛盾，而应立足于长远目标，以促进国家粮食安全保障能力的不断提高。

（三）加强国家粮食安全战略保障能力建设

稳定增加粮食综合生产能力、保护粮农利益、确保国家掌控粮食合理规模，都应是战略目标，丝毫不能动摇。绝不能因粮食供给侧结构性改革动摇国家粮食安全战略目标，绝不能因为调整粮食种植结构而削弱生产能力，绝不能因为粮食去库存削弱国家调控能力，绝不能因为完善粮食收储制度而损伤农民种粮积极性。

近年来为了缓解粮食供求结构性矛盾，特别是为了解决部分粮食品种阶段性过剩，国家出台了一系列政策措施，取得了显著成效。但是，必须清醒认识到 2004 年后建立起来的粮食支持政策措施在保护种粮农民利益和确保粮食供给相对宽松方面发挥了重要作用，不应全盘否定 2004 年后建立起来的粮食支持保护政策措施，理应进一步深化改革并不断完善粮食支持保护政策。

综合来看，当前我国既要解决部分粮食品种阶段性过剩问题，又必须避免明显的粮食周期性波动发生，要求粮食调控应着力保持长期相对宽松状况，坚持 2004 年以来证明行之有效的粮食支持政策方向的基础上深化改革，不断完善粮食支持保护制度，千万要避免因解决粮食短期内供求结构性矛盾而导致粮食供给总量偏少从而影响经济社会大局的情形发生。为此，要不断加强国家粮食安全保障能力建设。尽管粮食生产能力可以通过粮食产量加以反映，但不能简单地将二者等同起来。粮食产量和供给量在短期内受天气和国际市场等不确定因素影响明显，要严格将短期粮食供求矛盾和长期国家粮食安全保障能力严格区分开来，守住耕地红线，加强水资源和土地资源匹配能力建设，建立健全新时代国家粮食创新体系，实施藏粮于地和藏粮于技战略，这样才能从战略上不断提升国家粮食安全保障能力。

四　保障新时代国家粮食安全的相关政策举措

随着我国经济发展和居民生活水平的提高，国家粮食安全由过去的国内生产能力不足为主要矛盾向新时代粮食生产与消费结构不匹配为主要矛盾转变。随着农业国际化的不断加深，国家粮食安全由过去的主要受工业化、城镇化不利影响向新时代主要受国际市场波动冲击转变。国家粮食安全形势和面临的主要矛盾变化，加上粮食市场化改革持续推进，要求粮食宏观调控和支持保护政策目标要由过去的激励高产、增产向新时代确保粮食供给数量基础上更好地满足居民对高质量粮食需求转变，为此需要采取一系列举措。

（一）加快构建新时代国家粮食安全保障体系

要培育粮食产业主导力量，协同支持粮食市场多元化主体，融合第一、第二、第三产业发展，加强品牌培育，建设粮食产后服务体系，掌控全产业链，能够从田间到餐桌全产业链中主导"产购储加销"一体化模式发展。加快绿色优质专用原粮基地建设，促进新型粮食生产经营主体通过订单生产、定向投入、专项服务、良种培育、保价收购、代储加工、入股分红等多种联结方式与一般种粮农户形成紧密型联结。加快粮食生产功能区划定，发展粮油食品产业集聚区，加快建设粮食产业园区。多主体参与并合理分工，实现共赢。在新时代国家粮食安全保障体系中，要发挥新型农业经营主体在专用绿色优质粮食产业发展中的引领和组织作用。面向终端市场的加工经营企业，要能够发现市场认知度高的品种，并引导消费选择。一般种植户能够参与新型产销模式和新型供应链与产业链中并分享利益。

（二）多途径提高我国粮食抵御国际市场冲击能力

必须清醒认识降低粮食生产成本并不是提高我国粮食国际竞争力的唯一途径。提高我国粮食产业国际竞争力，不仅要采取措施降低粮食生产流通成本促进粮农增收，而且要深化改革，构建绿色优质专供体制机制。要让相对较高价格的国内粮食生产在市场上具有竞争力，必须在品种选择和品质提高等方面做文章。稻谷和小麦供给重在提高品质，通过扩大绿色优质专用供给，保持相对较高价格，确保生产经营者获得合理收益。玉米重在提高单产水平，降低成本，提高效率。大豆重在促进食用豆类扩大生产，油用大豆主要依赖进口满足需要。

（三）深化粮食政策性收储制度改革

保障粮农增收和口粮绝对安全是我国粮食政策性收储制度深化改革的底线。稻谷、小麦是我国最重要的口粮品种，其收储制度改革应在坚守底线前提下以最小扭曲市场为原则，可以在缩小最低收购价实施范围、合理确定最低收购价水平和选择多元化执行主体等方面进行优化设计,促进粮食优质优价机制建立,从而形成既不违背世界贸易组织农业规则和我国入世承诺,又能够促进多重目标实现的制度安排。保留稻谷小麦最低收购价政策框架,增强最低收购价形成的弹性和灵活性,最大限度地降低最低收购价扭曲市场效应,这些改革方向应长期坚持。粮食支持制度改革完善的理想格局应是随着粮食高质量发展的不断推进,最低收购价政策虽然存在但在实际中基本不起作用,或者所起作用非常小。针对政策性粮食收储费用偏高,以及储备时间越长则政策性收储企业赚取利润越多的问题,应适当降低收储费用补贴水平,构建竞争机制促进收储的政策性粮食及时出库。

(四) 加大政策性收储粮食周转规模

要科学认识储备粮规模,不能因为曾出现的粮食库存结构性矛盾而将国有粮食企业的储备作用完全否定。部分品种粮食储备规模过大,弊端很多,无疑需要尽快解决。从长期来看,我国粮食安全战略势必将保重要粮食供应与保农民增收等目标合理分离,将保障特殊群体与脆弱群体等口粮供应和饲料粮供应与全面调动农民种粮积极性合理区分。国家粮食储备要从需求端保证军粮供应和学生与低收入群体粮食供应,以及救灾应急等方面确定合理规模、仓储与物流布局。要加强粮食中央储备与地方储备数量和结构以及仓储与物流布局等方面要加强有机衔接。

(五) 加快粮食产后服务体系发展

多年来,我国农户售粮一般直接卖给经纪人,没有存粮习惯。个别种粮大户或合作社建有简易粮食干燥清理及存储设施。

与新时代绿色优质专用粮食供给体系相配套,必须要对收获的粮食按市场需求分等定级、分级收购、分仓储存、分类加工,促进优质优价形成。为此,要支持在全国产粮大县建立专业化的经营性粮食产后服务中心,有偿为种粮农民提供代清理、代干燥、代储存、代加工、代销售等服务。

新时代实现乡村产业兴旺面临的问题与对策

李婷婷[*]

摘　要： 产业兴旺是实现乡村振兴的基石。本文首先定义了产业兴旺的内涵、分析了其特征、总结实现产业兴旺的思路，进而分析了中国乡村产业在产业体系、生产体系、经营体系和体制机制等方面面临的诸多问题。具体表现为农村产业高质量发展不充分、核心竞争力不强、农村经营主体去精英化、农业社会化服务体系不完善、体制机制障碍有待破除等。针对实现产业兴旺面临的上述问题，建议深化农业供给侧结构性改革，优化乡村产业区域布局和产业结构；提高物质技术装备支撑，实施科技助推战略和城乡融合发展战略；创新多元农业经营体系，促进小农户和新型农业经营主体互促共生；完善农业社会化服务体系，搭建农民和现代农业有机衔接的桥梁；加快推进农村体制机制改革，强化生产要素对产业发展的支撑。通过有针对性地实施上述对策建

---

[*] 李婷婷，人文地理学博士，中国社会科学院农村发展研究所助理研究员，主要研究领域包括土地利用转型、宅基地退出和农村产业发展方面。

议，促进乡村产业兴旺，并实现乡村振兴。

关键词： 新时代　乡村振兴战略　产业兴旺　问题和对策

The Problems and Countermeasures in Thriving Businesses in Rural Areas

Li Tingting

Abstract： The thriving businesses in rural areas are the foundations for pursuing the rural vitalization strategy. Firstly, we define the connotation of industrial prosperity, analyzes its characteristics, and summarizes the general ideas. Then we conclusion some issues confronted with in the process of establishing industrial, production and business operation systems for modern agricultural. The specific manifestations are insufficient high – quality development of the rural businesses, weak competitiveness, missing agribusiness, incomplete specialized agricultural services, institutional barriers and so on. So, we put forward targeted suggestions. In the businesses of rural areas, we should pursue supply – side structural reform and set up to improve the distribution and structural adjustment. We should strengthen the support from technologies and implement the technology boosting strategy and integrated urban – rural development strategy. We should mutually reinforce the household farmers and new types of agribusiness by cultivating new types of agribusiness. We should improve specialized agricultural services and encourage small household farmers to become involved in modern agricultural. We will promote the reform of the rural system and mechanisms, and strengthen the supporting role of production factors on the development of the agribusiness. All these countermeasures will thrive businesses and vitalize the rural areas.

Key Words: New Era; Rural Vitalization Strategy; Thriving Businesses; Problems and Countermeasures

一 乡村产业兴旺的内涵、特征与实现思路

(一) 乡村产业兴旺的内涵

乡村振兴战略提出，要坚持农业农村优先发展，按照产业兴旺、生态宜居、乡风文明、治理有效、生活富裕的总要求，建立健全城乡融合发展体制机制和政策体系，加快推进农业农村现代化。产业兴旺是乡村振兴的基石，缺乏产业支撑或者产业凋敝，乡村振兴将成为空中楼阁（魏后凯，2018）。

乡村振兴战略背景下的产业兴旺有别于传统的产业发展，其核心是推动农村经济转型升级，培育多元化、多层次的乡村产业

体系，构建机械化、现代化的乡村产业生产体系，发展多样化、组织化、市场化的乡村产业经营体系，通过完善农村产业体系、生产体系和经营体系，提高乡村产业的创新力、竞争力和全要素生产率，并通过建立健全城乡融合发展机制、深化农村土地制度改革、完善乡村产业支持保护制度等，理顺乡村产业发展所需的人才、土地、资金、技术等要素的投入机制，形成与资源环境相协调、需求结构相一致的农业现代化和第一、第二、第三产业融合发展新格局。产业兴旺的目标是保障主要农产品和服务的有效供给，提升产业化经营水平，为经济社会发展全局提供支撑；提高农民的就业质量和收入水平，多渠道促进农民就业创业，夯实改善农村民生的基础，为全面建成小康社会补齐农村短板；保护农村资源环境，实现农村产业经济与生态的绿色协调可持续发展；实现与城镇产业融合协调发展，从根本上解决城乡差距和农村发展不平衡不充分的问题（农业部课题组，2017）。

（二）乡村产业兴旺的特征

产业兴旺本身既是实现乡村振兴的过程，又是当前实施乡村振兴战略的目标之一。从过程视角来看，产业兴旺意味着生产方式和生产手段的规模化、机械化、科技化和信息化，经营主体的多样化、现代化、组织化、市场化，产业体系的多元化、精准化和多层次。从目标视角来看，乡村产业兴旺必然包含增长特征、效率特征和可持续特征。具体来说，产业兴旺首先要能保障农民增收和有利于城乡均衡发展，以农民的增收为核心，为实现全面小康社会提供充分的支撑；产业兴旺意味着乡村产业具有较高的投入产出效率，竞争力较强；产业兴旺意味着乡村产业走的是集约发展的道路，有利于实现内涵式增长和集约式增长，进而协调乡村产业经济增长与资源环境保护之间的关系。在部分具有区位优势和资源优势的乡村，产业兴旺还意味着农业链条延长带来的高附加值，农业与第二、第三产业尤其是手工艺品、文化、旅游、康养、电商等产业的深度融合，农产品精深加工和农村新兴服务业的迅速发展（魏后凯，2018）。

不同的观察视角也将影响产业兴旺的特征判断。在国际视角下，产业兴旺意味着构建与两个市场和两种资源相匹配的农村产业体系，提升乡村产业核心竞争力，在核心产业、关键领域形成强大的全球竞争力；在城乡视角下，产业兴旺意味着城乡产业深度融合发展、城乡生产要素优化配置、城乡基础设施和公共服务均等化、城乡收入差距逐步缩小；在可持续发展视角下，产业兴旺意味着乡村产业经济发展走的是资源节约型、环境友好型的发展模式，在乡村产业发展过程中保护农村资源和环境，充分挖掘和拓展农业承载的生态功能，并通过经济发展反过来对农村环境污染加强治理，实现绿色可持续发展。

（三）乡村产业兴旺的实现思路

产业兴旺的实现思路是以市场需求和高质量发展为导向，充分发挥农村自身的独特优势，加快农业现代化进程和第一、第二、第三产业融合发展，构建与现代化进程接轨的产业体系和生产体系，因地制宜发展与地区资源禀赋相适应的乡村产业，调整优化乡村产业结构，提高乡村产业竞争力，进而提供充足的产品和服务，保障国家粮食安全，增加农民收入和带动就业，加快城乡协调发展，为实现乡村振兴和建成全面小康社会提供经济基础。

二 实现乡村产业兴旺面临的问题和挑战

改革开放四十年来,中国农村经济有了长足发展,农业生产条件获得明显改善,乡村产业发展取得了辉煌成就。但是,在当前生产力和生产关系发生剧烈变化的情况下,传统的农业发展方式已难以为继,其产业体系、生产体系、经营体系面临若干老问题和新挑战,乡村产业发展已有的体制机制和制度设计已难以满足当前生产力发展的需要。

(一) 农村产业高质量发展不充分,农业生产区域布局错位

经过多年的努力,中国农业综合生产能力有了很大提高,农业的主要矛盾已经由总量不足转变为结构性矛盾,主要表现为阶段性的供过于求和供给不足并存,农村产业高质量发展不充分导致供求结构性失衡。随着经济的高速发展和物质生活的极大满足,消费者的饮食习惯、健康需求、兴趣爱好等都发生了变化,这就要求农业生产不仅要解决吃饱的问题,更要满足人们的中高端消费需求。现阶段农村产业低水平发展模式导致农业内部产品结构和第一、第二、第三产业融合提供的产品和服务无法满足该中高端消费需求,使得供过于求和供不应求的现象同时存在。其中,无公害和绿色产品则是供不应求的典型代表,生活水平的提高使得消费者趋向于选择无公害、绿色农产品,而中国农业的化肥施用量长期持续增长,2000年每亩农作物播种面积化肥施用

量为35.4斤，2010年增长到46.2斤，2015年持续增长到48.3斤，2016年有所回落（见表1），持续大量施用化肥与消费者对农产品无公害、绿色化的需求相违背。

表1　　　　　　　　中国农作物播种化肥施用量

单位：万吨，千公顷，斤/亩

年份	化肥施用量	农作物总播种面积	单位播种面积化肥施用量
2000	4146.4	156300	35.4
2010	5561.7	160675	46.2
2015	6022.6	166374	48.3
2016	5984.1	166650	47.9

资料来源：《中国统计年鉴（2017）》。

此外，中国农业还存在生产布局错位的问题。农业是一个对自然资源和环境依赖很强的产业。自然环境为农业生产提供水资源、土地资源，并通过当地气候和地形地貌影响农产品生产。目前，中国农业生产区域布局错位现象严重，最突出的一个例子是粮食由"南粮北运"转变为"北粮南运"。已有研究显示，有着"鱼米之乡"之称的长江中下游平原，其粮食主产区面积大幅缩减，浙江、湖北和四川盆地等地的粮食生产功能减弱，而东北地区和西北地区的粮食生产功能有了大幅度提升（Li Tingting et al.，2017）。水资源较为短缺的北方地区成为粮食生产的集中供给区，而最适宜种植粮食的南方地区却成为了粮食输入区。与水热条件相悖的粮食生产格局，存在较大的水危机和生态危机。粮食生产重心北移一定程度上加大了粮食生产的生产成本，大规模的北粮南运又增加了运输成本，面对国际低廉粮价的打压，中国粮食生产的"天花板"效应也越来越强,粮食价格风险凸显。可见,不合理的农业生产区域布局会增加生态风险和价格风险,阻碍了农业兴旺发达。

(二) 农村产业面临竞争力短板,科技贡献率有待提高

农村产业竞争力不强是当前面临的主要问题。从世界农业发展趋势看,国家间农业贸易日趋激烈,国内农业面临的冲击将不断加剧。从国内视角看,中国农业小规模生产经营的特征,严重削弱了基础竞争力。人多地少是中国的基本国情,小农经济仍然是农业的主要生产方式,农业难以形成规模化和技术化生产,农业生产成本的"地板"效应抬高毋庸置疑。从国际视角看,国际粮价大幅度下跌、人民币升值以及全球能源价格下跌导致的海运价格暴跌共同导致了低廉的国外农产品到岸价格,国内农产品面临的"天花板"压力倍增。"地板""天花板"效应形成了农产品国内外价格倒挂的现象。

科技贡献率也是决定农村产业核心竞争力的关键因素。党的十八大以来,中国农业科技取得了长足发展和进步,2017年中国农业科技贡献率达到57.5%,比2012年提高3个百分点,有效提升了农业质量效益竞争力[①]。但是,发达国家的农业科技贡献率普遍都高于70%,与发达国家相比还存在一定的差距,影响中国农业的国际竞争力。中国在农业生产环节、加工环节和销售环节的科技贡献率相对较低,一方面受制于相对滞后的农业科技,另一方面由现代科技没有很好与农业产业链条各环节良好衔

---

① 农业部:《我国农业科技贡献率升至57.5%》,http://news.cctv.com/2018/01/28/ARTIOSR69n0qbf7hzdr0DWXr180128.shtml。

接所致。在生产环节中,一些地区仍然存在机械设施工艺落后、机械使用水平较低等问题,难以满足多样化、多层次的需求。在丘陵山区和经济作物种植环节中,由于缺乏微型机械和特有的机械设施,使得机械的普遍使用成为难题。农业从业人员数量减少、质量降低,也进一步影响了对农业机械使用技术的熟练程度和掌握水平。在加工环节中,农业科技尚存在加工手艺配备水平落后、能源耗损高、机械枢纽零部件国产化水平偏低、科技成果现实转化率不高等问题,且随着消费需求绿色化、品牌化、生态化的转变,对特色产品的精深加工提出了更高要求。在销售环节中,直销、卖难、买贵的怪圈重复上演。销售环节的互联网技术应用不够广泛,直销模式难以推广,传统的营销模式农产品流通环节过多,流通环节的高成本挤压了农户利益。销售环节中农户和市场的严重脱节,又进一步影响了农户对农产品市场需求结构及市场反馈的掌握程度,进而影响到农业的生产环节。此外,随着农村第一、第二、第三产业融合发展步伐的加快,休闲农业、观光采摘、乡村旅游等新产业新业态的发展进入黄金期,对先进科学技术的需求进一步增强,如何抓住城乡产业融合发展的机遇,利用城市的先进科学技术服务农村的发展,对能否实现产业兴旺和乡村振兴至关重要。

(三) 农村经营体系去精英化,组织化和市场化不够

在未来很长一段时期内,中国农业都将呈现传统农业经营主体和新型农业经营主体并存的局面。就其目前发展现状来看,两种农业经营主体都面临着各种问题。传统经营主体即家庭承包经营户,主要靠劳动力低廉优势、地理优势、气候土地资源优势等

取得收益（宋圭武，2018），而生产经营组织制度优势、市场化优势和技术优势不明显，进而影响其市场议价能力、市场信息捕捉水平和市场风险抵御防控能力，难以真正实现和现代农业的有机衔接。并且由于农村劳动力的组织化和市场化程度偏低，涉农全产业链农户收入比例低，收入水平不高，就必然导致农业生产劳动时间减少和农业劳动质量下降，进一步加剧农业生产后续乏力的状况。且在城乡劳动报酬巨大差距的推拉作用下，大量农村剩余劳动力尤其是青壮年劳动力向城镇外流，农村生产主体数量减少且呈现老龄化和妇女化，"乡村精英"流失，农村劳动力呈现出"去精英化"的特征，乡村人力资本下降，致使部分耕地撂荒，也影响了农业的劳动生产率的提升。

在一系列政策措施的促进作用下，中国各类新型农业经营主体不断蓬勃发展，但其还面临比较大的制约和困难。现代农业的发展需要一批懂农业生产技术的人才，还要一批会经营管理、懂市场营销的专门人才，这就要求新型农业经营主体有高素质的人才来支撑。从目前来看，农民仍然是新型农业经营主体的主力军，还存在着经营理念落后、管理水平不高、组织程度松散的情况，无法形成合力，难以形成规模效应，直接影响现代农业发展的进程。

（四）农业社会化服务体系不完善，农民的参与度有待提高

农业社会化服务体系不完善也是目前面临的主要问题之一。首先，当前农村社会化服务呈现低水平、低层次、窄覆盖。即使在服务覆盖率较高的传统粮食作物种植业领域，有关农业生产方面的服务业也主要集中在农业生产前的农资购买服务，产中的病虫害防治和基本的农技咨询服务,而对于产后的农产品流通服务、市场销售对接服务则涉及较少。服务层次处在最初级阶段,大多流于形式;服务方式基本以组织培训、发放材料和口头传达为主,缺少现代新型农业科学技术的运用。对于涉及较深层次的服务,如农村金融服务和土地托管服务的水平和层次过低,覆盖规模较小(毛铖,2014)。其次,小农经济决定了农业社会化服务体系天然面临着综合性和专业性的矛盾冲突。小农经济下的农产品具有数量有限但品种较多的特征,所需要的服务涉及农资购买、产品销售、技术服务、金融服务等,单是对一个农户的技术服务可能就涉及几种农产品,对社会化服务的综合性要求较高。但是小农户和适度经营规模农户总体来讲生产剩余不多,不具备购买多种服务的全部能力,又限制了社会化服务的综合性发展,这就使得服务组织的综合化和专业化程度需要把握一定的限度(仝志辉、侯宏伟,2015)。如果过分专业化,农户可能会因为服务价格过高且自身所需专门服务数量太小而放弃购买,专业化程度过高的服务组织也会因为没有足够数量农户购买而不能达到规模经济。如果过分综合化,虽然可满足农户多元化、综合性服务需求,但对社会化服务体系的规模和资金投入量提出了更高要求,增加了发展社会化服务体系的难度和风险。此外,社会化服务体系的主体仍然以城市资本注入为主,农民无法在这个体系中获利,一定程度上影响了社会化服务体系的质量和持续运营能力。

(五)农业规模化经营受限,各项体制机制障碍有待破除

人多地少的基本国情决定中国的农业经营普遍呈现小规模的特征。现有不完善的土地流转制度、城乡二元结构体制和不健全的金融体系及财政扶持政策进一步限制了农业的规模化经营。首先，不完善的土地流转机制是中国农业难以实现规模经营的主要原因之一。农民是否愿意在土地流转市场进行交易，取决于出租方和承租方双方对其收益的权衡。从土地出租方的视角来看，出租方放弃土地经营的损失与土地流转收益和土地流转后的非农收入共同决定了耕地是否流转。从土地承租方的视角来看，只有承租方经营土地的收益不小于其非农就业收入时，才会从事农业生产和扩大土地经营规模。就目前的农业经营效益来看，耕地流转成本相对较高，加之农业生产活动自身的高风险特征，使得承租方对大规模流转土地热情不高。此外，在农村土地流转中，由于租赁双方缺乏契约精神，土地流转合同的法律效应难以实施，共同导致土地流转的租赁风险较高。农业经营效益降低时，存在承租方克扣农户土地流转收益和务农费用的情况。农业经营效益良好时，出租方有可能会违背流转合同的年限，提前收回耕地的经营权，使得承租方前期投资受损。加之近年来农民对耕地资源财产权益的高预期，使得他们不敢轻易长期流转土地，短期流转现象较多，长期流转土地较少，短期流转现象限制了承租方对耕地的投入。

其次，城乡二元结构体制进一步限制了农业规模经营。在大量农村人口向城市迁移、农村人口数量急剧减少的背景下，中国农业仍然难以实现规模经营，这是由中国特有的城乡二元结构体制下农户难以市民化所致。由于难以享受与城镇居民同等的教育、医疗、卫生、住房、社保、养老等基本公共服务，进城农民难以得到有效的社会保障，购房、租房价格上涨也加大了务工农民的支出，使得耕地资源的社会保障功能开始凸显，经营功能相应弱化，占而不用、荒而不转的现象频发，限制了耕地的长期流转和规模化经营。

此外,不健全的金融体系和财政扶持政策也影响了农业的规模化经营和可持续发展。与传统经营主体不同,新型农业经营主体的经营规模比较大,面临更大的自然风险和社会风险。但是,目前中国的农业保险体系尚不完善,远远无法适应新型经营主体的需求。金融系统虽然对扶持新型经营主体做了大量工作,但是由于缺乏有效抵押物等原因,贷款难、贷款贵的问题仍然是痛点,融资的供需对接还不顺畅。现有的财政扶持政策主要依据农业产量和规模选择扶持产业,而产品销量和效益却不在政府政策支持的考虑范围内。这种做法忽略了农业与生俱来的区域地标性、资源稀缺性、产品唯一性、品质独特性和不可复制性,容易误导农村产业的发展方向,为农业可持续发展带来极大隐患。

三 实现乡村产业兴旺的对策建议

基于上述问题,本文有针对性地提出实现乡村产业兴旺的对策建议,主要包括深化供给侧结构性改革、强化物质技术装备支撑、创建多元农业经营体系、完善农业社会化服务体系、推进农村体制机制改革等方面。

(一) 深化农业供给侧结构性改革,优化乡村产业区域布局和产业结构

解决阶段性供过于求和供给不足并存的问题,亟须实施农业供给侧结构性改革,既包括农业产业布局调整,也包括农村产业结

构调整。首先，农业生产区域布局应提高与资源环境承载力的匹配度，并着力打造地理标志农产品品牌。依托自然资源和生态环境条件，合理布局农业产业体系，培育区域地标性农产品品牌，将各具特色的地域资源优势转化为市场竞争优势，破解农产品同质竞争和增产不增收困境，进而推动乡村产业布局结构、产业结构、品种结构全面优化。其次，增强农村产业发展与城镇消费需求的连接性。当前中国城乡居民对高品质农产品、乡村景观需求日益增加，不仅要求农村提供充足、安全的物质产品，而且要求农村提供清洁的空气、洁净的水源、恬静的田园风光等生态产品，以及农耕文化、乡愁寄托等精神产品。以城乡居民消费新需求为导向，加快乡村休闲农业、乡村旅游、农村电商、现代食品产业等新业态的培育，促进农村第一、第二、第三产业融合发展。

（二）提高物质技术装备水平，实施科技助推战略和城乡融合发展战略

中国进入依靠科技实现质量兴农、效益兴农、绿色兴农的发展阶段，应充分发挥科技联盟在乡村产业发展中的引领作用，推动农业科技创新和转化，提高农业供给质量。首先，要强化农业物质技术装备支撑，创新农业科技研发体系和推广体系。建立产学研结合的农业科技研发体系，联合农业科研机构、高校、企业等资源，聚焦农业生物技术、低碳循环农业、农业信息化、食品农产品深加工等农业科技创新工程，共同进行科研攻关。研发能适应各地条件的新技术和新机械，特别是适合丘陵山区和经济作物生产的小型农业机械。此外，还需要建立统一的农业技术传播平台等推广体系，增强农业技术的可获得性和应用性。用现代设施、装备、技术手段武装农业，提高农业良种化、机械化、科技化、信息化、标准化水平，推动农业发展质量、效益、整体素质全面提升，显著提高农业绿色化、优质化水平。其次，创新农产品销售模式，搭建农产品供销信息平台。加快发展农村电商服务，借助电商的力量从线下走到线上，通过互联网支持形成农产品直销的营销模式，简化收购、运输、销售等中间环节，降低流通费用，既能有效解决农产品滞销问题，又能同时保证农民农业生产的收益增加和消费者食物支出减少，并增强农户对农产品市场需求的了解。最后，引导城市先进技术和高素质人才向农村流动。城市部门应以农村产业发展问题和社会需求为导向，加快调整产品结构，提高"工业品下乡"的针对性和效率，如亟须的新型肥料、低毒高效农药和小型农业机械等。农村产业发展还要与城市龙头企业引进、科技人才指导、科技项目无缝对接起来，运用先进的经营理念，聚集优质科技和人才等生产要素，创建一批农区、园区、镇区互动的产业融合发展先导区，进而实现乡村产业兴旺。

（三）创新多元农业经营体系，促进小农户和新型经营主体互促共生

综合考虑中国人多地少的国情和农业现代化的需求，创新构建由普通家庭、专业农户、家庭农场、农业企业等构成的多元农业经营体系，既要加强培育新型农业经营主体，又要扶持带动小农户发展。首先，促进小农户向新型职业农民转变。在相当长的一段时间，小农户还会占据中国农业生产的大多数。为小农户提供科技、信息、农产品营销等方面的服务，通过服务帮助小农户对接大市场；以培育小农户的内生动力为基础，提升小农户自我

发展能力，加强职业农民的培训，使小农户满足现代农业使用新技术和新装备的要求，把小农户引入现代农业发展轨道；针对部分农二代，通过对定向农技、农机类学生提供优惠政策，鼓励其从事科技要求高的农业生产。其次，积极培育新型农业经营主体。面对农业经营主体缺位的情形，在传统小农之外又催生出各种新型农业经营主体，包括家庭农场、农民合作组织、龙业企业等。家庭农场和专业大户有助于家庭经营向集约经营的转变；农民合作组织的合作化、组织化程度高，便于凝结农民利益链接；龙头企业可凭借其清晰的产权关系、完善的治理结构和较高的管理效率，在高端农产品研发和生产方面发挥其显著的引导示范效应。需要为新型农业经营主体营造良好环境，强化政策支撑，通过土地制度改革和经营制度革新促进规模经营，并完善价格补贴和金融保险等政策支持，特别是各类政策要进一步聚焦优势区域、优势产品、优势产业和新兴经营主体，不断提升农村产业效益和竞争力（张红宇，2017）。

（四）完善农业社会化服务体系，搭建农户和现代农业有机衔接的桥梁

全面的、专业的、市场化的并精准服务小农户的农业社会化服务体系是搭建小农户和现代农业发展有机衔接的桥梁。构建以农户为主要服务对象的农业社会化服务体系的服务，将对服务组织和服务体系的构建提出相应的要求。第一，要求农业社会化服务体系和服务组织必须能够提供综合性服务。农业社会化服务体系需要涵盖农业技术推广服务、农业生产社会化服务体系、农村商品流通服务体系、农村信息服务体系和质量安全监管体系等综合服务，以满足农产品生产种类较多的需要。但是由于提供综合性服务的成本较高，因而争取来自国家的扶持和构建成本分摊机制成为必须考虑的问题。第二，农业社会化服务体系的经营理念需要公益性服务和经营性服务相互支撑，用经营性服务的利润来支撑公益性服务，并与政府提供的公益性服务结合起来，进一步提供高效服务，以支撑农户的持续经营和对服务的持续购买（仝志辉、侯宏伟，2015）。第三，农业社会化服务体系还应该增加土地托管服务，即在不改变土地所有制、土地承包关系及土地用途的前提下，由土地托管服务组织为农户提供从种到管、从技术服务到物资供应的全程服务。由于土地托管不涉及改变土地承包关系的具体实现形式，因此也比以土地承包经营权入股的农地股份合作制方式的转换成本低。第四，金融基础结构的搭建可以为农业社会化服务体系注入血液。农户所需金融服务的类别和其他主体并无本质区别，但是对于小农户为主的农户群体，其金融服务需求具有单笔贷款需求小、生活贷款多等特点。适应这一特点并能获得持续发展的金融形势是合作金融组织，即由作为客服（服务对象）的农户共有的金融组织。

（五）加快推进农村体制机制改革，强化生产要素对产业发展的支撑作用

土地资源作为农业生产的最基本要素，对其体制机制障碍进行破除，进而激活土地生产要素活力，成为实现乡村产业兴旺的必然选择。应乡村产业兴旺的进一步要求，破除土地体制机制障碍的目的，一方面是为了实现农业规模经营，另一方面还要为乡村新兴产业提供发展空间。首先，针对目前土地流转市场信息不对称等问题，通过搭建土地流转平台，促进耕地经营权和宅基地使用权流转，并为集体建设用地入市提供便利。针对土地流转过程中缺乏市场经济的契约精神等问题，加强政策的引导和法律的规范就显得尤为重要。并积极培育依托土地流转平台的土地流转中介服务机构（沈映春、周晓芳，2009），确保土地流转的有效性，进而提高土地流转的积极性和主动性。其次，探索盘活农村闲置宅基地的有效途径。通过试点积极探索宅基地所有权、资格权、使用权"三权分置"，在保障农民宅基地资格权和财产性收益不被剥夺的前提下，适度放活宅基地使用权，促进宅基地整治和流转，进而盘活宅基地存量土地、增加闲置宅基地经济效益。最后，切实落实"将年度新增建设用地计划指标确定一定比例用于支持农村新产业新业态"的既有政策。留存部分城乡建设用地增减挂钩和耕地占补平衡等项目的建设用地结余指标，既要考虑满足乡村三产融合发展的需要，又要考虑为未来乡村发展留出用地空间。

破除城乡二元结构，首先，需要深化户籍制度改革，从户籍上消除城乡居民差别，赋予有条件的农村转移人口城镇居民身份，增强农村转移人口对城镇的认同感和归属感。其次，加快公共服务向农村覆盖，完善城乡居民的社会保障体系，推进城乡社会保障制度衔接，加快形成政府主导、覆盖城乡、可持续的基本公共服务体系，推进城乡基本公共服务均等化，让广大农民平等参与现代化进程、共同分享现代化成果。最后，建立并健全农业转移人口市民化推进机制，建立并健全由政府、企业、个人共同参与的农业转移人口市民化成本分担机制（魏后凯，2014）。政府要承担农业转移人口市民化在义务教育、劳动就业、基本养老、基本医疗卫生、保障性住房以及市政设施等方面的公共成本。企业要落实农民工与城镇职工同工同酬制度，加大职工技能培训投入，依法为农民工缴纳职工养老、医疗、工伤、失业、生育等社会保险费用。农民工要积极参加城镇社会保险、职业教育和技能培训等，并按照规定承担相关费用，提升融入城市社会的能力（中共中央、国务院，2014）。

实现乡村产业兴旺需要大量资金投入，应从财政、金融、社会资本等多个渠道筹集乡村产业发展所需资金。首先，改革财政支农投入机制。一方面，要坚持把农业农村作为财政支出的优先领域，确保农业农村投入适度增加；另一方面，要把主要精力放在做好"整合"和"撬动"支农资金两方面。"整合"就是把各类涉农资金尽可能"打捆"，形成合力。鼓励地方统筹使用高标准农田建设、农业综合开发、现代农业生产发展等相关涉农资金，集中建设产业园基础设施和配套服务体系等。"撬动"就是要通过以奖代补、贴息、担保等方式，发挥财政资金的杠杆作用，引导金融和社会资本更多地投向乡村产业（李伟，2017）。其次，加快农村金融创新。针对农村存款相当部分不能在农村转化为投资的现实问题，要从创新配备软件和硬件设施两方面采取措施。软件设施配备即着眼于金融机制创新，对涉农业务达到一定比例的金融机构实行差别化监管和考核办法，适当下放县域分支机构业务审批权限，解决投放"三农"贷款积极性不足的问题。硬件设施配备即优化农村金融机构，支持现有大型金融机构增加县域网点、优化村镇银行设立模式、开展农民合作社内部信用合作，解决投放"三农"贷款市场主体不足的问题。最后，鼓励和引导社会资本参与乡村产业发展。鼓励社会资本到农村发展适合企业化经营的现代种养业、农业服务业、农产品加工业,以及休闲旅游养老等产业,推进农村第一、第二、第三产业融合发展。

参考文献

[1] 李伟:《乡村振兴计划关键要抓住人、地、钱》,《农村工作通讯》2017年第21期。

[2] 毛铖:《建立与完善农村社会化服务体系的五重现实困境——对湖北十多个县市的实地调查》,《江淮论坛》2014年第5期。

[3] 沈映春、周晓芳:《关于我国农村土地流转的中介机构研究》,《当代经济管理》2009年第8期。

[4] 宋圭武:《乡村振兴是一个大战略》,《发展》2018年第1期。

[5] 仝志辉、侯宏伟:《农业社会化服务体系:对象选择与构建策略》,《改革》2015年第1期。

[6] 魏后凯:《如何走好新时代乡村振兴之路》,《人民论坛·学术前沿》2018年第3期。

[7] 魏后凯:《中国特大城市农转居成本测算及推进策略——以北京为例》2014年第4期。

[8] 张红宇:《发挥新型农业经营主体对改革的引领作用》,《上海集体经济》2017年第4期。

[9] 中共中央、国务院:《国家新型城镇化规划(2014—2020年)》,2014年3月。

[10] Li Tingting, Long Hualou, Zhang Yingnan et al, "Analysis of the spatial mismatch of grain production and farmland resources in China based on the potential crop rotation system", *Land Use Policy*, No.60, 2017.

农村集体经济发展的现状、问题和政策取向

崔红志[*]

摘　要： 当前农村集体经济发展呈现发展水平较低、不平衡、持续性较弱等问题。从政策和制度层面看，土地制度改革滞后、农村集体经济的运行机制不完善、农村集体经济组织没有法律地位和税费负担重，是影响农村集体经济发展的重要因素，亟待通过政策引导和体制机制创新来改变这种状况。

关键词： 农村集体经济　现状　问题　政策建议

---

[*] 崔红志，管理学博士，中国社会科学院农村发展研究所研究员，组织与制度研究室主任，博士研究生导师。主要研究方向为农村社会保障、农村组织与制度。

农村集体经济发展的现状、问题和政策取向

The Status, Problems and Policy Recommendations of Rural Collective Economy

Cui Hongzhi

Abstract: At present, the development of rural collective economy presents problems such as low development, imbalance and poor sustainability. From the perspective of policy and system, the main reasons to affect the rural collective economy development include the lagging behind reform of land system, the non‑perfect operation mechanism of rural collective economy, no legal status and heavy burden of tax and fee on the rural collective economic organization, etc. It is urgent to change this situation through policy guidance and institutional mechanism innovation.

Key Words: Rural Collective Economy; Status; Problems; Policy Recommendations

农村集体经济是集体成员利用其所有的资源要素，通过合作与联合实现共同发展的一种经济形态，是社会主义公有制经济在农村的重要体现。党和政府历来高度重视农村集体经济发展。党的十九大报告指出,深化农村集体产权制度改革,保障农民财产权益,壮大集体经济。本报告立足于相关文献资料和实地调研获取的资料,对我国农村集体经济发展现状、创新性做法及存在的问题进行分析,进而提出发展壮大农村集体经济的政策建议。

一 当前农村集体经济发展的总体状况

目前,我国农村集体经济发展呈现以下几个方面的特征。

(一) 发展水平较低

改革开放后,相当数量的行政村成为空壳村,除了土地外,没有什么集体资产,更没有多少收益。据统计,1996年全国72.6万个村中,当年无集体经济收益的村占30.8%,集体经济收益在5万元以下的村占42.9%,集体经济收益在5万—10万元的村占13.5%,集体经济收益在10万元以上的村占12.8%[①]。

近年来,中央和地方各级政府对农村集体经济发展的重视程度越来越高,但农村集体经济发展薄弱的状况并没有改变,甚至出现进一步恶化的趋向。截至2015年年底,无经营收益及有经营收益在5万元以下的行政村所占比例为77.1%,与1996年相比增加3.7个百分点。其中无经营收益的行政村为32.3万个,占行政村总数的55.3%,与1996年相比增加了24.5个百分点。近年来我国农村集体经济的总体情况见表1。

---

① 农业部合作经济指导司编:《全国农村合作经济统计提要(1996)》。

表 1　　　　　2011—2015 年中国农村集体经济状况　　　　单位：万个

年份	2011	2012	2013	2014	2015
汇入本表村数	58.9	58.9	58.7	58.7	58.4
当年无经营收益的村	31.0	31.1	32.0	32.0	32.3
当年有经营收益的村	27.9	27.8	26.7	26.7	26.1
5 万元以下的村	15.9	15.1	13.7	13.7	12.7
5 万—10 万元的村	5.0	5.2	5.2	5.2	5.32
10 万—50 万元的村	4.5	4.8	4.9	4.9	5.2
50 万—100 万元的村	1.1	1.2	1.3	1.3	1.3
100 万元以上的村	1.4	1.5	1.6	1.6	1.7

资料来源：历年《中国农业统计年鉴》。

即使在东部沿海发达省份，农村集体经济也同样薄弱。以浙江省为例，2006 年，浙江省共有 33388 个村级集体经济组织，户籍人口 34777786 人，平均每村 1042 人；浙江省村均集体经济收入为 39.12 万元，人均集体收入为 375 元，其中，没有集体收入的村占到了 16.61%，年收入不到 3 万元的村超过了 1/3，5 万元以下的村占到了 46.26%，10 万元以下的村占到了 56.65%，集体收入在 500 万元以上的村不到全省村级集体经济组织总数的 1.5%[1]。

（二）发展不平衡

近年来，我国一些地方通过体制机制创新和政策扶持，农村集体经济快速发展。在一些经济较为发达的农村，集体经济发展迅速，集体资产规模比较可观。截至 2015 年年底，全国 58 万个

---

[1]《浙江省村级集体经济发展现状与出路研究》，浙江统计信息网，http://www.zj.stats.gov.cn。

村集体经济组织账面资产2.86万亿元，村均493.6万元[①]。但区域间发展不平衡现象十分突出，中西部地区的农村集体经济发展水平低，多数村至今仍是空壳村。

在一个地区内部，农村集体经济的村际差异也很大。以浙江省2006年农村集体经济的情况为例，从村均集体收入水平看，城区村为170.72万元，镇区村为67.02万元，乡村村为22.66万元，三者的收入比为1:0.39:0.13。从人均集体收入水平看，城区村为1259元，镇区村为473元，乡村村为238元，三者的收入比为1:0.38:0.19[②]。根据青岛市城阳区农业局提供的资料，全区共有194个农村社区，2015年平均每个农村社区的集体收入为487.3万元，但社区之间收入差距非常大，最少的仅为2.56万元，最多的高达6151.8万元。按照收入五等分的方法，将194个社区按照收入的多少分为5个组，高收入组的平均收入是低收入组平均收入的37.4倍，是中等收入组的6.9倍。

（三）持续性盈利能力不强

从集体经济的收入结构看，土地租赁、厂房租赁、征地补偿是主要的收入来源，投资收益等相对稳定的经营性收入所占总收入的比例较低。以四川省成都市为例，2013年全市集体经济组织经营性收入仅占总收入的15.1%，而土地征收补偿、土地出让收益接近19亿元，占总收入的68.3%。当集体的资源消耗殆尽或者宏观经济形势不好导致资产收益下降时，集体经济的可持

[①] 《资源变资产 资金变股金 农民变股东》，http://www.xinhuanet.com/fortune/2016-11/26/c_1119995481.htm。
[②] 《浙江省村级集体经济发展现状与出路研究》，浙江统计信息网，http://www.zj.stats.gov.cn。

续发展面临挑战。

（四）农村集体经济发展的社会经济条件逐渐完善

1. 农村居民具有发展社区集体经济的愿望

在公共财政覆盖农村范围不足的情况下，农村集体经济承担向农民提供公共产品和服务的职能。相应地，农村社区集体经济的发展水平与农村居民生活水平的提高之间存在正向关联。由于农民的福利需求具有刚性增长的特点，农村居民就具有发展社区集体经济的愿望。

2. 农村基础设施条件不断完善

改革开放后，农村大部分土地承包给了农户，但一些村庄仍然有部分集体土地、山林、水面等自然资源，特别是荒山、荒坡、荒地、荒水、荒滩等资源。这些资源可以被用来发展种植和养殖项目。随着农村基础设施条件不断改善，农村的潜在资源优势可以转化为市场优势。

3. 有利于农村集体经济发展的政策环境正在形成

集体经济是中国特有的一种经济形式，党和国家的重要文件都历来强调要"发展壮大农村集体经济"。在当前的农村产权制度改革中，中央要求不能"把集体经济改没了"。对于集体经济与市场经济之间的相容性问题，中央提出要"推进农村集体产权制度改革，探索农村集体所有制有效实现形式，创新农村集体经济运行机制"（2015年中央一号文件）。

城乡分割的土地管理制度是农村集体经济发展的重要制约因

素。中央已经充分认识到这一问题，正在积极推动农村土地征收、集体经营性建设用地入市、宅基地制度改革试点。2015年2月，国家选择33个试点县级行政区域，暂时调整实施土地管理法等关于集体建设用地使用权不得出让等规定，允许农村集体经营性建设用地入市，同时提高被征地农民分享土地增值收益的比例，对宅基地实行自愿有偿的退出、转让机制。党的十八届五中全会通过的"十三五"规划进一步提出，"改革农村土地制度"。农村土地制度改革，有利于资源配置优化，利用效率提高，并给集体经济组织带来更多财富，从而为发展壮大集体经济奠定了基础。

近年来，政府对农村集体经济发展的支持力度逐渐加大。2012年，国务院农村综合改革工作小组选择部分省份开展农村综合改革示范试点，其中一项重要内容是扶持村级集体经济发展。截至2015年，财政部印发了《扶持村级集体经济发展试点的指导意见》，提出扶持村级集体经济发展，壮大村级集体经济实力，2016年中央财政选择13个省份开展试点，在原有浙江、宁夏2个试点省（区）的基础上，新增河北、辽宁、江苏、安徽、江西、山东、河南、广东、广西、贵州、云南11个省（区）。2016年中央一号文件提出，探索将财政资金投入农业农村形成的经营性资产，通过股权量化到户，让集体组织成员长期分享资产收益。在省级层面，很多省都出台了扶持农村集体经济发展的政策。以浙江省为例，2012年7月27日，浙江出台了《中共浙江省委办公厅，浙江省人民政府办公厅关于扶持经济薄弱村发展村级集体经济的意见》，提出要扶持集体经济薄弱村，特别是欠发达地区的经济薄弱村。工作目标是力争通过5年努力，使省定经济薄弱村①集体经济年收入达到 10 万元以上，其中经营性收入不少于 5 万元。

4. 积累了一定的人才资源

一些农村集体经济组织培养了一大批懂得现代经济管理的人才，建立了市场营销网络。另外，经过 40 年的改革发展，广大农村地区涌现了大批先富者，民间经济资本和社会资本比较丰富；中青年劳动者的受教育年限和技能水平较高。农村社区集体经济发展具有比之前高得多的人力资本和物质资本支撑。实地调研表明，很多地方采取各种措施引导在外的能人回乡、老板回家、企业回迁、资金回流，参与家乡发展。

二 发展、壮大农村集体经济的主要途径

为了促进农村集体经济发展，各地主要采取了盘活农村土地资源、推进农村产权制度改革、以土地和资金等入股新型农业经营主体等举措，效果较为明显。

（一）盘活农村土地资源

土地是发展农村集体经济的最重要、最具潜力的资源。近年来，各地围绕着如何盘活农村土地资源，开展了丰富多样的实践探索。

---

① 省定经济薄弱村是指村集体经济年收入在 10 万元以下且经营性收入（村经营收入、发包及上缴收入和投资收益之和）在 5 万元以下，村级组织运转困难的村。

第一，一些集体经济组织利用土地所有者、管理者的身份或者通过组建土地股份合作社，把集体土地连片出租给其他经营主体获得收益。

第二，在农村土地确权过程中，实测面积普遍大于当初的承包经营面积。一些地方通过确权将多余的土地收回来，利用农村产权交易平台进行竞拍流转，村集体从而获取稳定的收入来源。例如，辽宁省海城市确权后多出了30万亩土地，村集体把其收回后再竞拍流转，每年可增加村集体收入9000万元，平均每村20多万元。截至2015年年末，全市有100个村为几乎无集体收入的空壳村，2016年减少到了45个，2017年全面消除了空壳村。又如，宁夏平罗县将不超过二轮承包面积20%的开垦荒地确权给开垦农户，其余的由开垦农户有偿承包，兼顾了农户和集体利益。

第三，开展农村集体经营性建设用地入市试点。党的十八届三中全会通过的《中共中央关于全面深化改革若干重大问题的决定》指出，"建立城乡统一的建设用地市场。在符合规划和用途管制前提下，允许农村集体经营性建设用地出让、租赁、入股，实行与国有土地同等入市、同权同价"。2014年年底，中共中央办公厅、国务院办公厅下发了《关于农村土地征收、集体经营性建设用地入市、宅基地制度改革试点工作的意见》（以下简称《意见》）。2015年2月，国家选择33个试点县级行政区域开展土地制度改革，其中15个为农村经营性建设用地制度改革，赋予农村集体经营性建设用地出让、租赁、入股权能，在符合规划、用途管制和依法取得的前提下，允许存量农村集体经营性建设用地使用权出让、租赁、入股，实行与国有建设用地使用权同等入市、同权同价。从试点情况看，农村集体经营性建设用地入市的方式多种多样，包括协议出让、挂牌出让、拍卖出让、租赁、作价入股等。土地入市后的净收益，一般在政府、村集体和农民之间进行分配。以辽宁省海城市为例，土地入市后的收益由政府和集体按照3∶7的比例进行分配，集体占70%。在集体所得的70%中，集体和个人按照2∶8的比例进行分配，集体得20%。对于那些不具有区位优势的偏远农村来说，即使有建设用地，也因为没有需求方而难以入市交易。《意见》中提出，"试点县可以根据土地利用总体规划和土地整治规划，经试点地区上一级人民政府批准后，在确保建设用地不增加，耕地数量不减少、质量有所提高的前提下，对村庄内零星、分散的集体经营性建设用地先复垦后，可按计划调整到本县域内的产业集中区入市"。这种方式使得那些位置偏远的村镇也能通过指标交易的方式享受入市的收益。

第四，农村集体建设用地指标以地票形式异地入市。与农村集体经营性建设用地异地入市相类似，我国一些地方探索性地开展了城乡建设用地增减挂钩和地票等多种异地入市方式，村集体从中得到了一定收益。以浙江省嘉兴市为例，该市是国土资源部土地综合整治试点地区，在对村庄零星宅基地整理进行复垦后，节余指标可以在全市范围内进行交易，交易收益在农户和集体之间进行分配。

地票制度发端于重庆市，农民将闲置、废弃的农村建设用地复垦为耕地，形成的指标在保障农村自身发展后，节余部分以地票方式在市场公开交易，可在全市城乡规划建设范围内使用。截至2016年5月上旬，重庆市公开举办了47场地票交易会，累计交易地票17.7万亩，共计353.4亿元，年均交易地票3万亩左右。重庆市规定，复垦宅基地生成的地票，纯收益按85∶15的比例分配给农户和集体经济组织。通过这一制度安排，重庆农村户均宅基地0.7亩，已参与地票交易的农户平均一次性获得收益约10万元，而农村集体累计获得的地票收益约125亿元，取得了助推农民脱贫增收和支持农村发展的"双收益"。[①] 我国农村集体经济发展不平衡，边远农村地区几乎没有村级经济。土地增减挂钩政策和地票制度实际上促进了边远山区农民和农村集体经济的发展。

（二）推进农村集体产权制度改革

产权问题一直是影响农村集体发展的重要因素。针对一些地方集体经营性资产归属不明、经营收益不清、分配不公开、成员的集体收益分配权缺乏保障等突出问题，党的十八大提出了要"建立归属清晰、权能完整、流转顺畅、保护严格的农村集体产权制度，激发农业农村发展活力"。为探索农村集体所有制有效实现形式，创新农村集体经济运行机制，保护农民集体资产权益，2016年年底，中共中央、国务院下发的《关于稳步推进农村集体产权制度改革的意见》提出，农村集体经营性资产股份合作制改革，是农村产权改革的重点领域，要求"由点及面开展集体经营性资产产权制度改革"。2017年，在原有的29个试点县的基础上，新增了100个县（市、区）作为试点。从试点的总体情况看，农村集体资产股份制的改革使产权关系得到进一

[①] 《重庆地票改革：让农民实现土地财产权》，http://www.shobserver.com/news/detail?id=20213。

步明晰,在集体经济的管理、运行、发展与社员的利益之间建立密切联系,提高了农民参与和监督集体经济发展的积极性。一些村在产权制度改革的基础上成立的股份经济合作社,借鉴现代企业的法人治理结构,建立了股东(代表)大会、董事会、监管会相互支持又相互制衡的组织,有利于提高管理水平。

(三) 以农村集体的资源和资金入股新型农业经营主体

长期以来,农村集体经济发展的主要模式是:村委会或村集体经济组织,创办经济实体,发展某一种或几种产业,从而实现集体资源、资产、资金保值升值,进而带动集体组织成员增收致富。但是,受资金、技术、人才和市场等多数因素的约束,我国多数农村地区难以独立地进行产业开发。近年来,我国很多地方开展了以农村集体的资源和资金入股新型农业经营主体,从而获取股金分红收入,效果明显。

以贵州省六盘水市为例,该市发展农村集体经济的具体做法,一是把农村集体所有的各种经营性资产和公益性资产,未分配到户的耕地、山地、林地、水面等资源型资产,入股到新型农业经营主体。二是在坚持不改变资金使用性质及用途的前提下,将财政投入村的发展类资金(除补贴类、救济类、应急类外),原则上转变为村集体和农民持有的股份,投入企业、合作社或其他经济组织,形成村集体和农户持有的股金,村集体和农民按股比分享收益。经调研发现,这种做法对促进农村集体经济发展具有明显效果。六盘水市共有1017个行政村,其中615个为贫困村;人口规模为334万人,其中39万人属于贫困人口。2013年,全市集体经济空壳村占比高达53.8%,集体收入匮乏。到2015年年底，全市新增村级集体经济收入1.08亿元，累计达到2.7亿元，最高的村1031万元，最低的村5万元，全面消除了空壳村。

三 影响农村集体经济发展的几个问题

（一）农村建设用地改革滞后

集体建设用地是集体经济的核心资产，是集体经济组织发展的基础和依托。目前，集体经营性建设用地流转制度改革取得一定进展，在国家政策层面取消了对土地流转范围、流转方式等的限制，明确"在符合规划和用途管制前提下，允许农村集体经营性建设用地出让、租赁、入股，实行与国有土地同等入市、同权同价"。但是，农村集体建设用地入市仍处于试点阶段，局限在少数试点县。尤其是集体经营性建设用地在集体建设用地总量中所占的比重极小。以成都市为例，存量集体建设用地只占13%左右，其能够为集体经济带来的收益总量也十分有限。宅基地是农村集体建设用地的主体，自2015年开始，我国在一些地方开展农村宅基地制度改革试点，将于2018年年底完成。从试点情况看，宅基地制度改革试点遇到了诸多问题。例如，在宅基地退出方面，很多农民不愿意退出宅基地。尤其是如果农民把宅基地退给村集体，村集体应该给农民相应的补偿，但多数农村集体经济组织缺乏补偿能力，宅基地退出工作也就无法推进。如何进一步深化农村宅基地制度改革，以便通过盘活农村宅基地资源来发展农村集体经济，是一个亟待解决的问题。

（二）农村集体产权制度改革的质量有待提高

经调查发现，农村集体产权制度改革仍存在较多问题，与改革的要求不吻合。

第一，集体股仍然普遍存在。较多的村尽管实施改革，但仍保留一定比例的集体股。份额较大的集体股必然导致农民得到股份分红数额较少，获得感不强。而且集体股的产权依然是不明确的，现实中集体股往往由少数村干部控制。一些村对集体股占集体净资产的比例进行了限制，如不能超过30%。但这些村的集体经济组织收益数额相当可观，如何监督管理富裕地区可观的集体收入，不仅关系到农村集体产权改革的成败与否，也是涉及党风廉政建设的关键环节。

第二，股份并未成为农民集体成员参与集体收益分配的基本依据。尽管试点地区大都开展了清产核资和农村集体成员资格界定，进而把集体经营性资产以股份或份额的形式量化到集体成员（或户）。但是，一些地方在农村集体经营收益分配中，并没有按照集体成员（或户）所持有的股份或份额进行分配，而是继续采用在股份合作制改革之前的分配办法。有的农民说，"改与不改一个样""改了，还是那个样"。

第三，农民对集体资产股份的完整权能在实现上存在着障碍。2016年年底中共中央、国务院下发的《关于稳步推进农村集体产权制度改革的意见》提出，赋予农民对集体资产股份占有、收益、有偿退出及抵押、担保、继承权改革试点。目前，试点地区都赋予了农民对集体经营性资产的占有权和收益权。但赋予农民有偿退出、抵押、担保和继承权这4项权能方面，面临着一些问题和障碍因素。股权退出方面面临的问题,一是由于股权预期收益不确定,很难对股权的价值进行定价。二是村集体经济组织因为缺乏流动资金,或者因为担心农民退出股权后的后续生活缺乏保障等因素,而不愿意回购。实现股权抵押、担保权能所面对的问题是,一旦农民不能如期偿还银行贷款,银行难以处置作为抵押和担保物的股权,也就缺乏开展这项业务的意愿。实现继承权所面对的问题是,如果允许股权继承,在农村人口流动的背景下,继承人就可能不是农村集体经济组织的成员,从而破坏了股权封闭在农村集体经济组织内部成员的改革原则。

第四,集体资产的经营方式没有改变。从总体情况看,改制后的农村集体经济的管理和运行方式并未发生变化。原有的村级管理和组织结构被平移到了股份合作社这一新的组织之中,董事会和监事会的负责人都由村主要领导兼任,其中,党支部书记兼任董事长,其余人员也大都是村两委的领导。

第五,农村集体经济组织改制的税费负担较重。根据目前的税负规定,农村集体经济组织改制需要承担三类税费。一是分红时的个人所得税,地方上称之为"红利税"。在集体产权制度改革前,集体成员以福利等形式分配集体收益,不需要缴纳个人所得税。改制后,公司或社区股份合作社派发股份红利则需要缴纳20%"红利税",即分红时的个人所得税。二是集体经济组织改制中更名需要缴纳资产额3%的契税和0.3%的交易费。对他们来说这是一笔巨额税费,难以承受,也不合理。三是改制后新成立的农村集体经济组织大多以物业出租为主,要缴纳营业税、企业所得税、房产税、土地使用税、教育费附加税、地方教育税等7种税费,若改制后全部按章纳税,综合税率将达到36%。

(三) 农村集体经济组织没有法人地位

农村集体产权改革后，经由折股量化改造而成的新型集体经济组织，面临登记困惑和身份认同尴尬，没有依法参与市场经济活动的"通行证"。为解决农村集体经济组织的"法人地位"问题，各地采取了三种办法：一是由县级以上人民政府发放组织证明书。农村集体经济组织凭证明书可以办理组织机构代码证、开立银行账户、申领票据等。由于缺乏上位法，证明书的管理方式只是一种过渡性的解决办法。二是登记为公司法人，按照有限责任公司或股份责任公司进行登记。但是，农村集体经济组织与公司在性质上有本质的不同。而且，这种做法不符合《公司法》的要求。《公司法》规定："有限责任公司由五十个以下股东出资设立"，"设立股份有限公司，应当有二人以上二百人以下为发起人"。而一般的农村集体经济组织的成员数量都高于法律规定的股东或发起人数量。按照公司法人登记，就不可避免出现大量的隐形股东，其权益无法受到法律保护。三是按照《农民专业合作社法》来登记注册法人。这种做法规避了股东人数的限制，但集体经济组织与农民专业合作社在合作属性、业务范围、成员构成、分配和管理方式等方面存在许多不同，用合作社名义登记并不合适。

四 促进农村集体经济发展的对策建议

（一）深化农村土地制度改革

从某种程度上说，新型农村集体经济能否发展壮大，关键看其土地资源能否得到充分利用。而盘活土地资源的关键则在于深化土地制度改革。相关的改革举措，一是鼓励农村集体经济组织在符合规划的前提下，直接参与土地开发，或者参与联营、联建、入股等多种形式来开发存量的建设用地。二是在保证数量占补平衡、质量对等的前提下，探索支持农村分散零星的集体经营性建设用地调整后集中入市，重点用于发展乡村产业。三是加快推进农村宅基地制度改革，允许腾退宅基地转变为经营性建设用地，直接入市或以"地票"形式间接入市。四是缩小征地范围，为农村集体经营性建设用地入市提供空间。同时，在征地过程中全面建立并落实村级经济发展留用地制度，采用"优先预留、优先规划、先留后征"的方法发展村级集体物业。

（二）探索多种类型的农村集体经济实现形式

新时期农村集体经济发展的重点是基于集体成员边界清晰、集体产权关系明确的股份合作经济。这种新型农村集体经济可以采取三种实现形式。①土地股份合作制。农村最主要的资产是土地，土地股份合作是农村土地综合开发和整体利用的最主要形式。可以采取确权、确股、不确地的方式，将集体土地平均量化到户，并固化下来，然后由集体将全部土地或部分流转出去，成员按所占股份获得相应收益。②成员股份合作制。对于不可分割的集体资产，在清产核资后将股权量化至成员，由集体统一经营。也可以采取由集体中部分农民自愿入股，实行股份合作。③联合社会资本的混合所有制。部分农村财力有限，甚至还有负债，可以采取突破传统的集体经济组织边界、寻求跨集体的合作与联合，最终形成"集体经济＋其他"的混合所有制。混合所有制有两种形成方式，一是打破传统地域和行政边界，采取股份制形式，形成跨区域的集体经济联合体。积极探索异地发展机制，支持农村集体经济组织通过土地置换等途径，建设产业聚集区，支持有条件的集体经济组织在产业园区与产业聚集区投资。二是跨越不同的所有制形式，将合作伙伴延伸至公司等非集体所有制经济，形成"集体经济＋非集体经济"的混合所有制。随着工商资本下乡和城乡一体化发展，后一种类型的混合所有制将越来越重要。

（三）深化农村集体经营性资产股份合作制改革

一是规范股权设置。集体股的去留问题，归根结底要尊重农民群众的选择，并由集体经济组织通过公开程序加以决定。但政策导向上应进一步明确，股权设置应以个人股为主、不设集体股或者对集体股比例的最高限额进行明确规定。对于目前已经设置了集体股的农村集体经济组织，经80%以上集体成员同意，可以将集体股股份全部按成员配股比例分配到成员个人。

二是稳步放开农民股权流转范围。现阶段农村集体产权制度改革严格限定在本集体经济组织内部进行。这种做法的目的是保护广大成员资产的收益权，防止集体经济组织内部少数人侵占、支配集体资产，防止外部资本侵吞、控制集体资产。但随着集体资产价值不断显化和流转市场逐步完善，农民的股权流转必将超出集体经济组织内部。应当在风险可控的前提下，允许个人股权的自由流转，实现生产要素的优化配置，充分体现股份的市场价值。

个人股权应当依法继承。对于继承股份的非农村集体经济组织成员，可以借鉴北京市大兴区的做法，规定他们只享有股份收益权，不享有集体经济组织的表决权。

三是对农村股份经济合作社进行公司化改革。从将来的发展趋势看，股份合作社的生存空间有限。随着农村集体经济发展和壮大，有必要对农村股份经济合作社进行公司化改革。公司的股东只能享有股东权利，而不能干涉公司独立经营。村委会即使占有公司一部分股份，也只能履行股东的权利。

（四）创新农村集体经济运行机制

建立符合市场经济要求的集体经济运行机制，是发展和壮大农村集体经济的基础性保障。

第一，明确农村集体经济组织的市场主体地位。当前，随着农村集体产权制度改革深入推进，越来越多的集体经济组织将通过折股量化组建独立的股份合作经济组织。2015年中央一号文件明确提出，抓紧研究起草农村集体经济组织条例。2015年中共中央办公厅、国务院办公厅印发的《深化农村改革综合性实施方案》，也明确把农村集体经济组织条例列在需要研究制定的法律法规中。2017年新修订的《民法总则》草案明确了农村集体经济组织特别法人身份，从法律上赋予了村集体经济组织的市场主体地位，为制定有关农村集体经济组织的具体法律规定提供遵循和依据。应加快出台更具指导性和操作性的法律意见，明确农村集体经济组织的法律地位、法人性质、登记发证等，使其与其他各类所有制经济组织受到同等法律保护。

第二，完善农村集体经济的内部治理结构。一是处理好农村集体经济组织与村两委的关系。在很多农村地区，农村集体经济组织与村两委会的职能交叉不清，妨碍了集体经济组织作用的发挥。应进一步明确三者的职能定位：农村基层党组织是农村各种组织和各项工作的领导核心；村民委员会是村民自我管理、自我教育、自我服务的基层群众性自治组织；农村集体经济组织在村党支部的领导和村委会的指导下承担协调生产服务和市场营销、运营集体企业等经济管理职能，确保村集体资产保值增值。二是按照现代企业制度的要求，健全农村集体经济组织内部结构。通过民主程序选举村集体经济组织的董事、监事，监督董事会对经理人员的选聘。建立有效的薪酬激励机制和约束机制，吸引更多优秀经营管理人才加入农村集体经济组织。三是探索实行政经分开，作为微观经济主体的村集体经济组织，与村两委脱钩。

第三，制定税费优惠政策。把农村集体经济组织承担的农村公共服务与税费减免挂钩。对于承担农村公共服务供给职能的集体经济组织，暂免征收企业所得税。对于农村社区事务已纳入公共财政的覆盖范围而不用承担农村公共服务供给职能的集体经济组织，可以设置一个3—5年的税费优惠过渡期，过渡期满对集体经济组织实行照章纳税。同时，对于改革后农民按资产量化份额获得的红利收益，免征个人所得税。

农村产业发展中的投融资机制与对策

董 翀 孙同全[*]

摘 要：随着农村金融改革的深入发展，我国已形成了以财政支持为引导，以信贷支持为核心，以农业资产证券化、农业保险、产业基金、融资租赁、互联网金融等为新动力的多样化农村产业投融资机制。同时，乡村振兴战略实施的大背景和农村第一、第二、第三产业融合发展的大趋势对我国农村产业投融资机制提出了新的要求。本文首先分析了当前我国农村产业发展的投融资机制现状，对财政支持、信贷支持、农业资产证券化、农业保险、产业基金、融资租赁、互联网金融等投融资机制，以及融资担保和产权登记交易等投融资配套服务机制的发展状况和路径进行了描述和归纳。其次本文指出了当前农村产业投融资机制存在的问题，一是财政和信贷对农村产业的投入力度不足；二是主要投融资机制相对单一、机制创新发挥的作用有限；三是农村金

---

[*] 董翀，管理学博士，中国社会科学院农村发展研究所助理研究员，主要研究方向为农村金融、合作经济；孙同全，管理学博士，中国社会科学院农村发展研究所研究员，主要研究方向为农村金融、合作经济研究。

融配套服务机制发育不成熟，影响相关投融资机制作用的发挥；四是相关政策法规不完善、认识不充分导致投融资机制创新发展受限。最后本文提出了农村产业投融资机制的发展方向及对策建议，一是继续加大支持创新力度，激发农村产业投融资机制的创新活力；二是完善农村产业投融资机制，为其创造良好发展环境；三是完善农村产业金融的配套服务机制，促进投融资机制作用的有效发挥；四是完善相关法律法规，构建差异化的管理监督体系。

关键词： 农村产业　投融资机制　配套服务机制

Status and Strategy of Investment and Financing Mechanism for Rural Industries

Dong Chong　Sun Tongquan

Abstract: With the further development of rural financial reform, a diversified investment and financing mechanisms for rural industries has been formed, by the financial support as guiding force, the credit support as the core, the agricultural asset securitization, agricultural insurance, industrial fund, financing lease, Internet Finance as new driving forces. At the same time, the background of the implementation of rural vitalization strategy and the trend of integrated development of primary, secondary and tertiary industries in rural China have set new requirements for investment and financing mechanism for rural industries. In this report, we present the current status of investment and financing mechanism for rural industrial development in China, describing and summarizing diversified investment and financing mechanisms, such as financial support, credit support, securitization of agricultural assets, agricultural insurance, industrial funds, financial leasing, and internet finance, as well as the development status and paths of supporting Service Mechanism, such as financing guarantees, property registration and transactions. Then, this report analyzes the current problems in investment and financing mechanisms for rural industries. First, financial and credit investment in rural industries are insufficient. Second, investment and financing mechanisms are relatively simplified, which limit the mechanism innovation's functionality. Third, the immaturity of investment and financing mechanism and supporting service mechanism hinder the function of the relevant investment and financing mechanism. Forth, imperfect relevant policies, regulations and insufficient understanding block the innovation in investment and financing mechanisms. Finally, we forecast the development trend of investment and financing mechanisms for rural industries and propose to do something. First, great supports should be given to innovation to inspire innovational energy in investment and financing mechanisms for rural industries. Second, to improve the investment and financing mechanisms for rural industries and create favorable conditions for its development. Third, to improve the investment mechanism and financial supporting mechanism and exert its function effectively. Forth, to pay close attention to perfecting the relevant laws, regulations, and supporting policies, at the same time, build differentiation management system.

Key Words: Rural Industries; Investment and Financing Mechanism; Supporting Service Mechanism

党的十九大报告提出"实施乡村振兴战略",以及"产业兴旺、生态宜居、乡风文明、治理有效、生活富裕"的总要求,为中国新时期农业农村发展指明了方向。实施乡村振兴战略,既是实现农业农村现代化的迫切需要,也是解决人民日益增长的美好生活需要和不平衡不充分的发展之间矛盾的必由之路。产业兴旺是乡村振兴的基础,也是推进经济建设的首要任务。[①]

实施乡村振兴战略,需要以农业为中心拓展多种产业,要振兴农业,提高农业竞争力,充分挖掘农业多功能性,延长农业产业链条,大力发展农业农村服务产业,推进农村第一、第二、第三产业融合发展,这些举措均意味着对农村产业投融资支持能力的新要求。

实现产业兴旺,离不开强有力的政策支持。2004年以来在历年中央一号文件中屡次提出加大财政支农力度,加快农村金融

---

① http://sc.people.com.cn/n2/2017/1118/c345167-30937764.html.

制度创新,增强农业可持续发展能力,推进农村产业融合。近年来,我国在财政支农方面的投入持续增加,农村金融扶持政策也逐步形成体系,财税政策、货币信贷和差异化监管政策相结合的正向激励机制引导各类金融机构进入农村金融市场,金融资源投入扶持"三农"的绩效显著。2018年中央一号文件《中共中央国务院关于实施乡村振兴战略的意见》提出,要健全投入保障制度,创新投融资机制,加快形成财政优先保障、金融重点倾斜、社会积极参与的多元投入格局,确保投入力度不断增强、总量持续增加。这对农业产业投融资机制改革提出了明确的要求,也为农业产业投融资机制创新带来了新的机遇。

一 中国农村产业发展投融资机制现状

随着农村金融改革的深入发展,我国已基本形成了以财政支持为引导,以信贷支持为核心,以农业资产证券化、农业保险、产业基金、融资租赁、互联网金融等为新动力的多样化农村产业投融资机制。各类投融资机制进入农村产业领域的路径存在一定的差异性和层次性,辅以融资担保服务和产权登记交易服务机制的配合,为农村产业发展提供了较为丰富和有力的金融支持。

(一)农村产业发展投融资机制

1. 财政支持机制

财政支持在农村产业发展中主要发挥以点带面的杠杆作用。由于农村市场化程度低,农业产业普遍具有高风险、低收益的特征，农村金融需求受到抑制，农村金融供给成本高、风险大，金融机构发展农村业务的积极性较低。因此，发展农村金融离不开财政政策的引导和带动。财政政策通过调整政府内部的资源配置结构，引导非政府部门合理进行资源配置，并借助税收优惠、增加投资和补贴等方式调整财政资金的转移力度，从而发挥促进产业发展、优化收入分配和稳定经济增长的作用。

财政支持农村产业发展一般通过四种路径。一是支持农业生产基础设施建设，比如加大农业生产基础设施建设的资金投入，设立专项建设基金和专门的政策性金融机构，通过补贴和奖励手段引导各类金融机构和民间资本参与农村基础设施建设。二是支持改善农村金融生态，比如推进农村信用体系建设，建立现代农村信用管理体系，通过直接投资和奖补措施引导各类机构建设半公益性的信用信息平台；在农村集体产权制度改革的基础上，加强农村要素市场建设，支持建立农村产权交易所，利用各类补贴机制鼓励要素市场产品创新。三是支持农村金融机构改革，鼓励小额贷款公司、村镇银行、农民资金互助组织等新型农村金融机构发展，通过财政补贴、担保和税收减免降低金融机构在农村地区的运营成本，吸引金融机构信贷资金和社会资金注入农村产业发展中。四是支持构建农村金融风险分担体系，比如对农业保险保费进行补贴，预提巨灾风险准备金，对承接政策性农业保险和政策性涉农贷款的金融机构给予税收减免，对涉农贷款给予贴息或增量奖励等。

十余年来，各级财政不断加大对农业农村的投入力度。全国财政农林水支出从 2007 年的 3244.69 亿元增加到 2016 年的 18587.36 亿元，平均年增长率为 22.24%（见图 1）。2017 年，

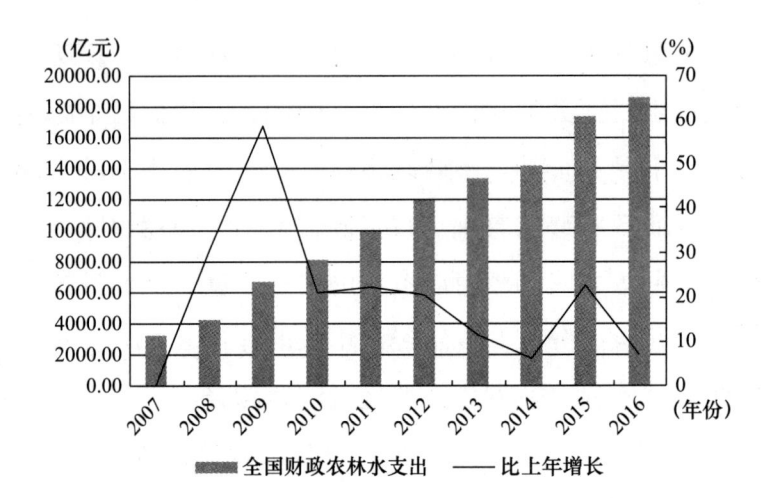

图1　2007—2016年全国财政农林水支出及增长率

资料来源：中华人民共和国财政部网站，http://www.mof.gov.cn/index.htm。

财政部门对农业产业的投入继续增加，具体来说，一是优化中央基建投资支出结构，集中用于重大水利工程、新一轮农网改造升级等，规范推行政府和社会资本合作（PPP）模式，2017年全国政府和社会资本合作（PPP）综合信息平台管理库中农业领域项目68个，投资额达627亿元。在一事一议财政奖补机制方面，中央财政投入185.7亿元，加强规范引导，健全奖补机制。二是继续实施农业补贴制度改革，支持完成粮改饲面积超过1300万亩，耕地轮作休耕制度试点1200万亩，重金属污染耕地修复治理242万亩，引导种植结构调整，促进耕地地力保护。投入农机购置补贴资金186亿元，扶持159万农户购置机具187万台（套），进一步提升了农业物质技术装备水平，促进了全国农作物耕种收综合机械化水平的提升。三是着力推进土地整治，农业综合开发建设高标准农田2500万亩，高效节水灌溉面积新增

2165万亩,并支持18个省份开展田园综合体建设试点示范,启动了41个国家现代农业产业园创建。四是扶持村级集体经济发展试点省份扩大到23个,安排50亿元资金支持试点。①

此外,财政部门还通过贴息、政府与社会资本合作等方式,完善粮食等重要农产品价格形成机制和收储制度,筹建中国农垦产业发展基金,推进全国农业信贷担保体系建设等,充分发挥财政资金的引导作用,帮助农村地区引入新技术、新业态,促进农村第一、第二、第三产业融合发展,延伸农业产业链,撬动金融和社会资本更多投向农村产业发展。

2. 信贷支持机制

金融支持是农村产业发展的重要保障和有力支撑。银行类金融机构投放信贷资金是农村产业发展最重要的融资渠道。2004年以来,历年中央一号文件均强调充分发挥银行类金融机构对农村产业发展的支持作用,特别是2016年中央一号文件《关于落实发展新理念加快农业现代化实现全面小康目标的若干意见》中明确提出,培育壮大农村新产业新业态,推动农村产业融合,推动金融资源更多向农村倾斜,加快构建多层次、广覆盖、可持续的农村金融服务体系,鼓励国有和股份制金融机构拓展"三农"业务,并具体提出深化中国农业银行"三农"金融事业部改革,创新国家开发银行服务"三农"模式,强化中国农业发展银行政策性职能,支持中国邮政储蓄银行建立"三农"金融事业部,创新村镇银行设立模式,引导互联网金融、移动金融在

---

① http://www.mof.gov.cn/zhengwuxinxi/caijingshidian/jjrb/201802/t20180223_2816900.html.

农村规范发展,扩大在农民合作社内部开展信用合作试点的范围等一系列内容。2017年中央一号文件继续提出,确保"三农"贷款投放持续增长,支持金融机构增加县域网点,落实涉农贷款增量奖励政策,深化农业银行"三农"金融事业部改革,加快完善邮储银行"三农"金融事业部运作机制,等等。

在政策的持续引导下,近十年来,金融机构投向"三农"的贷款规模持续稳定增加。2009—2017年农村(县及县以下)贷款投放规模年均增长18.62%,农户贷款投放规模年均增长20.43%,农业贷款投放规模年均增长11.49%(见表1)。根据《中国农村金融服务报告(2016)》的数据,自2007年创立涉农贷款统计以来,全部金融机构涉农贷款余额累计增长361.7%,九年平均年增速为18.8%,涉农贷款余额从2007年年末的6.1万亿元增加至2016年年末的28.2万亿元,占各项贷款的比重从22%提高至26.5%。[1] 截至2017年12月末,全国涉农贷款余额30.95万亿元,同比增长9.64%。其中,农户贷款余额8.11万亿元,同比增长达到14.41%;农村企业及各类组织贷款余额17.03万亿元,同比增长6.97%;城市涉农贷款余额5.81万亿元,同比增长11.30%。[2] 2013年以来,农村金融机构的总资产和总负债也实现了稳定持续增长,其占银行业金融机构的比例也一直稳定在13%左右(见表2)。农村产业发展投融资体系中的银行类金融机构包括政策性银行、商业银行、合作金融机构、新型农村金融机构和农民资金互助组织等。政策性银行支持农村产业

---

[1] http://finance.china.com.cn/roll/20170829/4370414.shtml.
[2] http://www.cbrc.gov.cn/chinese/home/docView/BC456B748E0C4F06ADE76A4132951F44.html.

发展的路径主要包括支持农业基础设施建设，扶持农业产业龙头企业带动特色经济引导产业化发展，增加农业科技贷款信贷支持，发放粮油收储贷款，代管财政贷款利费补贴资金和风险基金等。

表1　2009—2017年金融机构"三农"贷款投向规模及增长

单位：万亿元，%

年份	农村（县及县以下）贷款 余额	农村（县及县以下）贷款 同比增长	农户贷款 余额	农户贷款 同比增长	农业贷款 余额	农业贷款 同比增长
2009	7.45	33.40	2.01	31.70	1.94	25.90
2010	9.80	31.50	2.60	29.40	2.30	18.30
2011	12.15	24.70	3.10	19.10	2.44	11.20
2012	14.54	19.70	3.62	15.90	2.73	11.60
2013	17.29	18.90	4.50	24.40	3.04	11.60
2014	19.44	12.40	5.36	19	3.40	9.70
2015	21.61	11.20	6.15	14.80	3.51	5.20
2016	23	6.50	7.08	15.20	3.66	4.20
2017	25.10	9.30	8.11	14.40	3.90	5.70

注：农村（县及县以下）贷款包括金融机构发放给注册地位于县及县以下的企业及各类组织的所有贷款和农户贷款。

资料来源：中国人民银行网站，http://wzdig.pbc.gov.cn。

表2　2014—2017年农村金融机构资产负债情况　　单位：亿元，%

年份	总资产 年末余额	总资产 比上年同期增长率	总资产 占银行业金融机构比例	总负债 年末余额	总负债 比上年同期增长率	总负债 占银行业金融机构比例
2014	221165	16.52	12.83	204833	15.99	12.80
2015	256571	16.01	12.87	237417	15.91	12.89
2016	298971	16.51	12.87	277231	16.75	12.91
2017	328208	9.78	13	303953	9.64	13.05

注：农村金融机构包括农村商业银行、农村合作银行、农村信用社和新型农村金融机构。

资料来源：中国银行保险监督管理委员会网站，http://www.cbrc.gov.cn/chinese/newIndex.html。

商业银行、合作金融机构和新型农村金融机构进入农村产业的路径大致相似，主要包括三种：一是通过在农村增设分支机构或发起新型农村金融机构深入农村，为农户和农业企业提供存、贷、汇、支付等基础金融服务；二是与已有农村金融服务机构合作，通过将自身的农业信贷业务外包或提供批发贷款为农村经营主体提供信贷支持；三是与担保公司、行业协会等非银行金融中介机构合作，在非银行金融中介承担农业信贷风险的条件下，为农村经营主体发放贷款。

农民资金互助作为农村合作金融的重要形式，通过汇集农村社区闲散资金为内部成员提供信贷，统筹管理农村社区内的资金，发挥联结农业经营主体和农村资金要素市场的作用，推动农业经营主体在供销、生产、消费和信用方面的合作，其填补了农村地区的金融空白，并催生了竞争性农村金融市场。同时，农民资金互助组织借助自身的信息成本和监督成本优势，与商业银行等其他金融机构合作，一方面帮助农业经营主体获得了更多信贷资金，另一方面也降低了这些金融机构开展农村业务的交易成本，从而引导正规金融机构信贷资金更多地注入农村产业中，改善了农村正规金融与农业经营主体的关系，并促进农村地区良好信用环境的形成。

3. 其他投融资机制

（1）农业资产证券化

2014年中央一号文件《关于全面深化农村改革加快推进农业现代化的若干意见》中提出，支持符合条件的农业企业在主板、创业板发行上市，督促上市农业企业改善治理结构，引导暂不具备上市条件的高成长性、创新型农业企业到全国中小企业股份转让系统进行股权公开挂牌与转让，推动证券期货经营机构开发适合"三农"的个性化产品。证券市场能够为农业企业提供大量的资金支持，并且有助于建立清晰的农业企业产权制度。在证券市场上通过出售、转让、托管、资产折股、兼并和收购等方式盘活农业存量资产，引导资金流向，有助于调整农村产业结构，整合农业资源，促进农业规模化和产业化发展。农业资产证券化的常见形式是信贷资产证券化，其基础资产通常是融资租赁债权或项目贷款。2015年8月银监会下发《关于做好2015年农村金融服务工作的通知》，要求支持符合条件的银行业金融机构发行"三农"金融债，增加支农信贷资金来源，优先对涉农贷款开展资产证券化和资产流转试点。监管机构对涉农贷款信贷资产证券化的支持，有利于盘活用好涉农信贷存量，提高资金使用效率，让更多资源投向农村金融薄弱环节。但是，由于涉农贷款企业普遍资产规模较小、盈利能力较弱，导致外部评级较低，不利于产品设计和发行，涉农贷款的资产证券化程度总体偏低。

农村资产证券化的另一主要形式是农村基础设施PPP项目的资产证券化，其基础资产一般是可预期的财政补贴或收费权。近年来，中国农村固定资产投资完成额持续下降，2016年为9965亿元，同比下降4.27%。而第一产业生产总值持续增长，2016年为63671亿元，同比增长4.61%。[1] 2017年8月国家发改委发布了关于印发《农业产业融合发展专项债券发行指引》的通知，提出重点支持产城融合型、农业内部融合型、产业链延

---

[1] http://www.dagongcredit.com/index.php?m=content&c=index&a=show&catid=20&id=5727.

伸型、农业多功能拓展型、新技术渗透型和多业态复合型六类农村产业融合发展项目的企业债券发行。农村产业融合发展专项债券的发行将有助于推动农村产业融合发展与新型城镇化建设有机结合，促进农业产业链向上下游延伸及相关第一、第二、第三产业的深度融合，并将信息技术、物联网等新技术引入农业领域，从而有助于丰富农村新业态，优化产业组织方式和利益联结机制。

（2）农业保险机制

自2007年中央财政提供保费补贴开始，十年来，中国农业保险发展迅速，在稳定农业生产和改善农村金融环境方面发挥了积极作用。2014年《国务院关于加快发展现代保险服务业的若干意见》突出强调了发展现代保险的意义在于"完善现代金融体系、促进经济提质升级、保障社会稳定运行、提高人民生活质量"。2015年中国农业保险提供的风险保障占到了农业产值的18.6%，种植业保险的承保面积占全国作物总播种面积的56.4%，远超过其他发展中国家[1]；2007—2016年，我国农业保险保费收入从51.8亿元增长到417.1亿元，参保农户从4981万户次增长到2.04亿户次，承保农作物从2.3亿亩增加到17.2亿亩，分别增长了7.1倍、3.1倍和6.5倍。[2] 2016年中国农业保险为农户提供风险保障2.16万亿元，为4575万户次农户赔款348亿元，承保农作物面积超过10亿亩，占据了主要农作物播种面积的近一半，其中玉米、小麦、水稻的承保覆盖率水平超过

---

[1] 中国农业保险保障水平研究课题组：《中国农业保险保障水平研究报告》，中国金融出版社2017年版。

[2] http://finance.china.com.cn/roll/20170829/4370414.shtml。

了60%[1];2017年在13个粮食主产省选择200个产粮大县,面向适度规模经营农户开展农业大灾保险试点,保障水平提高约90%[2]。中国农业保险市场已成为全球最活跃的农业保险市场之一,业务规模仅次于美国。

农业保险产品一般具有高成本、高价格、高风险的特征,因而需要政府的大力支持才能实现持续经营。当前中国农业保险供给基本形成以政策性保险为主、以国家补贴的商业保险为辅的运行体系。政策性农业保险的承保品种涵盖农副产品、农业种植设施、农业生产工具等,政府的财政补贴包括对农业经营主体的保费补贴、对承担政策性农业保险业务的保险公司的经营费用补贴以及对特定风险赔偿的财政性补贴。商业性农业保险的主要模式是政银保互联。政银保互联模式是,缺少合格抵押担保的农业经营主体在申请贷款时购买指定保险,银行为保险的第一受益人,将其作为抵押替代来获得贷款。其以农户最常持有的政策性农业保险为基础,配合人身意外伤害保险和贷款保证保险中的一种或者多种。政府通过直接补贴保费与农业经营主体分摊保险成本,或利用财政资金设立风险补偿基金,为农业经营主体向银行申请信用贷款提供保证和损失代付。

近年来,中国一些地区开始了农产品价格指数保险与"保险+期货"等承保价格风险的探索。价格指数保险本质上是一种"看跌期权",其使农业经营主体有机会利用市场价格风险管理工具转嫁价格风险,有助于政府利用市场机制探索农产品价格形成机制改革,也有助于保险公司创新风险的集合与分散方式,

---

[1] 《中国保险年鉴(2015—2016)》、中国银行保险监督管理委员会网站。
[2] http://www.mof.gov.cn/zhengwuxinxi/caizhengshuju/201803/t20180323_2847996.htm。

从而服务于现代农业发展。农业保险是当前国际金融市场管理粮食价格风险最有效的手段之一,"保险+期货"模式的探索对于粮价波动风险和农户收入变动风险的市场化管理来说是一种有益的尝试。①

(3) 投融资平台与产业基金机制

随着中国农业的规模化、产业化、科技化发展,农业产业蕴含着多元化的投资机会已经吸引了资本市场的关注。中国农业投资机构主要包括三类:一是政府投融资平台,如地方政府发起的农业投资公司和政府引导成立的基金组织;二是从产业链布局角度进行战略投资的涉农企业;三是以私募和风投为代表的纯粹的财务投资者。

农业产业投资基金作为产业基金与现代农业发展相结合的投融资制度创新,是农业投资机构青睐的投资方式。农业产业投资基金汇集投资者的资金委托由农业经济金融专家组成的基金管理团队进行投资活动,其主要通过股权投资的方式对具有增长潜力的、未上市的成长型农业企业进行投资,基金管理团队会参与企业重大经营活动的决策和管理,在企业成熟后逐步出让股份退出企业。农业产业基金不仅为农业产业发展提供了规模大、期限长的资金支持,而且引入了农业领域最稀缺的人力资本,作为一种集合投资产品,其要求回报不仅包括资金借贷利率与风险溢价,而且包括基金管理团队的人力资本回报。

政府投融资平台的主要目标是引导社会金融资本投入农业产业,并激励农业产业发展。2012年12月底,财政部联合中国农

---

① 张承惠、潘光伟等:《中国农村金融发展报告(2016)》,中国发展出版社2017年版。

业发展银行、中国信达资产管理股份有限公司和中信集团股份有限公司等股东单位发起设立中国农业产业发展基金，并于2013年开展实质运营，通过与农业银行、建设银行、交通银行、光大银行等多家金融机构签订战略合作协议，以投贷结合的方式，利用40亿元资本金撬动约700亿元信贷资金投向农业领域。同时，将资金的无偿使用转变为一定的投资回报约束，激励农业产业化龙头企业提高生产经营效率。2017年财政部又牵头筹建中国农垦产业发展基金。农垦基金计划规模500亿元左右，首期规模100亿元，其中，中央财政出资20亿元，其他社会资本80亿元。政府主导的农业产业基金以实现政府的产业政策为目标，其通过基金合约将资金和人力资本配置到农业产业中，促进农业产业的专业化和现代化，但并不追求高额回报，只要求合理回报。

进行战略投资的涉农企业的主要目标是进入农业新兴产业，或丰富和延伸自己的产业链。如中粮集团成立的中粮农业产业基金管理有限责任公司，以及新希望集团与江苏省政府共同发起设立的江苏省乡村振兴产业发展基金等。随着各种农业政策的明确和农业产业组织创新的不断深化，以盈利为目的的私募和风投资本越来越青睐农业领域的投资。其资金实力较强，投资更为专业，在资本市场的影响力较大。这两类投资机构追求相对高额的利益回报，其主要资金投向是规模化的农业产业发展，智能化、生态化的农业全产业链建设，以及生态休闲农业、现代农业园区等集生产、销售、服务、科研、娱乐、文化推广于一体的农村第一、第二、第三产业融合发展项目。

(4) 农业融资租赁机制

融资租赁是一种集融资与融物、贸易与技术更新于一体的金融形式，出租人根据承租人对租赁物件的特定要求和对供货人的选择，出资向供货人购买租赁物件，并租给承租人使用，承租人则分期向出租人支付租金，在租赁期内租赁物件的所有权属于出租人所有，承租人拥有租赁物件的使用权。由于其融资与融物相结合、租赁物所有权与使用权相分离的特征，在出现问题时租赁公司可以回收、处理租赁物，因而在办理融资时对企业资信和担保的要求不高。对于缺乏信用记录和合格抵押担保条件，却又有"长期、大额、集中"的规模化资金需求的新型农业经营主体来说，融资租赁不仅能解决其因抵押担保不足而导致的融资困难，而且能够有效缓解其购买大型农机设备时面临的一次性全额资金投入的巨大压力，并降低其固定资产管理成本，从而增加其经营资金的流动性，改善经营资金短缺的状况。

同时，融资租赁以农机设备采购为切入点，既可以覆盖来自普通农户的相对"小额、短期、分散"的金融需求，又可以覆盖来自新型经营主体的"大额、长期、集中"的资金需求，这有助于丰富农村金融服务体系的层次。此外，融资租赁通过以融物代替融资，债权与资产所有权相结合的方式，将上游的资金供给方和下游的实体企业相联结，并以租赁物为载体，将惠农支农资金导向农业实体经济发展中。即使出现不良资产，也可以基于持续经营的视角将租赁物收回再租或通过二手流通市场进行转租，这能够降低农村金融服务"脱实向虚"产生的风险，并盘活闲置资产和设备的流通，提高作为租赁物的农机设备的使用效率①。

2008年以来，党中央和国务院多次出台文件提出利用融资租赁优势促进"三农"发展。2008年国务院办公厅发布的《国务院办公厅关于当前金融促进经济发展的若干意见》中提出，结合增值税转型完善融资租赁税收政策。2011年中央一号文件中提出，探索发展大型水利设备设施的融资租赁业务。2014年中央一号文件提出，支持由社会资本发起设立服务"三农"的县域中小型银行和金融租赁公司。2015年国务院办公厅发布的《国务院办公厅关于加快融资租赁业发展的指导意见》中提出，积极开展面向种粮大户、家庭农场、农业合作社等新型农业经营主体的融资租赁业务，解决农业大型机械、生产设备、加工设备购置更新资金不足问题，通过融资租赁方式获得农机的实际使用者可享受农机购置补贴。2016年国务院发布的《国务院关于印发推进普惠金融发展规划（2016—2020年）的通知》中提出，鼓励金融租赁公司和融资租赁公司更好地满足小微企业和涉农企业设备投入与技术改造的融资需求。在国家政策的支持下，当前中国融资租赁在农村产业发展中的应用非常广泛，机械耕种设备、除机械耕种设备以外的其他农场设备、农产品和食品仓储设备、农产品加工设备、食品和饮料制造设备、原材料供应商所需设备、农产品经销商所用设备、产品零售环节所需设备、农用设备供应商所用设备，以及农业水利、能源等基础设施设备等均被覆盖于其业务范围内。融资租赁既有助于推进农业机械化水平的提高，同时也借助农业机械化发展深入到农业全产业链和农村全

---

① 张承惠、潘光伟等：《中国农村金融发展报告（2016）》，中国发展出版社2017年版。

产业体系中，具有巨大的发展潜力。

（5）农村互联网金融支持机制

中国农村互联网金融发展仍处于起步阶段。互联网金融借助金融科技和大数据技术大大缓解了农村金融市场长期存在的由于信息不对称导致的市场失灵问题，有效满足了农村金融市场的部分特定金融服务需求，因而在短短数年获得了迅速发展。国内起步最早、规模最大的两大互联网金融平台——京东金融和蚂蚁金服均于2013年开始关注农村金融领域，于2015年正式开展农村金融业务，内容包括小额消费信贷、小额信用贷款、农业产业链信贷、保险、理财、支付等。此后，大批互联网金融平台涉足农村金融业务，且发展迅速，服务内容也呈现多元化趋势。据统计，截至2016年年末，至少有664家P2P网贷平台曾涉足农村金融业务，其中有43家专注于农村金融业务。截至2017年3月末，蚂蚁金服为4205万"三农"用户提供过信贷方面的服务，其中，农村小微企业、农村个体工商户和农村种养殖大户三类信贷客户数量达到175.7万家，余额宝在农村的用户数量超过1亿人次[1]。

目前，农村互联网金融的主要业务模式有三种：一是电商平台借助交易信息积累的数据建立信用风控模型，在此基础上提供小额信用贷款，如蚂蚁金服推出的"借呗""花呗"，京东金融推出的"京东白条"等；二是农业产业链核心企业基于多年积累的线下客户信用数据，利用互联网技术为供应链上下游的相关经营主体提供信贷，如新希望集团旗下希望金融推出的生猪养殖

---

[1] 《中国农村互联网金融发展报告（2017）》，http://www.cebnet.com.cn/20170608/102398058.html。

产业链金融服务；三是涉农互联网金融平台自建线下信贷员团队收集新型农业经营主体的信用信息，或与线下小额信贷机构合作，借助其积累的农户信用信息优势，构建风控模型，并引入相关保险，通过尽调、抽样等方法筛选客户并发放贷款，如农金圈、蚂蚁金服＋中和农信等推出的"线上＋线下熟人"信贷。

面对互联网金融的迅猛发展趋势，国家层面的主要政策文件表达了较谨慎的支持态度。2015年中国人民银行等十部委联合发布的《关于促进互联网金融健康发展的指导意见》中提出，鼓励互联网金融平台、产品和服务创新，激发市场活力；支持各类金融机构与互联网企业开展合作，实现优势互补，建立良好的互联网金融生态环境和产业链；推动信用基础设施建设，培育互联网金融配套服务体系，支持大数据存储、网络与信息安全维护等技术领域基础设施建设。2016年中央一号文件提出，引导互联网金融、移动金融在农村规范发展。2017年中央一号文件提出，鼓励金融机构积极利用互联网技术，为农业经营主体提供小额存贷款、支付结算和保险等金融服务。

与此同时，中央一号文件中提出了关于深化农业银行、邮储银行的"三农"金融事业部改革，支持农村商业银行、农村合作银行、村镇银行等农村中小金融机构立足县域、健全内部控制和风险管理制度，以及支持金融机构开展适合新型农业经营主体的订单融资和应收账款融资业务等内容。从根源上讲，如果不能解决信息不对称问题，降低农村金融业务的交易成本，那么传统金融机构在"三农"金融业务领域大显身手就只能是一种难以实现的美好愿望。大数据存储、分析和信用信息共享等互联网技术能够降低这些金融机构开展农村金融业务的交易成本，借助互联网技术，金融机构能够提升开展"三农"金融服务的效率，降低服务成本。特别是互联网技术能够有效促进产业链的信息化和数据化进程，并推动农村各类资源、资产权属认定，推动部门确权信息与银行业金融机构联网共享，从而在当前信用体系不健全、资产权属不明确的融资环境下，大大推动农村产业领域中的订单融资、应收款融资等供应链金融业务的发展。

（二）农村产业投融资服务机制

1. 融资担保服务机制

融资担保是基于商业信用、金融信用的发展需要和担保对象的融资需求而产生的信用中介行为，具有金融性和中介性双重属性，属于一种特殊的金融中介服务。担保机构在作为出资方的金融机构、企业或个人与作为资金需求方的融资企业或个人之间充当资金融通的桥梁，利用自身作为第三方保证人的信用向债权方担保债务方履行合同或其他类资金约定的责任和义务，以促进双方完成融资交易。信用担保机构需要评估资金需求方的信用，并向资金供给方提供自身资信证明，使其认可自身信用保证资格和履约能力。物权担保和担保人担保是常见的融资担保方式。传统的农业融资担保业务的风险由农户、银行、担保公司三方共担，担保机构承担大部分信贷风险造成的代偿损失，通过与银行的风险共担机制，银行负担一定的代偿损失担保，农业经营主体出具必要的反担保措施。在供应链金融业务模式下，通过农业生产资料的下行链和产出农产品的上行链，资金流转化为可控的商品流，资金的闭环运行，可以保证贷款偿还的优先顺序，降低信贷风险。对于农业经营主体来说，政策性农业担保以财政资金撬动金融资金,将其与金融机构之间的信息不对称和软约束转变为其与政府之间的信息相对对称和相对硬约束,可以解决他们因缺乏金融机构认可的抵押担保而面临的融资难、融资贵、融资慢问题。

2016—2017年,财政部、农业部和银监会大力推进全国农业信贷担保体系建设,国家农业信贷担保联盟有限公司和33家省级农业信贷担保公司完成组建,累计为超过4.9万个农业项目提供贷款担保,担保总额442.5亿元。截至2017年11月,全国28个省(市、区)及5个计划单列市已组建省级农担公司,并以办事处、分公司等形式设立市县分支机构189个。各省农担公司共计实现在保余额263.5亿元,在保项目个数39001个,平均每个担保项目金额为67.56万元,主要担保对象是农业适度规模经营主体[①]。2018年中央一号文件继续提出,切实发挥全国农业信贷担保体系作用,通过财政担保费率补助和以奖代补等,加大对新型农业经营主体支持力度,加快设立国家融资担保基金,强化担保融资增信功能,引导更多金融资源支持乡村振兴。

2. 产权登记交易服务机制

农业经营主体融资困难的重要原因之一是集体所有资产的产权不明晰。土地、宅基地、农房等资源性资产和牲畜棚圈、自建仓储设备等经营性资产是农业经营主体的主要资产,且具有一定的价值,但产权不明晰导致其交易受限,因而无法被用于物权担保物以帮助农业经营主体获得金融机构的融资。产权登记交易市

---

① http://www.mof.gov.cn/zhengwuxinxi/caijingshidian/jjrb/201802/t20180223_ 2816900. html.

场的发展能有效促进农村产业投融资机制的创新,对此,中央也在政策层面指出了方向。2014年国务院办公厅《关于金融服务"三农"发展的若干意见》中提出,创新农村抵(质)押担保方式,制定农村土地承包经营权抵押贷款试点管理办法,在经批准的地区开展试点,慎重稳妥地开展农民住房财产权抵押试点,健全完善林权抵押登记系统,扩大林权抵押贷款规模,推广以农业机械设备、运输工具、水域滩涂养殖权、承包土地收益权等为标的的新型抵押担保方式。2015年中央一号文件指出,对土地等资源性资产要抓紧抓实土地承包经营权确权登记颁证工作,对经营性资产要明晰产权归属,充分发挥县乡农村土地承包经营权、林权流转服务平台作用,引导农村产权流转交易市场健康发展。同年,中国人民银行会同相关部门联合印发了《农村承包土地的经营权抵押贷款试点暂行办法》和《农民住房财产权抵押贷款试点暂行办法》,要求金融机构、试点地区和相关部门推进落实"两权"抵押贷款试点。2016年中央一号文件提出,到2020年基本完成土地等农村集体资源性资产确权登记颁证。2017年中央一号文件进一步提出,加快推进农村承包地确权登记颁证,全面加快"房地一体"的农村宅基地和集体建设用地确权登记颁证工作,深化集体林权制度改革,推进水资源使用权确权和进场交易,加快农村产权交易市场建设,等等。这些政策均为创新农村抵(质)押担保方式,促进农村产业发展中的投融资机制创新提供了有力的制度支持。

在政策引导下,近年来,各地进行了一系列探索。2004年,为推进集体林权制度改革,福建永安成立全国第一家林业要素市场;2008年,全国第一家综合性的农村产权交易所在成都成立。

截至 2015 年年底，全国已有 1231 个县（市）、17826 个乡镇建立了多种形式的农村产权流转交易市场和服务平台，有 1200 多家依托林业管理部门设立了林权流转服务中心，以重庆、湖北、天津、北京、山东、安徽、江苏、上海、广东、山西、浙江、河北、广西、云南 14 家省级或省会级为代表的一批综合性农村产权交易所相继成立，覆盖了全国约 43% 的县级行政区划单位[①]。

二 当前农村产业发展中的投融资机制存在的问题

尽管我国农村金融改革已取得了一定的成效，农村产业投融资体系已相对完整，但是，随着我国经济发展进入新常态和金融改革的推进，农村产业发展结构和农村金融格局已发生深刻变化，已有的农村产业发展投融资机制存在的问题也非常明显。

（一）农村产业投融资相对数量较小，财政和涉农信贷投入不足

1. 财政支持机制对农村产业的投入相对数量较小，且未能有效发挥杠杆作用

2011 年以来，全国财政农林水支出的绝对量虽然持续增加，但是年增长率呈下降趋势。2011 年以来农业固定资产投资（不含农户）的绝对量虽然也持续增加，占全年固定资产投资总额

---

① http://www.tudi66.com/zixun/3239.html.

的比重也保持稳定略升，但是占比最高的2017年也仅占3.3%，且年增长率从2014年开始下降幅度明显（见图2、表3）。结合第一产业增加值占国内生产总值的比重和农村人口占全国人口的比重来考虑，第一产业增加值的占比和农村人口的占比连年下降，但是即使是与占比最少的2017年相比，农业固定资产投资的占比仍与其大大不匹配（见表4）。同时，国家财政对农业投入的结构也不尽合理，财政支农资金用途比较分散，农村救济性支出及各项事业费占比较高，而对农业科技的投入严重不足。举例来说，近十年来，国家财政对农业综合开发的支出绝对量虽然有所提高，但其占财政农林水支出的比重却连年下降（见图3）。财政资金使用效率低下弱化了资金绝对数量增长的导向性和杠杆作用，其虽然带动了金融机构涉农信贷资金和社会资本参与的增长，但增长幅度相对于农村产业领域的金融需求来说仍远远不够。

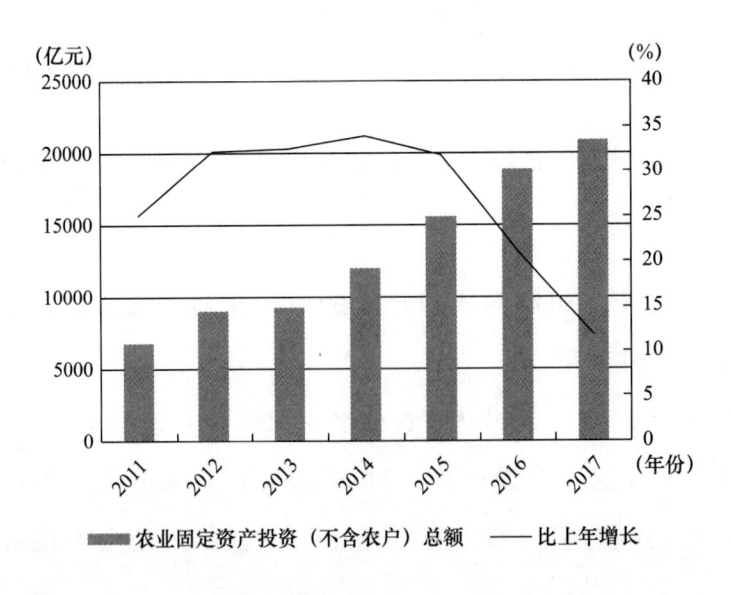

图2　2011—2017年农业固定资产投资（不含农户）总额及增长率

表3 2011—2017年农业固定资产投资（不含农户）总额、增长率及占比

单位：亿元，%

年份	农业固定资产投资（不含农户）总额	比上年增长	占比
2011	6792	25	2.2
2012	9004	32.2	2.5
2013	9241	32.5	2.1
2014	11983	33.9	2.4
2015	15561	31.8	2.8
2016	18838	21.1	3.2
2017	20892	11.8	3.3

资料来源：国家统计局网站。

表4 2011—2017年第一产业增加值及其占国内生产总值的比重与农村人口数量及其占全国人口的比重

单位：亿元，万人，%

年份	第一产业增加值	第一产业增加值占比	农村人口	农村人口占比
2011	47712	10.1	65656	48.7
2012	52377	10.1	64222	47.4
2013	56957	10.0	62961	46.3
2014	58332	9.2	61866	45.2
2015	60863	9.0	60346	43.9
2016	63671	8.6	58973	42.7
2017	65468	7.9	57661	41.5

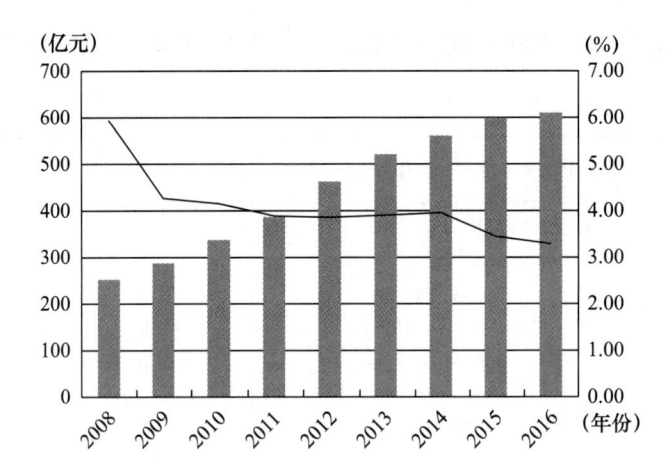

图3 2008—2016年国家财政用于农业综合开发的支出及占比

2. 涉农信贷资金供给与农村及农民的信贷需求不匹配

2008—2017年，农村金融机构人民币贷款余额占全部金融机构人民币各项贷款余额的比重基本稳定在11.6%—12.9%，近三年其占比每年下降1—2个百分点（见表5），农村（县及县以下）贷款和农业贷款的占比同期也出现明显下降（见表6）。2009年以来，农业贷款占比更少，始终没超过5%，这意味着第一产业借助不足5%的信贷支持贡献了不低于7.9%、年均为9.2%的国内生产总值。诸多研究显示，农户的信贷需求是普遍的，特别是专业大户、家庭农场、农民合作社、农业产业化龙头企业等新型农业经营主体对长期、大额投融资需求非常旺盛，而2009年以来，农户贷款占全部金融机构人民币各项贷款的比重始终没有超过7%，这意味着大量的农户投融资需求受到抑制或得不到满足，尽管涉农信贷资金供给的绝对量连年增长，但是其相对于"三农"领域日益增长的信贷需求来说仍然严重不足。

表5　　　　2008—2017年农村金融机构贷款余额与占比

单位：万亿元，%

年份	农村金融机构人民币贷款余额	全部金融机构人民币各项贷款余额	农村金融机构贷款余额占比
2008	3.7	32	11.6
2009	4.7	40	11.8
2010	5.7	47.9	11.9
2011	6.68	54.8	12.2
2012	7.8	67.3	11.6
2013	9.16	76.6	12.0
2014	10.57	81.7	12.9
2015	12.03	94	12.8
2016	13.42	106.6	12.6
2017	14.98	120.1	12.5

注：表中统计的农村金融机构是指农村信用社、农村合作银行、农村商业银行。

资料来源：国家统计局网站。

表6　　　2009—2017年各项涉农贷款余额占全部金融机构

人民币各项贷款余额的比重　　　　单位:%

年份	农村（县及县以下）贷款占比	农户贷款占比	农业贷款占比	涉农贷款占比之和
2009	18.63	5.03	4.85	28.50
2010	20.46	5.43	4.80	30.69
2011	22.17	5.66	4.45	32.28
2012	21.60	5.38	4.06	31.04
2013	22.57	5.87	3.97	32.42
2014	23.79	6.56	4.16	34.52
2015	22.99	6.54	3.73	33.27
2016	21.58	6.64	3.43	31.65
2017	20.90	6.74	3.25	30.89

资料来源：根据中国人民银行网站和国家统计局网站公布的数据计算得出。

同时，在农村第一、第二、第三产业融合发展的大趋势下，农村各类经营主体投融资需求的多样性、多层次性、差异性日益强化，而政策性金融、商业金融与合作金融在农村产业投融资领域的协同配合机制仍不完善，使得涉农信贷资金供给和需求不能有效对接。特别是政策性金融手段的不当使用会在一定程度上扭曲农村金融市场，使市场不能有效发挥资源配置的作用，从而导致商业性金融与合作金融被挤出，金融资源被低效配置，甚至对社会信用环境产生破坏性的影响。

此外，金融机构在农村金融市场上有绝对的市场优势，其对信贷投放对象有极强的选择权。特别是商业性涉农金融机构出于规避风险和降低成本的考量，特别重视信贷申请者的抵押担保资质、财务信息披露和社会信用记录。农业产业化龙头企业因为具有较好的抵押担保资质、相对规范的财务管理体系和相对完善的社会信用记录而受到涉农金融机构青睐，容易获得信贷资金，一些省市级龙头企业获得的涉农信贷资金占当地涉农信贷资金总量的比重极大，甚至被"劝贷"，而专业大户、家庭农场和农民合作社由于缺少这些而一直难以摆脱"贷款难、贷款贵"的困境。

（二）主要投融资机制相对单一、机制创新发挥的作用有限

尽管中国农村金融市场化改革不断推进，但由于政府主导农村金融改革模式的"路径依赖"，在未来一段时期内，财政资金引导、国有金融资本主导的投融资机制仍会是农村产业领域中最重要的部分。地方涉农投融资平台、农业产业发展基金、农业保险、农业融资租赁和融资担保等一系列机制创新在极大程度上都依赖于财政资金和国有金融资本的大力支持，民间资本参与不

足、话语权弱且局限于少数特定产业领域，农村金融财政化的问题在一定时期内仍会继续存在，市场在农村金融资源配置中的决定性作用在短期内仍难以充分发挥。

同时，虽然农村金融改革越来越重视市场在资源配置中的作用，财政和信贷在农村金融市场的相互作用逐渐协调，特别是近年来，由于金融科技水平的提高，金融机构借助互联网、物联网等技术创新，以及农村产业供应链上各经营主体间建立互联合同等制度创新，开始推广更注重信贷申请方经营现金流状况的涉农信贷产品，部分农业经营主体面临的信贷供给环境得到改善，但是这类业务涉及的信贷资金体量仍比较小，覆盖产业范围有限，难以满足大多数农村产业经营主体的信贷需求。

此外，农村产业领域的资产证券化、保险、产业基金、融资租赁和各类互联网金融形式等投融资机制创新也较多，但是，一方面，这些创新的投融资机制仍处于起步阶段，资金来源单一，业务体量较小，只能发挥"星星之火"的作用，对改善农村金融供给大环境的作用较小。另一方面，由于农村产业领域具有一定的独特性，这些投融资机制的发展难以完全复制其在其他领域的运行经验，因而其有效运行模式仍在"试错—纠正"的探索阶段，结合当前监管层严控金融风险的大背景，其也采取了较为审慎的发展态度，业务模式设计相对保守，选择服务对象的标准比较严格，业务覆盖面较小。在金融监管体制逐步完善的背景下，以民营资本为主导的互联网金融也已结束了近十年的野蛮生长，由于其资金成本较高，业务模式依赖于高水平的技术支持，对金融科技相关的硬件和软件都具有刚性需求，因此，在当前农村产业领域普遍的技术条件下，其技术优势尚无法得到充分利用，暂时还是只能在某些小众领域发挥作用。

(三) 农村金融配套服务机制发育不成熟，影响相关投融资机制作用的发挥

当前，我国农村金融配套服务机制发育仍很不成熟，农业融资担保服务、农村产权登记交易服务覆盖范围有限，业务规模较小，农业产业领域的社会信用信息登记和查询服务系统仍在逐步建立和完善中，财务管理服务、内部经营管理咨询和法律服务等更是只有少数经营主体才有能力获取和使用。无论是对农村产业投融资服务的供给方还是需求方，农村金融配套服务体系的完善对农村产业投融资机制作用的有效发挥都意义重大。在制度设计上，农业融资担保服务、农村产权登记交易服务、社会信用信息登记和查询服务的有效配合能够在很大程度上改善涉农信贷抵押担保不充分、改善信息不对称，降低农村产业领域投融资项目的不确定性，降低相关金融机构提供投融资服务的成本，也降低农村产业经营主体得到投融资服务的门槛，改善其对金融服务的可得性和满意度。同时，专业的财务管理、内部经营管理咨询和法律服务能够揭示经营主体的经营状况和信用风险，并给出专业性更强的应对方案，这能促进金融产品的合理定价与融资需求的合理满足，特别是对迫切希望进入资本市场融资的农村中小金融机构和对财务管理能力和业务经营能力普遍低下的农村产业经营主体来说，更是能有效帮助其进行更加科学的财务和经营管理，从而提高经营效率，降低经营风险。

由于农村金融配套服务不完善，农村产业投融资机制创新面临三个关键问题，即控制风险、降低服务成本、优化激励机制。

在控制风险方面，一是在利率市场化过程中，存贷款利差收窄迫使金融机构开展中间业务，涉农金融机构，特别是新型农业金融机构面临的市场风险较大。二是有投融资需求的农业经营主体（特别是中小农业经营主体）往往不能提供合格的抵押担保，或无法提供反映自身财务状况、经营能力和社会信用的有效证据，信息不透明和财务管理能力差导致其还款的不确定性强，即信用风险较大。三是信贷业务开展过程中的操作风险长期存在。在服务成本方面，从理论上讲，在利率市场化的背景下，涉农金融机构的融资成本在长期有升高的趋势；农村产业经营主体缺乏财务数据和社会信用记录、信贷需求大多相对小而分散等状况意味着涉农金融机构开展业务的操作成本较高；而在当前金融科技快速进步的环境下，农村金融业务对金融服务的供给方和需求方都提出了技术条件要求，双方为提高效率、降低成本、改善服务质量而投入的技术采纳成本也在提高。在激励机制方面，监管层对农村产业投融资相关机构的考核机制中，对经营绩效和风险控制的考核并重，而农村社会信用体系不健全导致农村产业投融资服务的成本居高不下，并导致潜在的不良贷款风险，农村产权交易市场主体发育不完全和法律服务不足导致抵质押物的流转、处置、变现难度大、周期长，从而使得不良贷款的处置成本极高，相关机构缺乏在农村产业领域开展业务的有效激励，致使业务规模难以扩大，机制创新的作用不能有效发挥。

（四）相关政策法规不完善、认识不充分导致投融资机制创新发展受限

随着农村金融改革的日益深化，农村金融市场的投融资机制创新层出不穷。我国现有的法律体系已基本形成，但是，农村金融领域的很多法律法规未能及时修订和完善，在一定程度上已不适用于新的形势。同时，面对各类农村金融机构日益多样化的涉农金融业务，监管部门在出台适宜的监管政策、履行恰当的监管责任方面都面临着巨大的压力，监管过度和监管缺失在农村金融的某些领域普遍存在。而政策层面对创新的认识不够全面和客观，也会极大地影响投融资机制创新作用的发挥。

以农村合作金融为例，在农村社区，农民资金互助作为农村合作金融的重要形式，在缓解信息不对称、降低农村信贷的交易成本方面具有得天独厚的优势，有助于将农村金融资源留在农村，为成员农户生产生活融资提供便利，为农民创业和创收、提高生活质量和推动农村发展创造条件。《农村资金互助合作社管理暂行规定》（以下简称《规定》）自2007年颁布以来，一直未修订。而经过十余年的发展，当前中国农民资金互助组织大致分成了三类：一是根据《规定》成立的农村资金互助社；二是根据国家相关政策开展内部信用互助的农民合作社和扶贫部门在贫困村建立的扶贫互助组织；三是没有依照《规定》，也没有依托农民合作社或村组织而成立的民间资金互助组织。三类农民资金互助组织面临不同的监管环境。农村资金互助社虽有作为金融机构的合法地位，但受到过度监管，另外两类农民资金互助组织没有作为金融机构的合法地位，有些地方的政府及监管部门对这些组织采取"不反对、不登记、不管理、不牵头、不主导、不走到第一线"的"六不"政策，导致监管缺失。近年来，某些地方农民资金互助出现乱象，致使金融监管部门和一些地方政府将资金互助活动视为非法集资，不论其运营规范与否，一律禁止其开展业务，个别地方即使允许农民专业合作社开展信用互助，也设置了严格的限制条件。因此，在农民资金互助的有效监管政策和机制不完善的情况下，某些农民资金互助组织转变为非法集资影响了经济社会稳定，而那些规范运行的农民资金互助组织则面临"劣币驱逐良币"的窘境，无法得到充分发展。

三 中国农村产业发展中的投融资机制创新的对策建议

党的十九大以来，乡村振兴战略实施的大背景和农村第一、第二、第三产业融合发展的大趋势对我国农村产业投融资机制创新提出了新的要求。开拓投融资渠道，强化乡村振兴投入保障，确保财政投入持续增长，拓宽资金筹集渠道，提高金融服务水平，这是未来一段时期我国农村产业投融资机制创新的方向。

（一）继续加大支持创新力度，激发农村产业投融资机制的创新活力

继续加大财政引导作用，通过定向税收减免、贴息、参股发展基金等方式，鼓励社会各方资本参与各类投融资机制创新，激励其在农村产业领域积极发挥作用，充分利用各类投融资机制在农村产业领域的差异化优势，丰富投融资主体和资金来源，鼓励商业性金融和合作金融在农村产业领域开展投融资业务，促进政策性金融、商业性金融与合作金融有效协同配合。优化财政资金在农村产业领域的投入结构，引导社会金融资本的流向和流量。

对启动运营成本高、经济收益小,但外溢效应大、公益性强的农村公共产品产业给予更为有力的财政投资支持。适度整合农村金融资源,引导金融机构开发支持农业科技创新的金融产品和服务。

在信贷支持方面,继续加大涉农信贷资金的投放规模,通过增加支农再贷款、差异化的利率政策和存款准备金政策引导商业性金融的资金流向农村金融市场,充分调动各类金融机构在农村产业领域开展涉农信贷业务的积极性,鼓励涉农金融产品和服务创新发展,鼓励更为灵活的抵质押机制和融资担保机制创新,引导金融机构根据不同产业的特点提供差异化的投融资服务,满足不同农村产业经营主体的多层次投融资需求。

(二) 完善农村产业投融资机制,为其创造良好发展环境

创新农村产业金融供给形式,培育和设立多样化的金融供给主体,鼓励其创新金融产品与服务,满足农村各产业领域的差异化投融资需求。加快农村中小金融机构发展,提升其业务创新能力与风险控制能力。强化涉农金融机构内部控制和风险管理机制,改进其风险管理和激励约束机制。充分利用农村社区的熟人社会特点,发挥合作金融在农村社区的制度优势,发挥各类农民合作组织的金融联结作用。促进农业产业链金融发展,充分利用软信息与互联交易,降低农业产业链内的资金运行风险,提高资金使用效率。促进农业融资租赁发展,丰富融资租赁业务种类,扩大服务覆盖范围,建立融资租赁服务农村产业的长效机制。

应完善中央和地方多层级农村产业投融资平台建设机制和产业发展基金运行机制,促进农村产业领域直接融资市场发育,培

育涉农龙头企业在股票和证券市场的融资能力,推进涉农企业股份制改造,支持符合条件的涉农企业发行上市、新三板挂牌和融资、并购重组,完善资本市场准入制度,降低农业高新技术企业进入资本市场融资的门槛,畅通农业企业投资进入退出通道。合理引导农村产业基金、私募、创业投资等机制为农村产业发展筹集社会资金。

同时,还应完善农村产业投融资机制的风险控制机制,建立农业金融支持的风险保障机制,通过建立农村信用担保基金、融资担保基金等为涉农信贷提供风险保障。建立农业风险分散机制,激发农业保险经营模式创新,提高政策性农业保险和商业性农业保险的运行效率,促进建立农村产业领域保险与信贷的联动机制,提升农业保险在农村产业投融资机制中的作用。

此外,应进一步加快农村社会信用体系建设,建立农村产业经营主体信用数据库,积极应用大数据技术、人工智能技术等在国家层面建立广覆盖、多维度、全数据的社会征信体系,通过多种渠道投入资金和人力支持信用平台建设,在保障数据安全的前提下实现征信信息在农村产业投融资领域的适度共享。

(三) 完善农村产业金融的配套服务机制,促进投融资机制作用的有效发挥

应继续加强农村产业金融的配套服务平台建设,通过提高配套服务效率,改善配套服务质量,降低服务门槛,降低农村产业领域投融资行为的交易成本,激发农村产业经营主体的发展活力,促进农村产业经济发展,从而提高资金使用效率,使其在农村产业系统内自主、有序、高效、稳定地循环,从根本上改善农村金融生态。应继续推进农村产权制度改革，以农村产权制度改革为契机，建立多层次多主体的利益联结机制。推动融资担保机制深入发展，推动银行和融资担保机构合作，提高融资担保机构在资产管理、风险管理等方面的能力，引导融资担保行业归本溯源，聚焦涉农融资担保业务，发挥好准公共产品的作用。同时，还应通过强化监管，加大对违规经营的处罚力度，控制行业风险，弥补监管空白。

继续推动农村互联网技术在农村产业投融资领域中的应用，加强农村互联网基础设施建设，推动传统金融机构的智能化转型。2017年以来，中国建设银行、中国工商银行、招商银行和交通银行等国有大型银行先后与互联网企业合作，着力构建云平台建设、大数据治理、区块链应用、智能投顾等互联网技术服务体系，可以此为契机，借助市场和金融科技的驱动力，降低国有大型银行开展涉农信贷业务的操作成本，提升其在农村产业领域的业务能力。

鼓励农村产业经营主体依照现代企业制度规范企业治理和内部管理。鼓励财务管理和审计机构、内部管理咨询和法律咨询机构设计更适宜农村产业领域的、有针对性的会计、内部控制和法律服务框架，改善农村产业经营主体的投融资配套服务可得性。此外，还应注重培养相关专业人才，提高农村产业投融资管理和服务从业人员的专业化水平。同时，建立人才吸引和创业支持机制，鼓励返乡创业，为毕业生在农村创业提供资金和政策支持，注重农村产业领域专业技术人才培养，加强高质量的专业培训，提高农村产业经营主体的信用意识和融资能力，培养农村产业经营主体的发展能力。

（四）完善相关法律法规，构建差异化的管理监督体系

2018年中央一号文件《中共中央国务院关于实施乡村振兴战略的意见》提出，要提高金融服务水平，健全适合农业农村特点的农村金融体系，改进农村金融差异化监管体系，强化地方政府金融风险防范处置责任，强调"多样性供给，差异化管理"。因此，第一，应进一步加强农村金融相关的法制建设，加大司法执法力度，打击农村金融犯罪行为，加强债权人保护，既要依法保障农村产业经营主体的合法权益，又要保障农村金融机构的合法合理权益，以便优化农村金融法制环境和金融生态。第二，应根据当前形势变化及时对相关政策法规进行修订和完善，明确各种民间金融、合作金融形式和机构的法律地位，出台业务指导细则，引导其在规范框架下健康有序发展。第三，应继续理顺监管体制，明确监管责任，健全监管协调机制，监管层既应着力弥补监管缺失、排查风险隐患，也应在把握原则和边界的条件下尽量避免对农村金融机构（特别是新型农村金融机构）过度监管和干预，应探索"双层+双线+委托"的金融监管体制创新，加强风险预警，发挥托管机构的监督职责，提高监管的效率和精度，促进建立竞争有序、健康发展的农村金融市场。第四，应加强对农村产业投融资各类参与主体的金融教育，提高农村金融机构和农村产业经营主体的金融风险防范意识。

参考文献

[1] 孔祥智:《产业兴旺是乡村振兴的基础》,《农村金融研究》2018年第2期。

[2] 中国农业保险保障水平研究课题组：《中国农业保险保障水平研究报告》，中国金融出版社 2017 年版。

[3] 生蕾：《都市型现代农业的金融支持问题研究》，中国金融出版社 2015 年版。

[4] 孙同全：《从制度变迁的多重逻辑看农民资金互助监管的困境与出路》，《中国农村经济》2018 年第 4 期。

[5] 张承惠、潘光伟等：《中国农村金融发展报告（2016）》，中国发展出版社 2017 年版。

[6] 赵洪丹、朱显平：《农村金融、财政支农与农村经济发展》，《当代经济科学》2015 年第 9 期。

[7] 周雪光、艾云：《多重逻辑下的制度变迁：一个分析框架》，《中国社会科学》2010 年第 4 期。

农民专业合作社发展现状、问题与展望

苑 鹏 曹 斌[*]

摘 要： 自《农民专业合作社法》实施以来，我国农民专业合作社（以下简称"合作社"）数量快速增长，规模合作社比例逐步扩大，整体实力逐步改善，形态日益多样化、多元化，强强联合势头明显，为农服务能力明显提升。但是，合作社仍然面临整体经营实力"弱小散"，空壳社、挂牌社、休眠社大量存在，运行股份化导向明显，领办人与普通成员群体没有形成利益共同体，政策支持系统仍需进一步改善等问题。展望未来，合作社的发展将进入从数量扩张到质量提升的发展阶段，发展环境将进一步改善，联合与合作将成为推进合作社提质增效的发展重要途径，合作社将成为贫困地区实施精准扶贫战略的重要载体，合作社整体社会形象将有望得到提升。

关键词： 农民专业合作社 发展现状 问题

---

[*] 苑鹏，博士，中国社会科学院农村发展研究所研究员，博士生导师，研究方向为农村经济组织与制度；曹斌，博士，中国社会科学院农村发展研究所副研究员，研究方向为农村经济组织与制度。

The Current Development, Problems and the Future Prospects for Farms' Professional Cooperatives

Yuan Peng　Cao Bin

Abstract: Since the implementation of "The act of farmers' professional co-operatives", the numbers of specialized co-operatives (refer to as "Cooperatives") have grown rapidly, the scales of the Cooperative have expanded, the overall strength has gradually improved, and the form of the Cooperative are becoming more diversified in many ways, collaboration among the strong ones is in tendency obviously, the service capacity for agribusiness has improved. However, a large numbers of Cooperatives is still facing problems such as overall operational weakness, small in scale, scattered, empty shelled, nominal listed, dormant Cooperatives, and operation demutualisation is in obvious direction, the leaders and ordinary members have no any common interests, the policy supporting system still requires much more improvement. For the future prospects, it is expected the development of the Cooperatives will enter into a new stage from quantitative expansion to high quality development, the collaboration and cooperation will be the major pathway for high quality growth of the cooperatives, and the cooperatives will become the carrier for implementation of precision poverty reduction strategy in poor area, as well as the total social image of the cooperatives will enhanced.

Key Words: Farmers' Professional Cooperatives; Current Development; Problems

农民专业合作社（以下简称"合作社"）是在家庭承包经营基础上，农产品的生产经营者自愿联合、民主管理的互助性经济组织；是在我国21世纪农业进入发展新阶段后的一项重大制度改进。近十年来，我国农村合作事业进入快速发展期，国家工商总局最新统计数据显示，截至2017年年底，全国依法取得工商注册登记的合作社突破201.7万家，占全国各类市场主体的2.1%，平均每个行政村[①]大约有3.4家合作社。农业部提供的数据显示，实际利用合作社服务和培训的农户突破1.3亿户，约占农户总量的50.1%。[②] 目前，合作社正在成为构建新型农业经营体系和农业社会化服务体系的重要力量，是引导农户参与市场竞争、发展农业产业化经营的有效载体。

[①] 行政村指的是汇总行政村，行政村数是指有关经济情况汇入农村集体经济收益分配统计表中的汇总行政村数量。2016年达到58.5万个。

[②] 叶贞琴：《在农民合作社发展论坛上的讲话》，《中国农民合作社》2017年第10期。

一 农民专业合作社的发展现状

（一）农民专业合作社数量快速增加

《农民专业合作社法》实施以来，我国合作社发展呈现快速增长态势（见图1）。2007—2012年，我国每年新增合作社10万家，2007年年底在工商行政管理局登记注册的各类合作社共计2.6万家，2010年增加到37.9万家。2012年，党的十八大报告中提出"发展农民专业合作和股份合作，培育新型经营主体，发展多种形式规模经营，构建集约化、专业化、组织化、社会化相结合的新型农业经营体系"，2013年党的十八届三中全会通过

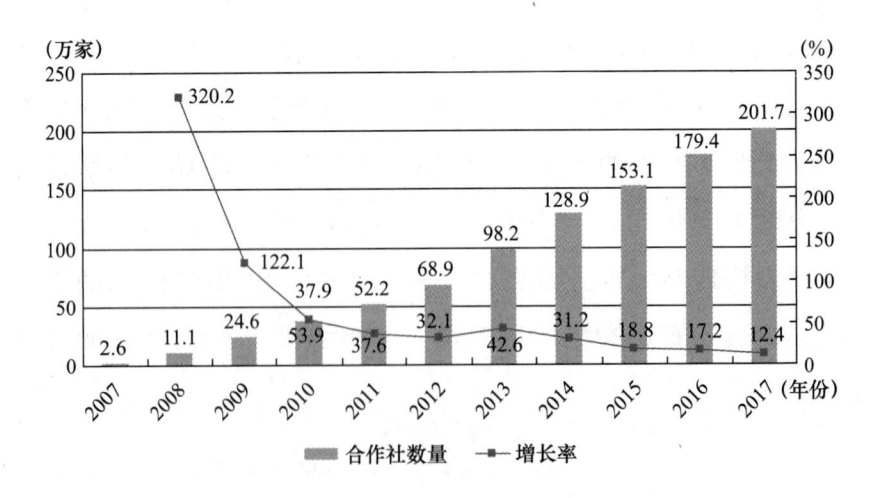

图1 农民专业合作社数量及增长率的变化

资料来源：根据国家工商行政管理总局历年资料整理。

的《中共中央关于全面深化改革若干重大问题的决定》进一步指出,要"加快构建新型农业经营体系。坚持家庭经营在农业中的基础性地位,推进家庭经营、集体经营、合作经营、企业经营等共同发展的农业经营方式创新"。随着国家对合作社扶持力度的不断增强,部分地方设置专项财政扶持项目支持合作社,合作社获得前所未有的发展空间。截至2017年12月底,我国登记注册的各类合作社数量达到201.7万家,约为2007年的77.6倍。

合作社注册成员快速增加。从图2中可以看到,2007年我国合作社共有注册成员35.0万户,2011年突破1000万户。党的十八大之后,以几乎每年增加1000万户的速度快速增长,截至2016年达到4485.5万户。按我国农户数量26859.2万户[①]计

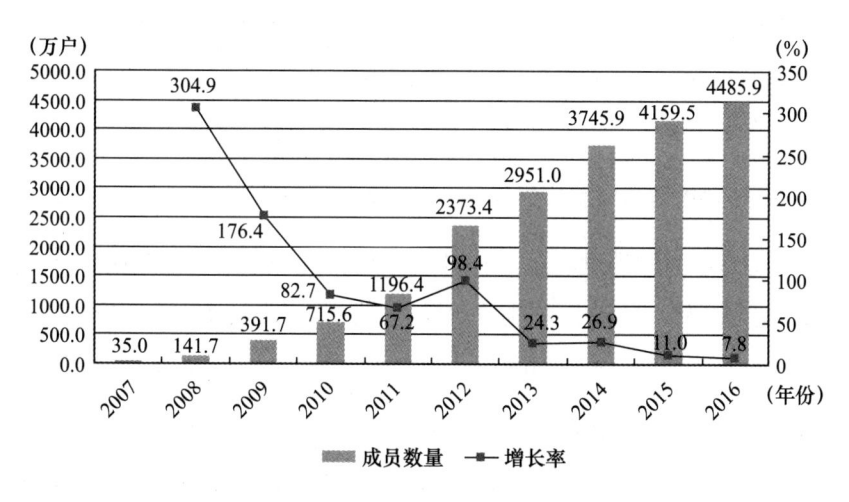

图2 农民专业合作社成员数量及增长率变化

资料来源:根据国家工商行政管理总局历年资料整理。

---

① 农业部农村经济体制与经营管理司、农业部农村合作经济经营管理总站:《中国农村经营管理统计年报(2016)》,中国农业出版社2017年版。

算，占我国农户总数①的16.7%。另外，农业部相关数据显示，截至2016年年底我国合作社实有成员为6457.3万户，带动农户6991.7万户，实际利用合作社服务和培训的农户合计13449.0万户，约占农户总数的50.1%②。

（二）规模农民专业合作社的比例逐步扩大

2007年平均每家合作社成员数量仅有13.3户，2009年增加到15.9户，2011年增加到24.5户，2013年进一步增加到30.0户，达到了历史最高峰。2014年与上年基本持平，每社为29.1户，2016年下降到25.0户（见图3）。形成这样的局面，与很多地方政府在党的十八大之后将大力发展合作社作为发展重点，强调数量规模有较大关系。另据农业部农村经济体制与经营管理司相关数据，2016年，合作社社均实有成员数量达到41.3户。如果加上享受合作社服务和培训的非成员，社均带动农户86.0户/家。

2008—2016年初具规模合作社的比例在逐步扩大。2008—2016年，成员人数百人以上规模的合作社由0.2万家增加到6.8万家，占比从1.8%上升到3.8%。其中，成员100—500人的合作社数量从0.2万家增加到5.3万家，所占比例从1.7%增加到3.0%。成员500—1000人的合作社增加到0.7万家，所占比例由0.1%增加到了0.4%。1000人以上的合作社增加到0.8万家，所占比例上升到0.4%（见表1）。

---

① 2016年的"汇总农户数量"是指在村中与村集体有明确权利、义务关系的，户口在农村的常住户数。

② 农业部农村经济体制与经营管理司、农业部农村合作经济经营管理总站：《中国农村经营管理统计年报（2016）》，中国农业出版社2017年版。

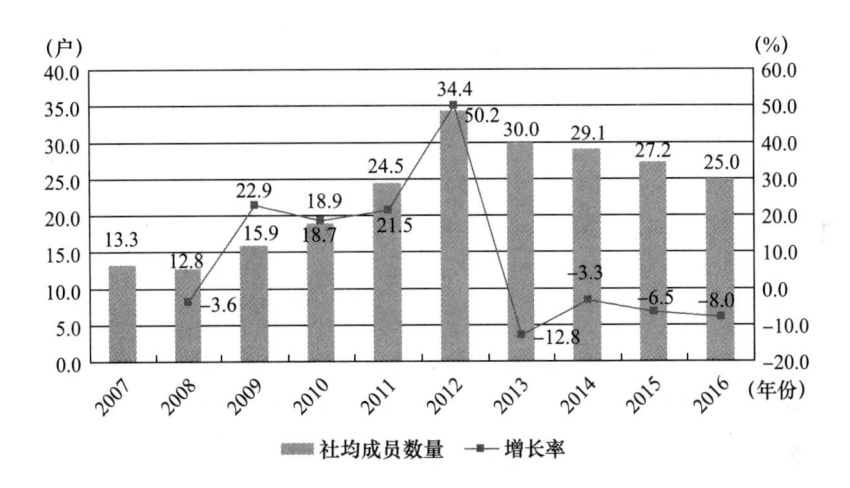

图3 农民合作社社均成员数量及增长率变化

资料来源：根据国家工商行政管理总局历年资料整理。

表1　　　　农民专业合作社不同成员规模的发展情况　单位：万家,%

年份		2008	2009	2010	2011	2012	2013	2014	2015	2016
50人以下		10.4	23.0	35.3	48.4	63.5	90.6	119.6	142.8	168.1
50—100人		0.5	0.9	1.3	1.6	2.2	3.4	3.9	4.0	4.5
百人以上	小计	0.2	0.7	1.3	2.1	3.3	4.3	5.4	6.3	6.8
	100—500人	0.2	0.6	1.2	1.8	2.4	3.2	4.1	4.8	5.3
	500—1000人	0.0	0.1	0.1	0.2	0.4	0.5	0.6	0.7	0.7
	1000人以上	0.0	0.0	0.1	0.1	0.5	0.6	0.7	0.8	0.8

资料来源：根据国家工商行政管理总局历年资料整理。

（三）农民专业合作社整体实力逐步改善

合作社的社均出资额呈现快速增长态势。2007年，全国合作社社均出资额为119.9万元，2014年突破200万元大关，2016年增加到了228.6万元，年均增长率为7.4%（见图4）。

成员户均出资额也有较大幅度增加，2007年户均出资额是8.9万元，2008年之后有所下降，2013年逐年增加，2016年达到9.1万元，增加了2.2%。

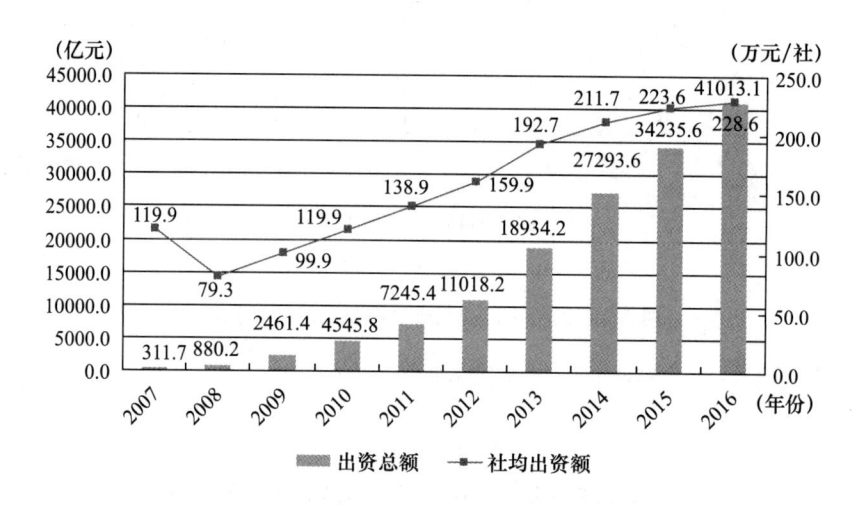

图4 农民专业合作社出资总额及社均出资额的变化

资料来源：根据国家工商行政管理总局历年资料整理。

出资百万元以上的合作社比例不断提高。2008年出资额在100万元以上的合作社数量合计2.11万家，所占比例为19.0%，2016年底增加到102.60万家，占比上升到57.2%。其中，出资额100万—500万元的由1.84万家增加到76.50万家，占比由16.6%上升到42.6%，增加幅度最大。出资额500万—1000万元的合作社，2008年是0.20万家，2016年增加到19.19万家，占比由1.8%上升到10.7%。出资额1000万元至1亿元的由0.07万家增加到6.86万家，所占比例由0.7%上升到3.8%（见表2）。

表2　不同出资金额、出资方式的农民专业合作社数量、占比变化情况

单位：万家,%

	年份	2008	2009	2010	2011	2012	2013	2014	2015	2016
金额	100万元以下	8.98	18.49	26.59	34.50	42.20	53.61	63.96	69.00	76.80
	100万—500万元	1.84	5.25	9.50	14.51	21.37	34.79	49.67	62.90	76.50
	500万—1000万元	0.20	0.67	1.34	2.28	3.84	7.20	11.24	15.53	19.19
	1000万元至1亿元	0.07	0.23	0.47	0.87	1.47	2.63	3.99	5.63	6.86
	1亿元以上	0.00	0.00	0.01	0.01	0.02	0.02	0.03	0.04	0.05
占比	100万元以下	81.0	75.0	70.1	66.1	61.2	54.6	49.6	45.1	42.8
	100万—500万元	16.6	21.3	25.1	27.8	31.0	35.4	38.5	41.1	42.6
	500万—1000万元	1.8	2.7	3.5	4.4	5.6	7.3	8.7	10.1	10.7
	1000万元至1亿元	0.7	0.9	1.2	1.7	2.1	2.7	3.1	3.7	3.8
	1亿元以上	0.0	0.0	0.0	0.0	0.0	0.0	0.0	0.0	0.0

资料来源：根据国家工商行政管理总局历年资料整理。

货币形式出资额所占比例不断提升。2008年合作社货币形式出资额为693.5亿元，占当年全国合作社出资总额的78.8%。2012年以后，货币形式出资以年均1万亿元的速度快速增加，2016年突破3万亿元，达到35315.7亿元，是2008年的50.9倍，所占比例上升了7.3个百分点，达到86.1%（见表3）。

表3　不同出资方式农民专业合作社数量、比例变化情况

单位：亿元,%

年份	2008	2009	2010	2011	2012	2013	2014	2015	2016
货币出资	693.5	2001.0	3676.3	6009.7	9303.1	16314.7	23434.2	29212.5	35315.7
占比	78.8	81.3	80.9	82.9	84.4	86.2	85.9	85.3	86.1
非货币出资	186.7	460.3	869.5	1235.7	1715.1	2619.6	3859.4	5023.0	5697.4
占比	21.2	18.7	19.1	17.1	15.6	13.8	14.1	14.7	13.9

资料来源：根据国家工商行政管理总局历年资料整理。

（四）农民专业合作社形态日益多样化、多元化

随着我国农村农业经济社会发展，农民对于合作社的合作内容、合作领域、合作方式的需求日益多样化。各地涌现出农机合作社、资金互助社、消费合作社、用水合作社、乡村旅游合作社等其他形式的农民合作社。一些地方还出现了土地流转后富余劳动力组建的劳务合作社，农民以房屋、厂房入股组建的物业合作社，以及以精准扶贫为目标，以财政资金为支撑的扶贫合作社。这些合作社的形态都是探索土地、资金、劳动力、技术等要素的合作。目前，国家工商总局将民俗旅游等第三产业的合作社、农机合作社、土地股份合作社、林业合作社等纳入其他类型合作社之内进行统计，其数量由2008年的1.1万家增加到2016年的45.6万家，所占合作社的比例提高了15.2个百分点，达到25.4%。其中土地股份合作社、农机合作社的影响较大。以土地股份合作社为例，2016年，家庭承包耕地流转入合作社的面积为1.03亿亩，占流转总面积的21.6%。全国有10.3万家土地股份合作社，入股土地面积2915.5万亩（见表4）。

表4　　　　　　　不同地区类型的土地股份合作社类型

典型地区	东部地区—— 江苏省苏州市	中部地区—— 黑龙江省	西部地区—— 四川省成都市
组织环境	经济发展领先，本地区非农就业多	经济发展中等，农民外出打工多	经济发展中等，本地非农就业增多
经营方式	内股外租型为主	自我经营型为主	自我经营型为主
股权结构	土地不作价，单要素合作为主	土地作价折股，多要素合作为主	土地作价折股，多要素合作为主
治理机制	村社合一型为主	第三方主导型为主	村社合一型为主

续表

典型地区	东部地区——江苏省苏州市	中部地区——黑龙江省	西部地区——四川省成都市
分配形式	收益保底，利润分红	收益保底，利润分红	收益保底，利润分红
组织绩效	一定程度非粮化，经营效益较好	一定程度非粮化，经营效益较好	一定程度非粮化，经营效益较好
财政依赖	较重	重	较重

资料来源：徐旭初：《农村股份合作的实践形态和理论思考》，中国农村合作经济管理学会编《农民合作社重点问题研究汇编》，中国农业出版社2016年版，第72页。

（五）农民专业合作社之间强强联合势头明显

随着改革开放的不断深入，越来越多的工商资本和跨国企业进入农业领域，国内国际农产品市场一体化，合作社面临日益激烈的竞争，单个合作社难以与之抗衡，目前，以本地主导产业、特色产业为纽带，通过强强联合实现规模经营、提升市场竞争力，成为合作社做大做强的重要途径。特别是在一些合作社较为发达的地区，联合社的发展势头尤为突出，如山东、江苏等地。并且很多联合社的成员突破合作社限定，吸纳产业链上的相关群体加入。截至2016年，全国由三家以上合作社为主体，自愿联合成立的合作联合社增加到5277家，较上年增加17.0%，成员数量达到30.5万家，较上年增加2.3%。加上各类专业协会以及专业协会联合社，共带动农户超过674.6万。[1] 2017年，联合社的总量突破7200家，覆盖合作社9.4万个[2]。实地调研发现，

---

[1] 农业部农村经济体制与经营管理司、农业部农村合作经济经营管理总站：《中国农村经营管理统计年报（2016）》，中国农业出版社2017年版。

[2] 《农民专业合作社法修订草案解读》，全国人大网，2017年6月28日。

各类联合社吸纳当地龙头企业、农民经纪人等加入，按照"横向联合、纵向延伸、优势互补、资源共享"的运营机制，统一标准、技术与服务等体系，对于提升当地农业产业化整体发展水平发挥了重要作用。

（六）农民专业合作社为农服务能力明显提升

随着合作社出资金额增加，政府扶持力度加大，合作社为农服务能力得到进一步提升。截至2016年，合作社为成员提供的经营服务总值为11043.6亿元，其中，统一组织销售农产品总值8275.8亿元，平均帮助每位成员销售农产品1.3万元。统一销售农产品比例达到80%以上的有48.6万家，占全国合作社总数的31.1%。统一组织购买生产投入品总值达到2767.8亿元，平均帮助每位成员购买生产投入品0.4万元。其中，统一购买比例达80%以上的共计28.3万家，占全国合作社总数的18.1%。为提升竞争能力，2015年合作社共开展各种培训活动6295.3万人次，较上年增加9.1%。同时，提高产品质量，实施标准化生产的合作社达到9.0万家，占总数的5.7%。通过农产品质量认证的共计4.3万家，占2.8%；实施差别化市场营销战略，拥有注册商标的合作社为8.1万家，占总数的5.2%，较上年增加了8.6%。

另外，合作社普遍意识到线上线下互动是未来的发展趋势，一些合作社的电商服务已经成为吸引人才、带领小农户进入市场、推动产业升级的重要途径。他们或自建网站，或与电商嫁接，以订单组织成员生产，引导成员转变生产理念，广泛开展标准化种植，为促进当地产业升级发挥了重要作用。

值得注意的是，随着我国农村脱贫攻坚战的不断深入，合作社日益成为参与精准扶贫的重要载体,并取得了一些突出成效。农业部的统计数据显示,有10.6%、744家国家示范社分布在297个国家级贫困县中,带动成员22.8万户,户均收入比非成员农户高出20%[①]。

(七) 强化对农民专业合作社的规范化管理

2013年7月,经国务院批准,建立了全国合作社发展部际联席会议制度,成员包括农业部、发展改革委、财政、水利、税务、工商、林业、银监、供销等相关涉农部门。江苏、湖北、安徽、北京等地成立了指导服务合作社的省级或市级专门机构,加强对合作社的指导,联席会议制度把合作社规范化建设作为工作重点,2014年,农业部、国家发改委、财政部等九部委联合印发《关于引导和促进农民合作社规范发展的意见》(农经发〔2014〕7号)。2015年,农业部启动对合作社示范社监测工作,对象是2011年年底由农业部、发改委、财政部、水利部、税务总局、银监会等12个部门和单位联合评定的6663家合作社示范社。按照宁缺毋滥原则开展监测工作,并将全国合作社联席会议通过监测的合格示范社名单于年底公之于众。[②] 截至2016年年末,被农业部门认定为示范社的约14.0万家,较上年增加了10.6%,占合作社总数的9.0%。可分配盈余按交易量返还成员的33.7万家,占21.6%。其中交易量返还超过可分配盈余60%

---

① 叶贞琴:《在全国农民专业合作社发展论坛上的讲话》,《中国农民合作社》2017年第10期。
② 《全国合作社联席会议通过监测合格示范社名单》,《农民日报》2015年12月14日。

的合作社有 25.9 万家，占总数的 16.5%[1]。

二 农民专业合作社面临的主要问题与挑战

（一）整体经营实力弱，小、弱、散问题仍旧突出

根据国家工商总局提供的合作社登记注册数据计算，2016 年我国合作社成员数量的平均规模只有 25.0 户/家，较上一年下降了 8.0%。另外，根据农业部相关统计计算，享受合作社服务和培训的非成员，社均带动农户也只有 86.0 户/家。按照我国户均耕地不足 10 亩的平均水平计算[2]，合作社平均生产经营服务规模相当于两家中等规模的种粮家庭农场，[3] 因此，合作社仍没有解决广大兼业农户小、弱、散的问题，综合经营实力仍旧很弱。

（二）空壳社、挂牌社、休眠社问题影响农民专业合作社的整体社会形象

有名无实、没有开展任何业务活动的空壳社，或者挂合作社之名、行投资公司之实的挂牌社，以及停止业务活动的休眠社大

---

[1] 农业部农村经济体制与经营管理司、农业部农村合作经济经营管理总站：《中国农村经营管理统计年报（2016）》，中国农业出版社 2017 年版。

[2] 根据农业部的统计，我国近 80% 的农户平均耕地面积不足 10 亩，参见农业部农村经济体制与经营管理司、农业部农村合作经济经营管理总站：《中国农村经营管理统计年报（2015）》，中国农业出版社 2016 年版，第 6 页。

[3] 有学者对 34.3 万个家庭农场的数据分析发现，60% 的家庭农场从事粮食生产，平均生产规模为 150 亩/家。参见袁梦、易小燕等：《我国家庭农场发展的现状、问题及培育建议——基于农业部专项调查 34.3 万个样本数据》，《中国农业资源与区划》（第 38 卷）2017 年第 6 期。

量存在,已经影响了合作社的整体社会形象,并带来不良影响①。根据近年的实地调研,空壳社的产生原因,一是合作社发起人的政策投机和少数农民的"跟风",为获得政府的项目资金,一些农民抱着"先占地盘,以备后用"的投机思想,利用工商不收费的便利条件,借用亲朋邻里的身份证注册合作社,但注册后,营业执照束之高阁,从未开展过任何活动。而当地一些农民看到后,"随大溜儿"造成空壳社问题往往相对集中于少数个别地区。二是基层村干部迎合地方政府的政绩考核。如一些县乡基层政府将创立合作社的数量纳入政府绩效考核体系,指标层层分解到村,造成少数村干部"响应政府号召",同时也期待日后获得政府扶持资金或项目支持,不去发动农民,而是直接去注册空壳社。如目前在精准扶贫中,出现有的地方政府要求村村建扶贫合作社,结果造成出现新的空壳社。挂牌合作社的出现主要是少数个别农业公司、个体工商户为套取税收优惠、项目扶持,多注册一个合作社的现象。而休眠社主要是因城镇化进程(如农民转居民,退出农业)、产业政策(如发达地区抬高养殖门槛),以及经营不善等停止了业务活动,但因现有工商规定的退出机制较为复杂,退出成本高,加之农民缺乏法治观念,没有及时注销,仍旧在工商部门统计登记的合作社总量中。

(三)农民专业合作社运行的股份化导向突出,领办人群体与普通成员群体没有形成利益共同体

合作社成员制度的重要特征是异质性强,合作社运行依靠

---

① 从近些年对十余个省市的调研情况看,民间有三七开、二八开、四六开、三个1/3开等多种不同说法。

"强者牵头、弱者跟随"模式,以专业大户、农村能人、村支两委干部为主的合作社领办人,在合作社运行中,往往身兼理事长经理人,扮演大家庭之主的角色,集股权投入、控制权与剩余索取权于一身,普通农民成员在出资、决策和收益分配中的参与度不高,他们更类似于合作社的普通客户群体,领办人、出资者群体与普通农民成员是"两张皮",没有形成风险同担、利益共享的利益共同体,这种情况较为普遍。

根据2017年对8省(区)12县(市、区)614家合作社[①]的问卷统计调查,在"谁是合作社重大决策的决策者"选项中,选择成员(代表)大会的只有20.8%,选择理事长的比例为27.7%,高于选择成员(代表)大会近10个百分点,选择理事会的比例最高,为36.9%,此外,有12.6%选择了出资成员,还有1.9%选择了经营管理层(见表5)。在"谁是合作社的收益分配方案的决策者"选项中也存在相类似的问题,由成员(代表)大会做出决策的比例不足1/4,理事会是主要决策者,占34.6%,理事长和出资成员是决策者的比例也较高,分别为21.2%、18.6%,合计39.8%。

---

① 2017年8—11月,苑鹏研究员主持的"创新与规范农民专业合作社研究"(国家工商总局委托)课题组,对浙江省台州市、临海市,陕西省凤翔县、扶风县,山东省平邑县,宁夏回族自治区固原州区、河南省辉县、虞城县,四川省宜宾县,广东省珠海市斗门区、台山市和吉林省德惠市、公主岭市8省12县(市、区)开展调研,样本合作社采取从在当地工商(市场监督)管理部门通过2016年年报的农民专业合作社社库按照注册登记时间顺序,对2007年7月1日到2016年6月30日注册登记的农民专业合作社进行等距抽样,每县(市、区)抽取100个样本,再通过电话等方式通知抽取到的样本社负责人来所在县(市、区)工商部门集中填写问卷,最终共获得614份有效样本。

表5　农民专业合作社重大决策和收益分配方案的决策者

单位：家,%

	谁是合作社重大决策的决策者		谁是合作社的收益分配方案的决策者	
	样本量	比例	样本量	比例
理事会	229	36.9	214	34.6
理事长	172	27.7	131	21.2
成员（代表）大会	129	20.8	149	24.1
出资成员	78	12.6	115	18.6
经营管理层	12	1.9	10	1.6
合计	620	100.0	619	100.0

注：①个别样本回答选择了两项。②由于四舍五入的关系，表内数据之和可能不等于100%；下同。

合作社的盈余分配方式，以按照出资比例分配为主，共318家，占有效回答样本量的69.1%；而按照法律规定、实行60%及以上按交易额比例返还的分配方式只有22.6%（见表6）。这种状况与2015年在山东、江西、四川3省9县109家合作社、363名合作社成员问卷的调研结果相类似[①]。也与很多学者的研究发现和预判相吻合（张晓山，2009；潘劲，2011；苑鹏，2013；邓衡山、王文烂，2014）[②③④⑤]。

进一步分析发现，按出资额分配的背后，是受到合作社成员出资结构的控制。绝大多数样本合作社以少数出资成员居绝对控

[①] 194份有效样本中，有54.6%的成员选择按出资额比例分配（孙同全、苑鹏、崔红志等：《中国农民合作社的发展与作用研究》，中国社会科学出版社2016年版，第2、第48页）。
[②] 张晓山：《农民专业合作社的发展趋势探析》，《管理世界》2009年第5期。
[③] 潘劲：《中国农民专业合作社：数据背后的解读》，《中国农村观察》2011年第6期。
[④] 苑鹏：《中国特色的农民合作社制度的变异现象研究》，《中国农村观察》2013年第3期。
[⑤] 邓衡山、王文烂：《合作社的本质规定与现实检验——中国到底有没有真正的农民合作社？》，《中国农村观察》2014年第7期。

股状态为主体。在550个有效回答样本中,前五大股东出资占比100%的有204家,占有效回答样本量的37.1%;前五大股东出资占比在50%以上的,累计达到73.1%。

表6　农民专业合作社盈余分配情况　　单位:家,%

分配方式	样本量	比例
60%及以上按交易量(额)返还	104	22.6
按出资比例分配	318	69.1
注册成员平均分配	38	8.3
其他形式	0.0	0.0
合计	460	100.0

同时,样本合作社中,由全体成员承担经营风险的比例只有40.4%,其余分别由出资成员(34.5%)、发起人(13.7%)、理事会成员(7.2%)和注册成员(4.2%)承担(见表7)。这也可以解释当前合作社按股分配导向突出,但普通成员认可度高[1](孙同全、苑鹏等,2016),因为绝大多数普通成员并没有承担合作社的经营风险。

表7　农民专业合作社的经营风险承担　　单位:家,%

承担方	样本量	比例
全体成员	191	40.4
出资成员	163	34.5
注册成员	20	4.2

---

[1] 孙同全、苑鹏、陈洁、崔红志:《中国农民合作社的发展与作用研究》,中国社会科学出版社2016年版。

续表

承担方	样本量	比例
发起人	65	13.7
理事会成员	34	7.2
合计	473	100.0

(四) 农民专业合作社政策支持系统仍需进一步改善

合作社的制度安排具有追求效率与公平兼顾的反市场性，强调为弱势群体服务的社会属性，这使得政府扶持合作社成为国际惯例。我国虽然目前初步形成了有利于合作社发展的政策环境，但从总体水平看，合作社政策支持系统还需要改进与完善。

尽管政府对合作社的扶持力度继续加大，尤其是"十三五"期间，各级财政加大了对合作社的扶持，仅2016年各级财政专项扶持资金就达到48.6亿元，较上年增加了5.8%，获得财政扶持资金的合作社数量为3.3万个。但是，财政扶持范围有所压缩，扶持合作社数量下降了0.7个百分点，占合作社总数的比例降低到2.1%[1]。2017年5月，中共中央办公厅、国务院办公厅印发了《关于加快构建政策体系培育新型农业经营主体的意见》后，试图从财政税收、基础设施建设、金融信贷、保险支持、市场营销、人才培养等多个方面系统扶持包括合作社在内的新型经营主体扶持政策体系架构，但是国家目前仍没有形成针对合作社，尤其是处于发育、生长中的脆弱的合作社的普惠性优惠政策和支持系统。例如，缺少针对小微型合作社的普惠性融资政策，

---

[1] 农业部农村经济体制与经营管理司、农业部农村合作经济经营管理总站：《中国农村经营管理统计年报 (2016)》，中国农业出版社2017年版。

造成因缺乏有效的抵押物，合作社普遍难以获得正规金融机构融资，制约其服务功能提升与拓展。又如，合作社人才支持政策的力度小、惠及面有限，多以现有经营管理人员的短期培训和参观学习为主，面对广大合作社急需专业人才的旺盛需求，缺少有效的、财政性的长期性支持工具，如建立支持退伍军人、大学生、返乡创业人员创建合作社的创业基金。此外，政府缺乏支持合作社发展的综合服务系统，为合作社提供共性的专业化、社会化服务。

三　发展前景展望

（一）进入从数量扩张到高质量发展的新阶段

党的十九大报告首次提出实施乡村振兴战略，并基于对中国国情、农情的深刻把握，提出了"实现小农户与现代农业发展的有机衔接"的战略部署。习近平总书记在中央农村工作会议上进一步强调，走中国特色社会主义乡村振兴道路，必须深化农业供给侧结构性改革，积极培育新型农业经营主体，促进小农户和现代农业发展有机衔接。当前，小规模的兼业农户仍然是我国农业生产经营组织的基本面，且将长期存在。围绕新的发展总目标，作为新型农业经营主体的重要组成部分，合作社在今后的发展中，将更加强化作为农户为主体的成员互助组织的基本属性，在经历10年的快速扩张后，逐步进入提质增效的发展新阶段。

提质，意味着合作社将围绕为农户成员服务的初心和组织宗旨，更加强化服务农户成员的组织功能，围绕农户成员的需求，努力增强农户的发展能力，改善农户的经济与社会福利，促进农户增收，最终提升农户的获得感。

增效，意味着合作社将不断扩大投入规模，加快人才引进和信息化步伐，改善基础设施，提升综合经济实力。同时通过大力发展品牌农业、绿色农业、特色休闲、定制农业等，推进农业生产的全程社会化服务，延伸产业链条，提高第一、第二、第三产业融合发展水平，增强市场竞争力，把合作社的市场份额逐步做大。

（二）联合与合作步伐加快

以产品、产业、区域为纽带，以专业化分工、协作为基础，以打造农产品全产业链、区域品牌、公共服务平台、实现规模经营和纵向一体化经营为重点，跨行业、跨类型、跨地区的联合与合作，将成为合作社未来发展的新增长点。

新修订的《农民专业合作社法》为合作社的自我联合提供了法律支撑。该法专门增设了"联合社"一章，将合作社联合社的法律地位视同于合作社，同时还增加了合作社可以依法向公司等法人主体投资的条款，进一步拓宽了合作社的发展空间。它将促进合作社的联合与合作不拘泥于成员社之间的联合，与其他类型新型农业经营主体、农业社会化服务主体的联合也将成为新常态。

以农民合作社为主要载体的"三位一体"综合合作将向纵深发展。"三位一体"的实践起源于2006年时任浙江省委书记习近平在瑞安推动的探索建立农民专业合作、供销合作、信用合作"三位一体"的农村新型合作体系的实践。2015年10月,浙江省委、省政府颁发"深化供销合作社和农业生产经营管理体制改革,构建'三位一体'农民合作经济组织体系"的意见,"三位一体"发展在浙江进入快车道,它将供销社改革、政府农业经营管理体制改革与职能转变、农村金融体制改革,以及合作社之间、合作社与涉农企业的联合等联动起来,共同推进,促进提高全省农村、农业和农民的组织化程度,实现农民合作社在更大范围、更高层次上的联合与合作。到2017年8月,浙江省在全国率先建成省市县乡四级农民合作经济组织联合会("农合联")组织体系,涵盖了942个乡镇农合联、83个县级农合联、11个市农合联和6.61万个农合联会员,会员由农民合作社和各类涉农服务组织(企业)组成,是一种开放性的非实体的联合组织,其中市县两级农合联均建立了农民合作基金,已确定的总规模17.85亿元。2017年中央一号文件提出"加强农民合作社规范化建设,积极发展生产、供销、信用'三位一体'综合合作",预计将进一步推动合作社的各类综合合作,促进合作社实现要素的优化配置与整合,增强市场竞争力,带动更多的农户增收致富。

农业产业化联合体也将成为合作社联合发展的重要途径。2017年11月,农业部等六部委联合发布《关于促进农业产业化联合体发展的指导意见》(农经发〔2017〕9号),2018年3月,在河北、内蒙古、安徽、河南、海南、宁夏、新疆等省(区)启动农业产业化联合体创新试点,明确了财政资金、金融资金等合力支持农业产业化联合体的政策措施。随着优惠政策的落地,农业龙头企业、农民合作社和家庭农场等各类新型农业经营主体组建的农业产业化联合体将会有快速的发展。以农业产业化联合体为载体，实现分工合作，优势互补，打造全产业链，促进合作社扩展服务功能，提升服务能力，增进综合发展力。

（三）深度参与贫困地区实施精准扶贫战略

近几年来，中央在实施精准扶贫战略、打赢脱贫攻坚战的有关文件中，始终强调要加强贫困地区合作社的培育，做大做强合作社，发挥其对贫困人口的组织和带动作用，强化其与贫困户的利益联结机制。许多中西部省区（如内蒙古、湖北、安徽、黑龙江等）在颁布的全力推进精准扶贫精准脱贫的决定中，以及出台的扶贫开发条例（如河南省）中，也都鼓励发挥合作社在精准扶贫中的作用，制定相关政策措施，对那些吸纳贫困户参股、带动增收效果好的农业合作组织在财政扶贫资金、扶贫贴息贷款及落实国家税收优惠政策等方面给予支持。有的地方甚至提出在贫困村建精准扶贫合作社的目标。

可以预测，在政府有力政策措施引导下，合作社在发展产业扶贫、增加贫困户的就业机会、提升贫困户成员的土地承包权收益和集体资产量化份额的收益、用好财政专项扶贫资金，以及改善贫困户成员的人力资本等方面，将发挥更为积极的作用，拓展贫困户成员的增收渠道，让贫困户共同分享本社区农户的经营收益。

（四）发展环境将进一步改善，整体社会形象将有望得到提升

新修订的《农民专业合作社法》，明确了县级以上政府要建立合作社工作的综合协调机制，统筹指导、协调、推动合作社的建设和发展，政府各部门的职责将更加清晰，为改善政府的合作社支持系统提供了法律保障。工商总局发布的《关于做好2017年度个体工商户、合作社年报工作的通知》（工商个字〔2018〕1号）中提出，要提升年报数据质量，对那些不再经营的合作社，要积极引导其自觉履行注销法定义务，依法退出市场，逐步还原真实的年报基数。同时加大对未年报的合作社的失信惩戒力度，提高年报工作权威性和经营者报送年报的主动性和自觉性。2018年7月1日即将实施的《农民专业合作社法》修订版第七十一条，新增"对合作社连续两年未从事经营活动的，吊销其营业执照"的规定，并加大了对提供虚假登记材料或采取其他欺诈手段取得登记的合作社的惩处力度。

展望未来，随着新修订的《农民专业合作社法》全面实施和政府"放、管、服"改革的不断深入，市场监管部门将进一步完善对合作社的注册登记制度，各级农业部门将更加强化对各类农民合作社示范社的评审与动态监测，合作社群体存在的空壳社、休眠社及挂牌社等问题将会得到有效遏制和改观，合作社的整体社会形象将有望得到改善。

参考文献

[1] 叶贞琴：《在农民合作社发展论坛上的讲话》，《中国农民合作社》2017年第10期。

[2] 农业部农村经济体制与经营管理司、农业部农村合作经济经营管理总站：《中国农村经营管理统计年报（2016）》，中国农业出版社2017年版。

［3］张晓山：《农民专业合作社的发展趋势探析》，《管理世界》2009年第5期。

［4］潘劲：《中国农民专业合作社：数据背后的解读》，《中国农村观察》2011年第6期。

［5］邓衡山、王文烂：《合作社的本质规定与现实检验——中国到底有没有真正的农民合作社？》，《中国农村观察》2014年第7期。

［6］苑鹏：《中国特色的农民合作社制度的变异现象研究》，《中国农村观察》2013年第3期。

［7］孙同全、苑鹏、陈洁、崔红志：《中国农民合作社的发展与作用研究》，中国社会科学出版社2016年版。

［8］苑鹏、曹斌：《农民合作社发展与展望》，载中国社会科学院农村发展研究所等《农村绿皮书：中国农村经济形势分析与预测（2015—2016）》，社会科学文献出版社2015年版。

［9］徐旭初：《农村股份合作的实践形态和理论思考》，载中国农村合作经济管理学会编《农民合作社重点问题研究汇编》，中国农业出版社2016年版。

［10］袁梦、易小燕等：《我国家庭农场发展的现状、问题及培育建议——基于农业部专项调查34.3万个样本数据》，《中国农业资源与区划》2017年第6期。

社会发展篇

乡村振兴的人才需求与政策建议

曾俊霞[*]

摘　要： 乡村人才振兴是乡村振兴战略的关键。目前农村人才短板严重制约乡村振兴战略的实施。乡村振兴战略的人才需求对已有农业农村人才的定义及分类都提出了挑战。本文从乡村振兴战略的五大要求出发，重新解构了乡村振兴的人才需求及分类，并总结了生产经营、创新创业、社会服务、公共发展和乡村治理五大类主要代表人才的建设情况。最后，立足乡村振兴的要求及人才建设情况，提出了相应的人才培养政策建议。

关键词： 乡村振兴　农业农村人才　乡村人才

---

[*] 曾俊霞，博士，中国社会科学院农村发展研究所土地经济与人力资源研究室助理研究员，主要研究方向为农业农村人才、农村教育。

The Demand of Rural Talent for Rural Vitalization and Policy Recommendations

Zeng Junxia

Abstract: The vitalization of rural talent is the key to the Rural Vitalization Strategy. At present, the shortage of rural talent constraints the implementation of Rural Revitalization Strategy, while the Rural Vitalization Strategy also challenges the definition and classification of the conventional rural talents. From the five requirements of Rural Vitalization Strategy, this paper reconstructs the classification of rural talent for Rural Vitalization, and summarizes the construction and training of five major kinds of representative talent: Production and management, innovation and entrepreneurship, social service, social development, and rural governance. Finally, based on the requirements of Rural Vitalization and the development of rural talent, corresponding policy recommendations are given.

Key Words: Rural Vitalization; Rural Talent; Agricultural Talent

乡村振兴的人才需求与政策建议

当前我国发展不平衡不充分问题在乡村最为突出,党的十九大报告明确提出坚持农业农村优先发展,并首次提出以"产业兴旺、生态宜居、乡风文明、治理有效、生活富裕"为总要求的乡村振兴战略。长期以来,资金、土地、人才等各种资源要素单向由农村流入城市,造成农村的严重失血和贫血。农村人才储备不足,农村人才的"向城性"流动趋势明显,农村大量的毕业生不愿回到农村,导致农村成为人才"洼地"。农村人才短板严重制约农村发展。

乡村振兴,需要资金、土地、技术、政策等各种资源的支持,但这些外部资源效用的发挥,必须通过"人"来把握和实现。人是所有要素中最关键的,是能动性和带动性最强的要素。人才作为人力资源中能力与素质较高的群体,是组织、使用各类资源并使之有效发挥作用的关键性要素。

乡村人才振兴是乡村振兴战略的关键。2018年中央一号文件指出,"实施乡村振兴战略,必须破解人才'瓶颈'制约。要把人力资本开发放在首要位置,畅通智力、技术、管理下乡通道,造就更多乡土人才,聚天下人才而用之"。乡村人才振兴需要破除不合时宜的人才体制机制的阻碍,建立城乡人才融合发展的体制机制和政策体系,培养造就一支"懂农业、爱农村、爱农民"的"三农"工作队伍,推动更多更优的人力资源要素配置到农村,促进人力资源要素在城乡之间均衡配置。只有促进乡村人才规模、质量和结构与乡村经济社会发展相适应、相协调,才能全面提升人才对乡村振兴的支撑作用。

一 乡村振兴的人才需求及分类

（一）乡村振兴的人才需求

党的十九大首次提出乡村振兴战略。"乡村"与"农村"的含义不同。相对于城市而言，"乡村"是地域或地理空间的概念，而"农村"则是行政管理的概念。乡村振兴涵盖的范围更广，包括农村和乡镇；涵盖的人口更多，包括农村和乡镇人口。乡村的户籍总人口有9.7亿，农村户籍人口是8亿多，农村常住人口接近6亿。所以乡村振兴是涉及更广地域更多人口更多领域的全面振兴。乡村振兴战略的总要求是：产业兴旺、生态宜居、乡风文明、治理有效、生活富裕。实现五个要求需要不同领域、不同类型、不同专业的人才全面支撑。

产业兴旺，不仅是对现代农业的要求，同时也是对乡村的各个产业的要求。在现代农业的基础上发展农产品深加工和休闲农业、乡村旅游、文化产业、农村电商等新产业、新业态，延伸农业产业链，促进第二、第三产业发展和三产融合。这些产业发展不仅需要农业人才，更需要新产业新兴业态等创新性人才的支撑。生态宜居包括生存环境和人文环境。生存环境不仅需要村容整洁，也需要水、电、路、网等基础设施的完善，还需要青山绿水蓝天环绕的田园村庄；人文环境则需要教育、医疗、文化等基本公共服务的改善（李周，2018）。这就需要环保、教育、医疗、文化等公共服务领域人才的支撑。乡风文明要求提升农民精神风貌，培育文明乡风、良好家风、淳朴民风，不断提高乡村社会文明程度。这就需要能够承担农村思想道德建设、优秀传统文化传承等乡村治理、文化等人才的支撑。治理有效要求建立健全党委领导、政府负责、社会协同、公众参与、法治保障的现代乡村社会治理体系。这就需要能够承担乡村自治、法治、德治的乡村内外治理人才的支撑。生活富裕是乡村振兴战略实施效果的重要评价指标，不仅要求经济收入达到富裕水平，还要求文化生活、政治权益、社会保障等均趋于完善（李周，2018）。这就需要乡村经济、政治、文化等各个领域人才的支撑。

（二）传统的农业农村人才分类

乡村振兴需要全面的人才支持，不单是农业农村方面的人才，所以以往针对农业农村发展的人才界定及分类已经不能满足现有乡村振兴的人才发展需求。

农业农村人才概念界定一直比较复杂。农业农村人才可以从行业角度和城乡区域角度分解成农业人才和农村人才。其中，农业人才包括从事农业产业的劳动者，如农业科技工作者、农机农技人才、职业农民、经营大户、经纪人等；农村人才包括在农村领域服务但不直接涉及农业产业的人才，如农村教师、医生、文艺工作者、大学生村干部等。

2011年3月出台的《农村实用人才和农业科技人才队伍建设中长期规划（2010—2020年）》对农村实用人才和农业科技人才的概念做了全面系统的阐述。农村实用人才又分为生产型、经营型、技能服务型、社会服务型和技能带动型五类。农业科技人才分为技术科研和技术推广两类。两类人才含义及主要类型如

表 1 所示。

表 1　　　　　　　　　农业农村人才传统分类

名称	含义	类型	所含主要人才
农村实用人才	具有一定知识和技能，为农村经济和科技、教育、文化、卫生等各项事业发展提供服务，做出贡献，起到示范和带动作用的农村劳动者	生产型 经营型 技能服务型 社会服务型 技能带动型 另：农村实用人才带头人	专业大户、家庭农场主、职业农民 合作社负责人、农村经纪人 生产服务主体 农村教师、农村医生、农村文艺工作者 土专家、田秀才 （村干部、大学生村干部、乡贤等）
农业科技人才	受过专门教育和职业培训，掌握农业行业的某一专业知识和技能，专门从事农业科研、教育、推广服务等专业性工作的人员	技术科研 技术推广	农业科研人才、土专家、农机人才、农技人才 农业技术推广人才、农村技能服务人才，等等

资料来源：笔者整理，其中部分借鉴郜亮亮、杜志雄《中国农业农村人才：概念界定、政策变迁和实践探索》，《中国井冈山干部学院学报》2017年第1期。

在此规划中，又特别提到了"在实际工作中，农村实用人才带头人也作为一支重要力量受到关注和培养"。农村实用带头人表述模糊，实际就是指从事村庄管理的人群，如村干部、大学生村干部等。所以本文也将此类人才归入农村实用人才。

以往农业农村人才简单分为农村实用人才和农业科技人才两大类。农村实用人才分类过于庞大，几乎涵盖所有农村建设所需的人才类别，过于笼统，不够细化，淡化了各类人才的特征及功能区别。农村实用人才类别下，生产型和经营型人才分类严重叠加。从乡村振兴倡导的农业产业链条延长、三产融合来看，没有必要再区分为生产型和经营型人才。同时也无须将农业科技人才单独列出,因为乡村振兴是全方位和全领域的,各个产业兴旺都需要科技的贡献,科技人才不仅仅限制在农业领域。

不仅如此,《农村实用人才和农业科技人才队伍建设中长期规划(2010—2020年)》主要是基于2005年提出的新农村建设需要编制的。乡村振兴不是新农村建设的简单升级版,乡村振兴的内涵更为丰富(韩俊,2018)。这就必然要求乡村振兴的人才研究也加以相互适应的延伸和扩展。

(三) 乡村振兴的人才分类

乡村振兴战略的人才分类,主要基于乡村振兴战略提出的"产业兴旺、生态宜居、乡风文明、治理有效、生活富裕"的五大总要求,从乡村振兴所需的人才角度出发,围绕人才从事的工作和功能划分,将具备更多相同特征、相似专业类别、相近功能属性的人才归为一类。乡村振兴人才主要分为生产经营、创新创业、社会服务、公共发展和乡村治理五大类型,如表2所示。

表2　　　　　　　　　　乡村振兴人才分类

序号	类别	功能	主要包含类别
1	生产经营	主要从事现代农业的生产经营	(1) 新型职业农民 (2) 家庭农场主 (3) 专业大户 (4) 合作社负责人 仅侧重经营: (5) 职业经理人 (6) 经纪人 (7) 农村电商

续表

序号	类别	功能	主要包含类别
2	创新创业	从事乡村新产业新业态	（1）乡村企业家（包含自营工商业主） （2）外来创客等"城归"人员 （3）外流人员：返乡大学生、留学生、农民工等
3	社会服务	从事乡村产业发展的科研、技术、经济、规划等服务工作	（1）技术服务人员： ①技术推广： 如农机、农技、农技推广、农技服务人才等 ②技术研发： 如科研人员（院校＋其他从事科研公司等） 如土专家 （2）农村金融服务人员（保险＋担保） （3）村庄规划设计服务人才
4	公共发展	从事教育医疗文化环保等公共事业	（1）教师 （2）医生 （3）文艺、文化工作者 （4）环境保护工作者
5	乡村治理	从事乡村治理	（1）县、乡镇干部 （2）村两委成员（党支部书记＋村主任） （3）大学生村干部 （4）驻村干部（包含第一书记、驻村工作队等） （5）乡贤 （6）乡村社会治理组织等

资料来源：笔者整理。

以上人才分类对乡村振兴战略的实施更富针对性，更加有助于不同类别人才建设工作的统计、监测和队伍建设。需要加以说明的是：

第一，乡村振兴人才分类具备相对性。乡村振兴是一项庞大的系统复杂工程，几乎需要各领域各专业类别的人才支撑，随着产业融合和区域融合发展，人才分类也很难严格做到唯一性和排他性。分类主要依据的是各类人才的主要功能属性，每类人才都可能兼具其他功能。比如，家庭农场主主要从事的是农业生产经营，但是一些家庭农场主也提供社会化服务，具备社会服务功能；村干部尤其是党支部书记和村主任，不仅从事村庄治理工作，一些还担任经济合作社社长，从事产业生产经营工作；大学生村干部不仅从事基础治理工作，一些还勇于带头创业，具备创新创业功能。

第二，乡村振兴人才角色具备多元化。比如，新型职业农民的概念就非常广泛，基本包括了家庭农场主、专业大户、农民合作社领办人，还包括农村电商、农业企业负责人等；一些专业大户和家庭农场主也可能是村里合作社的负责人。人才角色的多元化是人才分类难以做到严格区分的主要原因。

第三，乡村振兴人才具备动态性。随着乡村振兴战略的实施，乡村振兴人才的内涵也是不断变化的。比如，乡村振兴过程中将有更多的新产业、新业态，这些从事主体也都是乡村振兴人才的构成部分，逐渐被囊括到乡村人才总体中来。从事乡村治理的主体更加多元化，如2015年在全国层面的贫困村、党组织软弱涣散村全覆盖第一书记，第一书记已经成为乡村治理的重要主体。

第四，乡村振兴的人才具备形式多样性。个人、组织、团体都可能是乡村振兴所需的人才形式。

二 乡村振兴的人才建设现状

近些年来，乡村人才队伍不断壮大，为我国农业连年增产、农民持续增收和农村经济社会健康发展做出了突出贡献。但是，与发展现代农业、推进乡村振兴战略的总要求相比，乡村人才队伍在规模、结构、素质等方面仍存在不小的差距，仍存在一些矛盾和问题。

乡村人才总量不足，结构不合理，整体素质偏低，示范带动作用不明显。人才地域、行业分布不合理，欠发达地区人才严重不足；人才培养开发、评价发现、激励保障机制还不健全；投入不足，工作条件相对艰苦，人才流失严重。

（一）生产经营人才

现代农业是乡村产业兴旺的主要内容，新型职业农民和家庭农场主是现代农业生产经营人才的重要代表。

新型职业农民是以农业为职业、具有相应的专业技能、收入主要来自农业生产经营并达到相当水平的现代农业从业者。截至2015年年底，全国新型职业农民规模达到1272万人，比2010年增长55%[①]。新型职业农民总量低，年青后备力量弱，文化程度低。短期内如何真正将农业作为一种体面职业，吸引更多的年轻人从事农业，解决"谁来种地"的问题，仍然面临较大的困境。

家庭农场是农业新型生产经营主体的主要构成之一。截至2017年6月，全国共有48.5万个家庭农场。中国社会科学院农村发展研究所家庭农场监测团队的报告显示，73.58%的农场主来自普通农民，来自本村的农场主占比为81.92%。家庭农场经

[①] 《"十三五"全国新型职业农民培育发展规划》，《农民科技培训》2017年第2期。

营面临的最主要的制约因素包括：缺乏劳动力、获取技术难和缺乏继承人（杜志雄，2017）。

（二）创新创业人才

乡村振兴需要发展新产业新业态，但是县乡一级新产业新业态急需人才严重不足，尤其是一些贫困地区和民族地区（毕美家，2017）。

农业部、教育部、团中央联合组织实施了现代青年农场主培养计划，培养计划的目的就是吸引年轻人务农创业，提高其创业兴业能力。该计划主要针对中等教育及以上学历，年龄在18—45周岁的返乡下乡创业农民工、中高等院校毕业生、退役士兵以及农村务农青年。2015—2016年已经连续开展了两期，每期培训1万人，培训时间为3年，其中培育两年、后续跟踪服务1年。

（三）社会服务人才

社会服务人才是指从事乡村振兴产业发展的科研、技术、经济、规划等服务工作的人才。2015年，农业科技人才68万人，其中技术推广人才60万人、科研人才8万人。科研人才中，研究生比例从2008年的17.8%增加到2015年的23%；技术推广人才比例从2008年的59.4%增加到2015年的65%。农业部先后分两批组织实施农业科研杰出人才培养计划，给予300名杰出人才及其3000人的创新团队连续5年的专项经费支持；还组织开展全国农业技术推广研究员任职资格评审，坚持向基层一线的农技人员职称评审倾斜（毕美家，2017）。

农业技术服务人才队伍建设仍然面临很多难题，如基层农技推广人才队伍老化，农技人员学历、专业、水平异化严重；农业科技人才科研创新和成果转化能力不强，高层次人才匮乏，以能力和业绩为导向的农业科研人才分类评价机制尚未开展。

（四）公共发展人才

乡村振兴需要大批从事教育、医疗、文化、环保等公共事业的人才支撑。乡村教师和医生是公共发展人才的重要代表。

总体来看，乡村学校教师队伍整体年龄偏大，以中老年为主，愿意留在乡村学校的年轻人偏少，民办转公办教师、临聘教师占比偏多；学科结构不合理；信息技术应用能力偏低；乡村教师整体水平偏低导致学校教育质量低下（曾新、高臻一，2018）。全面提高乡村教师的质量，打造一支"下得去、留得住、教得好"的乡村教师队伍，不仅是解决乡村生源减少、提高乡村教育的主要举措，也是吸引乡村人才回流、保持乡村生机与活力、保障乡村产业兴旺的有力支撑（蔡永飞，2017）。2018年，《乡村教师支持计划》和《教师教育振兴行动计划（2018—2022年）》出台，针对当前教师教育发展不平衡不充分的问题，将实施十大行动，全面提升乡村教师的质量和数量。

乡村医生承担着乡村振兴各类建设主体的健康职责。乡村医生队伍年龄老化，断档严重，诊疗水平低，留不住病人，病人越来越少。乡村医生向职业（助理）医师转化困难；参加培训积极性低；收入偏低，待遇无保障；"老无所养"等严重问题（朱建华，2015）。县城医院也面临招人难、留人难、流失大的困境。乡村医疗卫生事业投入总体少，乡村卫生室条件差，乡村医生待遇低，无法吸引更多优秀的医学院毕业生加入到乡医队伍中来。

（五）乡村治理人才

乡村治理人才不仅包括县乡一级的政府人员，也包括村一级的治理干部，如村干部、第一书记、大学生村干部。

村干部，尤其是村党支部书记和村主任，是乡村振兴的直接推动者、组织者和实践者，是乡村振兴的各项政策在农村的贯彻者和实施者。农业部、中组部的农村实用人才带头人培训计划：截至2017年年底累计培训8万余名村"两委"成员、大学生村干部、种养大户等农村人才；中组部已培训边疆民族地区和革命老区农村党支部书记11.6万名，未来三年，中央组织部直接培训1万人，各省区市培训10.6万名，从而实现全员轮训。

第一书记，已经全面覆盖到5.7万个党组织软弱涣散村和12.8万个建档立卡贫困村（新华网，2015）。截至2016年年底，全国各层级选派第一书记约20万人（王亚华、舒全峰，2017）。组织部、扶贫办、农办等部门对第一书记开展了涉农、扶贫等政策和技能培训。

大学生村干部是一支集知识、技能、创新于一体的"三农"特殊人才，2016年全国在岗大学生村干部超过10万人（中国村社发展促进会，2017）。扶贫办、中组部等部门联合组织了贫困村大学生村干部培训，培训累计人数达到5000人，计划今后三到五年里，还将继续培训5000名贫困村的大学生村干部。

三 乡村振兴的人才建设政策建议

乡村振兴首次提出了农业农村现代化,更新了之前的农业现代化。"农业农村现代化"广义地说应该包括人的现代化,即农民的现代化,乡村振兴要实现的是农业、农村和农民的"三农"现代化(叶兴庆,2018)。乡村振兴的人才建设应围绕"三农"现代化目标,根据乡村振兴的五大要求全面展开。

(一)重点培育"绿领"一族,增强新农人职业荣誉感

乡村振兴,不仅要让"农民成为一个体面职业",还要让"农民成为令人羡慕的职业"。如今城乡差距过大是导致农村人才单向流动到城市的主要原因。要通过城乡一体化建设解决城乡差距过大的问题,包括解决城乡收入、公共设施、公共服务、公共投资四个较大的差距问题,促进城乡均衡发展。只有缩小城乡差距,才能留住和吸引更多的新农人回归乡村,实现产业兴旺和生活富裕。

实施新型职业农民培育工程,根据新型职业农民的实际需要,提供农业生产经营管理、市场营销能力培训和正规学历教育的培训。注重能力培养,同时注重学历培养。探索新型职业农民采用弹性学制获取中高等农业职业教育的学历。完善配套政策支持体系,建立认定条件和标准的职业农民资格制度。对符合条件的职业农民颁发证书,开展职业农民职称评定试点工作,实现职业农民从身份向职业的转变。

国家给予乡村人才更多的关注和支持，使新兴的专业大户、家庭农场主，从事现代农业、新产业、新业态的带头"绿领"一族成为城市白领、蓝领羡慕的职业。通过"全国十佳农民""全国十佳农技推广标兵"等资助项目，推广乡村人才品牌，在全社会营造关心农业、关注农村、尊重人才的良好氛围。

（二）分类培育乡村人才，适应不同乡村振兴要求

乡村振兴是一项长远、全面的系统工程，涉及各领域各专业的人才。各种人才的成长环境、地域需求不同，导致他们的培养机制和政策重点应有所不同。在一些具备地域优势和产业优势的地区，对创新创业人才（如返乡农民工、外来创客、企业负责人等）需求更为旺盛，在引进这些人才的同时，重点培育其企业家精神，政府应给予他们更多配套的宽松的创业政策，如土地、贷款、税收、保险等支持，以便他们能够以较小的成本和风险从事新产业新业态。对于公共发展人才，如广大的乡村教师、医生，政府应该侧重基础待遇和社会福利保障，尤其是在边远贫困、边疆民族地区，通过政策支持加大对公共发展人才的招募及培育力度。对于乡村治理人才，如乡镇干部、第一书记、大学生村干部，政府应更加注重选拔任用环节，根据不同乡村振兴的发展需要，匹配更优秀的外来治理人才，加强干部队伍的培养、配备、管理、使用，把到农村一线锻炼作为培养干部的重要途径，引导优秀治理人才向农村基层一线流动。

（三）创新人才培养方式，坚持人才引育并举

乡村振兴面临着乡村人才总量不足、质量不高、结构失衡的

困境。人才培养是一项长期事业，所以在本地培养的基础上，还需要大力引进外来人才，坚持引育并举。

创新乡村人才自主培养培训机制，鼓励不同主体，包括政府、农民专业合作社、专业技术协会、龙头企业、科研院校等承担培训责任，培育乡村本地生产经营、创新创业、社会服务等类别人才，加大自主培养力度。创新乡村人才培育引进使用机制，鼓励新的上山下乡。建立自主培养与人才引进相结合，学历教育、技能培训、实践锻炼等多种方式并举的人力资源开发机制。建立城乡、区域、校地之间人才培养合作与交流机制。建立城市医生教师、科技文化人员等定期服务乡村机制。

尤其要注重人才"叶落归根"的传统观念，吸引城市人才回乡服务。中国落叶归根的传统一直是乡土社会保持地方人才的重要途径。现阶段城市众多领域的知识精英、政治精英等都来自农村，他们都具有家乡情结，既有回乡服务的热情也有回乡建设的能力。各级政府应该充分利用这些精英人才，创造政策环境，支持他们返回家乡建设家乡。

（四）建立人才发展规划，创新人才激励机制

如同土地等其他生产要素一样，任何要素的使用都需要有全局规划。人才的建设与使用也需要有顶层设计，需要建立与当地乡村振兴相适应的长期和短期规划。政府需要做好乡村人才规划，以人为本，制定由人才主导的乡村振兴战略。人才的政策制定必须从人的角度出发，将个人的发展和乡村振兴的发展相融合。政策的制定设计要同时满足人的需求和乡村振兴的需求，政策目标围绕人和乡村的相互促进，这才能保证政策的预期实施效果。大学生村干部政策最初的设计初衷和实践效果相背离，就是因为政策设计忽略了村干部自身发展的需求，所以村干部在农村实际的工作效果未能达到预期效果。所以，在乡村振兴战略中，涉及人的政策也要更多地体现人的需求、人的发展，只有同时满足人的需求和发展了，乡村才能发展。

在此基础上，引入市场机制，创新人才激励机制，如基于产权和价值回报的种业等领域科研人员的分配政策、公益性和经营性农技推广融合的发展机制、农技推广服务特聘计划等。

政策的制定应更注重激励，防止反向激励，提升正向激励。考虑到乡村振兴战略的长远性、复杂性，绩效考核政策应更注重长期隐形效益，而非短期显现效益。政策更应保证其落实力度，如切实保障外部人才在交流、挂职期间在职称评定、工资福利、社会保障等方面的权益。切实优先提拔、晋升表现优秀的驻村第一书记；切实给予基层工作的技术人员、农村小规模学校教师的职称评审倾斜。只有政策落实可信，才能吸引更多的人才投身乡村振兴战略。

（五）重点发挥高等院校、科研院所人才培育功能

要把科研院所建设成为乡村振兴的"智力库"，引导各类智力服务机构聚焦乡村、服务乡村。随着乡村产业的聚集、人口的聚集，现有处于自然布局状态的村庄都需要加强整体规划设计，乡村环境、村落建筑、乡村文化也需要保护。这就需要地方高等院校开设乡村规划、住宅设计等相关专业和课程，为乡村建设的多样性、特色性提供去同质化的规划设计人才（唐仁建，2018）。随着乡村旅游、休闲养老等产业的发展，对相关人才的

需求增加，科研院所及职业院校应根据乡村产业发展所需加大乡土式、工匠式农民人才的培养规模，培育壮大"乡村工匠"队伍（郑风田，2018）。地方高等学校、职业院校应综合利用教育培训资源，灵活设置专业（方向），为乡村振兴培养专业化人才。

除了固定培养模式外，还应加大高等院校、科研院所等事业单位专业技术人员到乡村和企业挂职、兼职和离岗创新创业制度。通过一些重大的人才项目，如农业科研杰出人才计划和杰出青年农业科学家项目，发挥科技人才支撑作用。对贫困地区、民族地区的乡村振兴需要，加大科研人才培养力度，如中国扶贫开发协会组织的100所高校1000名博士后的科研团队，发挥高校科研力量全面参与脱贫攻坚。

高等教育体系和职业院校要树立最终的教育目的是将人才留在乡村、服务乡村，而不是跳出乡村到城市就业。所以，这些科研院所和职业教育开设的课程是围绕乡村振兴建设需要的，提升学生的乡村建设能力，使其更好地服务乡村振兴。

（六）发挥人才带动作用，发挥农民主体作用

乡村振兴人才在乡村建设中具有示范带动效应，但是乡村振兴的受益主体、建设主体、治理主体仍然是广大的农民群众（吴国宝，2018）。乡村振兴是所有农民共同的建设事业，乡村振兴不能仅仅依靠乡村振兴人才，要发挥所有广大农民的积极性、主动性和创造性。

目前，土地流转的面积占到总面积的35%，流转农户占总体农户的30%。还有70%的农户仍然经营着原有承包面积，小农户仍然是现有农业经营主体的最大组成部分。产业兴旺要培养大批的家庭农场主、新型职业农民,更需要在他们的带动下,提升广大农户的生产、经营和管理能力,提升广大农民作为乡村振兴建设主体的能力,引领更加广泛的小农户与现代农业相衔接。产业振兴是通过引进的精英人才,带来好的理念、技术、资金、产业,从而带动广大的农民的产业生产能力,并提高广大农民的人力资本。生态宜居不仅需要乡村人才的合理规划,更需要广大的村民自觉保护环境,杜绝环境污染,保存乡村风貌。乡风文明需要广大的治理人才、文艺人才加以引领倡导,但更需要广大的村民自身的参与,发挥村民议事会、红白理事会等群众自治组织和村规民约的教化约束作用,破除陈规陋习,抵制歪风邪气,积极移风易俗,焕发乡村文明。治理有效不仅要依靠村两委、第一书记、大学生村干部的管理,更需要治理人才通过教育、培训、宣传、典型引导等方式,帮助农民了解、熟悉参与村级事务决策、协商和监督的权利,提升农民作为农村基层社会治理主体的能力。

(七) 坚持立足中国国情,借鉴外来成功经验

现代化进程中,乡村发展落后于城市,这是世界范围内的普遍现象。欧美发达国家和日韩等东亚国家都出现过这种现象。所以,可以立足中国实际,充分借鉴这些国家在加速解决农业农村问题方面的成功经验,尤其是资源禀赋、乡村特征、发展历史和中国更为接近的东亚国家和地区经验(周立,2018)。日本、韩国、中国台湾在现代化的进程中,也实施过类似中国大陆"乡村振兴"的农村建设运动,如日本的新农村建设、韩国的新村

运动、中国台湾的社区营造。人才的建设是这些国家和地区农村现代化建设取得成功的关键因素。从中国国情出发,借鉴其他各国和地区的人才建设成功经验,发挥乡村振兴的人才支撑作用,推进乡村振兴战略的实施。

参考文献

[1] 郜亮亮、杜志雄:《中国农业农村人才:概念界定、政策变迁和实践探索》,《中国井冈山干部学院学报》2017年第1期。

[2] 曾新、高臻一:《赋权与赋能:乡村振兴背景下农村小规模学校教师队伍建设之路——基于中西部6省12县〈乡村教师支持计划〉实施情况的调查》,《华中师范大学学报》(人文社会科学版)2018年第1期。

[3] 韩俊:《强化乡村振兴的制度性供给》,《北京日报》2018年3月12日。

[4] 李周:《乡村振兴战略的主要含义、实施策略和预期变化》,《求索》2018年第2期。

[5] 杜志雄:《家庭农场监测报告(2017)》,《社科院专刊》2018年2月2日。

[6] 毕美家:《着力培养造就一支"懂农业、爱农村、爱农民"的农业农村人才队伍》,中国农业新闻网,2017年11月9日。

[7] 《"十三五"全国新型职业农民培育发展规划》,《农民科技培训》2017年第2期。

[8] 蔡永飞:《乡村振兴关键在于振兴农村教育》,人民政协网,2017年11月6日。

[9] 朱建华:《乡村医生队伍的现状分析与今后建设的思考》,《中华

全科医学》2015年第9期。

[10] 《谈谈"第一书记"驻村扶贫那些事》,新华网,2015年12月10日。

[11] 王亚华、舒全峰:《第一书记扶贫与农村领导力供给》,《国家行政学院学报》2017年第1期。

[12] 中国村社发展促进会:《2016—2017中国大学生村官发展报告》,中国农业出版社2017年版。

[13] 叶兴庆:《解读如何实施乡村振兴战略》,《中国经济报告》2018年3月15日。

[14] 唐仁建:《聚焦五个振兴建好陇原乡村》,《农民日报》2018年3月15日。

[15] 郑风田:《乡村振兴需要注意的5个问题》,光明网,2017年12月5日。

[16] 吴国宝:《切实发挥农民在乡村振兴中的主体作用》,《光明日报》2018年2月27日。

[17] 周立:《乡村振兴战略的三大核心机制》,《甘肃日报》2018年3月19日。

乡风文明建设存在的问题与对策建议

王 宾[*]

摘 要： 乡风文明是社会主义现代化新农村建设和乡村振兴战略一以贯之的目标要求，是不断适应农村发展形势和发展需要，逐层递进，不断拓宽的发展思路。作为乡村振兴战略的灵魂所在，乡风文明建设应着重关注基本公共服务、家风民风社风和精神文化生活三个方面。目前，乡风文明建设存在农民科学文化素质偏低，公共文化设施落后；家风家训传承意识日趋淡化；农民文化娱乐生活方式单一，民俗文化活动日渐消失等问题。建议乡风文明建设应该加强党组织在基层工作的思想引领作用，不断提高农民科学文化素质和思想道德水平。通过加大农村公共文化设施建设，培育农村文化产业，丰富农民精神文化生活，培育优良家风乡风，打造新乡贤文化，弘扬和传承中华优秀传统文化，挖掘并保护民俗文化。

关键词： 乡风文明 重点领域 存在问题 对策建议

---

[*] 王宾，中国社会科学院农村发展研究所博士后，主要研究方向为生态经济、区域经济。

Research on Key Fields and Countermeasures of Rural Civilization

Wang Bin

Abstract: Rural civilization is the target requirement of construction of socialist new countryside and rural revitalization strategy, which constantly adapt to the situation and needs of rural development. As the soul of rural revitalization strategy, rural civilization should focus on basic public service field, family tradition and folkway field, spiritual and cultural field. At present, there are the following problems in the construction of rural civilization. The peasants' scientific and cultural quality is on the low side, the public cultural facilities are lagging behind the city, and the sense of inheritance is weakening, the culture and entertainment life style is single. So this this report suggested that we should strengthen the ideological leading role of CCP in grass root organization, improve the peasants' scientific and cultural level and moral quality, strengthen the construction of rural public cultural facilities, cultivate rural cultural industry, enrich the peasants' spiritual and cultural life, forge virtuous culture, carry forward and inherit Chinese excellent traditional culture, excavate and protect folk culture.

Key Words：Rural Civilization；Key Fields；Existing Problems；Suggestion

党的十九大报告提出乡村振兴战略，以及"产业兴旺、生态宜居、乡风文明、治理有效、生活富裕"的20字总要求。其中，产业兴旺是乡村振兴战略的根本动力，生态宜居是乡村振兴战略的重要任务，乡风文明是乡村振兴战略的灵魂所在，治理有效是乡村振兴战略的基础保障，生活富裕是乡村振兴战略的最终目标。

相比2005年党的十六届五中全会提出的新农村建设"生产发展、生活富裕、乡风文明、村容整洁、管理民主"的要求而言，只有"乡风文明"表述没变，足以证明其在社会主义新农村建设和乡村振兴战略中的重要地位。乡风文明建设，既是加强农村文化建设的现实需要，更是推进乡村振兴战略的重要内容。

改革开放40年来，农村社会经济发生深刻变革，农民精神文化生活得到有效改善，农民文化素质和文明程度得到较大幅度提升。但是，也应该看到的是，伴随着城镇化推进和城乡差距的逐渐拉大，农村文化建设的现状与农民精神文化需求之间还存在较大的不协调，严重影响了农村精神文明建设水平的提高。农村物质文明需要与之相匹配的精神文明，才能补齐全面建成小康社会的短板，才能保证实现乡村振兴战略。

一 乡风文明建设的内涵及时代价值

新时代下，乡风文明建设被赋予了新目标、新要求，如何发挥其在乡村振兴战略中的重要作用，首先应该明晰乡风文明建设的内涵，以及其产生的时代价值。

（一）乡风文明建设的内涵

文化是一个民族的灵魂，是维系国家统一和民族团结的精神纽带。乡风文明作为我国精神文明建设的重要组成部分，是中国特色社会主义文化不可或缺的内容。乡风，就词性本身而言，是指乡村风俗、乡村思想和乡村道德等乡村意识形态。从乡村社会来看，乡风又是村民的信仰、操守、爱好、风俗、观念、习惯、传统、礼节和行为方式的总和，是农民在长期生产、生活中积淀而形成的生活习惯、心理特征和文化习性，反映了当地农民的精神风貌。

乡风文明是特定社会、经济、政治、文化和道德等状况的综合反映，是特定的物质文明、精神文明和政治文明相互作用的产物。是在农村逐渐形成的一种共有的区域特色、思维方式，以及历史文化传统的文化形态，其有别于城市文化。乡风文明表现为农民在思想观念、道德规范、知识水平、素质修养、行为操守，以及人与人、人与社会、人与自然的关系等方面继承和发扬民族文化的优良传统，摒弃传统文化中消极落后的因素。乡风文明既要继承和发扬中华优秀传统文化，又要不断适应社会经济发展新要求，在坚守中创新，在吸收中有所突破，进而形成积极、健康、向上的社会风气和精神风貌。

（二）乡风文明建设的时代价值

1. 乡风文明是维护农村社会稳定团结的重要保证

农村是国家长治久安的根基，没有安定和谐的乡村环境，美丽乡村建设就无法开展。乡风文明是农村长期以来逐渐形成并保留下来的文化形态，具有相对稳定性，能够在一定程度上约束农民行为规范，可以凝聚人心，化解农村各种矛盾，引导农民崇尚正确的价值观和利益观，协调农民之间的人际关系，最终形成维系农村社会稳定的精神纽带和道德风尚。加强乡风文明建设，有助于稳定农村社会秩序，巩固社会主义现代化建设的基础。

乡风文明建设有助于规范农民的群体行为和生活习惯，建设文明乡风，就是要在农村倡导尊老爱幼、邻里团结、遵纪守法的良好乡风民俗，用文明言行来抵制各种歪风邪气，消除各种丑恶现象，提高农村社会的文明程度，形成团结、互助、平等、友爱的人际关系，构建和谐家庭、和谐村组、和谐村镇，为乡村生产生活提供和谐稳定的社会秩序。

2. 乡风文明是传承中华优秀传统文化的重要载体

党的十八大以来，习近平总书记多次强调要传承和弘扬中华优秀传统文化。他指出，优秀传统文化是一个国家、一个民族传承和发展的根本，如果丢掉了，就割断了精神命脉，优秀传统文化是中华民族永远不能离别的精神家园。我国历经五千多年发展，中华文明源远流长，孕育了宝贵的精神品格，培育了中国人民的崇高价值追求。中华优秀传统文化是中华民族得以生存和发展的"根"和"魂",是维系中华民族文化基因的重要纽带。

乡风文明建设要在坚持原有乡村文化体系的基础上,不断传承优秀传统文化,吸纳现代文明,进而逐渐走向完善,逐渐适应新时期农村建设需要。乡村是传统文化的源头,而传统文化、农耕文明浸透着乡村生活的规则、意义和价值,引领村落成员的心理、行为和关系,塑造着社会治理的理念、方式和秩序。

3. 乡风文明是加快推进乡村振兴战略的灵魂所在

习近平总书记强调:"文化是一个国家、一个民族的灵魂。文化兴国运兴,文化强民族强。没有高度的文化自信,没有文化的繁荣兴盛,就没有中华民族伟大复兴。"长期以来,由于乡村建设存在重经济发展、轻文化建设的倾向,乡风文明建设没有得到足够重视,以致出现经济发展而道德滑坡的现象。

乡村文明与否,不仅仅是吃得饱、穿得暖等物质富裕和生活充盈,更要生存环境优良、生活环境舒适、业余文化生活丰富等精神上的满足。只有更加注重农村精神文明建设,才能发展农村、振兴农村,不断提高农村老百姓的获得感和幸福感,才能为实现乡村振兴战略提供保障。

二 乡风文明建设中存在的问题

社会主义新农村建设以来,我国农村社会稳定和谐,农业经济平稳发展,农民生活逐年改善,随之带动的乡风文明建设力度不断加大，农村面貌焕然一新。但是，与乡村振兴战略的要求以及农民日益增长的美好生活需要之间存在差距，本报告认为主要体现在基本公共服务、家风民风社风和精神文化生活三个方面。

（一）基本公共服务和社会事业投入不足，城乡差距较大

1. 农民科学文化素质偏低，城乡教育资源不平衡

美国历史学家戴·兰佳斯认为，国家贫富问题，首先是文化和精神问题。乡风文明建设可以为农民的自我发展和自我提升创造良好的人文社会环境，进而内化自身品质，达到提升农民素质的目的。农民科学文化素质偏低，导致其思想观念仍然停留在小富即安、安于现状的小农思想，他们一直以固有的经验为基础，接受新鲜事物的能力较弱。长期形成的粗放耕作方式，也难以得到改变，农业现代化技术难以推广。

努力提高农民的科学文化素质，培养农民的思想道德素质，是当前乡风文明建设的根本任务。然而，农民素质整体来看偏低，既不利于农业生产效率的提高，也阻碍了精神文明建设的进程。《公民科学素质蓝皮书》调查数据显示（见图1），2012年、2015年、2017年被调查省（市）四类重点人群的达标率指标中，农民达标率表现较差，分别为8.63%、12.18%和20.98%。

同时，由于年轻人外出打工，留守家中的多为老年人和儿童。在教育方面对留守儿童的监管不力甚至根本不管，由于长期没有家长的陪同及约束，又缺乏好的学习环境，留守儿童在学校的学习成绩普遍偏低，且容易滋生学习无用的错误观念，这就导致农村基础文化水平难以有实质上的改变，也就离乡风文明越来

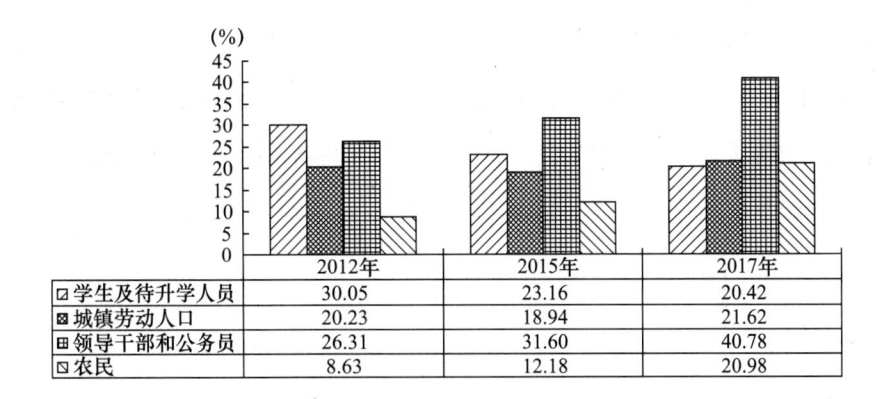

	2012年	2015年	2017年
学生及待升学人员	30.05	23.16	20.42
城镇劳动人口	20.23	18.94	21.62
领导干部和公务员	26.31	31.60	40.78
农民	8.63	12.18	20.98

图1 四类重点人群科学素质达标率情况

资料来源：《公民科学素质蓝皮书——中国公民科学素质报告》，社会科学文献出版社2012年、2015年、2017年版。

越远。此外，城乡教育资源分配不均衡，主要表现在师资和教育现代化的配置上。农村地区，特别是偏远山区，教师文化水平、专业技能普遍偏低，城乡教师收入差距较大，农村教师流失严重；在教育现代化方面，农村地区没有先进的教学设备和实验室，难以培养学生的创造性思维，加大了城乡教育的差距。

2. 农村医疗卫生设施简陋，保障制度不完善

目前，由于资金投入不足，软硬件设施滞后等问题，农村卫生设施简陋，人员素质不高，医疗保障制度不够完善。基层卫生院缺乏必要检测设备，部分医疗设备陈旧、老化，不能满足人民群众的就医需要。有些地区仍然存在"一人得病，全家倒下"的现象，超出了广大农民的经济承受能力，"病有所医"的问题没有得到根本解决。重大疾病报销比例偏低，因病致贫的问题没有根除。如图2数据显示，城乡医疗卫生条件差距依然较大，无论是农村每千人卫生技术人员、职业医师、注册护士人数,还是医疗卫生机构床位数,虽然从绝对值上来看,呈现逐年缓慢递增态势,但是,就相对值而言,城乡之间的各项指标差距有逐年拉大的趋势。

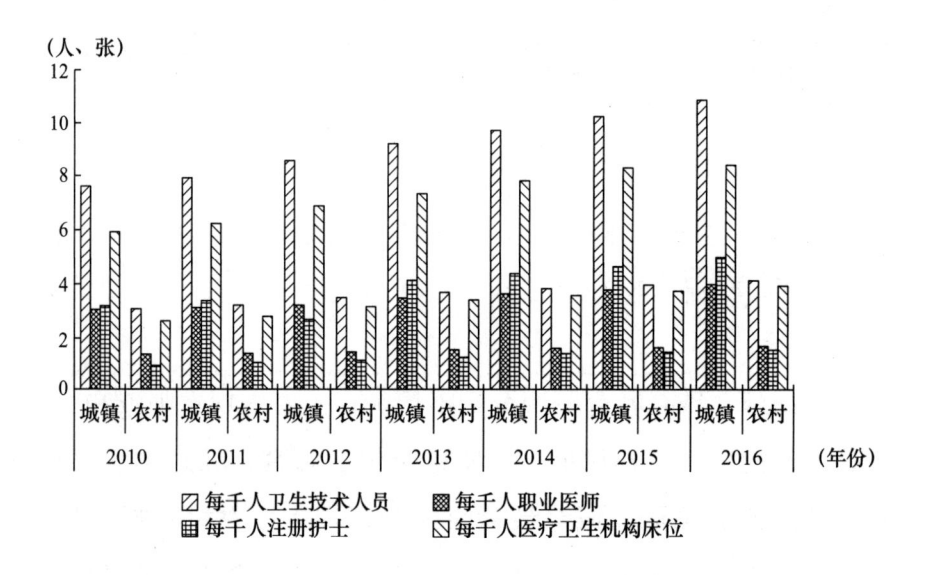

图 2 2000—2016 年城乡医疗卫生条件对比

资料来源:《中国统计年鉴(2017)》。

同时,农村医疗也存在以药养医的问题,医疗手续费、处置费普遍过高。农村医疗人才缺乏,待遇低、条件差,上升空间小,基层卫生院不可能吸引高、尖人才,现有从业人员多数是大中专学历,还有一些是乡村医生。

3. 农村公共文化设施落后,利用率低

由于受到经济、历史等原因,农村文化设施建设的投入严重

不足，农村文化阵地建设滞后，农村文化生活单调乏味，无法满足农民日益增长的文化需求。

农村地区公共文化设施建设的投入不足，文化基础设施落后，现有资源尚未得到有效利用。农民缺少休闲场所和休闲意识，文化生活贫乏，精神生活贫瘠。农村文化建设与农民群众的精神文化需求还不适应，与乡风文明的基本要求也相去甚远。

（二）家风民风社风问题突出，道德观念有所弱化

1. 家风家训传承意识日趋淡化，家庭伦理问题凸显

家庭是社会的细胞，农村家庭是农村生产生活的最基本单位，也是乡风文明建设的主体。家风是融在血脉中的骄傲，是先人从一代又一代的生活中总结出的家族风气。然而，如今传统家族式的家庭构成形式逐渐瓦解，家庭结构向小型化、独立化转变，家风家训意识逐渐淡薄，忽视了家风家训对家庭建设的重要作用。习近平总书记曾指出，家风是一个家庭的精神内核，也是一个社会的价值缩影。家风作为培育和涵养社会主义核心价值观的重要抓手和有效载体，就需要有效地加大对优秀家训家风文化的认识和传承。

一直以来，尊老爱幼是我国家庭传统美德，对于教化人心、教育子女发挥了重要作用。然而，近年来，农村孝道观念淡化，表现在老人物质生活匮乏、负担加重，养老观念淡化；精神生活孤寂，儿女难以沟通，尊老观念淡化；家庭生活重心转移，老人地位下降，敬老观念淡化等。存在生前不养老，死后花大价钱厚葬等现象。同时，夫妻矛盾激化，家庭暴力频发，离婚率增加。此外，伴随农民生产生活独立性增强，邻里之间的关系也被高平

房、高院墙所阻隔,再加上常年在外打工,互不相见,邻里间的关系大不如前。

2. 黄赌毒、非法集资等现象不断蔓延

随着社会经济的发展,农民的生活水平得到了极大改善,收入也随之增多,而机械农业的普及,大大解放了劳动力,农民有了更多的时间和更多的精力,逐渐淡化了勤俭节约的美德。铺张浪费、互相攀比之风开始盛行,农村婚丧嫁娶讲求排场,大操大办、天价彩礼等现象屡见报端,形成了不好的社会风气。甚至有的农民染上了"黄赌毒"等恶习,特别是春节期间,聚众赌博、麻将扑克猖獗,影响了乡风文明的建设。

同时,很多农民或外出打工或就地创业,不少人已经走上了脱贫致富之路。然而,非法集资活动开始向农村蔓延,导致一些脱贫农民再次走向贫困。当前部分农村出现了以"国家项目""养生保健""农民合作社""投资理财公司""担保公司"等为旗号的非法集资和非法传销组织,他们往往通过发展下线,进行非法活动,榨取农民的积蓄,许多老年人难辨是非,造成了巨大的财产损失。

3. 集体意识弱化,集体观念遭到瓦解

个人利益与集体利益是辩证统一的,二者互为前提而共存。正确处理个人与集体的关系,是推进乡风文明建设顺利进行的保证。要将集体利益放在首位,同时维护个人的正当利益。当前,我国农村集体经济遭到瓦解,农民的集体主义观念被打破,取而代之的是绝对平均主义和自私自利的小农意识。受市场经济冲击,在物质利益的驱动下,不少人把"一切向钱看"作为自己行动的准则,处处追求个人利益最大化,集体观念淡薄,个人主义严重,拜金主义、功利主义、极端利己主义逐渐在农村蔓延开来。

4. 青年农民信仰迷失,责任意识淡薄

作为未来支撑农村发展的主力,青年农民决定了乡村振兴成败。然而,部分农村未接受过高等教育的30岁左右的年轻男性,由于懒惰、无学历、无能力、无出路问题,大部分处于闲散状态。他们聚在一起打牌、打麻将,甚至赌博、吸毒等。他们不结婚、不劳作、不务工,文化水平和道德素质普遍偏低,经常游走于村间民巷,且没有正常的经济收入来源。不结婚导致作为社会基本细胞的家庭结构逐渐瓦解;不劳作使得流传千百年的农耕文明逐渐消失;不务工滋生了"等靠要"的依赖意识和懒惰思想。"70后"不愿种地,"80后"不会种地,"90后"不提种地,农村耕地没有呈规模流转,大都是老人、妇女在家种,加剧了闲散劳动力对农村社会生活和耕种文明的破坏,带来了一些隐患。

(三) 精神文化生活内容单一,文化产品供给不足

1. 文化娱乐生活方式单一

随着农村经济水平的不断提高,农民的收入增加,有线电视、电脑、手机等现代化的电子娱乐设施已经被广大农民接受,农村群众也能够享受更为丰富多彩的娱乐活动。但是,农村地区文化娱乐生活单一,"两馆一站一室"等农村文化设施利用率极低,有些村尽管有农家书屋,书屋里也有数量可观的书籍,但是

还未真正发挥作用；农民除了看电视，最主要的消遣活动是打牌、打麻将。这些活动不仅影响了农村文明思想观念的形成，增添了不稳定因素，也制约着农村经济的发展，同时还助长了不思发展、贪图安逸等懒散思想。虽然每年县、乡有关部门都组织文化下乡活动，但蜻蜓点水式的"文化下乡"，难以满足农民对文化的渴求。农民消费支出中用于教育文化娱乐的支出比例也相对较低，图3数据显示，2010—2013年，农民消费支出中教育文化娱乐占比低于9%，2014—2016年，该指标占比才略高于10%。

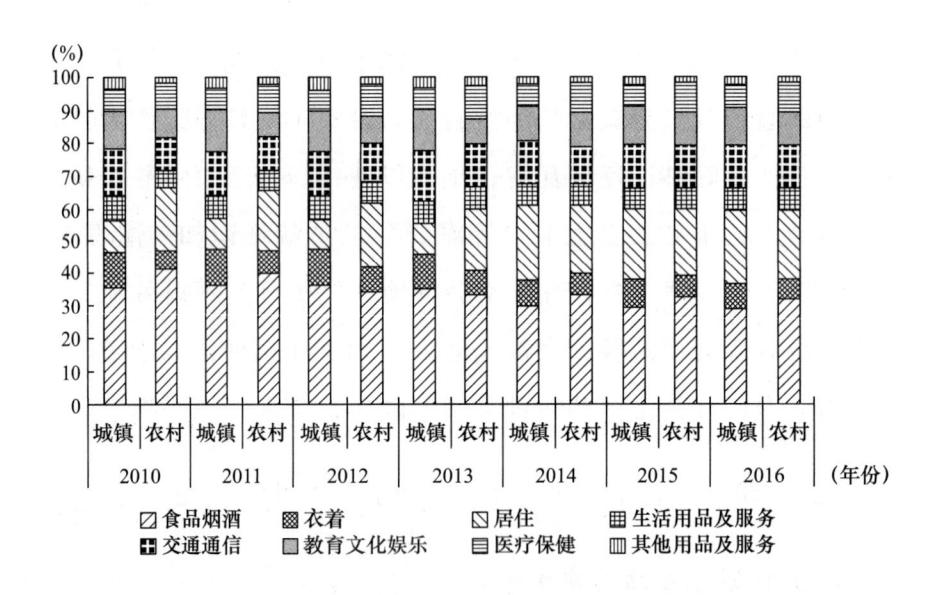

图3 2010—2016年城乡居民人均消费支出

资料来源：根据历年《中国统计年鉴》数据计算得到。

2. 民俗文化活动日渐消失

民俗文化是千百年来在农村生产生活过程中逐渐凝结而成

的、具有一定稳定性的艺术表现形式。其对社会具有一种整合、凝聚与规范功能，可以使社会有效排除干扰，保护文化特色，产生重要的社会控制作用。但是伴随城镇化加快和农村体制改革，城市文明和先进文化逐渐渗透到农村中，民俗文化受到了强烈冲击，原有的文化生态被打破，许多优秀的农村民俗文化资源闲置，加之后继无人，缺乏创新，大部分依旧依赖代际相传和口授相传，导致了部分民俗文化处于衰落甚至消亡的边缘。同时，由于我国正处在社会转型期和矛盾凸显期，新旧思想观念相互碰撞、东西文化相互交锋，导致文化价值多元化发展，农村民俗文化被边缘化、割裂化。

3. 封建迷信思想有所抬头，宗教势力有所反弹

一直以来，农村地区婚丧嫁娶、建房拆迁、升迁上学等都依赖于看风水、批八字，预测命运前程，以此指导一切。伴随着现代新媒体平台的发展，智能手机、平板、电脑等智能产品被广大农村地区接受，并普遍使用，既给农民生活带来了极大方便，也为封建迷信活动提供了可乘之机，他们通过 QQ、微信、微博等平台，宣扬迷信思想，诱骗知识文化水平较低、辨别能力较差的农民。

有些邪教组织和非法宗教活动，打着宗教自由的幌子，趁机蚕食和渗透农村阵地。一些犯罪分子散布反动言论，搞乱农民思想，给农村社会治安带来许多问题。部分少数宗族头领，甚至煽动本族群众以集体上访为名，扰乱社会公共秩序。长此以往，农村宗族组织将成为独霸一方的恶势力。

三 加强乡风文明建设的对策建议

乡风文明建设是一项需要不断完善，并且长期坚持的任务，为有效推进乡村振兴战略实施，应该全方位参与、多角度推进。在今后的工作中，本报告提出以下几点建议：

（一）加强思想引领，发挥党组织在基层工作中的领导核心作用

党的基层组织是党联系群众、服务群众的桥梁和纽带。习近平总书记指出，党的工作最坚实的力量支撑在基层，最突出的矛盾问题也在基层，必须把抓基层打基础作为长远之计和固本之举。加强党的基层组织建设，对于坚持和贯彻党的群众路线，在推动发展、服务群众、凝聚人心、促进和谐中发挥重要作用意义非凡。

新时期乡风文明建设要在习近平新时代中国特色社会主义思想引领下，将党的方针、政策深入农村，推进农村各项工作有序开展，加强基层服务型党组织建设，打通联系服务群众"最后一公里"。要充分发挥基层党组织的领导核心、政治核心、政治引领作用，把群众团结凝聚在党的周围，筑牢党执政的群众基础。基层党组织要转变工作思路，树立乡风文明建设重要性的意识，更新思想观念，时刻与党中央保持一致，增强使命感和责任感，稳固党在基层的执政根基，坚决抵制腐朽思想和非法组织、宗教势力传入农村。要摒弃乡风文明建设走过场的思想，不能简

单张贴标语，要花时间，下大力气，深刻认识乡风文明建设的紧迫性。

党员干部要积极带头，发挥示范引领作用，形成文明健康的社会风尚，组建党员志愿者服务队，认真学习领会党中央各项政策，保证中央关于农村工作的精神、乡风文明建设的指示在实际中不走样，真正落到实处。基层党组织要正确处理好农村社会、经济、政治和生态与乡风文明建设之间的联系，因地制宜，制定适宜自身发展的乡风文明建设规划，明确发展思路，确定工作方式，建立保障乡风文明建设的长效机制。

（二）推进城乡教育平等，搭建立体式教育培训机制

乡风文明建设的核心在于提高农民的科学文化素质和思想道德水平，只有不断深化农民对乡风文明建设的认识，才能够引导其树立正确的世界观、人生观和价值观。只有让农民及时了解国家的"三农"政策，促进城乡教育均衡发展，破解城乡二元结构，才能保障适龄儿童的受教育权，消除农村适龄儿童在户口上的歧视。推进城乡教育平等，不能搞一刀切，应该根据实际情况，提出区域内学校均衡发展的规划，分类指导，分区规划。

在义务教育阶段，要提升教师整体素质，特别是培育师德作风素养，在机制建设上保障基层教师生活，鼓励优秀大学生到偏远农村开展支教工作，使其扎根基层教育。教学内容上除加强传统教育外，着重加强思想道德建设，培育学生优良品格，真正推进素质教育，增强学生的创新能力，以此带动家庭建设乡风文明，改善农村面貌。

在成人教育阶段，要健全教育培训体系，整合农村教育资源，提升农村科技、文化和技能水平。只有保证农民的综合素质与乡风文明建设不脱节，才能够更好地发挥乡风文明建设主力军作用。在培训内容和培训方式上，要根据市场需求，结合当地农民接受程度，以及农业产业结构现状，以农民需求为导向，调动社会力量和高等院校资源，支持农村成人教育，培训内容要讲求实用，有针对性，切实将农民培训工作落到实处。

（三）健全农村社会养老保障体系，改善农村医疗卫生条件

国家在农村建立了农村最低生活保障、农村医疗救助、农村五保供养等社会保障体系，为乡风文明建设提供了有力保障。但是，目前农村养老保障体系依然采取的是以家庭养老保障为基础，辅之以集体互助和国家救助的养老保障制度。农村养老保障存在客观上的供给不足，供需矛盾较为突出。因此，要探索多渠道、多形式的农村社会养老基金的筹集方式，增强农民参保意识，建立全面的农村养老保险基金管理制度，加快建立城乡居民一体化社会养老保障体系。

在医疗卫生服务水平的提升上，首先，要增强农民健康意识，开展农民健康教育主题活动，提高农民健康教育普及率，引导农民建立科学文明健康的生活方式，掌握传染病及重大疾病的预防方法和手段。其次，应加强农村，特别是贫困地区的医疗卫生服务体系建设。进一步稳定优化乡村医生队伍，严格乡村医生职业准入，规范乡村医生考核，提高乡村医生养老保障。探索基层卫生人才激励机制，对长期在基层工作的卫生技术人员在职称晋升、薪酬待遇等方面予以倾斜。最后，根据农村服务现状和需求，改善农村医疗结构设施条件，进一步加大农村医疗卫生事业

投入，规范政府对农村卫生事业的补助范围。通过乡镇卫生院派驻医务人员、设立乡镇卫生院医疗卫生服务流动站点、开展巡回医疗等方式，实现村级医疗卫生服务全覆盖。

（四）加大农村公共文化设施建设，培育农村文化产业

实施乡村振兴战略，必须坚持物质文明和精神文明一起抓，既要"富口袋"，也要"富脑袋"。农村乡风文明建设的重要载体就是要有配套的农村公共文化基础设施，要切实加大对农村公共文化事业的投入，多方筹措资金，提高农村公共文化服务能力，整合公共文化资源后向农村倾斜，通过建设现代化、高标准的农村公共文化设施，搭建农民文化服务空间，进一步丰富和活跃农民精神文化生活，开展形式多样、健康有益的群众文化活动，激发新的乡风文明，营造良好氛围。建立健全城乡公共文化帮扶机制，提供更多更好的农村公共文化产品和服务，活跃农村文化市场，丰富农村文化业态。同时，增强农村公共文化服务的内生活力，通过政府引导和社会参与，提高自身能力和水平，借助现代化服务设备，开展农村数字化文化信息服务，开发和利用民俗文化资源，打造公共文化服务精品。

农村具有深厚的文化底蕴，也拥有丰富的民俗文化资源，要找准文化资源优势转化为产业优势的突破口，推进乡村文化产业发展，以满足农民的文化需求为目标，突出地域风情，积极培育新兴业态，开展现代观光旅游农业、文化休闲农业，促进农村第一、第二、第三产业融合发展，拓展农业产业链和价值链。通过大力培育有文化、懂技术、善经营的农村文化产业人才，打造农村文化产品品牌。同时，加强农村文化市场的监管，整顿和规范市场秩序，坚决打击传播封建迷信等违法活动，确保农村文化市场健康有序。

（五）培育优良家风乡风，打造新乡贤文化

家风建设是推动国家发展、民族进步、社会和谐的重要基点。习近平总书记指出，弘扬中华民族家庭美德、树立良好家风。不论时代发生多大变化，不论生活格局发生多大变化，我们都要重视家庭建设，注重家庭、注重家教、注重家风。要切实加强农村家庭文明建设，广泛开展诚信教育、孝敬教育、勤劳节俭教育，促进家庭和睦，邻里互助，崇尚劳动。开展传承好家风好家训、深化文明家庭创建活动，激发农民荣誉感，引导农民向上向善，发挥示范带动效应。

乡风建设方面，要发挥传统文化的优势，充分运用村规民约等教化资源，潜移默化影响农民的价值取向和道德观念，开展乡风评议活动，充分发挥村民议事会、道德评议会等群众自治组织的作用，促进移风易俗，遏制大操大办、厚葬薄养等陈规陋习，广泛组织开展农村志愿服务互动，关爱留守老人、留守儿童等群体，树立新乡风。

乡贤文化是根植于家乡的母土文化，是中华优秀传统文化的重要组成部分。具有明显的地域性、亲善性和现实性，是教化乡里、涵育乡风文明的重要精神力量。推进乡村治理现代化，用乡贤文化所蕴含的道德力量推动乡风文明建设，以乡情为纽带，吸引各界成功人士返乡支持家乡建设，激发村民参与乡村事务的积极性，提高凝聚力，为农村注入文化活力，延续传统乡村文脉，引领乡村振兴。

(六) 加强农业供给侧结构性改革，壮大农村集体经济

推动农业供给侧结构性改革，能够在很大程度上改善农村经济环境，带动乡风文明建设。为更好地满足市场需求，应该优化产品结构、转变生产方式，实现农产品供需平衡向高水平跃升。通过发展适度规模经营，优化经营结构，推行绿色生产方式，促进农业可持续发展。

乡风文明建设的根基在于改变现有贫困状态，提高农民收入水平，实现农村富裕。而集体经济可以为乡风文明建设提供资金支持，便于开展乡风文明活动，更加能够提高生产力，确保农村收入长效增长。因此，要在全面开展农村集体资产产权界定的前提下，探索农村集体经济发展的方式和路径。遵循实事求是、因地制宜的原则，推进产权制度改革。切实把握好农村产权制度改革的基本方向，赋予农民充分权能，确保农村集体产权制度改革沿着正确的方向健康发展。形成有效维护农村集体经济组织成员物质利益和民主权利，较为完善的农村集体经济治理结构。

(七) 弘扬和传承中华优秀传统文化，挖掘和保护民俗文化

党的十九大报告提出，要坚定文化自信，推动社会主义文化繁荣兴盛。习近平总书记也多次强调，中华优秀传统文化是中华民族的精神命脉，是我们在世界文化激荡中站稳脚跟的坚实根基。

对民俗文化要采取保护性政策，在保留、弘扬民俗文化特色的基础上，科学制定民俗文化保护机制，合理制定具有地域特色的文化保护规划，鼓励村民推陈出新，在保护中继承，在传承中

创新。通过组织专家对民俗文化进行鉴别和认定，区别划分物质文化遗产和非物质文化遗产，建立集文字、图像、影视、音频等资料于一体的立体化数据库。此外，要不断加大民俗文化和传统村落的对外宣传力度，打造名优品牌，加强产业政策扶持。加快农村传统文化创意人才队伍培养，建立健全农村优秀传统民俗文化传承人扶助机制，引进培养高端人才，提高传承人的社会地位，调动农民在民俗文化保护和传承过程中的创造性和积极性。

同时，伴随"互联网＋"已经嵌入社会经济发展的各环节中，并成为推动社会发展的重要动力，民俗文化的保护及村落文明的传承，应该借助"互联网＋"热潮，利用大数据技术，对全国范围民俗文化加以跟踪研究。通过研发具有地域特色的手机APP终端，在微信、微博等新媒体上广泛宣传，搭建虚拟数字展览馆等，让更多人了解、熟悉并传播民俗文化，真正将保护和传承中华优秀传统文化从理念转化为实际行动。

参考文献

[1] 朱启臻：《乡风文明是乡村振兴的灵魂所在》，《农村工作通讯》2017年第24期。

[2] 于法稳：《实施乡村振兴战略的几点思考》，《国家治理》2018年第3期。

[3] 张红宇：《关于深化农村改革的四个问题》，《农业经济问题》2016年第7期。

乡村治理体系现状、问题与对策

罗万纯[*]

摘　要： 乡村治理对促进农村经济社会发展的作用越来越突出，完善的乡村治理体系是提高乡村治理效果的关键。近年来，中央和地方政府积极推进乡村治理体系建设，取得了积极进展，农村基层党组织不断加强，村民自治制度不断完善，村风、民风得到明显改善，农村公共法律服务体系逐步建立。同时，乡村治理还面临农村基层党组织服务能力不强、部分地区村民自治效果不佳、外来人口参与社区治理机制不健全、新的价值体系缺失、农村居民依法办事存在障碍等问题需要解决和突破。为进一步完善乡村治理体系，结合存在的问题和一些探索经验，本报告提出加强基层党组织服务能力、进一步完善村民自治制度、建立和完善外来人口参与社区治理机制、引导建立新价值体系、加强农村法律服务体系建设等建议。

关键词： 乡村治理体系　现状　问题

---

[*] 罗万纯，中国社会科学院农村发展研究所副研究员，研究方向为农村发展理论与政策。

Current Situation, Problems of Rural Governance System and Its Improvement Measures

Luo Wanchun

Abstract: Rural governance plays a more and more important role in promoting rural economic and social development, a perfect rural governance system is crucial to improve the effectiveness of rural governance. In recent years, the central and local governments have actively promoted the construction of the rural governance system, and made positive progress. The rural basic – level party organizations have been strengthened, the village autonomy system has been improved, the village social environment have been significantly improved, and the rural public legal service system has been gradually established. At the same time, rural governance still faces problems such as weak service capacity of rural basic – level party organizations, poor effect of village autonomy in some areas, lack of perfect mechanism of the participation of foreign population in community governance, lack of new value system, and obstacles for rural residents to handle affairs according to law. All of these problems need to be solved and broken through. In order to further improve the rural governance system, considering existing problems and some exploration experiences, this report proposes to strengthen the basic‐level party organizations' service capabilities, further improve the village autonomy system, establish and improve the mechanism of foreign population participation in community governance, guide the establishment of new value systems, and strengthen rural legal service system construction.

Key Words: Rural Governance System; Current Situation; Problems

乡村是中国社会的重要组成部分，居住着大量的人口，根据2017年国民经济和社会发展统计公报，2017年年末乡村人口有57661万人。同时，乡村还承担着农业生产任务，关系到国计民生。进入21世纪以来，中国通过开展社会主义新农村建设和实施城乡统筹发展战略，推动了乡村经济社会的快速发展。同时，由于资源禀赋、发展战略的差异，乡村发展状况千差万别。一些乡村通过工业化、城镇化逐渐融入了现代社会，一些乡村逐渐凋敝甚至消亡，更多的乡村正在寻求新的发展机遇和动力。

外部力量对乡村发展的推动作用逐渐被挖掘，乡村治理对乡村经济社会发展的作用越来越被社会各界所认知。而建立科学、完善的乡村治理体系是提高治理效果的关键。近年来，地方根据需求在法律和政策许可的范围内积极开展了乡村治理创新活动，中央加强了顶层设计，乡村治理体系进一步得到完善。党的十九大报告提出要实施乡村振兴战略，实现"产业兴旺、生态宜居、乡风文明、治理有效、生活富裕",治理有效是其中最重要目标之一。党的十九大报告同时提出要加强农村基础工作,建立自治、德治、法治相结合的乡村治理体系,明确了乡村治理的发展方向和重点,为地方开展乡村治理实践提供了政策指引。有不少学者对乡村治理体系相关问题进行了探讨(魏后凯,2018;陈文胜,2018)。本报告主要利用近几年的调研资料总结中国乡村治理体系现状及存在的主要问题,并在此基础上提出相关政策建议。

一 乡村治理体系的现状

乡村治理问题一直备受关注,虽然在党的十九大之前没有明确提出"建立自治、德治、法治相结合的乡村治理体系",但国家通过出台中央一号文件等连续多年对相关工作进行了部署。中央和地方政府积极推进乡村治理体系建设,取得了明显进展,主要体现在四个方面。

一是农村基层党组织不断加强;二是村民自治制度不断完善;三是村风、民风得到明显改善;四是农村公共法律服务体系逐步建立。

(一) 农村基层党组织不断加强

近年来,各地主要从五个方面加强了农村基层党组织建设。一是充实壮大基层党组织队伍。以云南省为例,2016年云南省完成全省1227个乡镇党委、人大、政府和14292个村(社区)

"两委"换届选举。在乡镇换届中,选拔2036名乡镇事业编制人员、优秀村干部和大学生村干部进入乡镇任领导班子。在村"两委"换届中,选拔7727名党员致富带头人担任村党组织书记。

二是推进党的组织和工作覆盖,加大在农业企业、专业合作社、农业社会化服务组织等建立党组织力度。

三是把整顿软弱涣散党组织作为提高基层党组织政治功能的基础工程,并对党员学习教育、作用发挥、管理监督等做出了严格规定。

四是丰富农村基层党组织服务内容。积极引导发展村集体经济;组织机关企事业单位挂包贫困县、贫困村,干部职工帮扶贫困户,向建档立卡贫困村选派驻村扶贫工作队员;加大对党员创业致富支持力度等。

五是引导村两委交叉任职和配备第一书记。对于村两委交叉任职情况,根据笔者2017年对云南省6个乡镇(各有行政村7个、12个、13个、8个、15个、4个)的调查[①],村两委成员交叉任职的村所占比例分别为82%、20%、80%、52%、39.8%、20%,都有交叉任职,且部分乡镇交叉任职比例很高。调查的6个镇有第一书记的村所占比重分别为100.0%、33.3%、38.5%、37.5%、86.7%、100.0%,每个乡镇都有第一书记,且部分乡镇第一书记所占比重非常高。基层党组织在促进乡村经济社会发展方面发挥了积极作用。作答的79个农户,73.4%的表示村委会和党支部在带领村民致富和发展方面发挥了作用,

---

① 笔者2017年对云南大理、楚雄、文山3县6乡镇的82个农户进行了调查,相关数据根据调查资料计算得到;下同。

44.3%的表示在促进社会稳定方面发挥了作用,60.8%的表示在宣传政策文件方面发挥了作用。

(二) 村民自治制度不断完善

第一,村民自治组织体系不断完善。自1988年开始试行《中华人民共和国村民委员会组织法》以来,经过两次修订,目前已经建立由基层党组织、村民委员会、村民会议、村民代表会议、村务监督机构等组成的村民自治组织体系,为有效开展村民自治提供了制度保障。

同时,为了确保村级组织的运转,很多地区都设立了村级运转经费。例如,从2017年起,江苏省财政每年新增支出14亿元,村级运转经费从12万元增加至20万元;湖南省村级运转经费由2016年的村均7万元提高到2017年的9万元。

第二,在"民主选举、民主决策、民主管理、民主监督"四项内容中,"民主选举"得到较好实施,"民主决策、民主管理、民主监督"正在加强。各地按规定开展村委会换届选举工作。例如,云南省2016年换届选举产生村民委员会主任11971名、副主任12571名、委员39621名;推选产生村务监督委员37490名,其中主任11969名。对于最近一次村委会选举,作答的82个农户,92.7%的表示家里有人参加村委会选举投票;作答的76个农户,96.1%的表示亲自填写选票,2.6%的表示委托亲属填写选票,1.3%的表示委托邻居填写选票。村委会选举总体上比较规范。一些地区通过建立村民理事会、党群理事会等议事平台以及印制小微权利清单等加强"民主决策、民主管理、民主监督"。一些地区利用现代媒体对村务进行监督,例如,湖南省麻阳县正在探索"互联网+"的监督模式,每个村级服务中心配备"监督信息平台"终端,设置民生政策、民生资金、扶贫信息等模块,对县直部门的服务事项进行公开公示,接受群众监督。

第三,积极探索村民自治有效实现方式,取得了积极成效。缩小村民自治范围有利于形成集体行动和调动村民参与积极性,广东清远、湖北秭归、云南大理等进行了自然村(村小组、村落)自治探索。云南省大理州于2014年开始开展以自然村为基本单元的村民自治试点工作,在建立农村基层组织体系、健全自治组织规章制度、加强乡村治理队伍、提高村务管理水平、减少社会热难点问题、改善村容村貌等方面进行了有益的探索。2017年,大理州进一步提升自然村村民自治试点工作。例如,弥渡县通过"一事一议",试点村年人均筹集10—20元的村务管理费,县财政以奖代补,兑付年人均3元的村务管理费,为村民自治组织正常运转提供必要的经费保障。

人口大量流失,三留守问题突出,治理人才缺乏是村民自治面临的主要困难。为了破解这个难题,一些地区进行了探索。云南省文山州广南县者兔乡里夺村探索"年薪制"加强村小组治理取得了较好效果。2011年9月,里夺村召开全村村民会议,按照群众事由"群众议、群众定、群众办、群众管"的方式,针对里夺村多年无人当干部、不愿当干部的现状,由全村群众自发商议、自主决定,以无记名投票的方式,选出里夺自然村总组长和副组长,任期3年,总组长年薪1.2万元,副组长年薪1万元。村民代表会议要求,村小组干部要带领群众开展基础设施建设、抓产业发展,明显改变村容村貌、明显发展村组经济等,只有在任期内为全村做出实际的贡献，方可领取全部薪酬。"年薪制"取得了积极效果。一是解决了村小组"无干部"的难题，提高了村小组干部工作的积极性和主动性；二是调动村民参与新农村建设的积极性，促进农村社会更加安定和谐；三是村干部的廉洁自律意识进一步增强，促进了党在农村的各项支农惠农政策的落实。

（三）村风、民风得到明显改善

近年来，国家加强了移风易俗工作。一是引导制定和完善村规民约从生产生活秩序、社会治安、法律义务、社会主义精神文明建设等方面规范了农村居民的生产生活。二是加强了农村公共文化建设，丰富了群众文化生活。三是通过各种评比及对身边正面典型案例的宣传，引导农村居民追求真、善、美。通过开展一系列工作，不少村庄的村风、民风得到了明显改善，请客送礼攀比之风得到遏制，乡邻关系更加融洽，家庭更加和睦，社会更加稳定。

扶贫是当前农村尤为重要和紧迫的工作，一些地区在大力推进扶贫工作的同时开展了群众教育活动，对提高群众自身发展能力积极参与生产发展发挥了积极作用。例如，云南省楚雄市开展了"感恩、公德、小康"三项群众学习教育活动，取得了良好的效果。主要做法包括四个方面：一是通过多种媒体、多种方式加大宣传，使"感恩、公德、小康"的价值理念深植贫困乡镇、贫困村组、贫困群众。二是积极推进村规民约制定、农村环境卫生整治、"村霸"整治、软弱涣散整顿，积极组织贫困村组干部群众到发达地区学经验开眼界。三是把工作视角投向扶贫资金项目监督管理层面,一方面加强对扶贫项目监管人员的思想教育,另一方面从精神、道德层面推动广大贫困群众积极支持建设、主动监督项目、感恩发展变化、真正把扶贫资金用在刀刃上。四是通过身边人身边事教育当地贫困群众常怀感恩之心,信守公德之美,同步小康之路。

(四)农村公共法律服务体系逐步建立

除了推进农村立法、修法和开展普法工作外,国家还引导积极探索建立农村公共法律服务体系。农村居民法律素养普遍不高,为了向他们提供法律援助,帮助他们通过法律途径解决纠纷和保护自己的合法权益,一些地区在较早时期就开始探索建立农村法律公共服务体系。例如,广州市萝岗区2008年对建立基层法律顾问制度的可行性进行了论证,2009年开始进行试点,以政府出资"埋单"的方式建立农村公益法律顾问制度,2011年正式确立一村(社区)一律师顾问制度。2014年,萝岗区一村(社区)一律师顾问制度建设取得新的进展,即实现100%的村(社区)每周有律师值班提供免费法律咨询服务,100%的村(社区)重大涉法矛盾纠纷由法律顾问提供法律意见、建议或参与调解,100%的法律援助案件由驻村(社区)的律师直接提供援助。萝岗区一村(社区)一律师顾问制度作为构建农村公共法律服务体系的一种尝试,不仅帮助农村居民通过法律化解了矛盾纠纷,还通过以案说法,提高了普法效果。党的十八届四中全会提出"推进覆盖城乡居民的公共法律服务体系建设,加强民生领域法律服务","保证人民群众在遇到法律问题或者权利受到侵害时获得及时有效法律帮助",为各地建立和完善农村公共法律服务体系指明了方向。①

二 乡村治理体系中存在的主要问题

要建立起基层党组织领导的,"自治、德治、法治"三治相结合的较为完善的乡村治理体系,还面临一些问题和困难。例如,农村基层党组织服务能力不强、部分地区村民自治效果不佳、外来人口参与社区治理的机制不健全、新的价值体系缺失、农村居民依法办事存在障碍等。

(一) 农村基层党组织服务能力有待进一步增强

虽然近几年加强了农村基层党组织建设,并取得了积极进展,但农村基层党组织的服务能力还有待进一步增强。

首先,基层党组织队伍建设有待进一步增强。主要体现在以下几个方面:一是农村基层党组织干部文化水平不高,以初中及以下文化程度居多,制约了他们带领群众致富、解决发展难题的能力。二是人员保障不足,农村党员普遍年龄较大,出现"青黄不接"现象,联系服务群众工作难以有效推进。三是党员干部服务群众意识不强,标准不高,影响了服务型党组织建设在群众中的满意度。四是农村基层党员参与组织生活积极性不高。因流动党员较多、留守党员年老体弱等原因,部分党员对基层党组织事务参与度不高,要么找借口不参与,要么抱着应付的心态

---

① 羊发研:《积极构建农村公共法律服务体系》,《人民日报》2015年8月6日。

参与。

其次，基层党组织引导村庄产业发展的作用有待进一步增强。过去很长一段时间里，由于基层党组织不注重引导村庄产业发展，再加上缺乏相关政策的扶持，导致不少村庄集体经济薄弱，不能为村庄治理提供必要的资金支持，也没能带动村民发展致富，影响了基层党组织在群众中的威信。

（二）部分地区村民自治效果有待进一步提高

部分地区村民自治效果有待进一步提高，主要表现在以下几个方面：

第一，乡村治理人才不足。由于年轻人口外流（根据国家统计局2017年农民工监测调查报告，2017年农民工总量达到28652万人，其中外出农民工17185万人；农民工平均年龄为39.7岁，40岁以下农民工所占比重为52.4%）、村（组）干部工资偏低等原因，当前中国农村普遍存在治理人才不足的问题，这在经济落后、集体资产少的农村表现得尤为突出，有些村庄甚至出现了无人愿意当村干部的情况。同时，由于三留守（老人、妇女、儿童）问题比较突出，乡村治理参与主体综合素质总体不高，影响了乡村治理措施的顺利、有效实施，也影响了治理效果。

第二，村务监督委员会作用发挥有限。虽然各地目前按要求建立了村务监督委员会，但作用发挥有限，主要有两个方面的原因：一是有些地区由于财力不足或不重视等原因没有按上级的要求落实村务监督委员会的待遇问题，影响了委员的工作积极性。二是一些地区存在监委会因为怕得罪村干部而不敢监督，和村干部关系好而随便监督的现象，导致监委会监督不力或流于形式。

第三，自然村村民自治试点运行不畅。近年来积极探索的自然村（村落、村民小组）村民自治虽然取得了一定成效，但有效运行面临一些问题。例如，云南省大理州自然村村民自治目前主要面临三个方面的突出问题：一是工作关系问题。有的村党总支和村委会习惯于按传统方式开展工作，只召集村党支部书记、村民小组长开会，不通过村民自治组织就直接处理自然村村民公共事务。而有的村民自治组织自作主张，没有与村党（总）支部和村委会进行充分协调沟通，导致双方各自为政。二是经费保障问题。推选产生的自然村（组）村民自治组织，由于很多自然村集体经济薄弱，加之村务管理费用筹集较为困难，日常工作运转经费和自治组织成员的误工补助没有保障，村民自治组织的工作难以正常开展。三是村民的主体性作用发挥不够，参与村庄建设和村务管理的积极性不高。

第四，在多次社会调研中发现，村委会和社区干部任期较短，也影响了基层干部的积极性。村委会和社区干部任期只有三年，第一年参加选举和了解情况，第二年开始开展工作，第三年又开始新的选举，导致不少基层干部缺乏工作积极性，适当延长任期成为不少基层干部的心声。

（三）外来人口参与社区治理的机制不健全

随着人口的大量流动，不少地区的人口结构发生了变化，特别是广东、江苏等一些经济发达地区，外来人口数量超过了当地人口数量，如何对外来人口进行管理和提供必要的服务，促进当地经济社会发展和稳定是亟待解决的问题。虽然一些地区已经开始关注这个问题，并引导选举外来人口代表参与社区治理，但远远不能满足需求，还不能很好地解决外来人口和当地人口相互融合、外来人口的社会服务等问题，亟待建立和完善外来人口参与社区治理的有效机制。

（四）新的价值体系缺失

随着经济社会的变迁，人口的大量流动，村庄由封闭的社会转变成开放的社会，村庄成员的相互依赖性减弱，原来维系熟人社会的价值信念逐渐瓦解，原来的处事规则被打破。由于道德自律普遍下降，金钱、利益引发的纠纷、矛盾增多，对公共事务的关注度下降，影响了农村社会的发展和稳定，进而也影响了农村经济发展。虽然国家非常重视社会主义核心价值观及其他优秀传统文化的宣传，但农村居民普遍还没有建立新的价值体系，生产、生活缺乏有效规范指引，制约了德治水平的提高，影响了乡村治理效果。

（五）农村居民依法办事存在障碍

通过长期宣传和引导，通过法律途径解决纠纷成为越来越多农村居民的选择，但从现实情况看，农村居民想要依法办事还存在一些障碍。主要有三个方面的原因：一是相关农业、农村法律体系不健全，有些领域还存在农村居民无法可依的情况。二是虽然有相关法律法规，但由于普法效果不佳等原因，农村居民不熟悉相关的法律法规。三是农村法律公共服务普遍不足，不少农村居民虽然具有通过法律解决纠纷、保护自己合法权益的愿望和需求，但由于自身能力所限，通过法律途径解决问题和纠纷存在很多困难。

三 完善乡村治理体系的对策建议

在基层党组织的有力领导下，充分发挥自治、德治、法治的作用，提高乡村治理效果是党的十九大确定的乡村治理的发展方向和重点。为进一步完善乡村治理体系，结合存在的问题和一些探索经验，本报告提出加强基层党组织服务能力、进一步完善村民自治制度、建立和完善外来人口参与社区治理机制、引导建立新价值体系、加强农村法律服务体系建设等建议。

（一）加强基层党组织服务能力

首先，要继续提高村组干部工资待遇。近年来，随着脱贫攻坚和"三农"工作向纵深推进，基层干部的工作更多、任务更重、压力更大，目前的待遇难以留住干部、调动干部的积极性。特别是贫困地区，由于财力不足，配套困难，尤其需要国家通过加大转移支付力度提高贫困地区村组基层干部的生活补贴调动村组干部的积极性。

其次，通过多项措施提升农村基层党组织的服务能力。一是通过组织党员学习提升基层党组织的服务意识和服务能力。二是引导基层党组织重点发挥帮助村庄发展产业的作用，带领村民致富增收。三是引导各地根据实际情况，针对存在的问题，结合当地的文化，采取有效方式组织开展群众学习、教育活动，提升群众的认识水平和自身发展能力，提高他们参与项目、参与发展的积极性。

（二）进一步完善村民自治制度

首先，引导多主体参与乡村治理。通过完善相关激励机制引导更多主体特别是乡贤参与乡村治理解决乡村治理人才不足的问题。乡贤通常见多识广，具有较为丰富的社会资源和雄厚的资金实力，同时乡贤往往对乡村有深厚感情，建设家乡的愿望强烈。在基层党组织的领导下，可以引导建立乡贤慈善会、家乡建设委员会等民间组织并加以规范和监管，为乡贤参与乡村治理提供有效途径和平台，引导他们为家乡建设提供智力支持和资金支持。

其次，继续鼓励探索村民自治有效实现方式。一方面，在严格遵守国家相关法律法规的前提下，继续鼓励各地根据实际情况探索多种村民自治实现形式，探索过程中要充分尊重群众意见，并注意调动群众参与乡村治理的积极性。例如，在基层党组织的领导下，在村民达成一致意见的前提下，可以借鉴文山州广南县者兔乡里夺村"年薪制"探索，村民自聘村干部治理村庄，走"群众事情群众办"的治理路子。另一方面，在加快推进以自然村为基本单元的村民自治工作，充分调动群众"参政议政"的积极性、主动性和创造性的同时，要及时针对存在的工作协调难、缺乏资金保障等问题指导地方出台相关配套政策和制度，使自然村村民自治得以持续有效运行。

最后，可以考虑适当延长村委会和社区干部任期年限，由三年延长为五年，与乡镇机关同步换届，以提高基层干部工作积极性，提高工作成效。

（三）建立和完善外来人口参与社区治理机制

在不少地区，为促进经济社会发展和稳定，外来人口参与社区治理成为发展趋势。要引导外来人口较多的地区积极应对社会发展趋势，主动建立和完善外来人口参与社区治理机制。特别是，要秉持开放、宽容的态度，充分了解外来人口的管理服务需求，创造机会尽量让外来人口参与集体经济发展等敏感领域之外的社区治理，促进社区的和谐发展。

（四）引导建立新价值体系

新的价值体系及处事方式的建立不是一朝一夕的事情，相关部门要引导和农村家庭关系密切的村委会（社区）、学校以及就业单位长期开展德育教育特别是社会主义核心价值观和中国优秀传统文化教育，帮助农村居民建立新的价值体系，形成和新时代适应的生产生活行为规范，发挥道德自律在乡村治理中的作用，提高乡村治理效果。

（五）加强农村法律服务体系建设

一是通过科学的调研活动充分了解农村居民的法律需求，并根据需求加强农村立法、修法工作，使农村居民有法可依。二是创新普法模式，除了公开宣讲、发放小册子外，要多采取现场调解纠纷、现场审理案件等方式，在解决农村纠纷的同时提高普法效果。三是继续引导建立和完善农村公共法律服务体系，通过建立相关机构、增加政府购买、组织志愿者队伍等方式建立农村公共法律服务体系，为有需要的农村居民提供法律援助，使依法办事成为可能。

参考文献

［1］陈文胜：《以"三治"完善乡村治理》，《人民日报》2018年3月2日。

［2］魏后凯：《乡村善治要求创新乡村治理体系》，《农村工作通讯》2018年第2期。

实现城乡教育公平发展的现状、问题与政策建议

赵 黎[*]

摘 要：教育公平是国家基本教育政策，是社会公平正义的应有之义。作为国家教育发展战略，城乡教育一体化的本质是促进教育公平、缩小城乡教育差距。从教育资源配置的平等原则、差异原则和补偿原则出发，本报告在界定教育公平内涵的基础上，对我国城乡教育均等化发展现状进行了分析，论述了实现城乡教育公平发展的特征与问题，包括县域义务教育尚未均衡发展，城乡学生接受义务教育机会差距显著，义务教育经费投入、师资水平、物质资源配置等城乡差距显著，以及城乡教育机会与资源配置差距所带来的影响。最后，本报告对深入推进我国城乡教育公平、实现从城乡二元教育结构向城乡教育一体化转变的实践路径提出若干建议，包括强化政府在促进城乡教育公平发展中的保障作用与加强农村师资队伍建设中的激励作用，鼓励地方探

---

[*] 赵黎，社会科学博士，中国社会科学院农村发展研究所助理研究员，研究方向为乡村治理、社会组织与制度、合作经济组织与经济社会学。

索与创新，推动农村教育水平整体提升，实现城乡义务教育一体化与精准扶贫、教育扶贫政策的联动，建立协同治理模式，保障城乡教育改革与发展的开放性和包容性。

关键词： 教育公平　教育机会　教育资源配置　城乡差距　城乡教育一体化

Equitable Access to Quality Education in Urban and Rural Areas in China: Current Status, Problems and Policy Recommendations

Zhao Li

Abstract: Equity in education is China's basic education policy and should be considered as one of the prerequisites of achieving social equity and justice which is implicitly covered. As a national education development strategy, the integration in the urban and rural education sectors is typified by promoting equity in education and narrowing the gap in educational quality between urban and rural areas. On the basis of the principles of equality, differentiation and compensation in the allocation of educational resources, this report provides a definition of equity in education, analyzes the development of educational equalization in urban and rural areas in China, and discusses the current status, characteristics and problems in the process of promoting equitable access to quality education in urban and rural areas. Challenges can be observed as regards equitable educational opportunities, educational process, and educational outcome. They include the unbalanced development of compulsory education at the county level, significant gap between urban and rural students in educational opportunities to compulsory education, urban – rural differences in investment in compulsory education, teaching staff and allocation of material resources, as well as negative outcomes the previous problems may generate. Finally, the report puts forward a number of strategies and policy suggestions on promoting equitable access to quality education in urban and rural areas, in order to facilitate the transformation from the urban – rural dual system of education structure to the integration in the urban and rural education sectors, as well as the development of a unified system of compulsory education.

Key Words: Equity in Education; Educational Opportunity; Resources Allocation; Urban – Rural Gap; Integration in Urban – Rural Education

教育公平是国家基本教育政策，是社会公平正义的应有之义，在整个社会公平体系中具有基础性地位。党中央、国务院与全社会高度重视教育公平问题。保障农村教育事业的健康发展不仅关系到亿万农村居民的切身利益，也是全面提升国民素质与综

实现城乡教育公平发展的现状、问题与政策建议

合国力的基础与前提。党的十九大报告明确提出在提高保障和改善民生水平中要"优先发展教育事业"和"推进教育公平"。《国家中长期教育改革和发展规划纲要(2010—2020年)》(以下简称《教育规划纲要》)把"促进公平"作为十年来的重要任务,强调"形成惠及全民的公平教育,建设覆盖城乡的基本公共教育服务体系,逐步实现基本公共教育服务均等化",提出"加快缩小城乡差距,建立城乡一体化义务教育发展机制"。城乡教育一体化的本质是促进教育公平、缩小城乡教育差距,这也是我国首次提出城乡教育一体化的国家教育发展战略。

本报告在简要探讨教育公平内涵的基础上,对我国城乡教育均等化发展现状与城乡教育不公平的特征与问题进行了论述,着重分析了城乡学生受教育机会与城乡教育资源配置方面的差距,并对深入推进我国城乡教育公平、实现从城乡二元教育结构向城乡教育一体化转变的实践路径提出若干政策建议。

一 城乡教育公平的内涵

从教育经济学和教育社会学的视角来看,教育公平是指全体社会成员享有平等的受教育权利、机会以及公共教育资源服务。从机会公平与避免绝对的剥夺这两个公平性原则出发,教育公平包含教育资源配置的平等原则、差异原则和补偿原则。平等原则包括受教育权利平等和机会平等两个方面;差异原则是指教育资源配置按照受教育者的具体情况所具有的差异性,即公平性并不等于"平等主义"的原则;补偿原则是指公共教育资源配置对

基于家庭社会阶层、历史文化背景、社会经济地位等差异性因素形成的社会弱势群体予以补偿。教育公平又包括教育起点公平、过程公平和结果公平三个层次。起点公平即与平等原则相似，指受教育者权利和受教育机会的公平；过程公平则体现出公共教育资源配置的差异原则与补偿原则，使公共教育资源配置达到公平的状态；结果公平则通常指教育质量公平以及教育对生活前景机会所带来的影响均等化。教育公平可以增进社会公平，消除代际不公平。追求教育公平是世界各国教育改革和发展的基本趋势。

我国《教育规划纲要》把促进公平作为国家基本教育政策，提出教育公平的关键是机会公平，基本要求是保障公民依法享有受教育的权利，重点是促进义务教育均衡发展和扶持困难群体，根本措施是合理配置教育资源，要向农村地区、边远贫困地区和民族地区倾斜，加快缩小教育差距。教育公平的主要责任在政府，同时，全社会要共同促进教育公平。国务院《国家教育事业发展"十三五"规划》（国发〔2017〕4号）把"坚持促进公平"作为基本原则和实现共同富裕的基础，提出要突出精准扶贫，面向中西部地区特别是边远、贫困地区，加大对家庭经济困难学生帮扶力，主要工作目标是要建成覆盖城乡、更加均衡的基本公共教育服务体系，使人民群众高质量、个性化、多样化的学习需求得到更好满足。此外，教育部关于印发《义务教育学校管理标准》的通知（教基〔2017〕9号）把"促进公平，提高质量"作为义务教育学校管理的基本理念，这里的教育公平包括"树立公平的教育观""面向每一名学生，教好每一名学生，切实保障学生平等的受教育权利""建设适合学生发展的课程，实施以学生发展为本的教学"，等等。可以说，我国现行的教育方针和政策都充分体现出了教育资源配置中的平等原则、差异原则和补偿原则。

二 我国城乡教育公平发展现状[①]

改革开放以来,城乡教育公平问题逐渐受到政府和社会的高度重视。近年来,国家出台了一系列政策提供制度保障,不断加大对农村地区教育的投入力度,使农村地区教育的落后状况逐步得到改善,城乡教育均等化整体水平有了很大提高。在基本普及九年义务教育的过程中,城乡适龄教育人口在接受教育机会上的差距逐渐缩小,城乡义务教育一体化发展不断推进,实现"两免一补"城乡全覆盖,实施乡村教师支持计划,加大对乡村教师的培养与支持力度,提高乡村教师队伍素质,推进义务教育学校标准化建设,加大对乡村教育的投入,推进城乡义务教育一体化发展。

(一) 推进农村教育"补短板"工作

近年来,随着"两基"攻坚和"普九"工作的深入推进,农村义务教育的改革与发展日益成为我国各项工作的重中之重。2012—2016年,全国教育经费总投入(包括财政性教育经费和非财政性教育经费)累计接近17万亿元,占GDP比例自2012年以来连续5年保持在4%以上。其中,2016年我国财政性教育

[①] 囿于篇幅所限,本报告对城乡教育问题的讨论限定在义务教育阶段,不包括学前教育和高等教育。

经费一半以上用于义务教育[1]。《教育规划纲要》全文累计出现"农村"一词达40余次,这足以说明提高农村教育发展水平对于推进城乡义务教育一体化发展的重要意义。要达到《教育规划纲要》提出的在2020年之前实现"城乡义务教育均衡发展""农村教育得到加强"等目标,需要补齐农村教育的短板。得益于多年来农村义务教育事业的普及,我国城乡间成人识字率水平均平稳提高,由于农村成人识字率的增长速度快于城镇,城乡间成人识字率的差别呈现出逐渐缩小的趋势。1990—2002年,城乡间成人识字率差距由14.26个百分点减少到7.45个百分点(宋洪远、马永良,2004)。同时,城乡入学率的差别也呈现出逐步缩小的局面。针对小学教育,自20世纪90年代以来,无论是毛入学率还是净入学率,城乡之间的差距都不大。从1990年到2002年,城镇的净入学率在99%以上,农村的净入学率也均在97%以上。针对初中教育,自1990年以来,城市初中的毛入学率基本维持在90%以上,同时,农村初中的毛入学率由1990年的61.46%上升到2002年的80.34%,上升了18.88个百分点,城乡差距由1990年的35.61个百分点缩小到2002年的18.10个百分点(张玉林,2003)。从农村中小学升学率与农村初中辍学率来看,笔者随中央一号文件评估组在不同调研地区的统计数据显示,农村小学升学率绝大多数达到100%,仅有个别县区为99.6%。农村初中升学率在东部地区达到97.6%以上,中部地区达到94.0%以上,西部地区为70%到99.9%不等。农村初中辍学率在东中部地区几乎为零,在西部地区为0.1%到

---

[1] 邬志辉:《中国农村教育发展报告(2017)》,中国教育新闻网—中国教师报,http://www.jyb.cn/zgjsb/201712/t20171228_915238.html。

1.8%不等。

(二) 建立城乡义务教育经费保障机制

作为推动城乡教育公平、深化教育综合改革的具体措施,中央政府出台了《关于进一步完善城乡义务教育经费保障机制的通知》(以下简称《通知》)(国发〔2015〕67号),提出从2016年起统一城乡义务教育学校生均公用经费基准定额,并确定了2016年生均公用经费基准定额①,此外还要求从2017年开始统一城乡义务教育学生"两免一补"政策,实现"两免一补"城乡全覆盖。2017年,中央财政下达城乡义务教育补助经费1426亿元,比2016年增长6%。同时,要求地方财政、教育部门在安排学校公用经费时,按照"重点倾斜、集中投入"的原则,向寄宿制学校、规模较小学校、接收农民工子女较多的学校和薄弱学校倾斜,并与学校规划布局相结合,集中资金解决最突出、最急需的问题②。

为了建立城乡统一、重在农村的义务教育经费保障机制,各地方政府也针对当地实际情况,相应印发《通知》或者《实施方案》,调整、完善了城乡义务教育经费保障机制和城乡义务教育公用经费分担比例。有条件的地方在中央标准的基础上提高了生均公用经费财政预算。例如,江苏省2016年生均公用经费基

---

① 具体规定为:中西部地区普通小学每生每年600元、普通初中每生每年800元;东部地区普通小学每生每年650元、普通初中每生每年850元,在此基础上,对寄宿制学校按照寄宿生年生均200元标准增加公用经费补助。农村地区不足100人的规模较小学校按100人核定公用经费和北方地区取暖费等政策;特殊教育学校和随班就读残疾学生按每生每年6000元标准补助公用经费。

② 财政部:《关于下达2017年城乡义务教育补助经费预算的通知》(财科教〔2017〕25号)。

准定额为小学每生每年700元，初中每生每年1000元，并对淮河以北地区学校增加年生均25元的取暖费补助。广东省由于2013—2015年已连续三年大幅提高城乡义务教育公用经费补助标准，2016年暂按2015年标准继续实施统一城乡义务教育公用经费补助政策，标准为小学每生每年1150元，初中每生每年1950元。对特殊教育学校的学生根据不同性质，按不低于普通学生生均公用经费补助标准5倍到10倍，且每生每年不低于6000元拨付经费①。在不同省区内，省级政府也鼓励市县当地结合实际提高公用经费补助标准。例如，湖南省湘潭县2017年小学生均公用经费财政预算增加100元/年，达到生均700元/年。

（三）加强乡村教师队伍建设

近年来，我国政府推行多项政策，建立起乡村教师"下得去、留得住、教得好、有发展"的政策保障机制。作为促进城乡教育公平、推动城乡一体化建设的具体措施，中央政府出台了《乡村教师支持计划（2015—2020年）》（国办发〔2015〕43号），吸引优秀人才到乡村学校任教，加强老少边穷等边远贫困地区乡村教师队伍建设，以稳定乡村教师队伍，明显缩小城乡师资水平差距，并带动和促进教师队伍整体水平提高。根据人力资源和社会保障部与教育部关于印发《关于深化中小学教师职称

---

① 根据广东省人民政府《关于进一步完善城乡义务教育经费保障机制的通知》（粤府〔2016〕68号），具体标准为：对特殊教育学校智力残疾、孤独症、脑瘫及多重残疾学生，按不低于普通学生生均公用经费补助标准10倍拨付经费；对特殊教育学校盲聋哑学生，按不低于普通学生生均公用经费补助标准8倍拨付经费；对普通学校、儿童福利机构、残疾人托养机构附设特教班学生，按不低于普通学生生均公用经费补助标准5倍且每生每年不低于6000元拨付经费；对随班就读、送教上门学生，按每生每年不低于6000元拨付经费。

制度改革的指导意见》(人社部发〔2015〕79号)的通知要求，中小学教师职称具体评价标准条件"要综合考虑乡村小学和教学点实际，对农村教师予以适当倾斜，稳定和吸引优秀教师在边远贫困地区乡村小学和教学点任教"。近期，为发展更高质量、更加公平的教育，提供强有力的师资保障和人才支撑，教育部等五部门联合印发《教师教育振兴行动计划（2018—2022年)》的通知（教师〔2018〕2号），提出"改善教师资源供给，促进教育公平发展"的目标任务。加强中西部地区和乡村学校教师培养，重点为边远、贫困、民族地区教育精准扶贫提供师资保障，并要建立健全乡村教师成长发展的支持服务体系，以提高乡村教师培训的针对性和实效性。

为了支持乡村学校培养"下得去、留得住、教得好、有发展"的合格教师，不同地区开展了一些有效探索，尤以中西部地区较为典型，解决了农村教育中师资来源与培养等难题，使乡村教师配置更为合理、补充渠道日趋多元。例如，湖南省党委和政府持续10年下大力气投入农村教育，致力于改善农村教师队伍建设，自2006年在全国率先启动农村公费师范生定向培养计划以来，该计划已成为全省补充农村教师的主渠道。定向培养计划通过"县来县去""县来乡去""乡来乡去""乡来点去"等灵活多样的招生计划，确保招生培养与乡村教师岗位需求"零距离"对接。近几年，湖南省总共招收3.6万名定向师范生，毕业1.65万人。2017年，湖南省改革公费定向培养经费保障机制，培养经费由省、县两级财政按七三比例分担，以扩大公费师范生定向培养规模。据统计，2017年全省共招收公费定向师范生9703名，比2016年增加3140名，提高了47.84%。毕业工作的定向师范生逐步解决了农村教师年龄和学历结构失调及部分学校结构性短缺的问题。2017年中央一号文件评估组在调研地区的统计数据显示，目前在绝大多数乡镇，具有本科及以上学历的初中教师已占编内初中教师总数的4/5，具有本科及以上学历的小学教师占比也达到一半或以上。农村学校校长对这些免费定向生的评价非常高，因为他们受过良好的专业训练，大都是来自本乡镇的当地人，因此工作稳定性好[①]。

广西壮族自治区积极探索培养小学的全科教师模式，实施《广西农村小学全科教师定向培养计划》，计划在2013—2017年培养5000名左右能胜任小学各门课程教学任务的农村教师，预计平均每个县将有70名左右。针对这部分学生的培养，采取通识教育思路，不分语文、数学、英语等具体专业，具体专业就是小学教育。定向师范生在入学前须签订相关协议书，同意毕业后回协议县农村小学或教学点定向就业，并从事小学教育6年以上。通过推进本土化培养与设定服务期限，广西壮族自治区有效完善了师资补充困难地区的农村教师补充机制，并为解决农村教师队伍整体素质不高以及结构性矛盾等问题做出了不懈努力。

（四）改善学校教学与生活条件

在城镇化不断推进的发展关键时期，农村义务教育的办学条件和教育质量标准也在不断发生变化。我国政府先后采取多项政

---

① 为实施"特岗计划"，2017年湖南全省为农村义务教育学校招聘6198名教师，比2016年增加366人，增长6.3%。此外，为加强特岗教师工作的稳定性，2017年为每位特岗教师增加了3600元的年工资，其年收入达到3.16万元。

实现城乡教育公平发展的现状、问题与政策建议

策与配套措施，推进农村中小学学校建设，促进农村义务教育质量的提高。农村中小学布局调整是一项旨在优化农村基础教育结构、合理配置农村教育资源以进一步促进农村义务教育改革与发展的重要政策。2000年以来，农村学校布局调整政策的推行和寄宿制学校工程的实施，使得以寄宿制、远距离就学形式取代就近入学的实践获得了全面合法化，义务教育就近入学原则的重要性、正当性和合法性大为减弱，就近入学这一原则在实践中不断消解。2012年，国务院办公厅出台了《关于规范农村义务教育学校布局调整的意见》，对科学制定农村义务教育学校布局规划、严格规范学校撤并程序和行为、办好村小学和教学点等做出了规定。国务院叫停盲目撤点并校以来，中央农村义务教育政策的改观迹象十分明显，各地方可根据实际情况不拘泥地选择完全小学、寄宿制中学、初小或教学点等办学形式，并采取相应的政策支持举措，鼓励农村多样化办学（王帅、王祈然，2015）。

从近几年的发展情况看，一方面，农村教学点数量持续增加。2016年，全国共有教学点9.84万个，较2012年增加2.86万个，增长了40.97%。其中，乡村教学点有8.68万所，较2012年增加了2.43万所，占教学点总数的88.21%。另一方面，小规模学校占比稳定，乡村小规模学校依然普遍存在。2016年，全国不足百人的小规模学校共计12.31万个，比上年减少0.37万个，占小学和教学点总数的44.59%；其中，乡村小规模学校有10.83万个，比上年减少0.31万个，占乡村小学与教学点总数的56.06%，占全国小规模学校总数的87.98%。全国有无人校点10033个，比上年增加366个；不足10人的乡村校点2.58

万个，比上年减少0.81万个[①]。

另外，近年来，城区和镇区学校"大班额"现象有所缓解，班级规模得到有效控制[②]。最近统计数据显示，城区、镇区小学平均班级规模呈下降趋势，由2011年的47.1人和45.6人下降到2015年的46.2人和43.7人，城区、镇区初中班级规模也分别由50.3人和53.7人下降到47.2人和49.2人（邬志辉、秦玉友，2017）。2017年，我国还有大班额36.8万个，占全部班级的10.1%，比上一年减少了8.2万个大班额，和上年相比下降了18.3%。目前，全国还有8.6万个超大班额的班，占全部班级的2.4%，比上一年减少了5.6万个，和上年相比下降幅度近40%，在消除大班额方面取得了突破性进展。根据教育部近期发展目标，预计2018年基本消除66人以上的超大班额，2019年控制"大班额"现象取得突破性进展，到2020年基本消除56人以上的大班额班级[③]。

近年来，我国政府实施了农村义务教育薄弱学校改造计划、农村初中改造工程等若干重大工程项目，改善了农村义务教育学校办学条件。2013年年底，教育部、国家发展改革委、财政部联合下发《关于全面改善贫困地区义务教育薄弱学校基本办学条件的意见》（教基一〔2013〕10号），要求本着"覆盖贫困地区，聚焦薄弱学校"的实施原则，"主要面向农村"，立足改善

[①] 邬志辉：《中国农村教育发展报告（2017）》，中国教育新闻网—中国教师报，http://www.jyb.cn/zgjsb/201712/t20171228_915238.html。

[②] 根据相关统计口径，66人以上的班被称作超大班额，56人以上的班被称作大班额，这两类都属于大班额班级。

[③] 《教育部部长：2018年要基本消除66人以上超大班额》，环球网，http://news.ifeng.com/a/20180316/56794628_0.shtml?_zbs_baidu_bk，2018年3月16日。

实现城乡教育公平发展的现状、问题与政策建议

薄弱学校基本办学条件,进一步推进义务教育学校标准化建设,推进教育公平与社会公正。2014 年,中央启动实施全面改善贫困地区义务教育薄弱学校办学条件五年计划(2014—2018 年)。国务院教育督导委员会的中期专项督导报告显示,2014—2016 年,各地着力推进教育资源均衡配置,大大缩小了城乡与校际差距,有力夯实了义务教育均衡发展的根基。各地基本教学条件显著改善,学校生活设施全面改善,城区大班额得到有效控制,教学点办学条件得到有效保障,教育信息化水平大幅提高,农村教师队伍素质明显提升[①]。

提供"适合的教育"与组织实施义务教育学校标准化建设重大工程,是体现在《教育规划纲要》中的两项重要制度设计[②]。2016 年 7 月,国务院印发了《关于统筹推进县域内城乡义务教育一体化改革发展的若干意见》(国发〔2016〕40 号),要求加快推进县域内城乡义务教育学校建设标准、教师编制标准、生均公用经费基准定额、基本装备配置标准的四"统一""两免一补"政策城乡全覆盖,提出要在 2020 年基本消除城乡二元结构壁垒,实现义务教育与城镇化发展基本协调的工作目标。截至 2018 年 2 月底,全国已有 2379 个县义务教育发展实现基本均衡,占全国总县数的 81%,预计到 2018 年年底实现全国 85% 的县达到基本均衡目标[③]。

---

① 《全面改善贫困地区义务教育薄弱学校基本办学条件工作专项督导报告》,教育部网站,http://www.moe.gov.cn/jyb_xwfb/gzdt_gzdt/s5987/201702/t20170215_296262.html。
② 张新平:《"适合的教育"与义务教育学校标准化建设》,《中国教育报》,2017 年 6 月 7 日第 5 版。
③ 《全国超八成县义务教育实现基本均衡》,《人民日报》,2018 年 3 月 1 日 16 版(http://www.gov.cn/xinwen/2018-03/01/content_5269634.htm)。

(五) 实施教育扶贫与精准帮扶政策

实现城乡教育公平的一个重要方面是扩大农村和贫困地区学生平等接受优质教育的机会，保证留守儿童和流动儿童的受教育权利。为此，《国家教育事业发展"十三五"规划》提出要通过教育扶贫达到精准帮扶的效果，一方面，保障经济困难群体平等受教育权利，实现家庭经济困难学生资助全覆盖，实施教育脱贫攻坚行动，让贫困家庭子女通过教育摆脱贫困、阻断贫困代际传递，面向残疾少年儿童办好特殊教育，通过随班就读、在特教学校就读、送教上门等方式，为残疾学生提供合适的教育。另一方面，做好随迁子女和留守儿童教育工作，进一步完善随迁子女在流入地就学和升学考试的政策措施，加强对留守儿童的关爱保护，健全服务体系，实行更加人性化、精细化的服务政策。教育部印发的《义务教育学校管理标准》的通知对维护学生平等入学权利、建立控辍保学工作机制、满足需要关注学生需求也提出了具体要求，要"坚持合理便利原则满足适龄残疾儿童随班就读需要，并为其学习、生活提供帮助""为需要帮助的儿童提供情感关怀，优先满足留守儿童寄宿、乘坐校车、营养改善需求，寄宿制学校应按政府购买服务的有关规定配备服务人员"。

近年来，党和国家的各项政策相继出台，为精准帮扶困难群体、全面提升贫困地区教育水平夯实了公平之路。针对边远贫困地区、边疆民族地区和革命老区，推行人才支持计划、营养改善计划、教育保障计划、特殊困难儿童教育和关爱计划、校舍安全工程、农村薄弱学校基本办学条件改善计划、农村教师特岗计划，推进实施农村校长助力工程，全力做好乡村教师生活补助落实工作，实施教育扶贫工程①。2014年年底，国务院办公厅印发了《国家贫困地区儿童发展规划（2014—2020年）》的通知（国办发〔2014〕67号），对集中连片特困地区680个县的4000万儿童从出生到义务教育阶段结束的农村儿童的发展推行全过程保障和干预。2016年6月，国务院办公厅印发了《关于加快中西部教育发展的指导意见》（国办发〔2016〕37号），到2020年，中西部地区各级各类学校办学条件显著改善，人民群众接受良好教育的机会显著增加，确保教育现代化在2020年取得重要进展。

统计数据显示，2016年全国义务教育阶段在校生中进城务工人员随迁子女共1394.77万人，其中，在小学就读的有1036.71万人，在初中就读的有358.06万人②。在义务教育阶段进城务工人员随迁子女不断增加的同时，农村留守儿童数量也在不断下降。2015年，我国留守儿童数量为2019.2万人，比2011年减少了180.98万人，留守儿童占农村（镇区及乡村）学生的比例保持在27%—30%，初中阶段略高于小学阶段（杨东平，2017）。2016年初，国务院发布《关于加强农村留守儿童关爱保护工作的意见》（国发〔2016〕13号），以农村留守儿童关爱保护为切入点，首次从国家层面系统性地明确未成年人保护政策措施和工作机制，确立了由民政部牵头，27个部门和单位组成的

---

① 参见《中国教育年鉴（2015）》。
② 参见《2016年全国教育事业发展统计公报》。根据相关定义解释，进城务工人员随迁子女，是指户籍登记在外省（区、市）、本省外县（区）的乡村，随务工父母到输入地的城区、镇区（同住）并接受义务教育的适龄儿童少年（http://www.moe.edu.cn/jyb_ sjzl/sjzl_ fztjgb/201707/t20170710_ 309042.html）。

"农村留守儿童关爱保护工作部际联席会议"制度。我国首次农村留守儿童摸底排查数据显示，全国共摸底排查出农村留守儿童902万人[1]，这比此前根据2010年第六次人口普查数据推算的6102万人的农村留守儿童数量减少了5000多万人。这主要由于，一方面，新型城镇化建设、扶贫攻坚、户籍制度改革、随迁子女就地入学、返乡创业等一系列政策的实施和工作的推进，为减少农村留守儿童数量创造了有利条件。另一方面，是由于统计口径发生改变。之前对留守儿童的定义是"父母一方外出务工、不满十八周岁"，这次将留守儿童定义为"父母双方外出务工或一方外出务工另一方无监护能力、不满十六周岁"。

目前，全国所有省（区、市）都印发了农村留守儿童关爱保护具体实施意见或方案，其中河南、广东以省委、省政府名义印发，贵州以省委、省政府办公厅名义印发，浙江以省政府办公厅名义印发，其余省份以省（区、市）政府名义印发。截至2017年6月，全国24个省份已经印发困境儿童保障实施意见，进一步细化政策措施和保障条件。可以说，我国农村留守儿童关爱保护工作取得阶段性的效果[2]。

---

[1] 其中，由（外）祖父母监护的805万人占89.3%；由亲戚朋友监护的30万人占3.3%；一方外出务工另一方无监护能力的31万人占3.4%；另外，有36万留守儿童处于无人监护状态，占4%。此外，近32万名由（外）祖父母或亲朋监护的农村留守儿童监护情况较差。少数农村留守儿童辍学或尚未登记户口。从区域分布看，主要集中在中西部地区，70万人以上的有江西、四川、贵州、安徽、河南、湖南和湖北等省，占全国总数的67.7%。从年龄结构看，0—5周岁、6（含）—13周岁、14（含）—16周岁的农村留守儿童分别为250万人、559万人和92万人，各占27.8%、62.0%和10.2%。

[2] 北京师范大学中国公益研究院儿童福利研究中心编：《中国儿童福利月度分析》2017年6月刊。

三 实现城乡教育公平发展面临的挑战

尽管党和国家不断加大对农村教育的投入力度，我国农村义务教育事业发展取得了巨大的成绩，但县域义务教育均衡发展问题仍然没有得到彻底解决，农村基础教育质量有待提升，城乡差距仍较为显著，留守儿童和流动儿童教育问题仍需要深入关注，城乡教育公平远未得到实现，这对学校、学生乃至中国未来经济发展都会产生深远影响。

（一）县域义务教育尚未实现均衡发展，城乡学生接受义务教育机会差距显著

目前，农村义务教育呈"乡村小规模学校、乡镇寄宿制学校、县城大规模学校"基本格局，县域义务教育均衡问题依然没有得到彻底解决，实现城乡教育公平的问题复杂而又艰巨。在快速推进城镇化的过程中，农村学校不断向城镇集中。20世纪90年代末已经存在、2001年正式开始的"撤点并校"，导致乡村地区的义务教育事业问题丛生。据统计，从1997年到2010年，全国减少小学371470所，其中农村小学减少302099所，占全国小学减少总量的81.3%。最基层的村小、教学点被裁撤后，学生多须到位于乡镇中心地带的中心校就读，导致了"学生上学路途遥远""中心校寄宿条件差""校车事故频发"及"辍学率反弹"等负面效应。"撤点并校"政策在2012年被国务院严格限制，但其后续影响仍在持续，造成目前义务教育"城满、

乡弱、村空"的格局①。

在"后撤点并校"时代,有学者将我国农村教育格局概括为"城镇大班大校、农村寄宿制学校和乡村小规模学校"这三种形式并存的局面,而三类学校又面临不同的难题(邬志辉、秦玉友,2017)。具体来说,目前城乡教育公平困境主要表现在以下几个方面:

一是城区学校"超级大校"现象突出,乡村学校规模持续缩减。从学校规模上看,2011—2015年,城区普通小学学校规模从963.9人增长到1113.5人,普通中学学校规模虽然略有缩小,但在2015年城区初中学校规模仍超过1250人。与此同时,乡村普通小学和中学学校规模分别从176.7人和554.5人下降到148.2人和413.7人。也就是说,乡村小学学校平均规模自2013年开始,已经缩减到150人以下。2015年,我国不足100人的乡村小规模学校共有111420所,占乡村学校总数的一半以上。其中,不足10人的农村校点达3.39万个(邬志辉、秦玉友,2017)。笔者随评估组实地调研了解到,湖南省某镇中学近年来就读学生数最多为330人左右,远低于1995年前后1000人左右的水平。此外,乡村小规模学校往往位于经济发展程度低、位置偏远、交通不便地区,通常面临着规模小、教育资源不足并难以形成资源整合等诸多发展难题。一些教学点只能进行复式教学,教师教学任务重。未来一段时期建设乡村小规模学校、提升乡村小规模学校的办学质量,将"小而弱"变为"小而优""小而美",需要成为促进城乡教育公平和农村义务教育发展的重要

---

① 《八成农村孩子进城上学》,财新网,http://henan.youth.cn/2015/1202/2999493.shtml。

内容。

二是城镇大班额现象凸显，初中阶段更为突出。近年来，虽然中小学班级规模整体上呈现逐渐缩小趋势，但是城区小学大班额现象仍然比较严重，镇区初中大班额现象表现更为突出。统计数据显示，在小学阶段，2011—2015年，城区、镇区、乡村小学平均班级规模呈依次递减的梯级分布，城区小学班级平均规模五年间均超过46.2人。在初中阶段，镇区初中班级规模不仅大于乡村初中，还大于城区初中班级规模。2014年镇区初中平均班级规模才降至50人以下，2015年仍高达49.2人（邬志辉、秦玉友，2017）。相关调查数据显示，2014年全国城镇义务教育阶段每班人数达56人以上的大班级占全部班级的21.7%；在广西、河南、湖南等省份的城镇地区，大班比例更高达45%以上，50人以上的大班则达40%；此外，一班有七八十名学生的现象在调查中也较为普遍（邬志辉等，2016）。大班额教学降低了教学质量，增加了教师负担，也造成薄弱学校特别是农村学校生源流失与生源质量下降，既影响了农村教师的积极性，也影响了师资队伍的稳定，加速了城乡教育不均衡发展。

三是教育机会城乡不平等，县域义务教育不均衡发展。新中国成立以来，教育机会的城乡差距是持续存在的，并且教育层次越低，城乡机会差距越大。有学者测算指出，排除人口数量变化和教育机会供应量变化，在同等条件下，城乡人口在初中教育升入高中教育概率方面的差距是1.9倍，小学到初中的升学率的城乡差距是3.6倍，而进入小学概率的城乡差距是4.9倍（李春玲，2014）。

为了进一步落实地方政府举办义务教育的责任，加强农村义务教育管理，2002年5月，国务院办公厅印发了《关于完善农村义务教育管理体制的通知》（国办发〔2002〕28号），确立了农村义务教育实行"在国务院领导下，由地方政府负责、分级管理、以县为主"的体制。在统筹推进县域内城乡义务教育一体化工作进程中，自2013年启动督导评估认定以来，截至目前，仅有11个省（市）整体通过评估认定，除了吉林、安徽、湖北，其他8个省（市）均分布在东部地区。500多个尚未通过国家评估认定的县域义务教育均衡发展水平更是明显低于国家标准，中西部地区分别有16.3%、29.1%的县尚未认定，这些地区成为特别难点地区。此外，一些县市虽然通过了督导评估认定，但离"高位均衡"尚存在一定距离。

此外，在城镇化背景下，县域义务教育的不均衡发展，带来大量学龄儿童进入县镇上学和快速的教育城镇化现象。初中和小学农村生源的城镇化速度，远远快于全国人口的城镇化速度。2011年后，我国小学城镇化率每年都比人口城镇化率高出10%左右，且越是最近几年，高出越多。义务教育城镇化既是造成城镇大班额现象的重要原因，也在一定程度上缩减了农村适龄人口接受义务教育的机会与空间。2015年，小学教育的城镇化率达到69.4%，初中教育城镇化率达到83.7%，分别比2011年提升了10.35个和6.66个百分点，两项数据均高于2015年中国常住人口城镇化率（56.1%）[①]。此外，伴随着"撤点并校"和教育结构的深度调整，乡村中小学校的学生寄宿比例也大大提高，幼龄寄宿问题严重。据统计，2000年以来关闭的农村学校数量超

[①]《中国农村教育发展报告（2016）》显示，乡村小学超五成为小规模学校（《中国教育报》，2016年12月30日）。

过24万所，寄宿制学校已经成为县域教育，特别是贫困边远山区县域教育格局的主体。教育部2011年的数据显示，全国农村中小学生总体寄宿率达到26.60%，全国农村初中生总体寄宿率达到52.88%（邬志辉、秦玉友，2017）。而邬志辉提供的调查数据显示，2014年，全国义务教育阶段寄宿生的占比达22.2%，其中小学生的寄宿比例达到11.2%，又以西部地区最高，西藏县域内的小学寄宿生占比甚至达到80%。

四是流动儿童受教育机会降低，留守儿童家庭教育缺失影响学校教育。流动儿童与农村留守儿童属于城市与农村社会中的弱势群体。统计数据显示，2011—2015年，进城务工人员随迁子女总数呈现增长的趋势，几年来在中小学共增加105.6万人，小学增幅8.7%，初中增幅7.7%。截至2015年，全国中小学共有进城务工人员随迁子女1367.1万人，占城市在校生的比例达到30.30%。其中，小学阶段有1013.6万人，占小学在校生数的10.46%，初中阶段有353.5万人，占初中在校生数的8.20%（邬志辉、秦玉友，2017）。这些学生在公办学校就读的比例达八成以上（杨东平，2017）。虽然进城务工人员随迁子女的比例慢慢增加，但大城市把控制人口规模作为城市治理与规划的重要任务，严控外来人口的政策抬高了流动儿童的入学门槛，使得城市流动儿童的受教育机会受到明显挤压。例如，流动儿童在北京和上海等城市接受义务教育面临着巨大的挑战，从小学一年级实际招生数量上看，两地2014年流动儿童招生数量均下降了2万多人[①]。在北京，大量流动儿童被迫从北京返乡，成为留守儿

[①] 陈媛媛：《提高入学门槛不明智，流动儿童是资源不是负担》，《财经》特别报道。

童。许多无法在北京入学，也无法回到老家的非京籍适龄儿童选择"坐在北京的门槛上"、在北京周边河北省的民办学校就读，形成了一条以三河、廊坊、香河、大厂、衡水等河北市县为主的"环北京教育带"。流动儿童成为每周长途跋涉，往返于河北和北京之间的"候鸟学生"（杨东平，2017）。实际上，已有研究表明，流动人口子女接受义务教育长期以来受到制度性限制，教育机会在流入地受到种种结构性和非结构性的制约，导致流动儿童的受教育机会显著降低（杨菊华、段成荣，2008）。城市内部出现的二元分割现象也引发了流动人口子女教育投资不足、流动人口子女必须回原籍参加中考、高考等一系列不平等的问题（张旺，2012）。

虽然农村留守儿童数量总体呈现不断下降的趋势，但是在留守儿童集中地区，特别是在中西部贫困地区，呈现出数量多、比例大、分布广的特点，祖辈监护情况普遍。据调查，留守儿童中有1/3属于隔代监护，1/5处于同辈监护的状态（邬志辉等，2016）。笔者在对湖南省部分县市区的调研中发现，留守儿童占义务教育阶段的学生比例从20%到70%不等，而在云南省部分县市区，隔代监护的留守儿童占到当地留守儿童总数的九成。留守儿童教育面临的最大问题是，由于其父母长年在外务工，隔代监护导致其缺乏必要的辅导与良好的家庭环境，长期处于一种放养式的状态。这些学生由于缺少必要的家庭监管与课业辅导，大多成绩不佳，更容易出现亲情缺失导致的认识、价值上的偏离以及个性、心理发展异常等问题，一些孩子因为贪玩而弃学、厌学、逃学，有的甚至养成不良嗜好。一些学生性格孤僻，越轨现象时有发生。留守儿童的父母与学校联系较少，也给学校教育带来严重的压力与挑战。家庭教育缺失成为农村义务教育发展的一大困境。

（二）义务教育经费投入、师资水平、物质资源配置等城乡差距显著

我国教育公平问题的一个最突出矛盾就是城乡教育差距的问题。为了实现快速的现代化社会转型，我国教育事业也从发展主义战略出发，处处呈现出"城市偏向"的特征（叶敬忠，2017；赵旭东，2008）。长期以来，义务教育经费投入、师资水平和物质资源配置等方面都存在巨大的城乡差距。例如，从城乡义务教育经费生均支出情况看，农村义务教育阶段所获得的各项政府性资金投入都大大低于城市，其差距的幅度在2001年介于39.14%（即普通初中生均预算内教育事业性经费支出）和70.52%（即普通小学生均预算内公用经费支出）之间。自2002年全面运行农村义务教育"以县为主"的管理体制以来，我国由于县域之间存在巨大的差距，形成了"富县办富教育，穷县办穷教育"的局面，一些经济欠发达县即使加上中央、省及市级财政转移支付，仍难保证县内教育工作的正常开展。直到2015年修订的《中华人民共和国义务教育法》出台，才对义务教育经费投入做出了较为具体的规定，明确"义务教育经费投入实行国务院和地方各级人民政府根据职责共同负担，省、自治区、直辖市人民政府负责统筹落实的体制""农村义务教育所需经费，由各级人民政府根据国务院的规定分项目、按比例分担"。2016年，各地方政府在建立城乡统一、重在农村的义务教育经费保障机制过程中，进一步明确了城乡义务教育公用经费、城乡义务教育学校免教科书经费、城乡义务教育寄宿生生活补助经费、农村地区义务教育学校校舍安全维修改造长效机制等各类经费补助标准和各级财政具体分担比例，这才从制度上切实保障了农村义务教育经费来源，建立健全了城乡教育发展一体化的体制机制。但是，由于历史累积效应和制度原因，城乡教育投入仍然存在巨大差距。针对于此，也有学者认为，农村义务教育完全由政府提供的财政支持所带来的教育公平只是暂时的（谭秋成，2018）。

城乡义务教育的差距不仅表现为教育经费分配的不均衡，而且同样表现在师资水平上。长期以来，教师资源配给向城市倾斜的偏好导致农村教师资源短缺，优质教师资源更是以城市优先的原则进行配备。城乡二元结构造成城乡教师质量与待遇上的巨大差距。

第一，在人事制度上，存在着农村教师编制少、职称名额少、工资待遇低等问题，再加上工作条件差，教师培训缺乏效果等，致使农村教师数量不足，难以满足正常教学需要，导致年龄老化、师资力量薄弱、教师流动性大、编外合同制教师比例大等问题，制约了农村义务教育的良性发展。

第二，在工资待遇方面，笔者2017年随评估组调研的多数地区，教师年工资收入在3万—6万元，乡村教师工资较城市低20%左右。湖南省湘潭县某九年一贯制学校校长工作18年，每月可支配工资仅为2900元。当地其他新聘编内教师月工资为1700多元，而编外合同制教师月工资只有1500元。另外，教师住房短缺是一个较为普遍的现象。在不同地区，乡村学校的临时用工工勤人员没有社会保险，工资仅按最低工资标准给付。

实现城乡教育公平发展的现状、问题与政策建议

第三,在教师年龄结构方面,2002年,教育部发布的全国教师队伍状况分析报告显示,安徽省35岁以下的乡村小学教师占乡村小学教师总数的31%,而城市(不包括县镇)高达50%,城乡之间相差19个百分点,山东省35岁以下城市小学教师占城市小学教师总数的55%,而农村只有28%,两者相差近1倍。2017年,笔者在湖南省绝大多数调研乡镇发现,50岁以上的教师均占到编内教师总数的1/4。在桃江县某镇,50岁以上教师占到在岗教师的35%,50岁以上初中教师占到初中编内教师总数的40%。在一些公办小学,这一比例甚至达到45%—50%。

第四,在师资稳定性方面,调研地区不同程度地存在优质教师资源向城市集中的趋势。例如,湘潭县某九年一贯制学校的教师流动率每年约在25%左右。受访的多名中小学校长反映,从外地分配来的教师在工作年限期满后,大多想调出农村学校,而本地年轻教师也想方设法希望调到城市工作,而能调离的大部分教师都是优秀教师,其中一些已是骨干教师或学科带头人。可以说,这种状况进一步导致城乡教师资源供给的不均衡。

第五,在学科结构上,农村学校普遍缺乏音乐、体育、美术、信息技术等"小科"教师,一些小学还缺少专职的语文、数学、英语等学科教师,结构性短缺造成专业教师身兼多科的现象,既阻碍了教师的专业发展,也导致农村学校的教学质量处于低水平状态。由于教学工作量大、培训设计内容不切合农村教学实际等问题,大多数农村教师参加骨干教师培训及计算机培训等机会受限。

第六,在义务教育学校办学条件上,义务教育"全面改薄"

工程的启动使农村义务教育学校基础建设取得了明显成效。但是目前统计数据显示，义务教育中小学校生均危房面积的城乡差距近年来不断加大，从2011年的4.7倍逐渐增加到2014年的7.6倍和7.3倍，2015年，仍存在5.9倍和5.2倍的城乡差距（邬志辉、秦玉友，2017）。因而，有学者将乡村学校的设施设备总结为"仅有危房、黑板与粉笔"（倪霞，2015）。同时，乡村学校信息化水平较低。例如，2015年，乡村小学建立校园网学校比例与城区和镇区相比，分别低了41.12个和20.99个百分点，这一比例对于乡村中学也分别低了24.68个和12.50个百分点。此外，从农村义务教育学校标准化建设达标情况看，乡村小学标准化建设各项达标率虽然逐年提高，但城乡之间仍然存在巨大差距。2011年，体育器械配备达标率、音乐器械配备达标率、美术器械配备达标率、教学自然实验仪器配备达标率的城乡差距分别为30.68个、32.04个、31.52个和29.51个百分点，到了2015年，上述达标率的城乡差距分别为26.27个、27.36个、27.31个和25.05个百分点，发展水平差距显著（邬志辉、秦玉友，2017）。乡村小学的实施状况成为城乡教育一体化工作中的薄弱环节。在笔者调查的不同地区，乡村小学不同程度地缺少音乐、美术、体育等学科器械，教学设备老旧，更新不够及时，在一定程度上影响了乡村教育质量提升与乡村教师的教学积极性。

（三）城乡教育差距导致教育结果不公平

教育起点的不公平与教育过程的不公平直接导致了教育结果的不公平。乡村学校学生，特别是贫困地区学生以及弱势群体虽然与城市学生一样接受了义务教育，但是教育结果大不相同。城乡义务教育发展不均衡带来了至少两方面的后果。

一方面，快速的义务教育城镇化导致农村学校生源流失与生源质量下降，因而不利于农村学校提高教学质量、培养优秀学生，而教学质量难以提升又反过来造成了学生生源进一步流失，师资力量配套不平衡，从而形成恶性循环。此外，随着学生人数的减少，教育经费也不断减少，进一步加大了农村中小学校与城镇学校之间在硬件建设、学校环境、教学手段等方面的差距，农村义务教育供给无法满足农村受教育群体的需求，这既影响了乡村教师的积极性，也影响了师资队伍的稳定，导致教育资源更加不均衡，拉大了基础教育起点与过程的不公平性。

另一方面，城乡学生接受义务教育机会与城乡教育资源配置上的差距，既有可能加剧了农村义务教育初中辍学率的上升，也使农村地区学生在中学升学考试的竞争中处于更加不利的地位，从而最终失去上大学的机会。关于这一点，已有研究指出，教育城乡差距在由高级中等教育升入大学阶段的升学概率方面几乎不存在。这意味着过去几十年，中国教育机会的城乡不平等主要存在于初等教育和中等教育阶段（李春玲，2014）。

四 深入推进我国城乡教育公平发展的政策建议

全面振兴乡村教育是我国实施乡村振兴战略的必然要求与重要体现。城乡教育公平发展需要国家与全社会的共同努力，从建立制度保障转向完善制度和教育领域结构性改革。在今后一段时期，应在继续贯彻执行有效的教育政策的基础上，通过实践探索，鼓励基层创新，建立健全城乡义务教育管理体制机制，最终实现从城乡二元教育结构向城乡教育一体化转变，以更好地满足城乡居民的教育需求。

（一）强化政府在促进城乡教育公平发展中的保障作用，推动农村教育水平整体提升

中国城乡义务教育不均衡发展在于城乡义务教育对公共资源占有的不平等，而公共资源的分配通过公共政策和社会政策实现。为了缩小城乡教育差距，国家和地方在财政政策、教师政策、工资政策等方面应加大对农村教育、学校与教师的投入力度和扶持力度。特别是在边远山区、贫困地区和少数民族地区，由于其办学成本更高，教学条件更差，更应特别强化政府对改善农村教育状况的责任，在促进城乡教育公平发展中发挥激励与保障作用。将政策真正落实到向农村地区、薄弱学校和乡村教师倾斜，并通过国家财政转移支付缩小城乡差距。

应进一步落实地方农村义务教育学校生均公用经费基准定额标准、"两免一补"经费，提高中央和省级政府的统筹能力，建成覆盖城乡的公共教育服务体系。应进一步探索校舍维修改造长效机制资金使用办法，完善农村学校办学条件，加快乡村小规模学校和寄宿制学校建设，减少农村义务教育中的供需矛盾。

（二）强化政府在促进加强农村师资队伍建设中的激励，鼓励地方探索与创新

为解决农村师资总量不足、专业和年龄结构不合理、稳定性

差等问题,应建立切实有效的激励机制,增加农村教师岗位的吸引力,应考虑按偏远、贫困等因素对农村教师岗位进行等级分类,并分等级设置有吸引力的岗位津贴,减少和消除同一县域内教师收入差距。应探索农村优秀教师奖励办法,使其能够安心扎根农村。此外,应充分考虑义务教育城镇化进程加快、农村学校小规模化与小班化、乡镇寄宿制学校多、山区县市教学点多等现实情况,以师生比为基础,科学合理设置班师比,通过动态核编工作完善校长与教师资源配置,优化专业教师结构,增加一定比例的教师编制存量,在调整优化编制标准设置结构的同时,探索新的编制标准。

应积极鼓励地方因地制宜地探索和积累可复制、可推广的经验,推动基层城乡教育一体化治理与体制机制创新,破解农村教育发展难题。农村中小学教师定向培养专项计划在湖南已经实施十年,这一计划坚持从当地选拔培养对象,要求其毕业后返回当地定向工作一定年限,使公费师范生定向培养开始成为农村偏远地区教师来源的主要渠道,得到了基层教育界的普遍认可与好评。中央和地方政府针对好经验、好做法应加以总结和推广。

(三) 实现城乡义务教育一体化与精准扶贫、教育扶贫政策的联动

教育扶贫是对教育公平理念与机会均等思想的一种体现,通过教育手段帮助贫困地区人口减贫脱贫,被广泛认为是阻断贫困代际传递的根本途径。应针对进城务工人员随迁子女、农村留守儿童、贫困家庭学生与残疾学生等特殊群体,提供更好

的制度性环境与教育环境，使他们受教育权利得到更好的保障。地方各级政府应全面落实控辍保学责任制，着力提升辍学现象比较集中的边远、贫困和少数民族地区的教育质量，切实建立起义务教育巩固率监测系统。及时响应与满足特殊群体对优质教育的需求，努力推动政府、学校、社区、社会组织与家庭的联动、联保与联控，建立健全帮扶责任制度，为学生提供多种成长通道，促进农村初中普职教育融合，继续增加中西部地区，特别是农村学生接受义务教育与优质高等教育或职业教育的机会。

（四）建立协同治理模式，保障城乡教育改革与发展的开放性和包容性

了解过往的历史政策和认识推行政策的社会现实对避免政策失误非常重要。在后"撤点并校"时代，面对"城满、乡弱、村空"的发展现实，为避免出现"为公平而公平"的教育改革，要在肯定公平作为一种理想原则与秩序价值的同时，考虑到公平本身的局限性与多元性，考虑到追求公平的社会政策会带来不平等陷阱的可能性，考虑到城乡教育均衡发展的复杂性，也要考虑到对城乡均衡发展诉求背景下各层级内部的非均衡状态与差异的显著性。在追求城乡教育公平的同时，应注意协调多方利益，兼顾城乡教育发展体系中的多元社会价值与多种经济秩序的合理性，建立协同治理模式，为不同的价值与选择保留合理的生存空间，以在为13亿人民提供"更好更公平的教育"① 的过程中，确保教育改革与发展的开放性、包容性与可持续性。

参考文献

[1] 李春玲：《教育不平等的年代变化趋势（1940—2010）——对城乡教育机会不平等的再考察》，《社会学研究》2014 年第 2 期。

[2] 倪霞：《教育公平视角下我国基础教育政策研究》，《中国教育学刊》2015 年第 1 期。

[3] 宋洪远、马永良：《使用人类发展指数对中国城乡差距的一种估计》，《经济研究》2004 年第 11 期。

[4] 谭秋成：《对农村教育的一些思考》，《同舟共进》2018 年第 2 期。

[5] 王帅、王祈然：《农村学校布局调整政策：背景、形成、实施与启示》，《湖南师范大学教育科学学报》2015 年第 3 期。

[6] 邬志辉、李静美、陈昌盛：《农村留守儿童：现实状况与路径选择》，载杨东平主编《中国教育发展报告 2016》，社会科学文献出版社 2016 年版。

[7] 邬志辉、秦玉友等：《中国农村教育发展报告（2016）》，北京师范大学出版社 2017 年版。

[8] 杨东平：《推进公平，提高质量，走向教育治理现代化》，载杨东平主编《中国教育发展报告（2017）》，社会科学文献出版社 2017 年版。

[9] 杨菊华、段成荣：《农村地区流动儿童、留守儿童和其他儿童教

---

① 参见《努力让十三亿人民享有更好更公平的教育——党的十八大以来中国教育改革发展取得显著成就》，《人民日报》，2017 年 10 月 17 日（http：//www.moe.gov.cn/jyb_xwfb/s514 7/201710/t20171017_316486.html）。

育机会比较研究》,《人口研究》2008年第1期。

[10] 叶敬忠:《作为治理术的中国农村教育》,《开放时代》2017年第3期。

[11] 张旺:《城乡教育一体化:教育公平的时代诉求》,《教育研究》2012年第8期。

[12] 赵旭东:《乡村成为问题与成为问题的中国乡村研究——围绕"晏阳初模式"的知识社会学反思》,《中国社会科学》2008年第3期。

生态环境篇

生态宜居乡村建设的现状与对策建议

包晓斌[*]

摘　要： 生态宜居乡村建设是实施乡村振兴战略的一项重要任务，也是推进农业现代化建设的现实需求。本报告根据我国乡村生活环境建设、生态环境整治和规划布局的特征，分析生态宜居乡村建设的现状和典型地区实践，确定以生态环境建设、人居环境整治、总体布局和文化建设为主要内容的生态宜居乡村建设重点任务。同时，指明生态宜居乡村建设的主要问题包括：农村环保基础设施薄弱和公共服务不配套、乡村总体建设规划不能适应发展需求、乡村建设部门之间缺乏协调机制、农村生态环境缺少有效的监管手段、农村人居环境治理投入缺乏等。从加大农村人居环境改善和基础设施建设的专项投入、建立生态宜居乡村建设的多元投入机制、全面提升乡村生态服务价值、加强生态宜居乡村建设的长效管护、鼓励村民参与生态宜居乡村建设等方面，提出推进生态宜居乡村建设的对

---

[*] 包晓斌，博士，中国社会科学院农村发展研究所农村环境与生态经济研究室副主任、研究员，主要研究方向为农村环境与生态经济。

策建议。

关键词：乡村建设　生态宜居　人居环境　环境整治

The Present Situation and Countermeasures on Ecological Livable Rural Construction

Bao Xiaobin

Abstract：The ecological livable rural construction is an important task for implementing rural vitalization strategy and actual requirement for promoting agricultural modernization in China. This report analyzes the present situation and typical regional practice on ecological livable rural construction based on the characteristics of rural living environment and ecological environment as well as rural layout. The primary tasks of ecological livable rural construction are identified as ecological environment construction, living environmental management, rural overall arrangement and cultural construction. Meanwhile, it shows the main problems during the ecological livable rural construction, including weak rural environmental infrastructure and unmatched public services, unsuitable rural overall construction planning for developing requirement, lacks of coordinating mechanism among rural construction departments and regulatory means for rural ecological environment as well as living environmental management inputs. Finally, it puts forward the following policy countermeasures for promoting ecological livable rural construction, including increasing special investments on rural living environment improvement and infrastructure construction, establishing multiple – input mechanism for the ecological livable rural construction, enhancing rural ecological service values, strengthening the maintenance for the ecological livable rural construction and encouraging peasant participation in ecological livable rural construction.

Key Words: Rural Construction; Ecological Livability; Living Environment; Environmental Management

2018年中央一号文件《中共中央国务院关于实施乡村振兴战略的意见》指出：在推进乡村振兴战略过程中，生态宜居是关键。建设生态宜居的现代农村，是实施乡村振兴战略的一项重要任务，也是推进农业现代化建设的现实需求。良好的生态环境是建设生态宜居乡村的必备条件，为此，需要保护农村生态系统，合理控制自然资源利用强度。同时，应通过加强农村基础设施建设，完善村庄整体规划布局，促进乡村文化建设，以改善农村人居环境为突破口，推进生态宜居乡村建设。

一 生态宜居乡村建设现状

（一）生态宜居乡村建设的内涵

在现代乡村建设中，"生态宜居"意味着农村环境因宁静、和谐、美丽而适宜人们居住，具有与新时代发展相对应的丰富内涵。乡村"生态宜居"要求硬件和软件建设配套。硬件建设包括房、路、水、电、气等生活设施建设，环境、卫生等社会事业建设，农田、林网等农业基础建设。软件建设包括乡村规划布局、村容村貌改善、乡风文明建设、文化建设等。

我国城乡生态环境建设之间存在较大差距，城市的人居环境也明显超越了乡村。随着生活水平的不断提高，农民希望乡村水、电、路等基础设施得到改善，对农村生活环境有更高的期待。同时，随着城镇化的不断推进，城市居民希望乡村能够提供休闲度假的场所。乡村在经济振兴的过程中，需要同步实现生态振兴，正确处理农村经济发展与环境保护关系。保护乡村自然资源，改善乡村生活环境和生态环境，避免以牺牲环境来换取农村经济的短期增速。开展生态宜居乡村建设，将进一步推动农村环境综合整治，促进全国新农村建设和美丽乡村建设。

（二）生态宜居乡村建设的现状

许多地区将改善农村人居环境作为生态宜居乡村建设的重要内容，推进农村水、电、路等基础设施建设和城乡基本公共服务均等化，实施"硬化、亮化、绿化、净化、美化"工程，探索生态宜居乡村建设模式。根据生态环境部数据统计，截至2016年年底，中央财政农村环境保护专项资金规模达375亿元，带动地方各个渠道的配套资金为432亿元，开展农村污水和垃圾处理、饮用水水源地保护、农业面源污染防治等。

1. 乡村生活环境建设

（1）推进农村饮水安全工程建设

2014年全国农村饮水安全总人口86230万，农村改水累计受益人口91511万，比2000年增长3.9%；农村改水累计受益率达到95.8%，比2000年增加3.4个百分点。截至2016年年底，全国建制镇用水普及率达到83.9%。全国集中供水的乡8863个，占全部乡的81.4%；乡公共供水设施12599个，综合生产能力666.34万立方米/日；自备水源单位14002个，综合生产能力239.05万立方米/日；乡年供水总量11.24亿立方米，供水管道长度10.44万公里，用水人口2153.23万人。全国集中供水的行政村达到361572个，占全部行政村的68.7%；村内自建集中供水设施的行政村80972个，占全部行政村的15.4%。村庄年生活用水量139.18亿立方米，村庄用水人口51568.21万人，供水普及率达到65.2%，人均日生活用水量73.94升。

（2）加强农村生活污水和垃圾处理设施建设

截至2016年年底，全国县城污水排放量达到92.7亿立方米，排水管道长度17.2万公里；污水处理厂1513座，污水处理能力达到3036.4万立方米/日；污水处理总量达到81.0亿立方米，再生水利用量51714万立方米。建制镇建立生活垃圾中转站

32914座，环卫专用车辆设备120376台；对生活污水进行处理的建制镇5071个，所占比例达到28.0%；建制镇污水处理厂3409个，污水处理能力达到1422.77万立方米/日；建制镇污水处理装置12421个，污水处理能力达到1041.38万立方米/日；排水管道长度16.63万公里，排水暗渠长度83154.07公里。乡生活垃圾中转站9678座，环卫专用车辆设备25020辆；984个乡对生活污水进行处理，乡污水处理厂441个，乡污水处理装置2093个；乡排水管道长度17912.38公里，排水暗渠长度12512.72公里。

（3）强化农村基础设施和卫生设施建设

推进农村公路建设，加强县乡道改造、连通路建设，完善农村公路网络。2016年建制镇人均道路面积12.8平方米；乡道路长度72530.80公里，道路面积40613.78万平方米，道路照明灯957479盏。实施农村电网改造升级工程，农民生活用电得到切实保障，实现城乡各类用电同网同价。2016年农村用电量达到9238.3亿千瓦时，是2000年的3.8倍。2016年全国建制镇燃气普及率达到49.5%，乡用气人口658.79万，集中供热面积1969.19万平方米。村庄用气人口17800.78万，燃气普及率达到22.5%，集中供热面积17373.09万平方米。

2016年全国农村累计卫生厕所户数达到21460.1万户，是2000年的2.2倍；卫生厕所普及率达到80.3%，比2000年增加35.5个百分点；累计使用卫生公厕户数达到3502.6万户，无害化卫生厕所普及率达到60.5%。

（4）发展农村清洁能源和农村水电

推进农村清洁工程建设，2016年农村沼气池产气量达到

144.9亿立方米，是2000年的5.6倍。生活污水净化沼气池19.2万个，太阳能热水器8623.7万平方米，太阳灶227.9万台。2015年全国秸秆热解气化集中供气795处，供气户数12.34万户；秸秆沼气集中供气458处，供气户数8.14万户；秸秆炭化106处，年产量达到16.3万吨。全国乡村办水电站达到47529个，水电装机容量7791.1万千瓦，发电量2682.2亿千瓦时，是2000年的13.1倍。

2. 乡村生态环境整治

全国农村绿化覆盖面积扩大，乡村生态环境显著改善。2016年全国建制镇绿化覆盖面积达到66.89万公顷，绿地面积37.45万公顷，公园绿地面积47865.38公顷，绿化覆盖率达到16.9%。全国乡绿化覆盖面积达到92449.08公顷，绿地面积39771.81公顷，公园绿地面积3332.86公顷，绿化覆盖率达到13.7%。

2013—2017年，中央财政累计投资6592亿元，用于支持农村生态环境建设，保护乡村山水田园景观，保持农村环境整洁。2017年全国已完成2.8万个村庄环境综合整治任务，2018年将督导2.5万个建制村开展环境综合整治。

3. 乡村规划布局

截至2016年，全国已有323373个行政村编制村庄规划，占全部行政村的61.5%；830335个自然村已编制村庄规划，占全部行政村的31.7%。从合理规划布局出发，使乡村居住的房屋建筑、基础设施、公共空间等更加科学合理。将生态宜居乡村建设与推进农村综合治理、创建农村精神文明有机结合起来。以村庄环境整治为重点，加强农村综合治理，制定完善《乡规民约》《村规民约》等制度，增强农村居民环保意识。以创业增收为根本出发点，发展具有区域乡村特色的有机农业、休闲农业等绿色产业。实行乡村资源整合，开展村域综合规划和环境综合整治。深入挖掘乡村的地理风貌和民俗风情等特色，发展乡村观光休闲、文化体验及乡村度假等生态旅游。在村容村貌及景观改造上注入乡村特色文化，把乡村特色文化融入生态宜居乡村建设实践中。以文化传承和发展为根本出发点，使历史古迹得以保护、传统技艺得以继承、民间文化得以发扬，促进乡风文明建设。创建生态文明村镇，组织开展卫生管理评比、环境治理达标、精神文明创建、道德模范评选等活动，倡导村民树立"务实、守信、崇学、向善"的价值观，爱护公共设施，保护人居环境，倡导健康生活方式，提高农民群众文明素养。组织开展各类文体活动，发挥文化广场、文化活动室的功能，积极组织开展各种有益的群众性文化活动，不断提高农民群众团结友善意识和文明和谐程度。

（三）区域生态宜居乡村建设实践

1. 乡村环境综合整治

浙江省自 2003 年实施"千村示范，万村整治"工程，2003—2007 年浙江省 1 万多个建制村率先推进农村道路硬化、垃圾收集、卫生改厕、河沟清淤、村庄绿化。2008—2012 年开展农村生活污水治理、畜禽养殖污染治理、化肥农药等面源污染整治和农房改造建设。2013 年以来，陆续启动农村生活污水治理、农村生活垃圾分类处理试点、历史文化村落保护等工程，将改善乡村生态环境和人居环境作为主攻点，以"五水共治"行动（治污水、防洪水、排涝水、保供水、抓节水）、"四边三化"行动（在公路边、铁路边、河边、山边等区域开展洁化、绿化、美化）、小城镇环境综合整治等为抓手，深入开展生态宜居乡村建设，全面推行河湖长制，完成河湖综合整治任务。实施高水平推进农村人居环境"五提升"行动，包括系统提升生态环境保护、全域提升基础设施建设、深化提升美丽乡村创建、整体提升村落保护利用、统筹提升城乡环境融合发展。其中包括严格实行生态环境保护、深入推进厕所革命、全面加强规划设计等具体内容。

截至2017年年底，浙江省累计约2.7万个建制村完成村庄整治建设，占浙江省建制村总数的97%。全省已解决2000多万农村人口的饮水安全问题，农村饮水安全状况得到明显改善。开展农村生活污水治理，500万户农户生活污水实现截污纳管，90%的村实现生活污水有效治理，74%农户的厕所污水、厨房污水和洗涤污水得到治理。全面推行农村生活垃圾集中收集处理，建制村覆盖率达到100%，11475个村实施生活垃圾分类处理，占比41%，推行生活垃圾减量化、资源化和无害化分类处理，实现垃圾"扔进桶"向"分好类"转变。

2. 美丽乡村示范区建设

开展美丽乡村示范县、示范乡镇、特色精品村创建和美丽乡村风景线打造。实行全域规划、全域提升、全域建设、全域管理，推进美丽庭院、精品村、风景线、示范县四级联创，形成

"一户一处景、一村一幅画、一线一风景、一县一品牌"的宜居乡村建设格局。截至2016年年底,全省创建美丽庭院43万户,培育特色精品村2000多个,打造美丽乡村风景线300多条,已培育美丽乡村先进县58个、美丽乡村示范县6个、示范乡镇100个,美丽宜居示范村国家级试点和全国美丽宜居示范村庄总量居全国首位。

浙江省坚持乡村科学规划引领,修订完善县市美丽乡村建设规划和精品村、风景线规划,统筹规划农业产业、农业园区规划与村庄布局规划,加强空间布局规划、土地利用规划、基础设施建设等规划之间的衔接。发展休闲观光农业、创意农业、养生农业等乡村生态旅游业和健康养生养老产业,打造具有地域特色的乡村旅游区。2016年全省农家乐特色村(点)3484个,从业人员16.6万人,年营业收入达到291亿元。

3. 村庄布局与乡土文化建设

在村庄规划布局方面,浙江省提出中心村主要建设公共服务中心,吸引人口集聚、辐射周边村庄;一般村主要实行环境整治、村庄梳理、有机更新,改善村容村貌;高山偏远村、空心村主要实行异地搬迁;历史文化村落主要实行保护修建,促进历史古迹、自然环境与村庄融为一体。从2013年起,浙江省每年启动40多个历史文化村落重点村和210多个历史文化村落一般村的保护利用项目,修复古建筑3000余幢、古道200多公里。在全国率先实施"《千村故事》'五个一'行动计划"(指针对全省保有的、纳入历史文化村落保护利用计划的1123个村落,开展"寻访传统故事——编撰一套丛书;触摸历史脉搏——形成一个成果；定格乡土印象——摄制一碟影像；回味乡愁记忆——推出一馆展示；构建精神家园——培育一批基地"的行动计划），弘扬具有浙江时代印记和地域特色的文化遗产，1200多个历史文化村落逐步成为浙江美丽乡村建设的文化窗口。推进乡村文化建设，在保留乡村原始风貌、深度发掘农耕传统、民族风情和民间技艺上做文章，培育建设特色文化村。农村文化礼堂建设连续被纳入省政府为民办实事项目，礼堂活动内容丰富，6000多个文化礼堂已经成为村民的精神家园。

二 生态宜居乡村建设的重点任务

2018年我国制定的《农村人居环境整治三年行动方案》聚焦农村生活垃圾、生活污水治理和村容村貌提升等重点领域，对农村人居环境整治提出具体目标和要求。这将梯次推动乡村山水林田路房的整体改善，促进生态宜居乡村建设。到2020年，实现农村人居环境明显改善，村庄环境基本干净整洁有序，村民环境与健康意识普遍增强。

（一）乡村生态环境建设

1. 乡村生态空间保护

加强乡村自然生态空间用途管制，保护耕地资源，节约利用水资源，实行乡村生态系统保护。按照尊重自然、顺应自然、保护自然理念，对土地进行综合整治，优化土地利用结构，减少对生态环境的干扰和破坏。改善自然生态系统涵养水源、保持水土、净化水质、保护生物多样性等功能，恢复田间生物群落和田园生态景观。保护乡村河湖湿地，实施流域环境综合治理。鼓励将河湖长体系延伸至村一级，实现河湖长制全覆盖。

2. 乡村环境污染防治

禁止工业污染企业和城市垃圾向农村地区转移，避免将工业化、城镇化的发展建立在牺牲农村环境的基础之上。深入开展农村环境污染治理，改善能源结构，实行农村散煤替代，逐步推广天然气、液化气等清洁能源，有条件的地区有序推进煤改气、煤改电和新能源利用。重点治理乡镇村现有排污企业，规范排污标准，杜绝有毒有害污染物不经过处理直接排放。

3. 乡村林草绿化

继续实施天然林资源保护、退耕还林还草、湿地保护与恢复、自然保护区建设等重大生态工程，开展乡村绿化行动，发挥林草植被在改善农村生态环境中的作用。围绕环城镇、环村庄、沿公路、沿河道、沿轨道"两环三沿"以及湿地、水源地、自然保护区等重点区域，开展造林种草绿化活动。以公路、河流、铁路为线，以农田、片林、经济林为面，最大限度扩大林木面积，增加林木总量。鼓励房前屋后种植果木，实现点上成景、线上成带、面上成片。加强乡村人口聚居地和公共空间的绿化建设，提高乡村的整体绿化水平。实施充分利用闲置土地，组织开展各种形式的乡村义务植树种草等活动，建设具有乡村特色的绿化景观。全面实施村庄绿化工程，严格保护乡村古树名木，重点推进村内绿化、围村片林和农田林网建设，实现庭院、沟渠、通道、农田周围全面增绿，完善农田林网、围村片林、灌溉渠系等生态廊道，形成山地森林化、农田林网化、村庄园林化、道路林荫化、庭院花果化的乡村绿化格局。

（二）乡村人居环境整治

1. 乡村饮水安全

按照国家颁发的《饮用水水源保护区污染防治管理规定》和《生活饮用水卫生标准》，合理设置农村生活饮用水水源保护区，加强乡村饮用水水源保护。实施农村饮水安全巩固提升工程，完善工程运行管护机制，进一步提升农村饮水安全保障水平。在水源井周围30米的范围内，应实行植被绿化，保持良好的卫生环境，保证水源不受污染。对地下水按用水要求，定期进行水质监测，避免造成水质下降。合理布置村庄供水管网，更新饮水管道。选用标准的给水管材，设置检修阀口、泄水装置、排气阀等重要阀口，便于管道维护与管理。在供水井处布置饮水消毒设备，从源头上对水质进行检测和处理，保障村庄饮水安全。

2. 乡村生活污水治理

因地制宜梯次推进农村生活污水治理，县城周边的乡镇污水管网应纳入县城主管网，产业集聚区周边的乡镇污水管网要纳入产业集聚区污水处理管网。推广低成本、低能耗、易维护、高效率的污水处理技术，合理布置污水管道。充分利用区域地形条件，采取较短线路顺势排水，减少管道埋深和迂回，保证良好的水利条件。推进城镇污水处理设施和服务向城镇近郊的农村延伸，在离城镇较远、人口密集的村庄，建设污水处理设施进行集中处理；在人口较少的村庄，推广建设户用污水处理设施。推进乡村水环境综合治理，实施农村黑臭水体整治行动，基本消除农村黑臭水体。以房前屋后、村内河塘沟渠为重点，实行清淤疏浚，全面治理，实现渠塘"洁、净、畅"。加强村内"四旁四地"（村旁、宅旁、水旁、路旁，荒地、闲地、闲宅基地、集体土地）绿化，恢复乡村水生态。开展农村生活污水源头减量和尾水回收利用，推广人工湿地、氧化塘等生态处理模式，提高生活污水治理率。生活污水经过净化后用于灌溉农田，实现村庄污水的循环再利用。

3. 乡村生活垃圾治理

推进农村生活垃圾治理，建立符合农村实际、方式多样的生活垃圾收运处置体系。推广农村生活垃圾就地分类和资源化利用，覆盖所有具备条件的县（区、市）。实行垃圾定点存放，配备专职保洁员、垃圾清运车辆，生活垃圾基本做到日产日清。健全村庄保洁体系，合理设置垃圾中转站、收集点，实现村设垃圾场、组设垃圾池、户设垃圾箱，做到设施设备齐全、保洁队伍稳定、监管制度完善。在交通便利且转运距离较近的村庄，推行户分类、村收集、镇运转、县处理的模式，其他村庄就近分散处理，开展非正规垃圾堆放点排查整治。以行政村为单位，对其周边的沟渠、河道、铁路、公路沿线垃圾清理。建立以农村日常保洁和生活垃圾收集相结合的运行机制，切实提高整个农村生活垃圾处理能力。完善生活垃圾分类回收设施，推进废弃资源综合利用，加快农村生活垃圾综合利用循环经济园区建设。

4. 乡村卫生厕所建设

推进农村"厕所革命",开展卫生厕所建设改造和粪污治理,推行不同类型的农村卫生厕所,推进厕所粪污无害化处理和资源化利用。加强卫生厕所改造与农村生活污水治理的有效衔接,鼓励将厕所粪污、畜禽养殖废弃物一并处理并资源化利用。加快实施农村改厕,在城市近郊区以及其他环境容量较小地区村庄,加快推进农村户用卫生厕所建设和改造,同步实施厕所粪污治理;其他地区要按照群众接受、经济适用、维护方便、不污染公共水体的要求,普及不同水平的卫生厕所。在东部地区、中西部城市近郊区等有条件的地区,基本完成农村户用厕所无害化改造,厕所粪污基本得到处理或资源化利用。对于中西部有较好基础、基本具备条件的地区,力争实现卫生厕所普及率达到85%以上。推进农村新建住房及保障性安居工程等项目,配套建设无害化卫生厕所。加强乡镇政府所在地、中小学、卫生院、农村社区综合服务中心(站)、公共场所、集贸市场、旅游景点、公路沿线等区域无害化卫生公厕建设。

5. 村容村貌美化

坚决拆除违章、乱搭乱建的建筑物,清除村内道路堆放的砖、砂石以及废弃的建筑材料和杂物。整治农村供电、网络、电视电话线路乱拉乱接问题,规范网络、线路的布局。强化新建农房规划管控,加强"空心村"改造和服务管理。对废弃场所进行整治和复绿,建设村野公园,优化农村空间。村庄全面禁止秸秆焚烧，集中开展清杂物、清残垣断壁、清庭院活动，强化"五化"（硬化、亮化、绿化、净化、美化）工程建设，实行农户门前自清、庭院自清、环卫轮流值班等责任制，确保村庄街头巷尾干净畅通，房前屋后整齐清洁，美化村容村貌，打造生态宜居模范村。遵循历史传承，稳妥推进农村建设用地整理。对历史文化名村、传统村落以及少数民族特色村寨、民居等进行重点保护，对具有历史、人文价值的村落不得拆建。保护保留乡村风貌，留存具有浓郁地方特色和乡土风情的人文景观。开展田园建筑示范，注重农房单体个性设计，就地取材，充分利用原有砖瓦、原石，降低建设成本。促进村庄规范、整洁，使村庄整治保持田园风光、体现农村特色。

（三）乡村总体布局

对现有村庄进行科学分类，确定需要整体搬迁、撤并集中和保留提升的村庄，完善乡村整体规划和空间布局。乡村整体规划布局应符合乡村发展实际，科学编制县域乡村建设规划、土地利用规划和村庄建设规划，优化乡村土地利用结构，合理布局农村生产和生活区域。明确村庄整治的重点和时序，择选优先建设的重点村和中心村。推进农村土地整治，集约使用集体土地，统筹利用闲置土地，改造、建设村庄公共活动场所。加快农村危旧房改造，推动农房集中连片治理。实施统一规划工程，节约土地资源，满足农民的居住习惯和居住意愿，建设乡村幸福家园。加强农村公路、供水、电网等基础设施建设和公共服务设施配套，推进通村组道路、入户道路建设，铺设水泥路，修建路边沟渠。完善村庄公共照明设施，提高村庄亮化率。在村庄主路、支路安装太阳能路灯，在村庄出入口和村庄主要活动场所设置节能照明灯，对路灯质量定期检修和及时维修更新。鼓励村民结合屋顶改造，在各户屋顶统一设置太阳能热水器，满足日常生活需要。建设农村晒场、农机棚等设施，提高公共服务水平。

（四）乡村文化建设

乡村生态宜居不仅表现在自然环境上的宜居，也表现在社会环境上的宜居。建设生态宜居乡村，不能忽略乡村传统文化，开展乡村文明建设。弘扬乡村历史文化，保护乡风民俗，打造"一村一景""一村一品""一村一韵"。实施一村"一个文化大院、一个农家书屋、一个公园绿地、一个健身广场、一个文娱队伍"五个一工程。在村庄开展"十星文明户"评选活动，通过民主投票方式评选，对星级文明户予以表彰。依据当地特色资源和生态条件，建立乡村植物园、环境教育公园、自然保护区等。充分利用乡村的山林、河流、湖泊、湿地等资源及乡村文化等，开展各种户外活动和娱乐活动，包括登山、徒步、漂流、野营、垂钓、园艺、拓展等。有条件的地方建立乡村度假村，包括乡村酒店、民宿等。以乡村生态旅游为主线，将农业园区体验活动、民间艺术、传统民俗、休闲娱乐等项目结合，推动农村旅游业的发展。乡村良好的生态环境和舒适的居住环境，不仅惠及村民，还将吸引更多的城市居民和企业来到乡村，进一步带动乡村的产业兴旺。

三 生态宜居乡村建设的主要问题

（一）农村环保基础设施薄弱，公共服务不配套

我国农村自来水普及率、污水处理率低于城市，农村人居环境管理水平落后于城镇化发展水平。大多数乡村环保基础设施不足，村庄的污水处理系统、粪便处理系统等设施难以配套建设，农村"脏、乱、差"现象依然存在。许多乡村没有建成密封式的垃圾箱，所建垃圾池是开放式的，缺乏乡村环卫车辆，不能及时运送，部分农村卫生配套设施形同虚设。尽管城乡垃圾收运一体化模式运行高效，但是农村垃圾收运和处理环节仍需进一步改善，农村垃圾分类有待进一步推广，农村垃圾资源化利用体系有待完善。

（二）乡村总体建设规划不能适应发展需求

一些乡村总体建设规划不尽合理，无法满足现代农村生产环境、生活环境和生态环境建设的需求。乡村整体布局散乱，宅基地违规乱占、农房乱建，没有综合考虑排水、排污、绿化、农业废弃物处理、杂物堆放、畜禽养殖粪污排放等实际问题。在乡村总体建设规划设计和实施过程中，缺乏村民的广泛参与，存在抢占和重复建设现象。有些村庄未能设置适宜的集中倾倒农村生活垃圾的投放点，导致垃圾收运困难。部分村庄建设没有特色，未能考虑区域自然条件、民俗文化等因素，房型千篇一律，有新房

没新村,有新村没新貌。

(三) 乡村建设部门之间缺乏协调机制

生态宜居乡村建设涉及一些不同的职能部门,住房和城乡建设部门在开展乡村生活环境建设方面,涉及农村生活污水、生活垃圾和卫生厕所等内容。环境保护部门和财政部门牵头开展农村环境综合整治,涉及农村环境污染防治、农村人居环境整治等内容。农业部门牵头开展乡村生产环境建设和美丽乡村建设,涉及农业面源污染防治、村容村貌改善等内容。还有其他部门,例如,水利部门和林业部门在开展农村资源保护和生态环境治理方面,分别涉及农村水源地保护和农村绿化等内容。这些部门各自开展工程建设,部分项目内容交叠,彼此之间缺乏沟通和协调,极易导致错失和重复建设。

(四) 农村生态环境缺少有效的监管手段

一些企业搬迁到农村地区,由于缺少环境监管,这些企业随意排放污染物,使地区土壤与河流受到污染,加剧了农产品产地的环境污染,严重威胁着农产品质量安全,也给当地农民生活带来危害。许多乡村尚未建立系统的污水处理管道与设施,不能实现污水达标排放。农村生活污水直接排到河道里,渗入地下,不但造成水资源浪费,还造成地表水和地下水污染,对下游地区饮水安全造成威胁。同时,存在农村生活方面垃圾处理不当、"厕所革命"开展不彻底等问题,也对农村生态环境造成严重影响。

(五) 农村人居环境治理投入缺乏

乡村生活垃圾清扫及资源化利用、卫生厕所改建、生活污水处理等项目，均缺少人居环境治理专项资金保障。一些乡村不能解决乡村保洁的人力工资、生活污水处理设施和垃圾收集设施的基本经费，村民也不愿意支付生活污水和垃圾处理费。大部分小型单村供水工程一般由村集体委托人员进行管理，供水规模小，水费收取率低，难以保障维护经费，致使水源保护、消毒净化、水质检测、设备维修等不能到位，严重影响供水工程效益。

四 推进生态宜居乡村建设的对策建议

（一）加强农村人居环境改善和基础设施建设

全面开展农村人居环境整治，补齐农村人居环境短板。中央政府加大对农村人居环境改善的专项资金投入，地方政府要统筹整合土地整治、农业综合开发、危房改造和农村清洁工程、饮水安全、环境综合整治等相关涉农项目资金，加快相关涉农资金的整合进程，保障农村人居环境改善和基础设施建设。加大农村水、电、路等基础设施投入力度，包括县乡村交通体系建设、农村安全饮水工程、乡村电气化建设等方面。依法简化农村人居环境整治建设项目审批程序和招投标程序，降低建设成本，确保工程质量。支持村级组织和农村工匠等承接村内环境整治、村内道路、植树造林等小型涉农工程项目。政府创新支持方式，采取以奖代补、先建后补、以工代赈等多种方式，提高资金使用效率。按照"以奖代补"政策，对完成创建任务并通过命名的生态宜居乡镇、村进行资金奖补。

（二）建立生态宜居乡村建设的多元投入机制

创新政府与社会资本合作（PPP）模式，积极引导工商资本、金融资本等参与生态宜居乡村建设，形成政府、社会、企业等共同参与生态宜居乡村建设的投入机制。鼓励社会资本通过投资、认捐、认建等方式，参与农村人居环境建设。通过发放抵押补充贷款等方式，引导国家开发银行、农业发展银行等金融机构依法合规提供信贷支持，鼓励商业银行扩大贷款投放。对收益较好的农村基础设施重点项目实行市场化运作，进行股权债权融资。规范推广PPP模式，通过特许经营等方式，吸引企业参与农村垃圾和污水治理等人居环境整治项目。探索建立农村生活垃圾和污水处理农户付费制度，完善财政补贴和农户付费合理分担机制。引导有条件的地区将农村环境基础设施与特色产业、休闲农业、乡村旅游等有机结合。

（三）全面提升乡村生态服务价值

建设生态宜居乡村，应以改造为主、以新建为辅，避免对历史文化村落、古树名木、古老建筑的破坏，尽量不改变地形地貌、道路水系，不破坏植被，突出区域原生态特色。将原生态生活风貌与现代化建设有机结合，改善农村人居环境的布局。正确处理资源开发与保护的关系，运用现代科技和管理手段，将乡村生态优势转化为发展生态经济的优势，增加农业生态产品和服务供给。发展乡村生态旅游业，健全生态旅游开发与生态资源保护衔接机制。修复农业农村生态景观，提升农业生态价值、休闲价值和文化价值。打造多元化的乡村生态旅游产品，推进乡村生态保护与旅游、教育、文化、康养等产业深度融合。实施休闲农业和乡村旅游精品工程，建设设施完备、功能多样的休闲观光园区、森林人家、康养基地、乡村民宿、特色小镇等，创建一批特色生态旅游示范村镇和精品线路，完善乡村生态旅游产业链。

（四）强化生态宜居乡村建设的长效管护

推进实用村庄规划编制实施，加强乡村建设规划许可管理。坚持先规划后建设，有序开展农村人居环境建设，规范农房管理。既要让农民有房住，又要避免建了又拆，造成资源浪费。根据城镇化进程加快、农村人口不断减少的实际情况，探索推进村庄整合，合理布局卫生、教育等公共服务设施。

加强农村环境监管能力建设，落实县乡两级农村环境保护主体责任。在县、镇二级组建乡村建设办公室作为常设专门机构，配备专职人员负责建设工作。健全农村环境基础设施管护的规章制度，鼓励专业化服务组织承担环卫保洁和设施管护，健全服务绩效考核制度。在改善农村人居环境的过程中，重点开展改水、改厕、垃圾处理和污水治理等诸多项目，之后再开展综合性的环境整治工作。巩固清洁村庄建设成果，推进村庄日常保洁网格化管理，提升环境卫生长效管护水平。成立乡村环境监督小组，监督各家各户养成良好的环境卫生习惯。

（五）鼓励村民参与生态宜居乡村建设

积极向村民宣传生态宜居乡村建设的意义与政策，完善生态宜居乡村建设的重要事项科学决策、民主决策的程序制度，切实保障村民的知情权、决策权和监督权。引导村民积极参与农村人居环境规划、建设、运营、管理的全过程，发挥村民在生态宜居乡村建设中的主体作用。尊重乡土文化和风俗习惯，对接农村社区服务、保障救助、卫生保健、民事调解等方面的基本管理职能。完善村民"一事一议"制度，引导农民群众筹资筹劳，自主开展农村人居环境建设。倡导绿色生活方式，使节能、节水、资源回收利用成为村民的自觉行动。实行村民自治，鼓励村民主动参与垃圾集中排查整治活动。

参考文献

[1] 杨苹苹：《乡村振兴视域下生态宜居乡村的实现路径》，《贵阳市委党校学报》2017年第6期。

[2] 赵凯：《宜居乡村建设财政投入存在的问题与对策》，《北方经济》2015年第6期。

[3] 是丽娜：《新农村建设与乡村生态旅游互动发展模式构建》，《生态经济》2013年第11期。

[4] 潘文汇、刘新平、王大伟、杨子：《基于生态宜居的农村宅基地集约利用分析》，《新疆农业科学》2014年第12期。

[5] 罗心欲：《新农村建设"生态宜居"要求探析》，《梅州日报》2017年11月19日。

农村生活垃圾处理的现状、问题与对策

操建华[*]

摘　要： 推进我国农村生活垃圾处理是新时代城乡均衡发展的要求和改善农村人居环境、实现乡村全面振兴的重要举措。本文基于统计资料和已有研究文献从垃圾产生量及其特点两方面分析了农村垃圾处理面临的形势，分析总结了垃圾处理现状、主要的处理方式和面临的主要问题，并从法律、制度、资金和技术等多方面提出了治理建议。

关键词： 农村生活垃圾　垃圾处理　乡村振兴　人居环境

---

[*] 操建华，管理学博士，中国社会科学院农村发展研究所农村环境与生态经济研究室副研究员，主要研究方向为生态经济、资源与环境经济。

Situation, Problems and Countermeasures of Rural Household Solid Waste Disposal

Cao Jianhua

Abstract: Advancing rural household solid waste disposal is a requirement to balance the development between urban and rural areas in the new era. It is also an important measure to improve the rural living environment and realize rural revitalization. Based on statistical data and other researchers' results, this paper analyzes the current situation from two aspects of waste generation and its characteristics. The current status, main disposal ways and problems are also summarized. The suggestions from laws, system, financial and technological aspects, are also put forward.

Key Words: Rural Household Solid Waste; Waste Disposal; Rural Revitalization; Living Environment

一 农村生活垃圾处理问题的提出

随着农业现代化、农村工业化和城乡经济一体化进程的快速推进，我国农村生活垃圾的产生量正呈现出快速增长的态势。然而，农村垃圾处理的基础设施、组织体系和管理水平等严重滞后，垃圾随意堆放和简易填埋的现象至今未能获得有效解决，由此带来的污染问题日渐突出，成为农村环境污染的主要形式之一。其中的有毒有害成分不仅严重污染大气、土壤和水体，威胁农村饮用水安全，破坏乡村自然景观，还容易滋生苍蝇、蚊子、老鼠和臭气等，严重威胁农村居民的身体健康。

自21世纪初"社会主义新农村建设"提出"村容整洁"的要求开始，推进农村生活垃圾的科学管理和无害化处理就被提上议事日程。原农业部从2005年6月起，通过试点示范，在全国实施了"乡村清洁工程"。2008年随着"以奖促治"开展农村环境综合整治政策的出台，中央财政设立了农村环保专项资金，为各地农村环境综合整治提供支持。2014年住房和城乡建设部启动了"农村生活垃圾治理专项行动"，推动农村垃圾减量化、资源化和无害化处理。次年，住房和城乡建设部等十部门联合印发《关于全面推进农村垃圾治理的指导意见》，明确提出建立村庄保洁制度、推行垃圾源头分类、全面治理、废弃物资源化利用、规范垃圾处理和清理陈旧垃圾等要求。但是与城市相比，农村生活垃圾的综合管理关注度仍然不高，大量生活垃圾随意堆放，处理率低，严重影响了乡村人居环境。

党的十九大报告提出，我国社会主要矛盾已经转化为人民日益增长的美好生活需要和发展的不平衡不充分之间的矛盾。农村垃圾治理结构的城乡"二元制"就是城乡发展不平衡、乡村发展不充分在农村环境问题上的重要体现，仍然滞后的农村垃圾处理能力与日趋增长的垃圾产生量之间的冲突有待解决。"城乡区域发展差距和居民生活水平差距显著缩小，基本公共服务均等化基本实现"是新时代乡村振兴顶层设计目标之一，乡村振兴战略的一项重要任务就是持续改善农村人居环境，建设美丽宜居乡村。2018年2月中共中央办公厅、国务院办公厅的《农村人居环境整治三年行动方案》聚焦农村生活垃圾、生活污水治理和村容村貌提升等重点领域，明确提出"建立健全符合农村实际、方式多样的生活垃圾收运处置体系。有条件的地区要推行适合农村特点的垃圾就地分类和资源化利用方式"等要求。因此，推进我国农村生活垃圾治理，实现垃圾减量化、资源化和无害化，是新时代城乡均衡发展的要求，是改善农村人居环境、建设美丽乡村和实现乡村社会全面振兴的重要举措。

二 农村生活垃圾治理面临的形势

（一）农村生活垃圾产生量分析

垃圾产生量与经济发展水平之间呈倒"U"形曲线关系。Huang等（2013）预测，农民人均纯收入达到17446元时，就会到达垃圾的库兹涅茨曲线拐点,由此可推断我国农村垃圾产生量还处在上升阶段。尽管所有人都认为农村生活垃圾产生量巨大且总量还在继续增长,其人均产生率和产生总量依然缺乏一致的看法。我国目前尚无农村生活垃圾量的统计资料,相关数据都是研究者根据各自的实地调研或住建部的统计年鉴数据推算出来的。由于样本量、选择的省份、具体地点及调研方法的差异,相互间并没有形成一致的看法,甚至差异很大。关于垃圾产生量,国务院参事室"农村垃圾问题研究"课题组(2016)认为,农村生活垃圾年产生量是1.1亿吨,"央视网"报道2016年农村生活垃圾年产生量为1.5亿吨[①],姚伟等(2009)则推算中国农村年生活垃圾产量接近3亿吨。对人均日垃圾产生量的看法也是如此。王金霞等(2011)认为,人均垃圾产生量为0.81公斤/人·天,姚伟等(2009)得出该值是0.86公斤/人·天,岳波(2014)等认为该值在0.15—2.29公斤/人·天,平均值是0.76公斤/人·天。韩智勇等(2017)的估算更低,认为该值介于0.034—3.000公斤/人·天,中位值是0.521公斤/人·天,与何晶晶等(2010)统计的全国集镇生活垃圾产生率0.52公斤/人·天相当。

鉴于韩智勇等(2017)提出的参数基于的文献和统计样本量最多、涉及省份最全且文献最新,故以该团队的农村垃圾产生率为依据,根据《中国统计年鉴》中2016年乡村人口数,推算并分析我国2016年农村生活垃圾的产生量,结果见表1。

---

① 《农村垃圾年产生量达1.5亿吨只有一半被处理》,央视网,http://www.chinanews.c0m/gn/2016/06/19/7909149.shtml,2016年6月19日。

农村生活垃圾处理的现状、问题与对策

表1　　2016年各省（市、区）农村垃圾产生率和产生量

单位：公斤/人·天，万吨

	产生率均值	产生量		产生率均值	产生量		产生率均值	产生量
东部	0.781	5546.1	中部	0.835	6121.6	西部	0.381	2588.9
北京	0.958	102.5	山西	1.000	588.4	内蒙古	1.061	378.7
天津	1.226	119.5	吉林	1.210	531.3	广西	0.412	377.8
河北	0.890	1132.8	黑龙江	0.394	222.9	重庆	0.587	244.3
辽宁	1.042	543.5	安徽	0.532	577.7	四川	0.381	583.5
上海	1.253	134.0	江西	0.426	334.9	贵州	0.093	67.4
江苏	0.451	425.0	河南	1.000	1791.8	云南	0.398	381.0
浙江	0.611	411.5	湖北	0.743	668.8	西藏	0.099	8.4
福建	0.775	398.9	湖南	1.195	1405.8	陕西	0.358	222.5
山东	1.003	1492.2				甘肃	0.208	109.6
广东	0.561	693.7				青海	0.850	89.0
海南	0.641	92.7				宁夏	0.357	38.4
						新疆	0.195	88.2

资料来源：韩智勇、费勇强、刘丹、旦增、张嵛、施国中、王加雷、谢燕华：《中国农村生活垃圾的产生量与物理特性分析及处理建议》，《农业工程学报》2017年第15期。

结合全国及各地的乡村人口数，可计算出我国2016年农村垃圾产生总量约1.43亿吨。城镇化率影响乡村人口数，因此未来农村生活垃圾的增长状况将取决于农村人均日生活垃圾产生量和乡村人口数的变动。

从地区看，东部和中部人均日产生更多的垃圾，是农村生活垃圾的主要产生地。中部地区最高，农村生活垃圾产生率均值是0.835公斤/人·天，垃圾产生量是6121.6万吨，占42.9%；东部地区居次，农村生活垃圾产生率均值是0.781公斤/人·天，垃圾产生量是5546.1万吨，占38.9%；西部地区较低，农村生

活垃圾产生率均值是 0.381 公斤/人·天，垃圾产生量是 2588.9 万吨，占 18.2%。

从各省来看，农村垃圾产生率从高到低排前五位的分别是：上海、天津、吉林、湖南和内蒙古；最后五名全在西部，从低到高分别是：贵州、西藏、新疆、甘肃和陕西。西部省份除内蒙古外，垃圾产生率都远远低于全国均值，显示出很强的地域特征。

由于目前我国农村生活垃圾产生量与经济发展程度的关系正处在倒"U"形曲线的前半段，西部地区农民人均收入还远远没有达到库兹涅茨曲线的拐点，因此可预见，当西部经济腾飞、中部地区经济也加速赶超发达的东部地区时，农村生活垃圾的产生量可能会迎来一个迅猛增长的新阶段，垃圾治理也将面临严峻的形势。

（二）农村生活垃圾的特点

1. 组分的复杂化和危害的严重化

随着农村工业化、城市化的发展，农村生活垃圾的成分逐渐复杂化，目前以可堆肥类垃圾为主、多种组分并存，可堆肥类垃圾占总量的 60% 以上。岳波（2014）的研究指出，各组分大小关系表现为灰渣＞厨余＞塑料＞其他类＞纸类＞玻璃＞布类＞金属。生活垃圾的组成和分布特征也日趋城市化，工业制品和塑料制成品增加。由于塑料、工业制品等在农村居民生活中越来越被广泛使用，农村垃圾中有毒有害物质和不易降解物质越来越多。

2. 垃圾分布、产生量及组分特征的地域差异性

一是城乡生活垃圾地理分布的差异。中国农村幅员辽阔,村庄内部、村庄之间或村镇之间,距离较远,与城镇集中居住产生的生活垃圾相比,地理分布上具有面广而分散的特点,决定了农村生活垃圾在收集和转运上要更为困难。

二是南方和北方农村生活垃圾的产生量和组分的地域差异。我国农村生活垃圾产生量总体上呈现出北方高于南方的特点。岳波(2014)的研究表明,南方农村人均生活垃圾日产生量为0.66公斤,低于北方的1.01公斤。同时南北方农村生活垃圾的组分差异明显。我国南方地区的农村生活垃圾以"厨余垃圾"为主,占总量的43.56%,其次是渣土,占26.56%;而北方以渣土为主,占总量的64.52%,其次是"厨余垃圾",占25.69%。

3. 垃圾产生量及组分特征与地区经济发展水平及产业结构的密切相关性

经济发展水平越高的农村地区,人均生活垃圾产生量越多,总体上呈现出东中部高于西部的特点,发达省份远高于欠发达省份,如北京农村生活垃圾产生率在0.29—3公斤/人·天,而贵州的则在0.034—0.144公斤/人·天。

农村的农业区和非农业区生活垃圾特征的差异。农业地区人均生活垃圾产生量低于非农业地区,组分较简单,以"厨余垃圾"为主。非农地区尽管也以"厨余垃圾"为主,但是组分更为复杂,塑料包装等白色垃圾和废旧工业制品占据一定比例。

三 农村生活垃圾处理的发展状况和当前的主要模式

(一) 我国农村生活垃圾处理的发展状况

1. 我国农村生活垃圾处理的总体发展状况

农村生活垃圾处理已初见成效。根据《城乡建设统计年鉴》,对生活垃圾进行处理的行政村比例和有生活垃圾收集点的行政村比例分别从2007年的10.1%和26.8%提高到2014年的48.2%和64.0%。分别增加了约38个百分点左右,垃圾收集和处理能力得到有效提升(见表2)。2016年情况得到进一步改善,全国65%的行政村对生活垃圾进行了处理。

表2　　　　　行政村生活垃圾收集和处理比例

单位:%

年份	2007	2008	2009	2010	2011	2012	2013	2014	2015	2016
处理生活垃圾的行政村比例	10.1	11.7	17.7	20.8	24.5	29.4	36.6	48.2	62.2	65.0
有生活垃圾收集点的行政村比例	26.8	31.0	35.0	37.6	41.9	47.4	54.8	64.0	—	—

资料来源:《城乡建设统计年鉴(2007—2016)》。

但是,也可以看到,约四成的行政村垃圾收集点还是空白,近四成行政村的生活垃圾没有获得任何处理。

从 2016 年全国和各地区乡、镇生活垃圾处理率来看（见表3），建制镇处理水平高于乡，乡高于乡镇特殊区域，分别为86.0%、70.4%和63.9%。但是无害化处理比例很低，分别为46.9%、17.0%和27.4%。同时，垃圾处理的地区发展水平差异显著，东部远高于中西部。各项指标高出 20—30 个百分点。其中，山东建制镇生活垃圾处理率最高，达到 99.9%，无害化处理达到92.05%，最低是黑龙江，基本没有处理。

表3　　　　　　　　2016年建制镇和乡垃圾处理情况

单位:%

	生活垃圾处理率			无害化处理率		
	建制镇	乡	乡镇特殊区域	建制镇	乡	乡镇特殊区域
全国	86.0	70.4	63.9	46.9	17.0	27.4
东部	90.7	85.8	88.9	57.0	45.4	52.7
中部	63.1	60.7	59.8	22.7	16.5	13.8
西部	71.4	64.7	59.5	16.0	7.9	17.1

资料来源：《城乡建设统计年鉴（2007—2016）》。

根据 2016 年住建部《城乡建设统计公报》，2016 年年末，全国行政村处理的生活垃圾中，有43%是集中运送至城镇处理设施处理。其中，中西部省份 2016 年的农村垃圾处理率较 2014年提高了 25 个百分点以上，进展更明显[1]。贫困地区状况更差一些。到 2016 年，在 12.8 万个国家级建档立卡的贫困村中，有47%的村庄垃圾未得到收集，基本处于乱扔乱丢的状态。四川、

---

[1] 全国三分之一村庄生活垃圾未收集须建立保洁队伍，http://news.163.com/17/0614/20/CMTT7PFO000014AEE.html。

山东、江苏、上海、北京5省市通过了10部门组织的农村生活垃圾全面治理验收[①]。

2. 我国农村生活垃圾处理基础设施的发展状况

农村垃圾处理基础设施有了一定改善，但是还远远不够。从乡镇拥有的环卫车辆来看，1990年建制镇和乡环卫专用车辆设备仅分别有5000台和1600台，2000年分别增长到29000台和6800台。从2007—2016年的发展趋势看，镇、乡和乡镇特殊区域环卫车辆趋于增长，分别增长到120376台、25020台和3087台，有了数倍的改善。乡镇拥有的垃圾中转站的数量也在缓慢增长中。镇、乡垃圾中转站拥有量分别从2007年的22490座、4625座增长到2016年的32914座、9678座。但是相对广阔的农村地区而言，显然是远远不够的（见表4）。

表4　　　　　建制镇和乡生活垃圾处理设备拥有状况　　单位：座，台

年份	生活垃圾中转站			环卫专用车辆设备		
	建制镇	乡	乡镇特殊区域	建制镇	乡	乡镇特殊区域
1990				5000	1600	
2000				29000	6800	
2007	22490	4625		50394	10360	
2008	24888	4757	833	59744	13003	1498
2009	27339	7508	861	65792	13373	1649
2010	27455	7982	993	68771	14490	2253
2011	29972	8473	719	76491	15293	2251
2012	35152	10655	745	87266	18495	2390

---

① 关于政协十二届全国委员会第五次会议第2778号（城乡建设类100号）提案答复的函，http://www.mohurd.gov.cn/ztbd/jytabl/201711/t20171128_234166.html。

续表

年份	生活垃圾中转站			环卫专用车辆设备		
	建制镇	乡	乡镇特殊区域	建制镇	乡	乡镇特殊区域
2013	34167	15045	745	97087	25561	2423
2014	35527	11568	943	105982	23652	2519
2015	34134	10536	819	115051	24149	2527
2016	32914	9678	1351	120376	25020	3087

资料来源：《城乡建设统计年鉴（2007—2016）》。

3. 农村地区垃圾治理资金投入状况

农村垃圾治理的资金投入力度在不断加大。镇、乡和乡镇特殊区域垃圾处理资金分别从 2007 年的 138337 万元、11486 万元和 1870 万元增加到 2016 年的 785687 万元、83774 万元和 23259 万元，占环卫资金的比例也有了明显提高，分别从 35%、31% 和 27% 提高到 48%、50% 和 53%。行政村垃圾治理资金从 2013 年的 440171 万元增长到 1103322 万元，在村环卫资金中的比例也从 31% 提高到 46%，支持力度明显加强。这充分说明我国目前对农村地区垃圾问题，尤其是农村基层垃圾处理问题的重视（见表 5）。

表5　　　乡、镇和行政村垃圾治理投入及占环卫资金的比例

单位：万元，%

年份	垃圾处理投入				垃圾处理投入占环卫投入比例			
	建制镇	乡	乡镇特殊区域	村	建制镇	乡	乡镇特殊区域	村
2007	138337	11486	1870		35	31	27	
2008	164752	20890	1568		39	40	17	
2009	215049	25019	2513		41	38	22	
2010	275662	31653	4029		42	34	21	

续表

年份	垃圾处理投入				垃圾处理投入占环卫资金的比例			
	建制镇	乡	乡镇特殊区域	村	建制镇	乡	乡镇特殊区域	村
2011	326287	36782	4163		42	37	27	
2012	397722	46881	4613		43	38	24	
2013	520835	53184	7584	440171	41	39	33	31
2014	602104	58694	6493	631980	46	41	31	37
2015	700120	72956	7709	883774	48	45	36	43
2016	785687	83774	23259	1103322	48	50	53	46

资料来源：《城乡建设统计年鉴（2007—2016）》。

（二）现有农村生活垃圾处理的主要模式

1. 农村生活垃圾处理产业链的主要模式

垃圾处理包括收集、转运和最终处理三部分。根据经济发达程度和地域地理特点，我国农村生活垃圾处理主要有三种处理模式。

一是"户收集、村集中、镇转运、县（市）集中处理"的城乡一体化运作模式。即将城市环卫设施、技术和管理模式延伸覆盖到村镇，对农村生活垃圾进行统一收集、运输和处理，逐渐趋于城市化管理。这种模式已经在发达地区，如浙江、山东等地广泛采用。在县域面积小、人口密度大的经济发达地区或大城市周边农村，这种模式在逐步推开，并有向全国推广的趋势。

二是就近就地分散、减量的处理方式。主要在人口密度小、县域面积大、经济相对不发达的地区采用。居住分散的山区农村地区，如四川等地，大多采用这种方式处理农村生活垃圾。

三是分类减量、分散处理的方式。即将垃圾按不同类型分开收集、分别处理，是一些发达地区的农村正在探索的一种处理方式。一些地区如浙江宁波，正在试点在垃圾分类的基础上，利用小型设备专门将厨余垃圾处理成有机肥、进而资源化利用的方式。

从建设和运营主体上看，尽管政府委托第三方专业环保企业处理农村生活垃圾的 PPP 模式在一些地区推广，我国农村生活垃圾处理主要还是依靠政府，市场化程度低。民营企业和社会资金参与度低，限制了生活垃圾处理产业的发展。

2. 农村生活垃圾收集的主要模式

我国农村垃圾收集有分类收集和混合收集两种模式。

垃圾分类收集刚刚起步，目前还处于探索阶段，仅在一些示范县（市、区）内实施并取得成效。垃圾分类主要有一次分类和二次分类两种方式：①一次分类。即是从源头就将垃圾按照不同处理方式分类到位。很多分类试点地区采用这种方式，但是在具体划分类型上，不同地区有不同分法。如北京的马各庄村，分为"灰土、厨余、可燃、有害、不可再生"五类，浙江的谢家路村分为不可回收、可回收和有毒有害三类，还有的村只分可回收、不可回收两类等。②二次分类。如在浙江金华等一些农村地区实施的"两次四分"垃圾收集法和"垃圾不落地"的转运方法。"两次四分法"即农户进行第一次分类，将生活垃圾分成"会烂的"和"不会烂的"两类，分别投放到单独的户用垃圾桶，然后村保洁员进行二次分类，对"不会烂的"垃圾再分为"好卖的"和"不好卖的"两类。农户自行分类投放后，保洁员定时上门收集，运送到垃圾处理点。对既不会烂也不能卖的其他垃圾则统一密闭转运至县级处理点。垃圾从出门到进入最终处置环节全程不落地。显然，让农民分辨"会不会烂""好不好卖"相对简单。

混合收集方式是当前我国农村生活垃圾收集的主要方式。我国绝大部分农村地区是将垃圾混合收集在垃圾箱或垃圾池中。这类垃圾构成成分复杂，大部分被直接填埋。但是一些对环境保护重视的农村地区就探索了二次分拣，以实现垃圾的资源化利用。例如：河北省迁安市杨各庄镇阎官屯村，垃圾在被送往垃圾填埋场之前，要过一道网筛过滤分类的程序，资源化利用其中的渣土、厨余和碎石等。但显然，中间环节的分类耗时费力，并不适合大多数地区。

3. 农村生活垃圾清运和最终处理的主要模式

我国农村垃圾清运发展水平也是参差不齐的。在江浙沪等较发达的农村，统一清运比例高。相对落后地区的生活垃圾则缺乏专人管理，以"自扫门前雪"为主。刘莹（2010）对江苏、四川、陕西、吉林、河北五省的农户资料的分析结果显示，实施统一清运的比例最高的是江苏，为38.6%，四川最低，为7.1%。

垃圾的最终处理方式主要包括填埋、焚烧和资源化利用。当前及未来一段时间内，我国农村地区生活垃圾处理的主要模式仍将是填埋。其中又以简易填埋为主。简易填埋二次污染严重，制约了后续处理方案选择。堆肥处理约占总处理量的6%左右。焚烧可以使垃圾减量80%—90%，但是目前还处在发展阶段，在发达地区占比更高一些。如在广东，农村垃圾焚烧占33.95%，高温堆肥和再利用占4.48%。

四 农村生活垃圾处理中存在的主要问题

（一）法律法规不完善

进入 21 世纪以来，一系列有关村镇生活垃圾污染防治和农村环境综合整治的技术指南和规范性文件出台。但是，农村生活垃圾处理的法律框架缺失，立法零散、模糊，缺乏系统性，不利于农村垃圾污染治理工作的开展。具体表现在：①没有针对农村生活垃圾污染防治的专项立法。我国现阶段的农村生活垃圾污染防治法律依据，散落在环境基本法和一些单行环境法规中，如《中华人民共和国环境保护法》《中华人民共和国固体废物污染环境防治法》等，不仅没有专项立法，对农村生活垃圾污染防治的规定也过分简单且滞后。②这些规定过于抽象、可操作性不强。仅阐述环境治理的原则，没有具体的防治措施和约束细则，操作难度大。③法律层次低。相关规定大都以规范性文件的方式出现，权威性和法律层次都不高，执行时强制力弱。④法律责任不明确。农村生活垃圾污染防治具有综合性、复杂性和长期性，涉及多个部门。我国现有的相关法律体系，并没有将这一工作分解落实到具体部门。

（二）重视程度和覆盖率低，管理监督机制弱

由于我国的环境管理体系是针对城市和工业污染防治建立的，农村环境问题长期以来没有获得足够重视，环保基础差，生

活垃圾处理体系覆盖率低,多数农村地区生活垃圾没有被纳入到环卫收运体系中。有调查显示,即便在发达的广东省,被调查县垃圾收运处理的平均覆盖率仅为40.72%[①]。农民环保卫生意识也不强,对垃圾危害性认识不足,履行垃圾处理义务的积极性较低,集中处理意识弱。对垃圾分类,农民的配合意识和识别能力弱,绝大多数基本不分类。这也使得农村垃圾处理从规划、执行到管理都较弱。如垃圾收集点的规划对农村居住分散的特点关注不足,设点少而偏。部分垃圾收集处理地点存在运输距离远、运输费用高的问题,一些财力弱的农村就会选择就近处理生活垃圾,这些简易的处理方式存在较大的环境风险。监管上存在"无人管"、缺乏常设机构,或多头监管的问题。面对量大、面广、点多和成分复杂的农村垃圾,有些地方领导还存在畏难情绪。

(三) 建设和运营资金保障不足,社会和个人筹资比例低

中央和地方政府对垃圾处理的资金投入都在逐年增加,尤其是东部地区。但是,中央对农村垃圾处理没有独立预算经费,大多数地方政府也没有专项预算,除去各种试点和创建活动,各级政府对农村生活垃圾处理投入很少,基层政府大多依靠上级财政转移支付。由于财政支持力度和村镇经济承受能力有限,垃圾处理设施建设和运营经费缺口较大。与城市相比,农村更高的生活垃圾集中处理成本与更少的资金来源之间的矛盾更突出。对欠发达的村庄,财政不可能大包大揽,村集体基本没有什么经济来源

---

① 农村生活垃圾分类处理现状分析和建议,http://www.hbcic.gov.cn 2017年5月19日。

来担负垃圾处置费，很多农民也承担不起或不愿意承担垃圾收运处置费。如果用行政命令的方式硬压着建设集中处理设施，往往也是建得起用不起，最后成了摆设。即便在发达农村地区，生活垃圾处理基本上都由政府作为一个公众服务机构包办，市场化筹资少，介入相对较多的是在保洁环节。由于资金问题，农村地区的保洁人员和设施配置参差不齐，一些好的做法难以为继。

（四）收运和处理设施落后，技术含量低

从收运设施看，第一，大部分地区使用露天垃圾池或垃圾桶进行垃圾收运，极少有压缩站。垃圾桶缺失或损坏严重，垃圾池大部分是敞开式的，缺乏必要的密封和清洁措施，且存在设置数量少、服务半径和设置位置不合理等问题，不能及时收集垃圾。第二，转运工具存在数量不足、设施不配套的问题。除个别地区配备了垃圾压缩车以外，大部分农村以其他交通工具运送垃圾。收运车辆陈旧损坏现象严重。收运过程密闭性和机械化程度低，存在转运效率低、运输费用高，以及转运过程中的跑冒滴漏污染环境的问题。第三，垃圾处理设施简陋，二次污染情况较为严重。现有简易填埋场和堆放场规模较小，建设标准低，配套设备如压实机械少。很多填埋场没有按照规范要求做到每日覆土、分层压实，没有设置防渗垫层、导排和收集系统，垃圾渗滤液缺乏控制，填埋气体迁移聚集的危险也不容忽视。也有一些村屯的生活垃圾被运出村外后会在垃圾堆放点进行野外焚烧，严重污染环境。第四，在技术上，农村垃圾的处置缺少对堆肥等资源化利用的设计，垃圾污染防治的科技支撑还很薄弱，垃圾焚烧技术采纳率低。

五 加强农村生活垃圾处理的政策建议

（一）完善法律，细化农村垃圾管理办法

《中华人民共和国环境保护法》和《中华人民共和国固体废弃物污染环境防治法》是农村垃圾处理的主要法律依据。在农村垃圾处理法律缺失情况下，一方面要抓紧制定相关法律法规，不断完善农村生活垃圾处理的国家标准和技术规范，为农村垃圾处理提供不同层面不同环节的法律依据。另一方面应根据现有法律中关于固体废弃物的处理规定，出台农村生活垃圾的具体管理办法或政策文件，进一步细化责任，明确防治要求。应尊重农村垃圾地域差异特点，积极推动以授权立法的形式将地方性农村生活垃圾污染环境防治的具体办法和规范交由各地自主制定。目前，上海、浙江、安徽等多省（市、区）都分别制定了地方环境保护条例、地方农村环境污染防治规划或地方农村垃圾管理办法，可在全国其他省份推广。

（二）加大资金保障力度，探索政府保底的多元投入机制

农村垃圾处理是一项公益事业兼民生工程，政府保底是责任。但是，农民作为受益主体，也应适当承担清洁费用。2014年中央一号文件指出，要在有条件的地方建立住户付费、村集体补贴、财政补助相结合的公用设施管护经费保障制度。农村生活垃圾治理费用包括建设费用和运行费用。建设费用主要由政府出

资解决，运行费用则应该由政府和村集体、村民共同承担。各级政府可以根据实际情况，探索以政府为主体的多元化资金投入机制。首先，应考虑将农村生活垃圾治理费用纳入地方政府财政预算，并逐年加大投入，用于保障设施设备建设和运行费用，以及垃圾清运所需经费，实现垃圾清理常态化。其次，要鼓励村集体出资和村民缴费，主要用于解决村庄保洁费用，包括垃圾分类减量、收集以及运输至本村集中堆放点的费用。最后，要支持地方积极探索引入市场机制，逐步将农村生活垃圾治理项目推向市场，通过市场化运作筹措资金。通过财政、税收和金融政策吸引社会力量和企业参与垃圾分类处理和综合利用。如可对参与企业（如从事垃圾填埋、沼气发电项目）所得进行税收抵扣、优惠和减免。

（三）推进体系建设，建立多元化、综合性的农村生活垃圾处置方式

垃圾处理体系建设应该秉持"减量化、资源化及再处理"的原则，在明确政府、企业和公民各自责任的前提下，建立和落实促进生活垃圾源头减量、资源综合利用和无害化处理的各项管理机构、制度、机制、技术规范和标准。一是健全农村垃圾处理的环卫机构。有机构、有编制、有人员是垃圾处理工作成功的经验，最好能够做到城乡对接，解决好管理缺位的问题。二是因地推行不同的垃圾处理体系。在发达农村地区推行"村收集、镇乡中转、市（县）区域处置"，在欠发达地区推行源头分类集运和分散无害化处理或其他综合处理方式。收运和处理方法本着"就近"原则灵活选择：离县级处理设施较近的垃圾，转运到县统一处理；离县级处理设施较远的，转运到乡镇处理；边远山区等交通不便的地区，尽量在村内进行无害化处理，避免二次污染。在此基础上，建立乡村保洁体系，利用和完善各种现有设施，改建和兴建垃圾中转站，建立覆盖村镇的资源回收体系。三是健全各项管理制度、垃圾处理技术规范，包括能够促进垃圾分类和资源回收利用的经济激励办法。四是探索市场机制建设和营运垃圾处理体系。如山东、浙江、江西等地通过公开招标，将县以下村保洁、垃圾收运和终端处理委托给第三方专业环保企业的模式。

（四）总结经验，因地制宜推进农村生活垃圾源头分类和回收利用

农村生活垃圾中60%以上的可堆肥类垃圾可直接就地处理，而且农村具有更好的垃圾分类场所，所以源头分类可实现显著的垃圾数量及其污染的减量化和资源化利用，减轻终端处理压力。可以通过典型经验的宣传推广和代表性市（区、县）的示范来推动农村生活垃圾分类工作。鉴于各地区经济条件和自然条件差异较大、农村垃圾治理基础参差不齐，各地区推行分类减量的目标和要求应有所不同，分类方式不宜在全国范围内一刀切，也不宜强制要求所有镇村必须进行源头分类减量。推动农村生活垃圾分类和资源化利用，要明确每类垃圾的处置去向，分类要简单易懂、便于操作，且成本在当地政府和农民承受范围内。如浙江金华模式，由于其简便、易操作在实践中获得了较多采纳。同时还要加强宣传和教育，培养农民垃圾分类意识。如编写农村垃圾处理读本、利用大众媒体宣教、印发宣传资料、组织观摩培训，以及组织中小学生参加相关环境教育活动等，促进农民垃圾分类和回收利用等良好习惯的养成。专业垃圾分类机构的介入也能大大提高分类效率，如"绿色之光"在江西洪岩垃圾分类项目中起到的良好辅助效果。

（五）加大终端处理技术研发力度，促进垃圾的无害减量和资源化、能源化利用

垃圾终端处理主要是填埋、焚烧和堆肥资源化利用三种。对于垃圾填埋，在严格按照技术规范操作的基础上，应研发推行先进且经济可行的渗液收集和处理技术，如反渗透的膜处理工艺，可以较好地处理垃圾渗液中的污染物，降低水污染风险，不过当前的技术成本仍然偏高。此外，在有条件的地区，可以考虑研发适宜技术将填埋场的废气收集起来，发电或利用其热值。相比填埋，垃圾的清洁焚烧具有占地少、污染小、安全性高等特点，可以实现垃圾80%以上的减量，还可以提供热值或电力，符合垃圾处理减量化、无害化和资源化的终极目标，应该作为未来垃圾处理的主要方向去倡导。应加快垃圾焚烧技术标准制定，加强适用于农村地区垃圾特点的清洁焚烧技术研发。这种焚烧绝非污染空气和环境的"一烧了之"，而是高科技含量、无污染、高质量的清洁焚烧。对于厨余垃圾，应该鼓励开发和推广相关堆肥化处理专用设备的研发和推广运用，以保证在农村地区最大限度实现生活垃圾就地资源化利用。

（六）加强农村垃圾处理改善情况的统计评价和监督检查

当前，各级政府主管部门正在积极推进改善农村人居环境工作,统计评价和监督检查是促进农村垃圾处理事业发展、改善农村人居环境的重要手段,应该强化并落实到地方政府工作的考核机制中。

参考文献

[1] 张立秋:《农村生活垃圾处理技术指南》,中国建筑工业出版社2017年版。

[2] 当代绿色中心:《农村垃圾处理问题研究》,中国经济出版社2016年版。

[3] 陈健:《农村垃圾综合整治的现状与展望》,《环境保护与循环经济》2017年第5期。

[4] 韩智勇、费勇强、刘丹、旦增、张崙、施国中、王加雷、谢燕华:《中国农村生活垃圾的产生量与物理特性分析及处理建议》,《农业工程学报》2017年第15期。

[5] 李栋:《我国农村生活垃圾处理现状及其发展趋势》,《科技视界》2016年第7期。

[6] 刘莹:《农村废弃物处理与环境污染实证研究》,中国科学院农业政策研究中心地理科学与资源研究所,2010年。

[7] 王金霞、李玉敏、白军飞、黄开兴、陈煌:《农村生活固体垃圾的排污特征、处理现状与管理》,《农业环境与发展》2011年第2期。

[8] 王俊起、王友斌、李筱翠、薛金荣、张艳红:《乡镇生活垃圾与生活污水排放及处理现状》,《中国卫生工程学》2004年第4期。

[9] 杨金龙:《农村生活垃圾治理的影响因素分析——基于全国90村的调查数据》,《江西社会科学》2013年第6期。

[10] 姚伟、曲晓光、李洪兴、付彦芬:《我国农村垃圾产生量及垃圾收集处理现状》,《环境与健康杂志》2009 年第 1 期。

[11] 岳波、张志彬、孙英杰、李海玲:《我国农村生活垃圾的产生特征研究》,《环境科学与技术》2014 年第 6 期。

[12] Huang K. X., Wang J. X., Bai J. F., et al., "Domestic solid waste discharge and its determinants in rural China", *China Agricultural Economic Review*, No. 4, 2013。

[13] 何晶晶、张春燕、杨娜等:《我国村镇生活垃圾处理现状与技术路线探讨》,《农业环境科学学报》2010 年第 29 期。

农村水污染的现状、原因与治理对策

全世文[*]

摘　要：近年来，随着我国农业产业化的发展和农村居民收入水平的持续提高，农村生态环境问题日益突出，农村面临着严峻的水污染问题。种植业面源污染持续恶化、集约化养殖业污染日益加剧、生活污水排放量持续上升、农村工业的生产性污水排放都是导致农村水污染的重要来源。小规模的农业经营格局导致化肥农药的使用量难以实现实质性的下降，而农村环境保护法律法规的缺失、政府对农村环境污染问题的监管缺位和公共财政投入的不足是导致农村水污染的重要原因。为了解决农村水污染问题，未来我国要在推进农业适度规模经营的基础上限制农药化肥的过量使用，并因地制宜地研发和选用适宜的污水处理工艺。一方面要完善农村环境保护立法工作，加强监督管理，另一方面要建立农村生活污水治理的资金保障机制。

关键词：农村水污染　污水治理　面源污染　经营规模

---

[*] 全世文，管理学博士，中国社会科学院农村发展研究所农村环境与生态经济研究室助理研究员，主要研究方向为食品安全与农村经济。

农村水污染的现状、原因与治理对策

Water Pollution in Rural China: Current Situation, Causes and Countermeasures

Quan Shiwen

Abstract: In recent years, with the development of agricultural industrialization and the continuous rise of rural residents' income in China, the problem of rural ecological environment is becoming more and more prominent, and the problem of water pollution is serious in rural areas. The continuous overuse of chemical fertilizers and pesticides, the increasing pollution of intensive breeding industry, the increase discharge of wastewater and production sewage from rural enterprises are all important sources of water pollution in rural China. The small-scaled agricultural management pattern leads to the overuse of chemical fertilizer and pesticide. Besides, rural water pollution in China also results from the lack of laws and regulations on rural environmental protection, the lack of government regulation on rural environmental pollution and the lack of public financial input. In order to solve the problem of water pollution in rural areas, in the future, we should first limit the excessive use of pesticide and chemical fertilizer on the basis of promoting the appropriate scale of agricultural operation, and develop and select suitable sewage treatment process according to different local conditions. On the one hand, we should improve the legislation of rural environmental protection, strengthen supervision and management, on the other hand, establish a capital guarantee mechanism for rural domestic sewage treatment.

Key Words: Rural Water Pollution; Sewage Treatment; Non-point Source Pollution; Scale of Operation

党的十九大报告以"实施乡村振兴战略"统领"三农"工作的部署,从经济、社会、生态和文化的多维度视角来看,推进生态文明建设在乡村振兴战略中发挥着引领性作用。与此同时,经济发展和生态环境之间的关系一直是学界和普通民众都关注的一个重点问题。作为一个经验证据,环境库兹涅茨曲线描述了环境质量随收入水平的上升先逐渐恶化而后逐渐改善的倒"U"形关系,并被研究者广泛证实。随着我国农业产业化的发展、城市化和工业化的持续推进及农村居民收入水平的不断上升,农村生态环境问题日益突出,农业生态功能日渐脆弱,已经达到了库兹涅茨曲线描绘的转折点。水体污染是我国农村环境污染的一种重要污染形式。农村水污染问题不仅严重影响了农产品质量和食品安全,也对农村地区的人居环境和农村居民的身体健康带来了严重威胁。治理农村水污染是实现我国农业可持续发展目标的一个必要的前提。

一 我国农村水污染的来源与现状

(一) 种植业面源污染持续恶化

种植业的面源污染问题与落后的农业生产与管理方式直接相关,包括化肥与农药的过量与不当施用、农膜的弃置、秸秆的露天焚烧,等等。其中,尤其以化肥的过量施用最为突出,如图1所示,从1961年到2013年,我国的亩均化肥施用量增长了45倍,仅次于印度的69倍,明显高于同期世界其他国家的增长幅度;由于我国化肥施用量的基数较印度更大,因此,从绝对量上来看,我国亩均化肥施用量(2013年为21千克/亩)仍然显著地高于印度(2013年为16千克/亩)。但是,化肥施用量的大幅上升并未给土地生产率带来同等幅度的提高,如图1所示,我国同期的土地生产率仅增长了7.95倍。这反映了我国化肥施用的低效率,据统计,我国农业生产中的化肥利用率只有30%—40%,这种低效一方面来自于生产资料投入的边际递减规律,另一方面来自于施肥方法的非科学性。

残余的化肥和农药以面源的方式通过农田排灌水及地表径流等方式进入水体环境,引起地表水体的富营养化,导致藻类大量繁殖生长并消耗水体中的溶解氧。进而渗入地下,使地下水的总矿化度、总硬度、硝酸盐、亚硝酸盐、氯化物和重金属含量逐渐

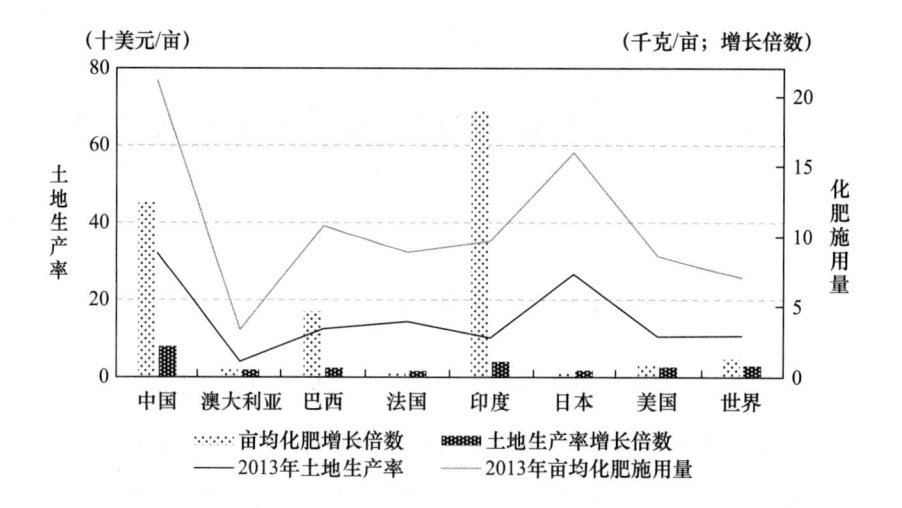

图1　1961—2013年不同国家土地生产率和化肥施用量的增长倍数

资料来源：FAO统计数据库。

升高，严重污染地下水的水质①。

（二）集约化养殖业污染日益加剧

随着我国经济的发展和人民生活水平的不断提高，畜禽产品消费数量逐年上升，肉类、禽蛋和牛奶的消费量以平均每年近10%的速度增长，畜禽产品的需求越来越大。20世纪80年代后期，我国畜禽养殖业得到了迅速发展，畜禽养殖业的养殖规模、养殖方式和分布区域发生了巨大的变化，畜禽养殖方式也由最初的散养逐渐转变为集约型、规模化养殖。随着标准化规模养殖的持续推进，我国畜牧业的发展成效显著，规模化水平、设施化装备水平和生产水平都有明显提高。规模化畜禽养殖的发展，在推

---

① 尹伟华：《我国农村水污染问题与对策研究》，http://www.sic.gov.cn/News/455/7365.htm。

动农业发展、促进农民增收等方面功不可没。但与此同时，畜禽养殖带来的环境污染问题也越来越突出，规模化养殖场产生的大量高浓度、高氨氮、高悬浮物、处理难度较大的畜禽粪水，成为污染水体的重要污染源，据统计，我国目前每年产生的畜禽粪污已经达到38亿吨[1]，成为农业面源污染的主要来源之一。

近年来，由于国家加大了对工业有机废水污染的治理力度，使得这部分的污染物排放大大减少。为了便于运输，许多规模化畜禽养殖场都建在了大中城市近郊。由于城市近郊没有足够的土地消纳大量的畜禽粪便，加之监管不力，出现了畜禽粪便、污水随意丢弃、排放的现象，给城市和农村带来了巨大的环境压力。目前，畜禽粪便及污水已成为城镇周边地带环境污染的主要污染源之一。在畜禽集约化饲养过程中畜禽排放的大量废弃物、食物残渣以及清洁饲养圈所产生的污泥水，直接受雨水冲刷形成地表径流，到达受纳水体形成污水；粪便在堆放和储运过程中，因降雨和其他原因进入水体；粪肥归田，如果不能充分利用，营养物随地表径流进入水体。以上三种原因均可造成水体污染。调查显示，目前，全国90%以上的规模化养殖场没有经过环境影响评价，80%的畜禽养殖场没有污水处置和综合利用设施，大量畜禽粪便污水未经处理直接排入水体环境；另据估计，目前畜禽粪便中氮、磷的流失量约为化肥流失量的122%和132%[2]。

（三）生活污水排放量持续上升

从国际经验来看，无论是发达国家，还是发展中国家，居民

---

[1] 央广网，http://country.cnr.cn/gundong/20170322/t2017032 2_523671743.shtml，2017年3月22日。

[2] 畜牧人才网，http://www.xumurc.com/main/ShowNews_33644.html。

生活用水定额都会随着经济发展和生活水平的提高呈现出持续上升的趋势。由于我国对中水的回收利用率相对不足，因此，生活用水定额的增加就意味着居民生活污水排放量的增加。如图2所示，近年来我国城市居民日均生活用水量基本维持在170—180升，相比之下，乡日均生活用水量则呈现出明显的上升趋势，从20世纪90年代的50升左右持续上升到2016年的85.3升，村日均生活用水量与乡日均生活用水量接近，2016年村日均生活用水量为73.49升。如果农村居民的污水排放系数为0.8，那么，以2016年村庄户籍人口7.63亿人来推算，2016年为204.67亿吨，而同年我国城市污水排放总量约为480亿吨。考虑到城乡居民用水量村庄明显的差异，未来随着农村居民收入水平的持续上升和城乡一体化建设的持续推进，农村居民用水量还将进一步上升，也就是说，农村居民的生活污水排放总量仍然具有很大的上升空间。

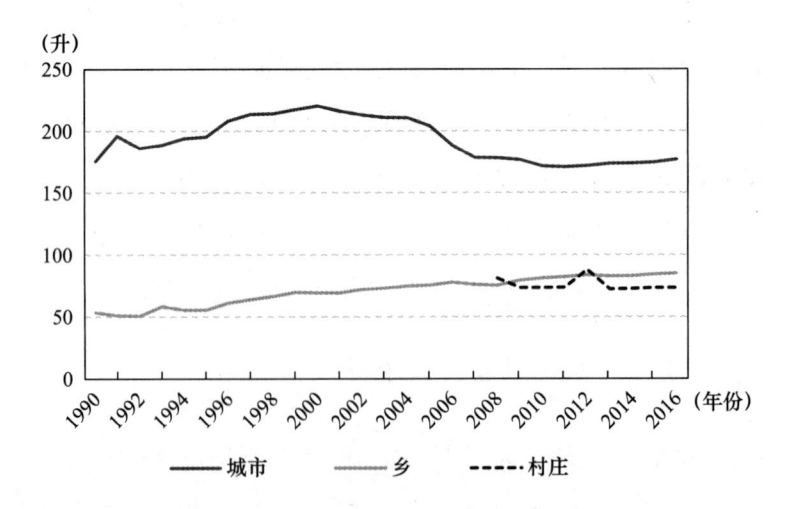

图2 1990—2016年我国城乡居民日均用水量的变化趋势

资料来源：历年《城乡建设统计年鉴》。

随着农民生活水平的提高，生活污水中所含的化学成分也在逐渐增加。农村的生活垃圾不仅有腐烂的秸秆、菜叶、瓜果皮，还有塑料袋、废旧电池、农药瓶等，垃圾中难降解的有机物迅速增加。目前，农村并没有广泛地建立垃圾清运处理系统，这些垃圾不能及时回收和有效处理，任其在自然条件下分化和分解，因此，产生的大量酸性和碱性有机污染物及重金属造成地表水和地下水的严重污染。

我国农村的污水处理设施却严重滞后于城市，2016年城市污水处理率达到了93.44%，相比之下，2016年对生活污水进行处理的行政村比例仅有20%，绝大多数村庄的生活污水几乎是直接排入水体环境。生活污水的肆意倾倒最终弱化了农村生态系统的自我净化能力，缩小了农村水环境的容量，使农村自然生态系统的供给无法满足农村农业发展的需要，制约了农村经济生态环境的全面发展。

（四）农村工业污染严重

改革开放以来，我国的乡镇企业得到了蓬勃发展，其积极意义表现在：优化了农村的产业结构，带动了农村工业的发展，吸纳了第一产业的富余劳动力，拓宽了农民的收入渠道。但是，农村工业的发展对农村地区的水环境则具有明显的负面影响效果。受自身发展条件的限制，生产设备陈旧、生产技术落后以及粗放的生产模式一度曾是乡镇企业普遍存在的现象。目前，仍然有相当一部分农村工业属于效益较差、能耗较大、环境污染严重的企业，并且技术含量低，尤以造纸、纺织、非金属矿制品、化工及食品加工业为主。特别是，部分工矿企业对矿产资源的开采同时具有地表开采和地下挖掘两重性，地表露采不仅占用了土地，破坏地表生物的栖息地，而且废弃尾矿等还占用土地，造成原下垫面性质的变化，地表尾矿废物的占用，在降水作用下，表面有害物随径流流入水体，造成河流和土壤污染。

此外，农村工业整体上布局分散且环保意识相对较差，多数农村工业布局在紧靠河流的位置或者与农田、农村居民点交织在一起，因此，对农田以及农村水体造成了更大程度的污染。农村工业每年都有大量的生产垃圾和工业污水未经处理直接排向河流或沟渠，严重污染其周边地区的水环境。杂乱堆放的工业固体废物又对地表水和地下水产生了二次污染。

二 我国农村水污染的原因

（一）农业经营规模过小

对微观意义上的农户而言，农业的生态环境功能并非其生产决策时考虑的首要目标，提高经济收入水平才是农户的首要目标（全世文、于晓华，2016）。换言之，如果以农业经营收入作为农民的"本职收入"，那么，农户的生产经营决策首先以提高自身的劳动生产率为核心目标。而我国以粮食产量为核心目标的农业政策体系客观上选择了通过提高土地生产率来提高劳动生产率的发展路径。根据全世文和于晓华（2016）的测算，从1961年到2013年，我国农业劳动生产率增长了7.87倍，而同期的土地生产率则提高了7.95倍，也就是说，我国农业劳动生产率的增长全部来自于土地生产率的提高。

如图 3 所示,我国大陆地区 2013 年的农村人均耕地面积（2.81 亩）尚不及 1961 年时的水平（2.84 亩）。而世界其他大多数国家在农业经济的发展过程中,都会在不同的历史时期经历农业经营规模快速上升的阶段。在小规模的农业经营模式下,农户选择投入过量的化肥和农药等生产资料恰恰是一种理性的最优决策：一方面,农户需要通过尽量地提高土地生产率来增加收入,另一方面,农户选择大量投入农业生产资料来替代劳动,从而通过务工获取非农收入,而且,国家出于产量目标和收入目标实行的生产资料补贴政策更进一步地加剧了生产资料的过量使用。这也就不可避免地会导致种植业的面源污染问题。

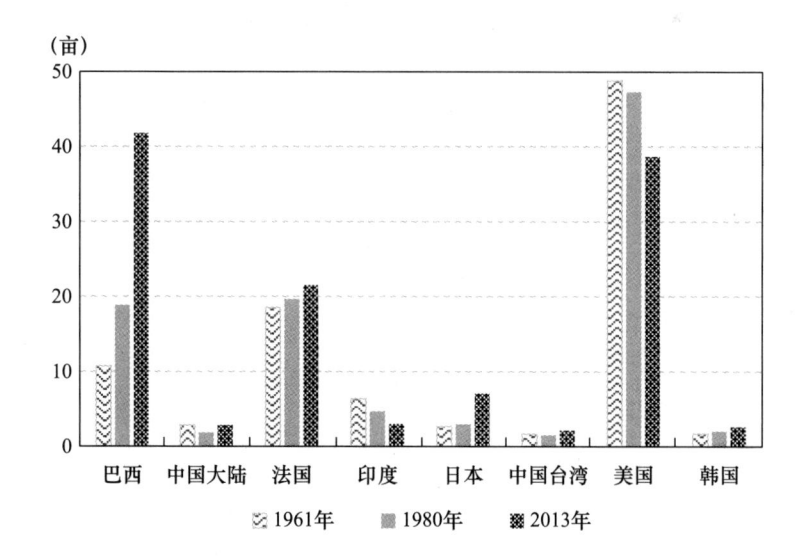

图 3 不同国家人均耕地面积变化趋势

注：人均耕地面积 = 可耕地及永久性耕地面积/农村人口。

资料来源：FAO 统计数据库。

（二）农村污水处理的公共投入长期偏低

环境污染的外部性是政府需要对环境污染进行治理的理论根据。但是，我国环境污染治理投资长期存在"重城市、轻农村"的现象，污染防治投资大部分都投到了工业和城市。如图4所示，从总体上看，我国城市用于排水和污水治理的财政投入都保持了稳定的上升趋势，2016年城市排水投资1222.51亿元，其中污水治理投资达到489.90亿元。与此同时，我国农村排水和污水治理的财政投入虽然也保持了持续稳定的增长，但是，投资额度的绝对量却明显低于城市，2016年农村排水投资228.76亿元，仅为城市投入额度的18.71%，其中污水治理投资为98.70亿元，仅为城市投入额度的20.15%。

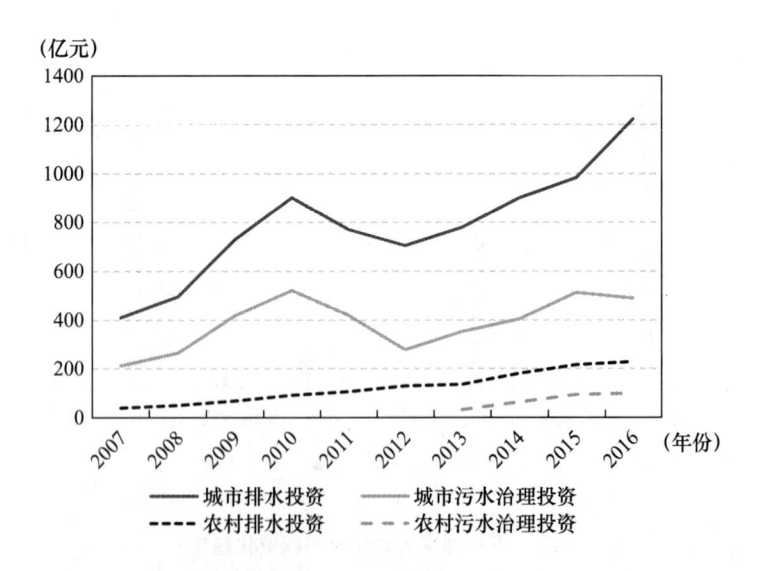

图4 我国城市与农村历年污水治理投资额度

资料来源：历年《城乡建设统计年鉴》。

如图5所示,从历年排水管道长度与供水管道长度的比例来看,城市占比呈现出长期稳定增长的趋势,从2007年的65.28%持续增长到2016年的76.21%;而农村占比自从2009年以来该指标就长期稳定在45%上下,明显低于城市占比。从污水处理率来看,农村对生活污水进行处理的行政村比例更是严重低于城市的污水处理率。2015年以前,农村对生活污水进行处理的行政村比例不足10%,2016年在国家大力推动下,这一比例迅速提高到了20%,但是,距离城市地区90%以上的污水处理率仍然具有相当大的差距。

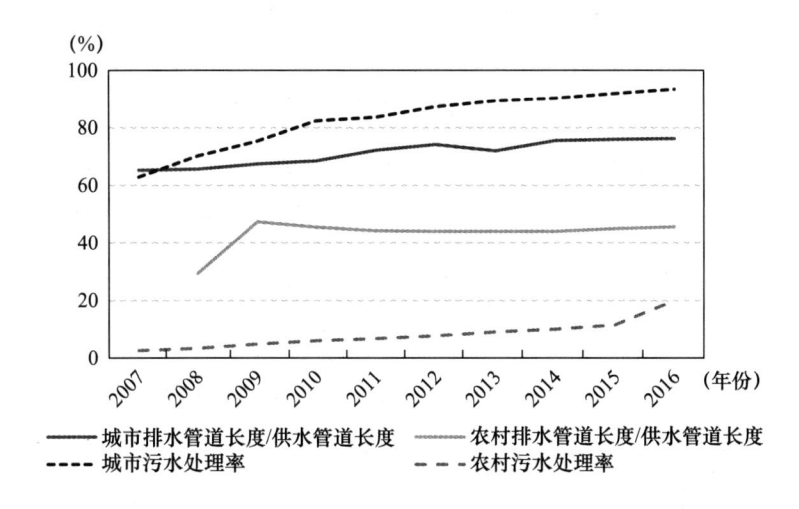

图5 我国城市与农村历年污水处理率

注：农村污水处理率指标采用"对生活污水进行处理的行政村占比"。

资料来源：历年《城乡建设统计年鉴》。

国家对农村生活污水治理投入的不足一方面是长期以来我国城乡二元经济结构下政策资源进行差异化分配的结果,另一方面则是农村居民分散居住的结果。与大中型城市建设集中式污水处理厂相比，小城镇和农村生活污水处理存在较大的困难。大多数农村地区受经济条件、基础设施建设、农村居住分散等条件的限制，尚没有建立生活污水处理系统。对于一部分建设了污水处理系统的农村地区，污水处理管网和设备的建设投入以及后续的管理维护都需要投入大量资金，政府承担了从规划设计、建设运营到管理维护的绝大部分责任和负担，而且，污水处理率越高，财政压力也越大；然而，由于农村居民居住分散且配套的基础设施无法跟进，导致在实际运行中污水处理的效果并不理想，处理设备低效运营甚至失效现象普遍存在，造成了严重的资源浪费。

（三）农村环境保护法律法规体系不健全

我国当前的环境保护法律法规体系以防治工业污染和城市污染为重点，关于农村环境污染的内容相对较少，或虽有涉及但内容也比较简单。虽然我国的环保法可以使农村水污染防治工作在总体上有法可依，但涉及农村生活污水污染防治制度方面的规定却非常少。目前，我国有九个有关环境保护方面的法律和多项行政法规，但是，其中大部分针对城市环境污染的规定并不适用于农村；即使有个别条款或规定针对农村水污染防治，也是零散地分布在城市环境污染防治法律法规体系中，并且对农村水污染的规定不具体不明确，可操作性不强，更是缺乏专门针对农村水污染防治的法律法规。

农村环境保护法的立法缺失导致农村生活污水污染治理工作在实践中接近于无法可依的状态。《水污染防治法》虽然在第四章第四节对农村水污染防治做了原则性规定，主要涉及农药化肥的安全合理使用、畜禽养殖场、养殖小区建设畜禽粪便、废水的综合利用、水产养殖的合理投饵和使用药物以及农田灌溉水质标准，并未涉及农村生活污水。目前，农村生活污水的治理工作仍然是农村水污染防治法律制度需重点关注的领域。至今，我国还没有一部独立的农村生活污水污染防治法律法规，而现有的水污染防治法律法规已经很难适应新农村经济制度的变化和需要，各地区农村发展水平也参差不齐，导致我国很难制定一部适应全国各地区的农村生活污水污染防治制度。

（四）政府对农村环境污染存在监管缺位

当前，我国对农村生活污水环境污染问题的监管存在比较严重的缺位。首先，我国最基层的环保部门是县一级环保机构，乡镇一级尚无相关职能部门，县级环保部门受各种条件限制，很难对乡镇环保部门进行有效的管理。其次，我国基层从事环境保护工作的人员相对较少，不仅没有建立起农村生活污水污染的监测网络系统，而且也无法充分利用相关的农村水质监测技术。此外，我国环境保护的法律体系中对何种行为应该给予处罚以及处罚的程度规定得过于笼统，导致环保执行部门难以行使环境执法权。

在环保监管实践中，由于我国环境监管机构不健全、监管方式手段过于落后、监管方式不够规范，导致政府对农村生活污水污染环境的监测与监察工作基本缺位。一方面，出现了以权代罚、以费代罚的现象；另一方面，由于监管权力和执法权力存在重叠或冲突，导致环境保护部门承担环境治理责任时出现互相推诿的现象，污染事故无人管、环保咨询无处问的情况也时有发生。我国环境保护的法律体系中没有明确规定实施执法监督权的具体环保部门，在实际环保执法中导致执法空档。而我国环境保护法最突出的特征就是实体法为主，程序法很少，而且程序法大部分分散在各个实体法中，这在很大程度上限制了我国农村生活污水污染防治措施的有力实施，阻碍了我国治理农村生活污水污染环境的速度。

三 我国农村水污染治理的对策

（一）在推进农业适度规模经营的基础上限制化肥和农药的施用量

新中国成立以来，化肥和农药等生产资料的大量投入为保障我国农产品有效供给做出了重要的贡献，同时也带来了严重的农业面源污染问题。2015年农业部制定了《到2020年化肥使用量零增长行动方案》和《到2020年农药使用量零增长行动方案》，提出力争到2020年主要农作物化肥使用量和农药使用总量都实现零增长。从实践来看，2017年我国水稻、玉米、小麦三大粮食作物化肥利用率为37.8%，比2015年提高2.6个百分点；农药利用率为38.8%，比2015年提高2.2个百分点。目前，我国农药使用量已连续三年负增长，化肥使用量已实现零增长，提前完成了农药化肥使用量零增长的目标。

考虑到我国当前农业生产中投入的化肥和农药基数较大且利用率仍然偏低，因此，从长期来看，实现农业可持续发展的目标要求在提高利用率的基础上，使化肥和农药的使用量不仅不应该零增长，而且应该实现一定程度的负增长。但是，在以保障农产品有效供给为核心目标的政策体系和农户小规模经营的格局下，实现化肥和农药投入量的负增长具有较大的难度。以提高农业经营收入为目标的农户仍然会不可避免地选择过量使用化肥和农药。因此，在当前的农业科技水平下，扩大农户的经营规模在短期内是推广科学农业生产方式的一个必要条件。这首先意味着农户有条件通过经营规模的扩大弥补因农业生产资料投入减少导致的土地生产率和劳动生产率下降，另外，农户数量的减少和经营规模的上升也意味着管理成本和培训成本的下降。

（二）因地制宜地研发和选用污水处理技术

由于农村人口居住分散，农村村镇和小区几乎没有完善的污水排放管网，农村与城市排水管网间的距离较远，导致污水管网系统的投资费用高，给生活污水的收集和集中处理带来难度。因此，要鼓励农村污水处理的技术研发。在满足污水达标处理的前提下，针对我国不同地区农村的地形地势、道路交通条件以及居民住宅建设布局、水环境容量等具体情况，探索因地制宜的农村污水收集处理方式，解决当前村庄污水达标处理排放问题，最终达到节约水资源、保护水环境，促进农村地区的社会经济发展与生态环境相协调的目的。

考虑到我国广大农村地区财力状况相对薄弱、农民实际承受能力较低这一普遍情况，农村污水处理技术的选择要量力而行，选择运行操作简便、日常维护管理简单的污水处理方式。污水处理技术应该重点考虑选用成熟可靠又简便易行，同时运行稳定、维护管理方便，利用当地技术和管理力量能够满足正常运行需要的工艺技术。另外，农村生活污水处理选择的技术很重要的一点就是要兼顾长远。污水处理技术不仅要能够满足当前的排放标准，还要适应今后的发展需要。将污水进行合理的处理后，回收再利用，来达到资源的最优化利用。农村生活污染控制还应紧密结合农业生产，农业生产过程对水资源的利用是降低农村生活污染处理投入和生活废弃物消纳的重要场地。

（三）完善农村生活污水治理的资金保障

环境污染的负外部性意味着农村生活污水的治理离不开政府公共资金的投入。国家当前对于城乡生活污水治理的财政投入存在巨大的差异，因此，为了提高农村生活污水的处理率，政府加大财政投入势在必行。但是，由于农村居民居住条件具有相对分散的特征，完全由政府出资开展污水治理也将导致财政负担过重。因此，我国应当完善农村生活污水污染防治资金制度，建立多元化的农村生活污水治理资金投入制度，将政府及环保部门、企事业单位、社会团体、镇村都纳入缴纳农村生活污水污染防治资金的范围，尽到各自的社会责任。因为我国农村地域范围广，农村生活污水污染防治资金投入相对就要多一些，所以就必须采取多元化的融资渠道，加大资金投入力度。

首先，政府应该增加用于治理我国农村生活污水污染防治的专用资金，充分利用并整合水务等部门的农村生活污水治理专项资金，明确规定县、乡财政以一定比例投入农村生活污水污染防治，健全公共财政对农村生活污水处理设施建设的资金投入制度。其次，政府应采取有效经济激励措施，从价格、税收等方面制定环保优惠政策，从源头上解决农村水环境污染问题。建立绿色信贷制度，对环境友好型企业或机构提供贷款扶持并实施优惠性低利率，而对污染企业的新建项目投资和流动资金进行贷款额度限制并实施惩罚性高利率。最后，还要调动社会各方面的力量筹集农村生活污水治理的多元化社会资金，大力倡导企业和各种民间的资金投入，鼓励村镇自筹资金，拓宽农村生活污水污染防治资金投入渠道、筹集建设经费，运用多元化的社会资金对农村生活污水进行治理。

（四）完善农村环境保护法律法规

我国当前应当构建农村环境保护的法制体系，加快农村环境保护法律、法规建设步伐。针对我国农村水污染的状况，制定农村水污染单行法，或者修改现行法律，增加农村水污染防治内容，有针对性地具体规定我国农村地区农业生活污水的排放方法、处理措施以及违背具体法律规定而做出的相应处罚措施。法律法规的具体规定必须要在实践中具有可操作性和实用性，使农村环境保护工作有法可依，以完善农村环境污染防治的法律体系，消除农村环境保护方面的立法"空白"。

制定农村生活污水治理的法律法规需要树立正确的立法理念，只有在城乡环境公平的立法理念指导下，我国农村环境才能像城市环境一样得到改善。健全具有中国特色的农村生活污水污染防治制度，需要从我国农村居民的切身利益出发，使具有中国特色的农村生活污水治理体系与我国农村环境保护法中的内容具有统一性和协调性。

与此同时，应该完善农村工业企业管理的法律体系，各地政府要根据当地实际情况，制定地方性环境保护法规，并据此制定农村工业企业，主要是污染行业的环境管理部门规章，使农村工业企业有法可依。提高环境准入门槛，明确环境准入的内容和准入的标准，实施排污总量控制，在环境敏感区扩建、改建项目，不能增加污染负荷，禁止污染严重的工业项目向农村转移。

（五）加强对农村生活污水污染的监督管理

我国于2015年起施行的新环境保护法规定了环境保护目标责任制和考核评价制度，规定政府应每年向人大报告环境状况，人大常委会监督落实政府环境保护的责任，充分发挥人大的监督作用。与此同时，新环境保护法完善了环境监测制度，为了保障监测数据和环境质量评价的一致性，新环保法规定，国家建立、健全环境监测制度。从我国的实际情况出发，基层政府在我国农村生活污水治理的过程中仍然发挥着重要的监督和管理责任，因此，在实践中，应当建立完善领导干部，尤其是基层领导干部环境保护监督管理的绩效考核制度，实行环境责任追究制。农村水污染列入领导干部评价指标体系，强化环保奖惩机制，将问责制切实引入官员考评之中，增强水污染防治责任感，赋予环境保护部门对考评官员提出处理、处罚意见的权力，保障和加大农村污水治理纳入官员考评的问责力度，杜绝为了追求短期经济利益而牺牲环境的行为。

县级环保部门是我国最基层的环保执法部门，县级环保执法部门在我国农村生活污水污染防治工作中承担着重要的责任，县级环保执法部门要严格环境执法行为，做到"有法必依，执法必严，违法必究"，根据农村生活污水污染的现实情况，加强环境执法队伍建设，提高环境执法人员的行政执法认知水平，增强行政执法能力，严格监控农村生活污水的污染状况，促进农村经济的可持续发展。

参考文献

[1] 曹新富、李美存：《我国农村水污染治理的困境及出路》，《江西农业学报》2017 年第 2 期。

[2] 程哲婉：《我国农村水污染问题制度分析及对策》，《江南论坛》2017 年第 9 期。

[3] 郭美宏：《我国农村水污染防治法律制度研究》，硕士学位论文，河北地质大学，2016 年。

[4] 蓝功昊：《农村水污染问题及其防治对策》，《科技经济导刊》2018 年第 5 期。

[5] 廖颖孜：《农业水污染成因与整改建议》，《绿色科技》2015 年第 6 期。

[6] 林云飞：《新环保法背景下的农村水污染防治》，《延边党校学报》2017 年第 6 期。

[7] 乔婧、尚建程、谢志成、陶磊、冯鸣凤：《农村水污染防治源头控制政策与技术研究》，《环境科学与管理》2017 年第 5 期。

[8] 全世文、于晓华：《中国农业政策体系及其国际竞争力》，《改革》2016 年第 11 期。

[9] 王善勇：《新形势下农村水污染的治理策略分析》，《绿色环保建材》2017 年第 1 期。

[10] 王肖阳：《我国农村水污染成因及治理措施》，《城市建设理论研究》（电子版）2017 年第 13 期。

［11］吴沁晨、《赵新龙：农村水污染防治的法律困境与对策》，《山东农业工程学院学报》2017年第5期。

［12］张瑾华、孙志倩、何珊、茅丹凤：《农村水污染治理的政府责任》，《法制与社会》2016年第30期。

新时代农业绿色发展中的关键问题及对策建议

于法稳[*]

摘　要： 在乡村振兴战略背景下，一方面中国农业发展面临着资源与环境的双重约束，治理农业面源污染任重道远，优质安全农产品供应不充分；另一方面消费者对优质安全农产品的需求市场日益旺盛。与此同时，因质量导致的农产品国际竞争力也相对不足。因此，在绿色发展理念指导下，推动农业绿色发展是破解新时代社会主要矛盾的重要内容之一。农业绿色发展的关键问题是水土资源的保护，特别是水土资源质量的保护，这是保障农产品质量安全的根本。但中国水土资源在数量上的不足，以及源自工业、农业污染导致的水土资源质量的下降，都严重影响着中国农业的绿色发展。为此，应深刻理解农业绿色发展的战略意义，采取有效对策，确保水土资源的数量安全，提升水土资源质量，实现农业绿色发展，提升农产品品质。

---

[*] 于法稳，管理学博士，中国社会科学院农村发展研究所研究员，博士生导师，农村环境与生态经济研究室主任，研究方向为生态经济理论与方法、资源管理、农村生态治理、农业可持续发展。

关键词: 新时代　农业绿色发展　耕地资源　水资源　农业面源污染

The Critical Issues and Countermeasures for Agricultural Green Development in the New Era

Yu Fawen

Abstract: In the new era, with rural revitalization strategy as the background, on one hand, the agricultural development of China is facing the dual constraints of resources and environment, the treatment of agricultural non-point source pollution is a long and arduous task, the supply of high-quality and safe agricultural products is insufficient. On the other hand, the consumers' demand for high-quality and safe agricultural products is growing rapidly. At the same time, the international competitiveness of the agricultural products resulted from quality is relatively weak. Thus, under the guidance of the concept of green development, to promote the green development of agriculture is an important part of solving the principal contradiction facing Chinese society in the new era. The most critical issue for the green agricultural development is the protection of soil and water resources, especially the protection of the quality of soil and water resources, which is essential to ensure the quality and safety of agricultural products. However, the shortage of water and soil resources and the quality decline of water and soil resources caused by industrial and agricultural pollution can severely impact the green agricultural development in China. Therefore, it is extremely important to understand thoroughly the strategic significance of green agricultural development, and adopt effect measures to ensure the quantity and safety of water and soil resources, to improve the quality of water and soil resources, to realize the green agricultural development and to upgrade the quality of agricultural products.

Key Words: New Era; Green Development of Agriculture; Crop Land Resource; Water Resource; Agricultural Non – point Pollution

党的十九大报告提出实施乡村振兴战略，坚持农业农村优先发展，按照产业兴旺、生态宜居、乡风文明、治理有效、生活富裕的总要求，加快推进农业农村现代化。2017年12月28日至29日召开的中央农村工作会议强调，走中国特色社会主义乡村振兴道路，坚持质量兴农、绿色兴农，实施质量兴农战略，加快推进农业由增产导向转向提质导向。这是党中央根据新时代我国农业生产所面临的资源环境形势做出的战略部署，必将推动我国农业的绿色发展。

新时代，我国农业发展最根本的目的应该是为近14亿中国人提供健康优质安全的农产品，这是健康中国建设的应有之义，也是最根本、最核心的要求之一。本部分从分析农业绿色发展的重要意义入手，剖析农业绿色发展中的关键问题，进而提出进一步推进农业绿色发展的对策建议，以满足人民日益增长的对安全优质农产品的需要。

一 实现农业绿色发展的重要意义

改革开放40年，特别是近些年来，农业实现快速发展的同时，生态环境亮起了"红灯"，农产品质量触碰了"底线"，优质安全农产品供给不能满足人民日益增长的美好生活需要。因此，新时代推进农业绿色发展，是全面落实绿色发展理念，实现"绿水青山就是金山银山"，确保农产品品质的必然选择。

（一）实现农业绿色发展是全面落实绿色发展理念的具体行动

我国农村改革40年来，农业发展取得了举世瞩目的成就，但由于农业发展过多地追求数量目标，因而多以资源的大量投入为基础，从而带来了严重的资源与环境问题。党的十八大以来，党中央、国务院高度重视经济社会的绿色发展，并做出了一系列战略部署，也推动了农业绿色发展。但农业主要依靠资源消耗的粗放经营方式没有得到根本改变，农业生产所需的优质耕地资源、水资源配置到城镇、非农产业的趋势依然强劲，农业面源污染和生态退化的趋势尚未得到有效遏制，优质安全农产品供给还不能满足人民群众日益增长的需求。

新时代农业绿色发展中的关键问题及对策建议

党的十八届五中全会提出了创新、协调、绿色、开放、共享的发展理念,以绿色发展理念为导向,推动农业绿色发展,实现资源集约与高效利用,确保农产品质量安全,是全面贯彻落实习近平总书记系列重要讲话精神和治国理政新理念、新思想、新战略的具体行动。前面已经提到,2016年中央一号文件《中共中央国务院关于落实发展新理念加快农业现代化实现全面小康目标的若干意见》中明确指出:"加强资源保护和生态修复,推动农业绿色发展。"为推进农业供给侧结构性改革,增强农业可持续发展能力,提高农业发展的质量效益和竞争力,2017年4月,农业部下发了《农业部关于实施农业绿色发展五大行动的通知》(农办发〔2017〕6号)。同年,中共中央办公厅、国务院办公厅印发了《关于创新体制机制推进农业绿色发展的意见》,对农业绿色发展进行了全面部署,以推进农业由高产量增长向高质量发展转变。

为贯彻党中央、国务院决策部署,推动农业绿色发展,农业部实施了畜禽粪污资源化利用行动、果菜茶有机肥替代化肥行动、东北地区秸秆处理行动、农膜回收行动和以长江为重点的水生生物保护行动农业绿色发展五大行动,并印发了《2017年农业面源污染防治攻坚战重点工作安排》,提出要按照"重点突破、综合治理、循环利用、绿色发展"的要求,探索农业面源污染治理有效支持政策,要努力把面源污染加重的趋势降下来。

绿色优质农产品和生态产品供给不能满足人民群众日益增长的需求,是中国特色社会主义进入新时代,我国社会主要矛盾在农业领域的典型表现。因此,实现农业的绿色发展,推进农业供给侧结构性改革,是破解新时代社会主要矛盾的一个重要方面,更是全面落实绿色发展理念的具体行动。

（二）实现农业绿色发展是满足国人生态需求的最佳选择

党的十九大报告指出："中国特色社会主义进入新时代，我国社会主要矛盾已经转化为人民日益增长的美好生活需要和不平衡不充分的发展之间的矛盾。"[①] 随着人民生活水平的逐渐提高，在全面建成小康社会的决胜期，人民对安全优质农产品的需求日益迫切，这是人民日益增长的美好生活需要的重要组成部分。近年来，我国经济实现了中高速增长，与此同时也带来了严重的资源破坏、环境污染问题。"保护生态环境就是保护生产力"。针对日益严重的事关国人健康的水、土、大气污染问题，国家相继出台了"水十条""气十条""土十条"。近两年实施的中央环保督察实现了两大根本性转变：一是从环保部门牵头到中央主导的转变，二是从以查企业为主到"查督并举，以督政为主"的转变，这是我国环境监管模式的重大变革，对改善生态环境发挥了巨大作用。党的十九大报告将"防范化解重大风险、精准脱贫、污染防治"并列为全面建成小康社会的"三大攻坚战"，就是为了实现高质量发展，更是为了满足人民日益增长的美好生活需要。正如习近平总书记所强调的"良好生态环境是最普惠的民生福祉"。

除水、气、土之外，农产品质量安全也始终是党中央、国务院关注的重大问题之一，习近平总书记指出，民以食为天，加强食品安全工作，关系我国近 14 亿人的身体健康和生命安全。由

---

① 习近平：《决胜全面建成小康社会夺取新时代中国特色社会主义伟大胜利》，人民出版社 2017 年版，第 32 页。

此可见，保障农产品质量安全是全面建成小康社会的迫切需要，是推进农业供给侧结构性改革的重要举措。因此，实现农业绿色发展，确保农产品质量安全，是满足国人生态需求的最佳选择。

（三）实现农业绿色发展是提升农产品国际竞争力的根本途径

在经济全球化背景下，农产品的国际贸易日益频繁。对农产品而言，一方面是其生产、使用、消费和处理都与环境密切相关，另一方面世界各国都对其实施了力度较大的保护措施。因此，绿色壁垒必然对国际农产品贸易产生重大的影响。作为传统的农产品出口国，加入WTO之后，我国农产品面临着更严格的绿色壁垒。对此，需要从正反两个方面进行分析。对农产品进口国而言，制定严格的绿色标准，将不符合其标准的农产品拒之门外，无疑是出于对本国消费者健康考虑，当然也不排除故意的贸易保护主义。对农产品出口国而言，由于受绿色壁垒的限制，农产品国际贸易受到巨大影响，削弱了其农产品在国际市场上的竞争力，影响了农业创汇能力。这就迫切要求农产品出口国必须提高农产品品质，并且逐渐将其标准与进口国相互认可，从而提高农产品的国际竞争力。

实事求是来讲，我国农产品质量在国际市场上的总体竞争力太弱，应对绿色壁垒的能力不足，每年都会出现农产品因质量达不到进口国的绿色标准而被退回的事件。因此，实现农业绿色发展，确保农产品质量，是提升我国农产品国际市场竞争力的根本途径。

二 新时代农业绿色发展的核心问题剖析

农业绿色发展的核心要素是水与耕地,因此,保持农业生产所需的水土资源基础,特别是灌溉用水水质以及耕地土壤质量是实现农业绿色发展的关键,是保障农产品质量安全的根本所在,更是破解新时代人民日益增长的对优质农产品需要与供应不足之间矛盾的有效路径。本部分重点分析农业绿色发展中的水土资源状况,以期对其形势有个全面的认识。

(一) 水域生态系统状况分析

众所周知,水资源是保障农业生产不可替代的生态要素,我国是一个水资源短缺的国家,人均水资源量仅为世界人均水平的1/4,而且越来越多的水资源被配置到城镇、非农产业,由此导致了我国农业用水供需矛盾将长期处于尖锐状态。如果说,水资源短缺在一定程度上威胁粮食等农产品数量安全的话,那么水资源水质污染将会对农产品质量安全构成严重的威胁,进而影响农业绿色发展。

1. 水资源短缺的同时,时空分布不均

我国作为一个典型的水资源短缺的国家,但不同区域短缺的特征不同,如西北地区是典型的资源性缺水,云、贵、川等喀斯特地区是典型的工程性缺水,而东部地区则属于典型的水质性缺水。表1是不同区域多年来平均水资源量情况。从表中可以看出，水资源与人口的匹配程度较差。东部地区水资源量仅占全国水资源量的21.91%，而人口则占全国总人口的41.55%；中部地区水资源量占全国水资源量的24.62%，而人口占全国总人口的31.34%；西部地区作为我国大江大河的发源地，水资源较为丰富，水资源量占全国水资源量的53.48%，而人口仅占全国总人口的27.11%。

表1　　　　　　　　　　不同区域水资源概况

单位：亿立方米，万人，立方米/人,%

	水资源量		人口		人均水资源量	
	数量	比例	数量	比例	数量	比例
东部地区	6005.00	21.91	57329	41.55	1047.46	52.72
中部地区	6748.08	24.62	43241	31.34	1560.57	78.55
西部地区	14660.14	53.48	37414	27.11	3918.36	197.23
全国	27413.22	100.00	137984	100.00	1986.69	100.00

注：由于四舍五入的关系，表中数据之和可能不等于100%，下同；最后一列人均水资源比例是不同区域人均水资源量占全国人均水资源的比例。

资料来源：根据《中国统计年鉴》相关数据整理得到。

从人均水资源量来看，2016年全国人均水资源量为1986.69立方米/人。在区域层面上，从东部地区、中部地区到西部地区，人均水资源量呈现出明显的递增态势，而且东部地区人均水资源量为全国人均水资源量的52.72%，中部地区人均水资源量是全国人均水资源量的78.55%，西部地区人均水资源量则是全国人均水资源量的1.97倍。

可以采取人均水资源量进行区域水资源状况的比较，但不能仅仅以此作为区域是否缺水的判断，因为人均水资源量没有考虑生态用水的差异，只考虑水资源的供给方面，而没有考虑水资源的需求方面；只考虑水资源数量而没有考虑水资源的质量；只考虑数量的多少而没有考虑水资源开发利用的难易程度；只考虑总量而没有考虑水资源的时空分布。

2. 区域间农业用水量差异不大，但农业用水比例差异明显

从表2中可以看出，区域之间用水量差异明显，东部、中部和西部地区用水量占全国用水总量的比例呈现明显的递减态势，分别为35.27%、32.06%、24.71%。农业用水量在区域间没有明显的差别，中部地区所占比例较高，东部最低。

表2　　　　　　　　　2016年不同区域用水情况　　　单位：亿立方米,%

	用水总量		农业用水量		农业用水比例
	用水量	比例	用水量	比例	
东部地区	2130.4	35.27	1076.5	28.57	50.53
中部地区	1936.7	32.06	1222.1	32.44	63.10
西部地区	1492.3	24.71	1131.7	30.04	75.84
全国	6040.3	100.00	3767.8	100.00	62.38

资料来源：根据《中国统计年鉴（2017）》相关数据整理得到。

2016年农业用水量为3767.8亿立方米，占总用水量的62.38%。农业用水比例区域之间差异明显，从东部、中部到西部地区，呈现明显的递增态势，东部地区仅为50.53%，而西部地区则达到了75.84%。

随着工业化、城镇化的快速推进，越来越多的优质水资源被配置到城镇、非农产业，农业生产用水形势会更加严峻，在一定程度上会影响国家粮食的数量与质量两个方面的安全。

3. 水域生态系统健康状况令人担忧

我国水资源短缺的同时，水资源污染形势严峻，水域生态系统健康状况令人担忧。当前，水污染已经呈现出地表、地下立体化态势。2016年，在1940个国考断面中，Ⅰ类水质断面27个，占2.4%；Ⅱ类水质断面728个，占37.5%；Ⅲ类水质断面541个，占27.9%；Ⅳ类水质断面325个，占16.8%；Ⅴ类水质断面133个，占6.9%；劣Ⅴ类水质断面166个，占8.6%。[①] 近些年来，国家加强了地表水污染治理，取得了明显的成效（见图1），特别是"水十条"的出台，以及中央环保督察将会对水污染防治起到更明显的推动作用。

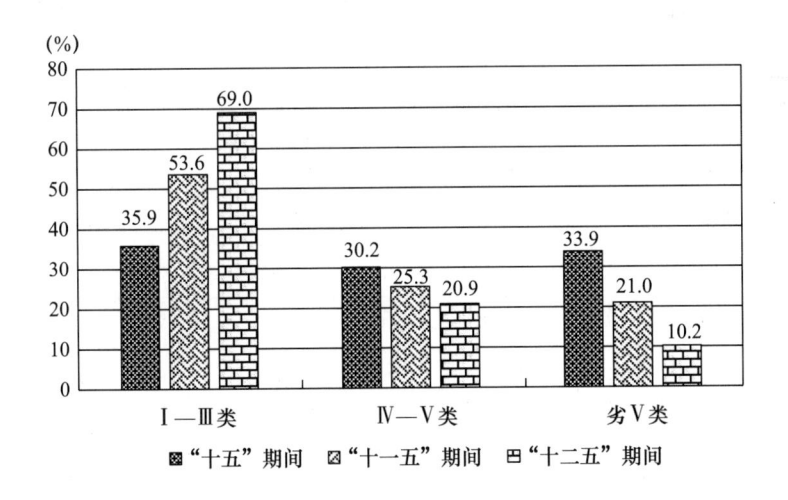

级别	"十五"期间	"十一五"期间	"十二五"期间
Ⅰ—Ⅲ类	35.9	53.6	69.0
Ⅳ—Ⅴ类	30.2	25.3	20.9
劣Ⅴ类	33.9	21.0	10.2

图1 不同时期不同级别地表水水质断面比例

2016年，国土资源部门对全国31个省（市、区）的225个

[①] 中华人民共和国环境保护部：《中国环境状况公报（2016）》，2017年5月31日。

地市级行政区的6124个监测点（其中国家级监测点1000个）开展了地下水水质监测。评价结果显示：水质为优良级、良好级、较好级、较差级和极差级的监测点比例分别为10.1%、25.4%、4.4%、45.4%和14.7%。[①]

水利部门流域地下水水质监测井的空间布局，基本涵盖了地下水开发利用程度较大、污染较严重的地区。2104个测站地下水质量综合评价结果显示：水质评价结果总体较差。水质优良的测站比例为2.9%，良好的测站比例为21.2%，无较好测站，较差的测站比例为56.2%，极差的测站比例为19.8%。不同流域地下水水质测站所占比例见表3。

表3　　　　　2016年各流域片区地下水水质综合评价结果

单位:%

	良好以上	较差	极差
松花江	12.9	72.0	15.1
辽河	10.6	60.6	28.8
海河	31.1	52.0	16.9
黄河	25.5	44.1	30.5
淮河	25.1	65.4	9.5
长江	20.0	65.7	14.3
内陆河	26.1	48.6	25.4
全国	24.0	56.2	19.8

资料来源：中华人民共和国环境保护部：《中国环境状况公报（2016）》，2017年5月31日。

---

① 中华人民共和国环境保护部：《中国环境状况公报（2016）》，2017年5月31日。

（二）耕地生态系统健康状况分析

耕地作为农业生产的最基本的生态要素之一，耕地生态系统是否健康直接决定着粮食等农产品数量及质量的双重安全。我国人均耕地面积仅为世界平均水平的1/3，特别是近几年来，随着快速工业化、城镇化进程的加快，越来越多的优质耕地用于城镇建设、工业园区建设、道路建设等，数量持续下降趋势短期内难以扭转；同时，在耕地资源质量构成中，优质耕地所占比例呈现逐年下降的态势。要实施"藏粮于地、藏粮于技"战略面临着严峻的挑战。为此，"要像保护大熊猫一样保护耕地"。当前，耕地资源要素系统的健康状况不容乐观，突出表现为耕地资源数量不足与质量偏低并存，耕地占用与耕地土壤污染同在。

1. 耕地面积及其变化情况

根据《中国国土资源公报（2015）》提供的数据：截至2015年年末，全国耕地面积为13499.87万公顷。全国土地利用数据预报结果显示，截至2016年年末，全国耕地面积为13495.66万公顷，2015年全国因建设占用、灾毁、生态退耕、农业结构调整等原因减少耕地面积33.65万公顷，通过土地整治、农业结构调整等增加耕地面积29.30万公顷，年内净减少耕地面积4.35万公顷；全国建设用地总面积为3906.82万公顷，新增建设用地51.97万公顷。

从耕地面积的动态变化来看，随着工业化、城镇化的进一步加快，耕地面积递减的态势将会持续很长时间。由于统计口径的变化，分两个阶段对耕地面积变化进行分析：2001—2008年、

2009—2016年。在第一阶段，耕地面积从12761.58万公顷下降到12171.33万公顷，减少了590.25万公顷，减少4.63%［见图2（a）］；在第二阶段，耕地面积从13538.46万公顷下降到13495.66万公顷，减少了42.80万公顷，减少0.32%［见图2（b）］。

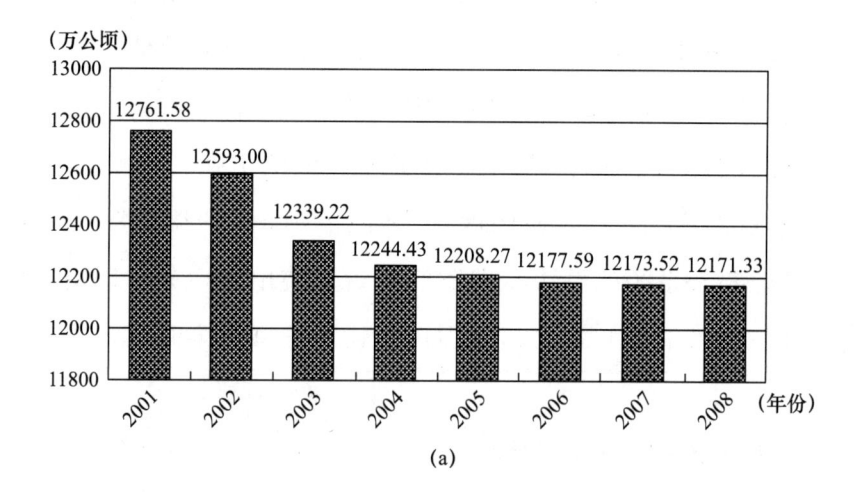

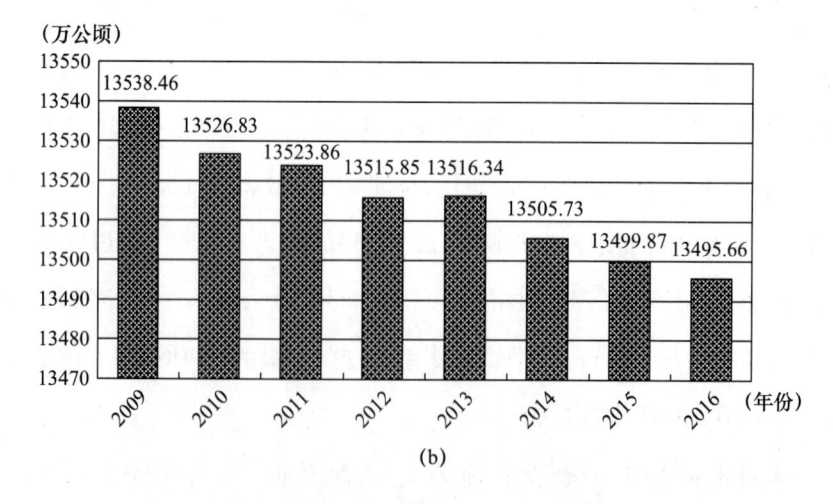

图2 不同阶段中国耕地面积的变化趋势

资料来源：《中国国土资源公报》（2011—2015）。

导致耕地面积减少的因素是多方面的，一般包括建设占用、灾毁、生态退耕、农业结构调整等，而土地整治、农业结构调整等因素则在一定程度上增加了耕地面积。2011年以来通过各种因素增加、减少的耕地面积以及每年净减少的耕地面积见表4。这些数据表明，国家采取最严格的耕地保护制度，以及"占补平衡"等措施，对耕地资源数量方面的保护发挥了很大的作用，耕地面积快速递减的态势在一定程度上得到遏制。

表4　　　　　　2011—2016年耕地面积增减情况　　　单位：万公顷

年份	增加耕地面积	减少耕地面积	年内净减少量
2011	37.73	40.68	2.95
2012	32.18	40.20	8.02
2013	35.96	35.47	-0.49
2014	28.07	38.80	10.73
2015	24.23	30.17	5.94
2016	33.65	29.30	-4.35

资料来源：根据《中国国土资源公报》（2011—2015）整理。

2. 耕地质量及其区域分布

以《农用地质量分等规程（GB/T 28407-2012）》为依据，将全国耕地划分为15个等别进行评定，1等耕地质量最好，15等耕地质量最差。评定结果表明：全国耕地平均质量等别为9.96等，高于平均质量等别的1—9等耕地面积占全国耕地评定总面积的39.92%，低于平均质量等别的10—15等耕地面积占60.08%。每个等别耕地所占比例见图3。需要注意的是，城镇化、工业化进程中占用的耕地，绝大部分都是优质耕地，土地生产率较高,而通过土地整治等措施补充的耕地土地生产率极低;此外,在一些区域还存在着严重的耕地水土流失、沙化和荒漠化问题。这些因素都将会影响耕地质量的构成,即在耕地质量构成中,优等地、高等地所占比例在一定时期内将会出现递减态势。

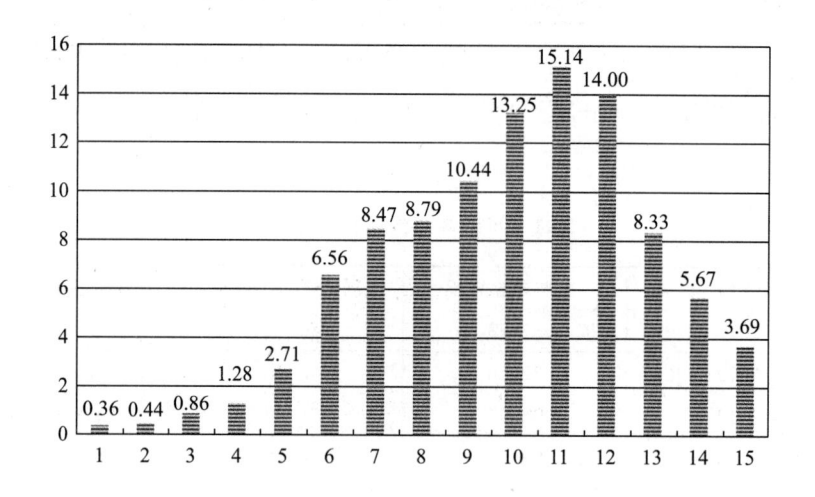

图3 2015年我国不同等别的耕地面积所占比例

资料来源:国土资源部:《2015年全国耕地质量等别更新评价主要数据成果》,2017年1月。

如果将耕地等别1—4等、5—8等、9—12等、13—15等划为优等地、高等地、中等地、低等地,评价结果为:耕地中优等地、高等地、中等地和低等地所占比例分别为2.9%、26.5%、52.8%、17.7%。[①] 对13个粮食主产区而言,从耕地数量上来讲,占全国耕地面积的比例为66.03%;从耕地质量构成来讲,其优等地、高等地、中等地、低等地面积所占全国同等别耕地面

---

① 中华人民共和国国土资源部:《中国国土资源公报(2016)》,2017年4月。

积的比例分别为79.66%、76.74%、62.24%、59.01%。从粮食主产区内部来看，优等地、高等地、中等地和低等地的比例分别为3.55%、30.84%、49.81%、15.81%。这些数据表明，粮食主产区耕地质量构成中，优等地、高等地比例明显高于全国平均水平，13个粮食主产区耕地的质量构成见表5。

表5　　　　　13个粮食主产区耕地质量构成　　　　单位:%

	优等地	高等地	中等地	低等地
河　北		18.30	52.87	28.84
内蒙古		0.08	12.58	87.34
辽　宁		0.59	96.76	2.65
吉　林		2.36	90.14	7.50
黑龙江		0.29	80.06	19.64
江　苏	0.07	99.93		
安　徽	2.01	38.14	59.85	
江　西	3.79	71.93	23.73	0.55
山　东		58.24	41.75	
河　南	0.12	85.59	14.29	
湖　北	40.11	44.77	14.91	0.21
湖　南	19.02	30.30	42.22	8.47
四　川	0.03	29.35	70.00	0.62
粮食主产区	3.55	30.84	49.81	15.81

资料来源：根据国土资源部《2015年全国耕地质量等别更新评价主要数据成果》整理得到。

3. 耕地污染状况分析

从2014年公布的《全国土壤污染状况调查公报》来看，我国耕地土壤的污染状况不容乐观。数据表明，耕地土壤的点位超标率为19.1%，其中，轻微、轻度、中度和重度污染的比例分别为 13.2%、2.8%、1.8%和 1.1%。

导致耕地土壤污染的原因是多方面的，一是工业"三废"排放。二是农业生产的面源污染。三是生活垃圾、废旧家用电器、废旧电池、废旧灯管等随意丢弃，以及日常生活污水排放。四是一些区域和流域土壤重金属背景值超标。耕地土壤污染直接影响农产品质量，在实现农业绿色发展中，必须将耕地土壤污染治理作为核心问题之一，这是为人民群众提供优质安全农产品的前提条件。

三 农业绿色发展所面临的面源污染风险分析

上部分重点分析了水土资源生态系统状况，导致水土资源要素质量下降的农业面源污染问题依然严峻，再加上农业发展中种植业与养殖业之间的物质循环链条的断裂，导致了养殖业成为污染源，种植业越来越依靠化学品投入。特别是近些年来，农业生产对化肥、除草剂、杀虫剂、农膜等化学投入品的依赖性越来越大，再加上这些投入品的利用率较低，进入土壤及地下水体之后，对其造成一定的污染，从而影响到农产品质量安全。本部分重点分析农业绿色发展面临的面源污染风险，以期探究实现农业绿色发展的对策建议。

（一）化肥施用量、化肥施用强度及区域分布

1. 化肥施用量总量依然较大，区域差异明显

2016 年，我国农用化肥施用量为 5984.0 万吨，相比于 2015

年，首先实现了负增长，但总量依然较大。表6是不同时期化肥施用量及区域分布情况。从中可以看出，从"十五"时期到"十二五"时期，化肥施用量从4481.50万吨增加到5894.70万吨，增加了1413.20万吨，增长31.53%。

表6　　　　　不同时期化肥施用量及区域分布　　　单位：万吨,%

	"十五"时期		"十一五"时期		"十二五"时期	
	数量	比例	数量	比例	数量	比例
东部地区	1677.00	37.42	1804.73	34.39	1834.51	31.12
中部地区	1691.70	37.75	2042.86	38.93	2347.13	39.82
西部地区	1112.81	24.83	1400.53	26.69	1713.06	29.06
全国	4481.50	100.00	5248.12	100.00	5894.70	100.00

资料来源：根据历年《中国统计年鉴》中的数据整理得到。

从化肥施用量的区域来看，东部地区化肥施用量占全国化肥施用量的比例呈现出明显的下降态势，从"十五"时期的37.42%下降到"十二五"时期的31.12%，下降了6.30个百分点；相反，中部地区、西部地区化肥施用量占全国化肥施用量的比例都呈现增加的态势，其中，中部地区增加了2.07个百分点，西部地区增加了4.23个百分点。

2. 施肥强度持续增加，区域差异显著

计算结果表明，2016年全国化肥施用强度平均为359.08公斤/公顷，是国际公认的化肥施用安全上限（225公斤/公顷）的1.60倍。从不同区域的数据来看，东部地区最高，达到了424.52公斤/公顷，远远高于全国平均水平，更高于中部地区的

350.48公斤/公顷以及西部地区的320.07公斤/公顷。从省（市、区）的数据来看，全国共有17个省（市、区）的化肥施用强度高于全国平均水平，其中，东部地区10个省（市），中部地区4省，西部地区3省（区）。

从不同时期各区域的数据分析，可看出如下特点：一是全国平均施肥强度，中部地区、西部地区的施肥强度，都呈现出持续增加的态势，东部地区的化肥施用强度从"十一五"时期开始在高位上实现递减；二是同一时期化肥施用强度自东向西依次递减；三是每个时期，东部地区化肥施用强度都高于全国平均水平，而中西部地区化肥施用强度则低于全国平均水平（见表7）。

表7　　　　　　　不同时期化肥施用强度及区域分布　　单位：公斤/公顷

	"十五"时期	"十一五"时期	"十二五"时期
东部地区	382.58（11）*	431.10（11）	428.33（9）
中部地区	274.84（3）	318.60（3）	350.46（4）
西部地区	227.23（2）	278.71（2）	313.59（3）
全国	290.33	335.92	358.49

注：括号中的数据是高于全国平均施肥强度的省（市、区）个数。

资料来源：根据历年《中国统计年鉴》中的数据整理得到。

根据已有文献，我国化肥平均利用率为35%，由此可以计算进入耕地土壤或地下水体的化肥污染量。结果表明，2016年化肥污染量为3889.61万吨，单位播种面积的化肥污染量为233.40公斤/公顷。

（二）农药使用量及其区域分布情况

农药的使用在农业生产中发挥了积极的作用，但与此同时，也带来了一系列的问题。农药残留导致了农产品质量的下降。

从表8中可以看出,我国农药使用量从"十一五"时期的165.99万吨增加到"十二五"时期的179.70万吨,增长8.26%。对不同区域而言,同期东部地区下降了0.73%,西部地区增长幅度最大,增长了28.62%。从区域分布来看,中部地区农药使用量占全国农药使用量的比例最高,但这个比例在两个时期基本持平。其次是东部地区,但其所占比例下降了3.37个百分点;而西部地区所占比例则上升了3.21个百分点。已有文献表明,农药污染率一般在50%,那么因农药使用带来的污染分别为83万吨、89.85万吨,呈现明显的增加态势。此外,农药包装物成为近年来对水体、土壤造成二次污染的重要污染物,其数量巨大,如果不能有效回收处理,对农业生产系统的健康将造成日益严重的影响。

表8　　　　　　　不同时期农药使用量及区域分布　　　单位:万吨,%

	"十一五"时期 数量	"十一五"时期 比例	"十二五"时期 数量	"十二五"时期 比例	增长率
东部地区	67.48	40.65	66.98	37.28	-0.73
中部地区	70.15	42.26	76.23	42.42	8.67
西部地区	28.36	17.09	36.48	20.30	28.62
全国	165.99	100.00	179.70	100.00	8.26

资料来源:根据历年《中国统计年鉴》中的数据整理得到。

(三) 农膜使用量及其变化、区域分布情况

农膜的使用在农业生产中发挥了积极的作用,特别是在水资

源短缺的西部地区。但与此同时，由于农膜回收机制缺失，以及短期内难以实现自我降解的特性，形成了普遍的白色污染，对耕地土壤造成日益严重的危害。

表9是不同时期农用塑料薄膜使用量及区域分布情况。从总体情况来看，农用塑料薄膜使用量在增加，从"十一五"时期的200.85万吨增加到"十二五"时期的247.09万吨，增长23.02%。从区域情况来看，不同时期农用塑料薄膜使用量表现出如下特点：一是东部地区所占比例最大，其次是西部地区、中部地区；二是东部地区、中部地区所占比例在下降，前者下降幅度高于后者，西部地区所占比例在增加；三是不同区域农用塑料薄膜使用量都在增加，但增加的幅度差异明显，从东到西呈现逐渐递增态势，西部地区增长率达到了43.44%。

表9　不同时期农用塑料薄膜使用量及区域分布

单位：万吨，%

	"十一五"时期 数量	"十一五"时期 比例	"十二五"时期 数量	"十二五"时期 比例	增长率
东部地区	85.53	42.58	94.04	38.06	9.95
中部地区	53.16	26.47	63.89	25.86	20.18
西部地区	62.16	30.95	89.16	36.08	43.44
全国	200.85	100.00	247.09	100.00	23.02

资料来源：根据历年《中国统计年鉴》中的数据整理得到。

四　新时代实现农业绿色发展的对策建议

新时期，我国农业发展的根本出发点应根据绿色发展理念进行调整，把为近 14 亿国人提供优质安全的农产品作为最根本的出发点与目标，其核心就是保护水土资源的数量，提升水土资源的质量，以破解实现农产品质量安全所需优质水土资源不足的桎梏，实现农业的绿色发展。

（一）强化对实现农业绿色发展重大战略意义的认识

党的十九大报告提出，从现在到 2020 年，是全面建成小康社会决胜期。就农业生产而言，应该是实现农业从传统走向绿色的战略转折期。针对新时代我国农业生产所面临的资源环境形势，以及优质安全农产品供应状况，必须以保护水土资源为核心，实现农业绿色发展，这是确保农产品质量安全，真正走向绿色生态的重要举措，也是引领我国现代农业发展的有效途径，更是实现中华民族健康、永续发展的坚实保障。换句话说，保护好水土资源，实现农业绿色发展，不仅是保证农产品质量安全的农业生产问题，而是关乎中国民族自身可持续发展，关乎中华民族伟大复兴的中国梦实现的重大战略问题。当前，对实现绿色农业发展还缺乏战略层面的认识，因此，必须强化对农业绿色发展重大战略意义的认识。只有在战略上重视，才能实现战术上的重视。

（二）坚持绿色发展理念，确保中央各项政策的落实

近些年的中央一号文件、党的十九大报告，以及中央农村工作会议都围绕着提升农业发展质量，不仅提出了农业绿色发展的总体战略，而且还对农业绿色发展的重点领域及措施进行了具体部署。特别是党的十八届五中全会提出的绿色发展理念，为实现

农业绿色发展指明了方向。为此,需要坚持绿色发展理念,切实将保护水土资源、确保农产品质量安全作为农业绿色发展的核心与关键,真正将中央的各项政策及部署落到实处,为近14亿国人提供优质安全的农产品,以满足其日益增长的美好生活需要。

(三)采取有效措施,确保耕地数量稳定与质量提升

前面已经提到,耕地资源数量是保障以粮食为主农产品数量安全的前提,而耕地土壤质量则是实现农产品质量安全最根本的保证。为此,需要采取有效措施,从数量与质量两个方面,实施耕地资源的保护。

1. 以最严格的耕地保护制度,实现耕地资源数量的稳定

在快速工业化、城镇化进程中,对耕地的占用会呈现刚性递增的态势,而且短期内难以实现扭转。耕地资源数量的稳定是保障国家粮食安全的最基本要素,必须严防死守18亿亩耕地红线。2017年1月,中共中央、国务院印发了《关于加强耕地保护和改进占补平衡的意见》(中发〔2017〕4号),对新时期加强耕地保护和改进占补平衡作出全面部署。但调研发现,在全国范围内普遍存在着耕地的无序、违规占用现象,并且呈现逐年增加的态势,导致了优质耕地面积的日益减少,从长远来看将严重威胁到我国的粮食安全。为此,需要依据最严格的耕地保护制度,并采取耕地占补平衡、永久性基本农田划定等相应措施,实现耕地资源数量的动态平衡。党的十九大报告也指出,要完成生态保护红线、永久基本农田、城镇开发边界三条控制线划定工作,这也是确保耕地资源数量稳定的有效措施。

2. 建立中央耕地督察机制，解决耕地资源保护中的违规问题

在耕地保护方面，国家采取了严格划定永久基本农田作为保护优质耕地的一种有效手段，对稳定耕地资源数量，保证耕地资源质量，保障国家粮食安全发挥了很大作用。但基层调研发现，在划定永久基本农田过程中，普遍存在着"划远不划近""划劣不划优"等严重问题，特别是山地丘陵地区，基本农田上山、下河，公益林地与基本农田重合等问题特别突出。此外，在社会经济发展相对落后地区，违规占用耕地现象依然严重。

针对上述存在的问题，国土部门也采取了耕地保护的专项巡查等措施，解决了部分问题，但不能从根本上解决。为此，建议借鉴中央环保督察的成功经验，尽快建立中央耕地督察机制。一是成立中共中央耕地保护督察委员会，由国土资源部牵头成立，中纪委、中组部的相关领导参加，作为代表党中央、国务院对各省（自治区、直辖市）党委和政府及其有关部门开展耕地保护督察。二是根据耕地资源对保障国家粮食安全的重要性，明确开展耕地督察的重点区域。三是建立耕地督察的长效机制，提升国家治理能力以及决策的科学化水平，更好地解决耕地保护工作中的实际问题。四是建立督察信息公开机制，接受广大公众的监督。

3. 保护优质耕地资源的同时，改善耕地土壤的质量

前面已有论述，在耕地质量构成中，中低产田比例较高。因此，在实施优质耕地资源保护的同时，需要对中低产田进行改造，改善耕地土壤质量，提升耕地土地生产率，确保国家粮食安

全。为此，采取有效技术及制度措施，减少和治理耕地土壤污染以及恢复耕地活力。一是从技术层面减少和治理耕地土壤污染。其主要技术措施包括：通过创新水质监测技术，减少污水灌溉造成的土壤污染；通过创新测土配方技术，提高化肥使用率，减少化肥施用对土壤造成的污染；创新土壤污染治理技术，包括作物的替代技术。二是从制度层面保障耕地恢复活力。扩大轮作休耕试点，健全耕地休养生息制度，建立市场化、多元化生态补偿机制等措施，促进耕地活力的恢复，确保国家粮食安全。三是根据绿色发展理念需求，通过创新监管体系，规范农业生产资料的生产行为，从源头上解决农产品生产中生产资料投入带来的污染。

（四）加强水生态建设的同时，实施水资源的高效利用

1. 强化水生态治理，提升水资源的保障能力

水生态建设和保护是水治理之本。"要尽量减少对自然环境的污染，不能超过其承载能力，对生态环境遭到破坏的地方，进行合理、适度的修复"。习近平总书记指出，自然界的淡水总量是大体稳定的，但一个国家或地区可用水资源有多少，既取决于降水多寡，也取决于盛水的"盆"大小。做大盛水的"盆"是实现水资源可持续利用的根本。为此，应立足于系统论思维，统筹自然生态各种要素，把治水与治山、治林、治田有机结合起来，协调解决水资源问题，提升水资源对农业发展的保障能力。

2. 以最严格的水资源保护制度，确保水资源可持续利用

2012年《国务院关于实行最严格水资源管理制度的意见》提出，要严格控制用水总量、全面提高用水效率、严格控制入河

湖排污总量"三条"红线，以加快节水型社会建设，促进水资源可持续利用。基层调研发现，我国水资源污染形势依然相当严峻，治理水资源污染任重而道远。为此，应根据最严格的水资源保护制度的要求，采取综合管理措施，严格执行水资源管理的"三条红线"，确保农业生产对优质灌溉用水的需求。同时，加强环保执法，严防工业企业对水资源的污染；在农业生产领域，应从生产投入着手，控制农业面源污染，减少其对水体的污染。

3. 创新农业用水机制，实现农业节水目标

当前，我国农业用水具有很大的节水潜力，应充分采取有效措施，创新农业用水机制，大力推广农业节水。为此，需要根据不同区域的气候条件、水资源条件等，明确农业节水的重点区域，并注重不同区域的技术开发与集成。在此过程中，强化适地原则，不能仅仅把"适地"原则只在战略中讲一下，更需要把"适地"原则在战术中落实！

（五）创新机制，推动农业绿色发展

新时期，针对发展中所面临的诸多挑战，需要创新机制，推动农业绿色发展。为此，一是建议设立农业绿色发展特区。这是加快农业绿色发展的一项十分紧迫、十分重要的战略举措，根据所设立的农业绿色发展特区内的资源基础，制定高起点的农业绿色发展规划，确定发展的核心，以引领我国农业绿色发展。二是实施生态补偿机制。建立与完善农业生态补偿机制，对保护农业生产自然要素，选择环境友好型产业，提升农产品品质，农药包装物、塑料薄膜等回收行为进行生态补偿，以激励农业生产主体的积极性，从而有利于水土资源的高效利用和保护。

参考文献

[1] 贾绍凤、张军岩、张士锋：《区域水资源压力指数与水资源安全评价指标体系》，《地理科学进展》2002年第6期。

[2] 习近平：《决胜全面建成小康社会 夺取新时代中国特色社会主义伟大胜利》，人民出版社2017年版。

[3] 于法稳：《基于资源视角的农业供给侧结构性改革的路径研究》，《中国农业资源与区划》2017年第6期。

[4] 于法稳：《基于绿色发展理念的农村生态文明建设研究》，《中国特色社会主义研究》2018年第1期。

[5] 于法稳、杨果：《基于健康视角实施乡村振兴战略相关问题研究》，《重庆社会科学》2018年第4期。